부처님은
어디에서 누구에게
어떻게 가르치셨나

부처님은
어디에서 누구에게
어떻게 가르치셨나

ⓒ 일아, 2019

2019년 7월 30일 초판 1쇄 발행

지은이 일아
발행인 박상근(至弘) • 편집인 류지호
책임편집 주성원 • 편집 김선경, 이상근, 양동민, 김재호, 김소영
디자인 쿠담디자인 • 제작 김명환 • 마케팅 허성국, 김대현, 최창호, 이선호 • 관리 윤정안
펴낸 곳 불광출판사 (03150) 서울시 종로구 우정국로 45-13, 3층
        대표전화 02) 420-3200 편집부 02) 420-3300 팩시밀리 02) 420-3400
        출판등록 제300-2009-130호(1979. 10. 10.)

ISBN 978-89-7479-677-8 (93220)

값 48,000원

이 도서의 국립중앙도서관 출판예정도서목록(CIP)은
서지정보유통지원시스템 홈페이지(http://seoji.nl.go.kr)와
국가자료공동목록시스템(http://www.nl.go.kr/kolisnet)에서 이용하실 수 있습니다.
(CIP제어번호 : CIP 2019027414)

일아(一雅)

일아 스님은 서울여자대학교를 졸업하고 고등학교
교사를 역임하였으며, 가톨릭 신학원을 졸업하였다.
조계종 비구니 특별선원 석남사에서 법희 스님을
은사로 출가한 후 운문승가대학을 졸업하였다.
태국 위백아솜 위빠사나 명상 수도원과 미얀마
마하시 위빠사나 명상 센터에서 2년간 수행하였다.
미국 New York Stony Brook 주립대학교 종교학과를
졸업하였다. University of the West 비교종교학과
대학원을 졸업하고 동 대학원에서 철학박사 학위를
받았다. LA Lomerica 불교대학 교수, LA 갈릴리
신학대학원 불교학 강사를 지냈다.
박사 논문으로「자비행에 대한 부처님의 가르침」이
있다. 역서에『한권으로 읽는 빠알리 경전』,
『행복과 평화를 주는 가르침』,『담마빠다』,
『숫따니빠따』가 있고, 저서에는『아소까: 각문과
역사적 연구』,『우리 모두는 인연입니다』가 있다.

부처님은 어디에서 누구에게 어떻게 가르치셨나

빠알리 니까야 통계분석 연구

일아 지음

불광출판사

Namo Tassa Bhagavato Arahato Sammāsambuddhassa

거룩한 분 존경받아 마땅한 분
바르게 깨달으신 분께 귀의합니다.

머리말

어려운 작업이었고, 3년이나 흘렀다. 원래는 필자의 박사학위 논문 중 일부인 '니까야의 도표와 그림표'를 좀 더 보충해서 완성할 계획이었다. 여기에 새롭게 수집한 자료들을 첨가하면 더욱 알찬 연구서가 될 것 같았다. 작업이 시작되어 완벽을 도모하려다 보니 예상과 다르게 방대해져 버렸다. 오래 걸린 만큼 최초의 목표에 조금이라도 더 다가선다면 그 또한 의의가 있을 것이다.

【한 마디로 이 연구서는 어떤 내용을 담고 있나?】

이 연구서는 부처님과 제자들이 주로 어디에 머무셨으며, 누구에게, 어떤 식으로 말씀하셨는지를 여러 자료를 통하여 도출해내려고 한 연구서이다.

네 개의 빠알리 니까야 5,434개의 경에 나타난 ①부처님이 머무신 장소, ②경을 설하는 중요인물, ③부처님의 말씀을 듣는 대화상대자, 그리고 ④대화 형식의 네 가지를 각각 통계로 밝혔다. 통계에 따라 도표와 원 그림표를 그려서 비교하였는데, 자료마다 특성을 고려해 높은 빈도수를 표시했으며 승원과 각 장소에 관련된 사항을 설명하였다. 이 장소들을 다시 인도 지도에 표기하여 비교하는 작업을 거친 이유는 부처님과 제자들이 가장 많이 머무신 장소가 어디였는지를 파악할 수 있게 하기 위함이었다. 마지막으로, 빈도에 따라 경의 중요인물로는 6명의 존자와 2명의 비구니를, 대화상대자로는 재가자 6명을 선별하여 그 면모를 살펴보았다.

【제1편의 특징】

네 개 니까야¹ 각각의 배경에 관련된 사항을 통계 내어 도표를 작성하였다. 이 통계에 따라 원이나 막대 그림표를 그려서 개별 경전마다 비교할 수 있게 하였고, 뒷부분에는 네 개 니까야를 동시에 비교 검토하여 서로의 공통점과 각 경전만의 차이점을 한눈에 파악할 수 있게 하였다.

(1) 상윳따니까야, 맛지마니까야, 디가니까야, 앙굿따라니까야 각각의 경전에 나타나 있는 ①장소, ②중요인물, ③대화상대자, ④설법형태 네 가지를 빈도수에 따라 통계표를 작성하였다. 부처님 가르침의 배경을 더욱 뚜렷하게 드러내 보이고자 함이다.

(2) 각각의 니까야 별로 합산한 통계 자료를 상위 빈도수에 따라 원 그림표나 막대 그림표로 그려서 한눈에 파악할 수 있게 하였는데, 이는 가장 빈도수가 높은 것에서부터 낮은 것까지를 두루 관찰함으로써 부처님 설법의 배경을 좀 더 쉽게 분석할 수 있도록 하려는 의도에서이다.

(3) 다시 네 개 니까야 각각을 분석하고 있는 원 그림표와 막대 그림표를 한자리에 모아서 니까야마다 가지고 있는 설법 배경의 특징을 찾아내고자 하였다. 각각의 니까야가 가진 공통점과 차이점을 찾아낸다면 빠알리 니까야만의 설법 배경은 무엇인지 구체적으로 이해할 수 있으며 설법 자체의 의도 또한 명확하게 전달될 것이다.

【제2편의 특징】

네 개의 니까야 각각에 나타난 설법 장소에 관한 설명이다. 설법 장소로 가장 중

---

1 빠알리 니까야는 경전을 모은 것으로 네 개의 니까야는 상윳따니까야, 맛지마니까야, 디가니까야, 앙굿따라니까야이다. 상윳따니까야는 총 경전수가 2,904개이고, 맛지마니까야는 152개, 디가니까야는 34개, 앙굿따라니까야에는 총 2,344개의 경이 있다. 그러므로 네 개 니까야의 총 경전수의 합계는 5,434개이다.

7

요한 기원정사를 따로 자세하게 다루었으며, 그 외의 승원과 각 니까야에 나오는 장소들도 모두 설명하였다.

(1) 기원정사는 별도로 더 자세하게 다루었다. 경전의 자료뿐 아니라 고고학적으로 검증된 안내판 자료나 그 외 동원 가능한 모든 자료를 통하여 폭넓게 조망하고자 하였다.

(2) 설법의 장소로 가장 빈도수가 높은 승원 10개를 가장 앞부분에 넣어 부처님 당시 각 승원의 지리적인 배경과 역사적인 배경을 동시에 파악하였다.

(3) 가장 중요한 자료라고 할 수 있는 경전에 언급된 내용에서부터 바르후뜨 탑과 산찌 탑의 각문 자료, 각 주석서에 언급된 자료, 알렉산더 커닝햄의 고고학적 발굴 자료, 법현의 불국기와 현장의 대당서역기 등에 이르기까지 가능한 모든 자료를 기반으로 빠알리 니까야의 특성을 도출하려 하였다. 단순히 속설로만 떠도는 정보들은 최대한 배제하였고 사실에 입각한 정보들만 자료로 활용함으로써 좀 더 실질적이고 깊이 있는 접근이 되도록 하였다.

【제3편의 특징】

네 개의 니까야에서 파악된 각각의 통계 자료에 따라 지도에 설법 장소를 표기하였다. 얼마나 많은, 그리고 얼마나 다른 장소에서 부처님이 머무셨는가에 관한 통계이다.

(1) 제1편과 제2편에서 살펴본 네 개 니까야의 장소에 관한 정보를 바탕으로 상윳따니까야, 맛지마니까야, 디가니까야, 앙굿따라니까야의 설법 장소를 지도에 표기하였다.

(2) 상윳따니까야에는 총 77개의 다른 장소가, 맛지마니까야에는 총 46개, 디가니까야에는 총 24개, 앙굿따라니까야에는 총 60개의 다른 장소가 있다.

(3) 각 니까야의 다른 장소들은 번호를 매겨서 도표로 만들고 지도에는 이 번호

를 넣었다.

(4) 지도에서 볼 때 많은 숫자가 모여 있는 도시나 지역일수록 부처님이 많이 머
무셨던 곳이다.

(5) 네 개 니까야에서 발견된 상위 10개의 지역을 다시 전체 장소의 분포도로 작
성하여 비교하였다.

【제4편의 특징】

네 개 니까야에서 검토한 '중요인물 빈도수 도표'에 의하여 가장 빈도수가 높은
존자들 6명을 선별하였고, 여기에 가장 중요한 비구니 2명을 추가하여 그들의 면
모를 살펴보았다. 네 개 니까야에 나오는 대화상대자는 특별히 많은 빈도수를 가
진 사람 2명을 합하여 모두 6명을 선별하였으며 이들의 개인적인 면모를 살피는
작업 또한 빠뜨리지 않았다.

(1) 네 개 니까야에 등장하는 중요인물은 6명으로 선별될 수 있다. 그들은 바로
사리뿟따 존자, 아난다 존자, 마하목갈라나 존자, 마하깟짜나 존자, 마하깟사
빠 존자, 아누룻다 존자이다. 그리고 중요한 역할을 하는 비구니도 2명 추가
했는데 마하빠자빠띠 고따미 비구니, 케마 비구니이다.

(2) 네 개 니까야에 나오는 대화상대자로서 가장 훌륭한 재가자 6명은 아나타삔
디까 장자, 위사카 재가녀, 빠세나디 왕, 빔비사라 왕, 찟다 장자, 지와까 꼬마
라밧짜이다.

이 연구서가 부처님의 설법 배경에 관한 자료로써 좀 더 유용하고 명확한 정
보가 되었으면 하는 바람이다. 끝으로 이 연구서의 바탕이 된 필자의 박사학위 논
문을 완벽하게 지도해 주신 랭캐스터(Lewis R Lancaster) 교수님께 감사를 드린다.

제2편 네개 니까야 각각 머무신
장소에 대한 설명

제3편 네개 니까야 각각의 장소에 대한
지도와 그 통계

일러두기

1. 이 연구서는 필자의 박사 논문 'The Buddha's Discourses on Compassionate Actions –Case Studies from Pāli Nikayas'(자비행에 대한 부처님의 가르침–빠알리 니까야의 사례연구)의 일부분인 빠알리 니까야의 도표와 그림표를 바탕으로 하였으며, 독자들의 이해를 도모하기 위하여 자료를 보충하는 작업이 덧붙여진 결과물이다. 여기에 각 부분마다 자세한 내용을 추가하여 완벽한 연구서가 되도록 노력하였다.

2. 영국 빠알리성전협회(The Pāli text Society)의 니까야와 율장의 로마자본과 영역본과 주석서, 미얀마 삼장협회의 미얀마 영역본, 비구 보디(Bhikkhu Bodhi)의 현대 영역본, 왈쉬(M. Walshe)의 현대 영역본, 특히 Malalasekera의 Dictionary of Pāli Proper Names Ⅰ·Ⅱ권, Nyanaponika Thera의 Great Disciples of the Buddha, T. W. Rhys Davids의 Buddhist India, Bhkkhu Ñāṇamoli의 The Life of the Buddha, 현장의 대당서역기, 법현의 불국기를 참고하였다. 본문 중의 주석은 Pāli text Society 출판본이 아니면 출처를 명기하였다. 출처가 없는 주석은 모두 Pāli text Society 출판본이다.

3. 제1편–제3편에서는 출처의 정확성을 위하여 경전과 주석서의 해당 페이지를 주석을 달아 명시하였다. 그냥 주위들은 이야기나 단순히 속설로만 떠도는 정보들은 최대한 배제하였다. 문장 중 주석의 페이지는 로마자본의 페이지이다. 그러나 제4편은 경전만 정확히 출처를 명기하고 주석서나 전승의 이야기들은 일일이 주석을 달지 않았다.

4. 충분한 자료를 위하여 인터넷의 불교 전문 홈페이지나 상좌불교국 승원의 홈페이지, 상좌불교국 비구들의 인터넷 기사 등을 참조하였다. 그뿐 아니라 인터넷을 통하여 수

집할 수 있는 다양한 사진, 지도, 그림과 산찌 탑 조각, 바르후뜨 탑 조각 등이 활용되었고, 알렉산더 커닝햄의 고고학 발굴 보고서와 그에 따른 그림과 사진들, 인도 고고학 발굴팀에 의해 발굴된 승원 유적지와 안내판 등의 자료에도 도움을 받았다. 연구서의 완벽함을 기하기 위해 최대한 많은 자료가 동원되었다.

5. 좀 더 명확한 정보를 제공하기 위해 경전을 토대로 하되 그 외의 다른 여러 자료를 분석하였다. 가령, 대당서역기와 불국기의 내용을 토대로 그림과 지도를 그렸고, 여기에 위치도를 포함시켜서 당시의 상황을 보다 직접적이고 현실감 있게 이해할 수 있도록 하였다.

6. 알렉산더 커닝햄의 고고학적 자료와 사진들, 그리고 승원 유적지의 안내판들은 고고학적 검증에 의해 기록되었기에 그 유적지를 소개하는 데 있어서 신뢰도가 매우 높다. 안내판의 내용은 중요 부분만 한역하여 실었다.

7. 지도와 기원정사 위치도, 경전 내용의 그림들은 필자의 아이디어로 그린 것들이며, 여기 실린 사진 대부분은 신심이 돈독한 불교 신도들의 순례 사진이거나 동남아시아 비구·비구니 승원의 웹 페이지에서 발췌한 것들이다. 이분들께 감사드린다. 특히 각 유적지의 안내판과 자세한 정보의 순례 사진들이 실린 'aniccasight'의 불자님께 감사를 드린다. 그 외 귀한 정보와 사진을 사용할 수 있도록 허락해 주신 모든 분들께 감사드린다. 참고로 다른 언어의 웹페이지에서 가져왔거나 오래전에 저장한 사진들은 그냥 실었다. 연락이 닿으면 후사할 뜻이 있음을 밝힌다.

제 1 편

네 개 니까야
배경 도표의 통계와 그림표

(1) 제1편의 중요 내용은 무엇인가?

이 연구서의 기본 틀은 다음과 같다. 첫 번째 단계는 상윳따니까야, 맛지마니까야, 디가니까야, 앙굿따라니까야의 경 하나하나에 나타난 설법장소는 어디인지, 중요인물과 대화상대자는 누구인지, 대화 형태는 어떻게 이루어졌는지에 관한 통계를 내고 도표를 만드는 일이다. 그다음 단계는 이 통계 도표에 의하여 니까야별로 설법장소, 중요인물, 대화상대자, 대화 형태의 빈도수 표를 작성하고, 이 표에 근거한 원 그림표나 막대 그림표를 시각적으로 제시하여 쉽고 구체적인 이해를 돕는 것이다. 마지막으로 이 네 개 니까야의 그림표를 한 자리에 배치하여 네 개 니까야에서 보이는 설법장소, 중요인물, 대화상대자, 설법형태의 특징을 같은 점과 다른 점으로 나누어 비교하였다.

(2) 책 제목에 그냥 '빠알리 니까야'라고 하지 않고 왜 '네 개 빠알리 니까야'라고 했는가?

빠알리 대장경은 다섯 개의 니까야로 구성되어 있다. 상윳따니까야, 맛지마니까야, 디가니까야, 앙굿따라니까야 그리고 다섯 번째가 쿳다까(Khuddaka)니까야이다. 쿳다까니까야는 앞의 네 개의 니까야와는 다르게 독립된 15개의 경으로 되어 있으며, 이 15개 중에는 담마빠나와 숫따니빠따도 들어있다. 이 연구서는 쿳다까니까야를 제외한 네 개의 니까야만을 다루고 있으므로, 이러한 조건을 반영하기 위하여 편의상 '네 개 니까야'라고 하였다.

(3) 이 연구서의 주제가 되는 모든 니까야에 공통적인 중요 용어 설명

① **장소:** 모든 니까야 각각의 경전에는 '그 경이 설해진 장소'가 있다.

② **중요인물:** 모든 경전에서는 '설법을 하는 주인공'이 중요인물이 된다.

③ **대화상대자:** 모든 경전에는 '중요인물과 대화하는 상대자'가 있거나, 또는 '설법을 듣는 사람들'이 있다. 이들이 대화상대자이다.

④ **설법형태:** 모든 경전에는 '말을 주고받는 형태(대화체)'이거나 '중요인물이 혼

자 설법하는 형태(설법체)'인 두 가지 설법형태가 있다.

(4) 전체적인 번역의 통일

① **Jetavane Anāthapiṇḍikassa ārāma(제따 숲의 아나타삔디까 승원): 기원정사로 번역하였다. 제따 왕자의 숲에 아나타삔디까 장자가 승원을 지었다는 뜻이다.

② **Veḷuvane Kalandakanivāpa(대나무 숲의 다람쥐 먹이 주는 곳): 죽림정사로 번역하였다. 물론 빔비사라 왕이 대나무 숲을 기증하여 허름한 승원을 짓기 전에는, 이곳은 그냥 대나무 숲의 다람쥐 먹이 주는 곳, 즉 다람쥐 보호구역이었다. 그런데 경전에는 다른 이름 없이 "Veḷuvane Kalandakanivāpa"라고만 나오기 때문에 그냥 죽림정사로 통일하였다.

③ **ārāma**는 P. T. S[2] 사전에서 다음과 같이 설명한다. "①정원, ②특별히 개인 정원을 말하는데 부처님과 비구 승가의 복지를 위해 주어진 개인 정원을 말한다. 종교적인 논의와 휴식, 명상, 만나는 장소로서 그중에 유명한 곳은 '아나타삔디까 승원'이다." 단순한 숲이나 동산, 정원이 아니라 그곳에 승원을 짓고 부처님과 비구들이 거주하는 건물이 있었기 때문에 '정원, 숲, 원림'이라는 말보다는 승원이 합당하다. 거주하는 건물이 없는 숲이나 동산과의 구별이 필요하기 때문이다.

(5) 모든 니까야의 도표에 나타난 중요 용어 이해하기

① **붓다(Buddha)**: 붓다라는 빠알리어의 문자적인 뜻은 '깨달은 사람', '진리에 대한 지혜에 있어 모든 존재 가운데 가장 으뜸인 사람'이다. 전 세계의 모든 사람이 부처님을 말할 때, 빠알리어 그대로 '붓다'라고 발음하고 'Buddha'라고 쓴다.

② **비구(Bhikkhu)**: 빅쿠란 불교의 남성 출가자를 말한다. 주석서에 의하면, 빅쿠란 '마음의 온갖 더러움을 버린 사람'을 뜻한다.

---

2 P. T. S: Pali Text Society(빠알리 성전 협회)의 약자로 1881년에 영국의 T. W. Rhys Davids에 의하여 창설되었다.

③ **비구니(Bhikkhuni)**: 빅쿠니란 불교의 여성 출가자를 말한다.

④ **존자(Āyasmā)**: 아야스마란 비구에 대한 존경의 명칭으로, 장로(Thera)와 같은 뜻이다. 비구니에 대한 존경의 명칭은 장로니(Therī)이다.

⑤ **아라한(Arahant)**: 아라한의 문자적인 뜻은 '공양받을 만한, 존경받을 만한'이다. 즉 최고의 깨달음을 얻은 사람을 아라한이라 한다.

⑥ **방랑수행자(Paribbājakā)**: 빠립바자까란 '방랑하는 사람'이란 뜻으로, 근본적으로 부처님 가르침과는 다른 교단이다. 이들은 8~9개월을 떠돌며, 윤리나 철학, 신비주의 등을 토론하고 논박하고 논쟁하기를 일삼았다. 경전에는 이들이 부처님을 떠보려 하지만 오히려 논파 당하는 내용이 자주 나온다.

⑦ **나체고행자(Acela)**: 옷을 입지 않고 나체로 고행하는 수행자로 극단적인 교리를 갖고 있었다. 특히 나체고행자의 대표적인 자이나(Jaina) 교단은 불교 교단 다음으로 큰 세력이 있었다.

⑧ **브라흐민(Brāhmaṇa)**: 제관을 말한다. 브라흐마나를 영어로 옮기면서 파생되어 현대 학자들은 대부분 브라흐민을 사용한다. 이들은 신에게 제사를 지내는 사람들로 베다를 작성하고 4성계급을 만들어 계급의 가장 위에 군림하며 하층민을 천대하였다. 부처님은 4성계급을 깨뜨리고 인간의 평등을 천명하셨지만, 그 당시 브라흐민 중에는 자신들의 잘못된 관행을 지적한 부처님께 귀의하고 출가하는 이들도 많았다.

⑨ **장자(Gahapati)**: 사회적인 지위나 명성이 있고 부유한 사람을 일컫는 말이다.

⑩ **재가남(Upāsaka)**: 독실하고 신심 깊은 평신도 남자이다.

⑪ **재가녀(Upāsikā)**: 독실하고 신심 깊은 평신도 여자이다.

1장

상윳따니까야의 배경 도표와 그림표

1. 상윳따니까야의 예비적 고찰

1) 56개 상윳따의 이름과 경의 숫자

상윳따니까야는 56개의 주제별로 묶었기 때문에 56개의 상윳따가 있다. 영국 빠알리협회의 계산으로 경의 총 숫자는 2,889개이지만, 비구 보디의 계산으로는 총 2,904개의 경이 있다. 여기에서는 비구 보디의 계산에 따랐다.

상윳따니까야의 경전 수가 이처럼 많은 이유는, 많은 경우 단어 몇 개나 한 문장 정도만 다를 뿐 완전히 같은 내용을 무더기로 반복하고 있기 때문이다. 이와 같이 내용의 반복들로 인하여 경전의 숫자가 많아지게 되었다.

다음에 보이는 표는 56개 상윳따의 이름과 각 상윳따에 속한 경의 숫자를 나타낸다.

상윳따 번호	상윳따 이름	주제	경의 숫자
1	데와따상윳따(Devatāsaṃyutta)	데와 신	81
2	데와뿟따상윳따(Devaputtasaṃyutta)	데와 아들	30
3	꼬살라상윳따(Kosalasaṃyutta)	꼬살라(왕)	25
4	마라상윳따(Mārasaṃyutta)	마라(악마)	25
5	빅쿠니상윳따(Bhikkhunīsaṃyutta)	빅쿠니	10
6	브라흐마상윳따(Brahmasaṃyutta)	브라흐마(신)	15
7	브라흐마나상윳따(Brāhmaṇasaṃyutta)	브라흐마나(제관)	22
8	왕기사상윳따(Vaṅgīsasaṃyutta)	왕기사(존자)	12
9	와나상윳따(Vanasaṃyutta)	숲	14
10	약카상윳따(Yakkhasaṃyutta)	약카(신)	12
11	삭까상윳따(Sakkasaṃyutta)	삭까(신)	25

12	니다나상윳따(Nidānasaṃyutta)	연기	93
13	아비사마야상윳따(Abhisamayasaṃyutta)	꿰뚫음	11
14	다뚜상윳따(Dhātusaṃyutta)	요소	39
15	아나마딱가상윳따(Anamataggasaṃyutta)	시작을 알 수 없는 (것에 관한 것)	20
16	깟사빠상윳따(Kassapasaṃyutta)	깟사빠(존자)	13
17	라바삭까라상윳따(Lābhasakkārasaṃyutta)	이득과 명성	43
18	라훌라상윳따(Rāhulasaṃyutta)	라훌라(존자)	22
19	락카나상윳따(Lakkhaṇasaṃyutta)	락카나(존자)	21
20	오빰마상윳따(Opammasaṃyutta)	비유	12
21	빅쿠상윳따(Bhikkhusaṃyutta)	빅쿠	12
22	칸다상윳따(Khandhasaṃyutta)	무더기	159
23	라다상윳따(Radhasaṃyutta)	라다(존자)	46
24	딧티상윳따(Diṭṭhisaṃyutta)	견해	96
25	옥깐띠까상윳따(Okkantikasaṃyutta)	들어섬	10
26	웁빠다상윳따(Uppādasaṃyutta)	생겨남	10
27	낄레사상윳따(Kilesasaṃyutta)	더러움	10
28	사리뿟따상윳따(Sāriputtasaṃyutta)	사리뿟따(존자)	10
29	나가상윳따(Nāgasaṃyutta)	용	50
30	수빤나상윳따(Supaṇṇasaṃyutta)	신비한 새	46
31	간답바상윳따(Gandhabbasaṃyutta)	간답바(신)	112
32	왈라하까상윳따(Vālahakasaṃyutta)	구름 신	57
33	왓차곳따상윳따(Vacchagottasaṃyutta)	왓차곳따(방랑수행자)	55
34	자나상윳따(Jhānasaṃyutta)	선정	55
35	살라야따나상윳따(Saḷāyatanasaṃyutta)	여섯 감각기관	248
36	웨다나상윳따(Vedanāsaṃyutta)	느낌	31
37	마뚜가마상윳따(Mātugāmasaṃyutta)	여인	34
38	잠부카다까상윳따(Jambukhādakasaṃyutta)	잠부카다까(방랑수행자)	16

39	사만다까상윳따(Sāmaṇḍakasaṃyutta)	사만다까(방랑수행사)	16
40	목갈라나상윳따(Moggallānasaṃyutta)	목갈라나(존자)	11
41	찟따상윳따(Cittasaṃyutta)	찟따(장자)	10
42	가마니상윳따(Gāmaṇisaṃyutta)	촌장	13
43	아상카따상윳따(Asaṅkhatasaṃyutta)	측량할 수 없음	44
44	아뱌까따상윳따(Abyākatasaṃyutta)	천명하지 않은 것	11
45	막가상윳따(Maggasaṃyutta)	길	180
46	봇장가상윳따(Bojjhaṅgasaṃyutta)	깨달음의 요소	184
47	사띠빳타나상윳따(Satipaṭṭhānasaṃyutta)	마음챙김의 확립	104
48	인드리야상윳따(Indriyasaṃyutta)	능력	178
49	삼맛빠다나상윳따(Sammappadhānasaṃyutta)	바른 노력	54
50	발라상윳따(Balasaṃyutta)	힘	108
51	잇디빠다상윳따(Iddhipādasaṃyutta)	영적 힘의 기초	86
52	아누룻다상윳따(Anuruddhasaṃyutta)	아누룻다(존자)	24
53	자나상윳따(Jhānasaṃyutta)	선정	54
54	아나빠나상윳따(Ānāpānasaṃyutta)	호흡	20
55	소따빳띠상윳따(Sotāpattisaṃyutta)	흐름에 들어섬	74
56	삿짜상윳따(Saccasaṃyutta)	진리	131
56개의 상윳따의 총 합계		2,904개	

2) 상윳따니까야의 도표 작성 시 유의점과 문제점

(1) 가상의 존재들을 주제로 한 10개의 상윳따는 설법체로 계산함

데와 신(1상윳따), 데와 신의 아들(2상윳따), 마라(4상윳따), 브라흐마 신(6상윳따), 약카 신(10상윳따), 삭까 신(11상윳따), 용(29상윳따), 신비한 새(30상윳따), 간답바 신(31상윳)

따), 구름 신(32상윳따) 등은 모두 인간이 아닌 신이나 가상의 존재들로서 10개의 상윳따에 나타난다.

앞서 언급한 10개의 경에서는 인간이 아닌 존재들을 의인화하여 게송을 주고받거나 대화를 나눈다. 이는 어디까지나 부처님의 가르침을 표현하기 위한 한 방법으로 가상의 존재들을 등장시킨 것이다. 이런 가상의 존재들이 등장하는 경전에서는 설령 게송을 주고받는 형식이라 하더라도 실제적인 대화가 아니기 때문에 설법체로 계산하였다.

(2) 중요인물이나 대화상대자로 특정 인물이 많게 된 이유

위 도표의 제목에서 알 수 있듯이 상윳따니까야는 특정 인물을 제목으로 한 것이 많다. 56상윳따니까야 중에서 13개의 상윳따가 개인의 이름으로 되어있다. 특정 인물인 개인이 그 상윳따 전체의 경에 등장하기 때문이며, 자연스럽게 이들 13명의 등장 빈도 또한 높다.

13명 중 비구가 8명(왕기사상윳따, 깟사빠상윳따, 라홀라상윳따, 락카나상윳따, 라다상윳따, 사리뿟따상윳따, 목갈라나상윳따, 아누룻다상윳따), 방랑수행자가 3명(왓차곳따상윳따, 잠부카다까상윳따, 사만다까상윳따), 왕이 1명(꼬살라상윳따), 장자가 1명(찟다상윳따)이다. 이들은 경에서 중요인물이 되기로 하고, 또는 대화 상대자로 반복해서 무더기로 등장하기도 한다. 이런 이유로 특정 인물이 빈도수가 높아진 것이다.

예를 들면, "한때 부처님은 기원정사에 계셨다."라고 시작하는 게 일반적인 경의 모습인데, 53상윳따에는 "한때 아누룻다 존자가 기원정사에 계셨다."라고 되어있어서 아누룻다 존자를 중요인물로 다루고 있으며 이는 그의 등장 빈도가 높은 이유이기도 하다.

비슷한 예가 '5빅쿠니상윳따'이다. 총 10개의 경전 모두 "한때 부처님은 기원정사에 계셨다."라고 적고 있지만, 부처님은 한 번도 내용에 등장하지 않는다. 이 경우도 10명의 '비구니'를 중요인물로 하였다.

(3) 장소를 알기 위한 경의 '시작 정형구'의 필요성
모든 빠알리 경전의 시작은 똑같은 정형구로 시작된다.

"Evam me sutaṃ. Ekaṃ samayaṃ Bhagavā Sāvatthiyaṃ viharati Jetavane Anāthapiṇḍikassa ārāme."

(이와 같이 나는 들었다. 한때 부처님은 사왓티의 제따 숲의 아나타삔디까 승원에 계셨다.)

이처럼 '나는 들었다'라고 시작하는 정형구는 부처님께 직접 들었음을 강조하여 경전의 확실성과 권위를 나타내며, 그다음 이어지는 '부처님이 어느 장소에 계셨다'라는 구절은 경전 설법의 장소가 어디였는지를 보여주는 주요한 단서가 된다. 기본적으로 이런 배경을 통하여 '중요인물'과 '설법 장소'를 밝혀낼 수 있다. 이것이 바로 문장 처음에 나오는 정형구가 중요하고 통계에 필요할 수밖에 없는 가장 큰 이유이다.

(4) 정형구가 절반쯤 있는 경전(추측의 경)이란 무엇인가?
장소가 분명히 드러나는 "이와 같이 나는 들었다. 한때 부처님은 사왓티의 제따 숲의 아나타삔디까 승원에 계셨다."라고 하는 정형구 다음에는 대화상대자가 명시된 정형구가 따라오기 마련이다. 그러나 장소와 중요인물, 대화상대자를 명확히 확인할 수 없는 경전이 상당히 많다. 이럴 경우는 추측을 하는 수밖에 없다. 가령, "그때 말리까 왕비가 부처님께 다가갔다. 인사를 드리고 앉아서 부처님께 말하였다."라는 정형구가 있다면 비록 장소까지 명시된 완전한 형태의 정형구는 아니더라도 이를 통해서 기원정사라는 장소가 생략되었음을 유추해내는 것이다.

이 연구서에서는 이처럼 절반 정도라도 정보를 제공하는 정형구가 있는 경전이라면 '추측의 경'이라는 명칭을 사용할 것이다.

(5) 정형구가 없는 경전과 그 계산방법

상윳따니까야는 정형구가 있는 경우가 적고 대부분 정형구가 없다. 모든 니까야가 그렇지만 특히 상윳따니까야는 반복의 경전이 대다수이다. '반복 묶음의 경전'[3]들이 주를 이루는데, 거의 대부분 경에서는 후반부쯤 '반복 묶음의 경전'이 수없이 등장한다. 이런 반복은 다른 상윳따니까야나 또는 앞의 어느 경전의 반복인 것이다. 그래서 상윳따니까야에 정형구가 있는가 없는가를, 즉 각 경전의 장소가 어디인지를 명확히 계산하기는 어렵다.

(6) 그 이유

정형구가 있는 경과 없는 경이 함께 섞여 있기 때문인데, 정형구가 없는 경전은 다른 상윳따니까야나 앞의 경과 단어 몇 개만 다를 뿐 반복인 경우가 많다. 다른 상윳따니까야나 앞의 경전의 반복인 경우에는 이것들을 찾아서 경전의 장소를 추정하게 된다.

반복인 경우, 수없이 많은 경전이 '묶은 경전'의 형태로 등장한다. 번호를 묶어서 중복을 나타낸다. '27-45'는 묶은 경전의 예로서 경 27에서 45까지는 동일하다는 표시이다. 이처럼 묶은 경전은 그 원형이 되는 경전의 장소를 따라야 한다.

모든 상윳따는 각각 경전의 많고 적음에 따라 여러 개의 장(chapter)으로 나누어지고, 한 개의 장에는 보통 10개나 12개의 경전들이 소속되어 있다. 그런데 그 장의 서두 제목에 특정 장소나 인물을 명시한 경우 그 장에 소속된 경들은 모두 영향을 받는다. 설령 정형구가 없는 경전이라도 특정 장소나 인물로 추정할 수밖에 없다.

반복의 경에서는 앞의 경에도 정형구가 없으면, 장의 제목이나 문장의 연속 여부, 같은 내용의 반복 여부 등을 확인해서 장소를 정할 수밖에 없다.

여러 가지 상황이 모두 애매할 때는 무조건 기원정사로 계산하였다.

---

3 반복 묶음의 경전: 경전이 반복인 경우는 똑같은 내용을 반복해서 쓰지 않고, 경 번호만 묶어서 제시하는 경우가 많다. 예를 들어, 36-51이라는 표시는 경 36번부터 경 51까지는 반복이라는 뜻이다. 그리고 어느 경의 반복인지를 제시하였다.

상윳따니까야에는 정형구가 완전히 갖추어진 경이 많지 않다. 많은 경우, 장이나 경의 서두에 'Sāvatthinidanaṃ(사왓티에서)', 'Sāvatthi viharati.(사왓티에 계셨다.)' 또는 더욱 간단하게 'Sāvatthi(사왓티)'라고만 언급되어 있다. 그러니 그 장이나 경은 모두 사왓티에 귀속된다는 뜻이다. 이런 측면에서는 상윳따니까야의 작성에 참여해 어떤 식으로든 기원정사를 기록하려 했던 필경사의 부단한 노력이 엿보인다.

사왓티는 꼬살라의 수도인 도시 이름이다. 사왓티에는 숲도 여러 개 있고, 동원의 미가라마뚜 강당 이외의 몇 개의 승원도 있었지만, 여기서 사왓티는 기원정사를 말한다. 기원정사의 정형구가 축소되어 그냥 '사왓티'라고 언급하고 있다. 사왓티에 있는 기원정사 이외의 다른 장소들은 그 명칭이 명기되어 있기 때문에 혼란을 겪을 염려가 없다.

(7) 결론

상윳따니까야는 반복이 매우 많다. 정형구가 있는 경전도 있지만 없는 경우가 훨씬 더 많다. 정형구가 없다고 하더라도 앞 경전의 연속이든가 다른 경전의 반복인 경우에는 그 원래 경전의 정형구를 따라야 한다. 같은 내용의 계속인 경우에도 마찬가지로 정형구를 따라야 한다. 해당하는 경에 단지 정형구가 없다고 해서, 또는 'Sāvatthi'라고 명시되지 않았다고 해서 기원정사가 아니라고 할 수는 없다.

상윳따니까야는 총 2,904개의 경이 있다. 이 중 많은 경이 앞의 경이나 다른 경을 반복하고 있다. 사왓티라고 명시되지 않았다고 해서 기원정사로 계산하지 않는 것은 문제가 있다. 전통적으로 정해진 경전의 숫자와 어떤 방법으로든지 'Sāvatthi'라고 표기하려는 의도가 확실하기에, 매 경마다 'Sāvatthi'라는 명시가 없더라도 반복되는 경전의 원형에 나타난 'Sāvatthi'를 기원정사로 계산해야 한다. 그러므로 이 연구서에서는 낱낱의 경전마다 정형구가 없다 하더라도, 즉 낱낱의 경전마다 장소의 언급이 없다 하더라도 기원정사로 계산하였다.

(8) 우드워드가 계산한 장소가 명기된 기원정사에 대한 도표를 살펴보자. 다음은 우드워드(F. L. Woodward)의 견해를 인용한 것이다.[4]

"상윳따니까야에서 아주 많은 경들은 'Sāvatthī(사왓티)', 또한 'Sāvatthī-nidānaṃ(사왓티에서)'라고 명기되어 있다. 아주 많은 사건들(경전의 이야기들)이 한 장소에서 일어난 것 같지는 않기 때문에, 내 생각에는 Mrs. Rhys Davids[5]의 추측대로, 아마 전체 경전이 'Sāvatthī'에서 저장되고 체계화된 것이 아닌가 한다."

"장소의 정형구 즉, '사왓티의 제따 숲의 아나타삔디까 승원'이라는 정형구는 보통 장(chapter)[6]의 처음에 등장한다. 그러나 항상 그렇지는 않다. 이 정형구는 '사왓티(Sāvatthī)'라는 단어 하나로 요약되어 표기된다. 다른 요약은 'Sāvatthiyaṃ, 또는 Sāvatthiyaṃ viharati'이다. 이것은 후대에 필경사가 전체의 정형구를 갖추어 쓰는데 지쳐서 그냥 'Sāvatthī-nidānaṃ(사왓티에서)'라고 쓴 것 같다. 사왓티(라고 장소가 명기된) 경전들[7]은 다음 표와 같다."

---

4 우드워드(F. L. Woodward)는 상윳따니까야를 'The Kindred Sayings-Samyutta-Nikaya'라는 영어 이름으로 영역하였다. 다음 글은 그의 Vol. 5권의 서문인 페이지 xvii-xviii, P. T. S 본에서 따온 것이다.

5 Mrs. Rhys Davids는 영국 빠알리성전협회를 창립한 Rhys Davids의 부인으로 남편의 뒤를 이어 빠알리성전협회를 이끌었다.

6 56개의 상윳따 각각은 경의 길이에 따라 여러 개의 장(chapter)으로 나누어지고, 장은 보통 10~12개의 경으로 구성된다.

7 '사왓티(Sāvatthī) 경전'들이란 꼬살라의 수도인 사왓티 인근의 장소들이 명기된 경전을 말한다. 즉 기원정사를 비롯하여 사왓티 도시에 있는 장소들로 동원의 미가라마뚜 강당, 라자까라마 비구니 승원, 안다 숲, 뿝바꼿타까, 수따누 강둑, 살랄라나무 초막이 상윳따니까야에 등장하는 사왓티 소재 장소이다.

	기원정사	미가라마뚜 강당	그 외 사왓티 근교	합계
디가니까야에서	5	1	0	6
맛지마니까야에서	69	6	0	75
상윳따니까야에서	723	9	4	736
앙굿따라니까야에서	47	7	0	54
총계	844	23	4	871

우드워드가 계산한 표에서처럼 미가라마뚜 강당이나 사왓티 근교는 분명하게 명기되어 있으므로 문제가 될 게 없지만, 상윳따와 앙굿따라니까야의 기원정사는 문제의 소지가 있다.

이 표는 'Sāvatthiyaṃ(사왓티에서)', 'Sāvatthiyaṃ viharati(사왓티에 계셨다)', 'Sāvatthī(사왓티)' 중 어느 것이라도 표기된 경전들이 상윳따니까야에 723개가 있음을 말해준다. 앙굿따라니까야에도 기원정사라고 표기된 것이 47개라는 것이다.

(9) 문제점

상윳따니까야는 총 2,904개의 경 중에서 오직 723개만이 기원정사를 장소적 배경으로 하고, 나머지는 장소의 정형구가 없는 경전이다. 미가라마뚜 강당은 필자의 계산으로도 겨우 9개에 불과하고, 그 외의 사왓티 근교는 '사왓티의 뿝빠꽂타까', '사왓티의 라자까라마 비구니 승원', '사왓티의 안다 숲', '사왓티의 수따누 강둑', '사왓티의 살랄라 나무 초막'의 5개이다.

723개라는 수치는 상윳따니까야 전체 경전의 ¼에 불과하다. 그러나 수없이 반복되는 나머지 경전에 'Sāvatthī'라는 언급이 없다고 해서 기원정사가 아니라고 할 수는 없다. 그 이유는 이미 앞에서 자세히 언급하였다.

부처님은 후반부 대부분을 기원정사에 머무셨다. 그렇다면 나머지 2,181개의 경은 어느 장소에서 설하셨다는 것인가? 설법장소로서 기원정사가 오직 723

개뿐이라는 점은 이치로 보더라도 타당치 않다. 왜냐하면, 이미 밝힌 대로 상윳따에서의 경전들은 앞의 경전을 반복하거나 다른 상윳따를 수없이 반복하며, '묶은 경전 번호'의 경우이거나 앞의 경전과 똑같은 경전이 계속되는 경우도 있기 때문이다. 많은 경우 이런 상황이라면 장(Chapter)의 처음에 'Sāvatthī'라는 언급이 있다.

물론 반 페이지도 안 되는 것을 하나의 경이라고 계산해야 하니 경의 숫자가 많아진 건 사실이지만, 정형구도 없는 이런 것들까지 모두 '기원정사'라고 해야 하는가 하는 의문이 생길 수도 있다. 그러나 상윳따니까야의 2,904개의 경전의 숫자는 전통적인 숫자이고, 또한 각 경전마다 어떻게 해서든지 'Sāvatthī'를 언급하려는 필경사의 의도는 명백하다. 사왓티가 기원정사를 의미하기 때문이다.

그러니 부처님은 상윳따니까야 2,904개의 경전 중에서 87%에 해당하는 2,528개의 경을 사왓티 기원정사에서 설법하신 것이라 보아도 무방할 것이다. 2,904개라는 경전의 총 숫자와 상윳따니까야만의 특수한 상황을 무시한 채 단지 723개의 경전만이 기원정사에서 설법한 내용이라고 할 수는 없다.

앙굿따라니까야도 상윳따니까야와 비슷한 상황이다. 그러나 앙굿따라니까야는 정형구가 있는 것과 없는 것을 확실히 알 수 있다는 점이 다르다. 우드워드는 앙굿따라니까야에서 기원정사를 47개의 경에서 발견하였다. 필자의 계산으로 앙굿따라니까야에서 기원정사라는 장소의 정형구가 있는 경은 50개였다.

여기서도 앙굿따라니까야의 전통적인 경의 총 숫자인 2,297개의 경을 무시할 수는 없다. 우드워드의 계산대로 기원정사가 겨우 47개의 경에서 언급되는 정도라면 부처님은 나머지 2,250개의 경을 어디서 설하셨다는 것인가?

정형구가 없다고 해서, 즉 장소에 관한 언급이 없다고 해서 기원정사가 아니라고 한다면 전통적인 경의 총 숫자를 부인하는 결과가 된다. 정형구가 있건 없건, 설사 장소에 관한 언급이 없다 하더라도 기원정사로 추정하는 것이 합당한 것 같다.

3) 각 상윳따의 정형구 유무 자세히 살펴보기

각 상윳따의 정형구 유무를 살펴보는 일은 장소를 파악하는 데 매우 중요하다.

① 1상윳따는 37개의 경에 정형구가 없다.

② 2상윳따는 'Sāvatthi', 또는 'Sāvatthinidamam' 등의 언급이 모두 있다. 즉 사왓티 기원정사라는 것을 밝히고 있다.

③ 3상윳따에는 어떤 형태이건 정형구가 다 있다.

④ 4상윳따에는 한 개의 정형구가 없다.

⑤ 5상윳따, 6·7·8·9·10·11상윳따는 어떤 형태이건 정형구가 다 있다.

⑥ 12상윳따에서 8장의 경 72-80은 경의 번호를 함께 묶어서 72-80이라 하고 'Sāvatthi'라고만 언급하고 있다. 경 72-80은 모두 사왓티라는 의미이다. 이렇게 묶은 경전 번호들이 12상윳따 이후부터는 빈번하게 등장한다.

⑦ 그리고 9장을 시작하기 전에 'Sāvatthiyam viharati(사왓티에 계셨다)'라고 언급하고 그 아래에 9장에 속하는 11개의 경 82-93은 모두 'Sāvatthiyam viharati(사왓티에 계셨다)'에 속해 있기에 기원정사라고 할 수 있다.

⑧ 17상윳따의 38-43, 18상윳따의 12-20에도 묶은 경전 번호가 나타난다. 여기도 'Sāvatthi'라는 언급이 있다. 19상윳따의 2-21도 단어 몇 개만 다르고 완전히 똑같은 반복의 경전이다. 앞의 경전을 그대로 반복하고 있다.

⑨ 22상윳따에 대화체가 85개나 등장하는 이유는 '5온 무상'에 대한 전형적인 문답형식이 반복적으로 사용되었기 때문이다. 즉 "물질은 영원한가, 무상한가?" "무상합니다." 식의 반복이다.

⑩ 23상윳따의 3장과 4장의 경우는 정형구 없이 몇 개의 단어만 다른 반복의 경전이다. 이런 반복의 경전은 앞의 내용과 같기 때문에 앞의 정형구를 따를 수밖에 없다.

⑪ 24상윳따는 전체 96개의 경으로 모두 대화체로 구성되어 있다. 전형적인 '5온

무상'의 정형구가 들어있는데, "물질은 영원한가, 무상한가?" "무상합니다."라는 방식의 대화체이다. 또한, 묶은 경전 번호가 많이 등장한다. 20-35, 37-44, 46-70, 72-96 등의 사례에서 볼 수 있듯 단어 몇 개만 다르고 반복의 연속이다.

⑫ 29·30상윳따도 묶은 경전 번호가 등장한다. 7-16, 17-46은 같은 반복이라 번호를 묶어 보이고 있다.

⑬ 31·32상윳따에서는 매 경전에 같은 식의 질문이 반복되기에 대화체가 되는 것이다. 29·30·31상윳따는 어떤 비구를 등장시켜 특정한 주제를 질문하도록 하는 형태를 띠고 있으며 질문에 대하여 설명을 하는 방식이다. 많은 묶은 경전 번호가 등장한다. 반복이 많다.

⑭ 33·34상윳따는 '반복 묶음의 경전'의 연속이다.

⑮ 35상윳따는 처음 시작하는 경전에만 정형구가 있고, 특정 장소가 없는 한 반복의 경전들은 정형구 없이 그냥 "비구들이여,…."로 시작된다. 그런데 꼭 그렇지만도 않다. 그리고 경전 번호 80 이후부터 끝 경전인 248까지는 '반복 묶음의 경전'들이 연속적으로 나타난다. 그리고 35. 134-145까지는 장의 이름이 '데와다하(Devadaha)'이다. 첫머리만 데와다하라고 언급하고 나머지 경들은 정형구가 없다. 장의 이름이 데와다하이고 내용이 같기 때문에 이 장에 속하는 경들은 데와다하로 계산하였다.

⑯ 36상윳따는 특정 장소가 없는 한 모두 정형구 없이 "비구들이여,…."로 시작된다.

⑰ 37상윳따는 정형구가 하나도 없다.

⑱ 38·40상윳따는 첫머리만 정형구 있고 정형구 없다.

⑲ 39상윳따는 앞의 경전과 단어 몇 개만 다르고 완전 똑같다.

⑳ 41상윳따는 정형구 다 있다.

㉑ 42·44상윳따는 어떤 경은 정형구가 있으나 어떤 경은 없다.

㉒ 43상윳따는 전체 경이 그대로 앞의 경을 반복하는 경이 대부분이다. 정형구는 없다.

㉓ 45상윳따는 해당되는 장(chapter) 서두에 'Sabbaṃ Savatthinidānam(모두 사왓티에서)'라고 언급하고 있다. 그러니 그 장에 속하는 모든 경은 기원정사라는 뜻이다. 경 91부터는 묶은 경전 번호가 연속된다. 단어 몇 개만 다르고 앞의 경들을 반복하고 있다. 경전 103-108, 109-114, 115-126, 127-138와 같은 식으로 경전 번호를 묶어서 반복을 보이고 있다.

㉔ 46상윳따도 경전 번호 묶음이 연속된다. 경전 78-98, 99-110, 111-120, 121-129. 즉, 경 46부터 경 184까지 반복의 경전 번호 묶음의 연속이다.

㉕ 47상윳따는 어떤 것은 'Savatthi(사왓티)'라고 언급되고 어떤 것은 없다. 반복의 경전 묶음들이 계속된다. 바로 앞의 것을 반복하는 경우가 많다. 그러나 45상윳따의 일부를 그대로 반복한다.

㉖ 48·49·50·51·53상윳따는 처음 시작 경전만 정형구가 있고 나머지는 없다. 경전의 중후반부터는 '경전 번호의 묶음'의 연속이다. 특이한 점은 45상윳따의 일부를 단어 몇 개만 다르고 그대로 반복하고 있다는 것이다.

㉗ 56상윳따는 4장 이후부터는 특정 장소가 아닌 한 정형구가 전혀 없다. 후반부의 경우 '경전 번호 묶음'의 연속이다. 예를 들면 경전 62부터 103까지는 단어 몇 개만 다른 반복의 연속이다. 105-107, 108-110, 111-113, 114-116. 이런 식으로 경 131까지 몇 개씩 묶여 있다. 이런 반복의 경우 먼저 경의 정형구와 같다는 의미이다.

이 연구서에서는 "부처님은 기원정사에 계셨다."라는 정형구는 있으나 부처님은 그 경전에 한 번도 등장하지 않을 경우에는 해당 경의 내용에 나오는 장소와 인물을 선택하여 계산하였다.

2. 상윳따니까야에 관한 도표와 설명

1) 도표 1-1: 상윳따니까야의 배경 도표

이 도표는 상윳따니까야의 총 경전 숫자인 2,904개의 경이 설해진 '장소'는 어디이며, 설법하는 주인공인 '중요인물'과 그 중요인물이 대화하는 '대화상대자'는 누구인지, 그리고 대화 형식으로 말을 주고받는 형태인지 아니면 중요인물이 혼자 설법하는 형태인지를 나타내는 '설법형태'는 무엇인지를 보여주는 통계이다.

● **도표를 이해하기 위한 예시**

아래의 표에서 맨 처음에 보이는 1상윳따에는 총 81개의 경이 있는데, 그중 69개는 '기원정사-붓다-데와 신-설법체'로 된 세트이고, 나머지 12개는 기원정사에서 설법이 이루어졌지만 대화상대자가 다르거나 설법장소마저도 다른 곳임을 보여준다. 1상윳따에서 56상윳따까지 모두 같은 형태를 취했다.

●대화형태에서의 표기 (ㅅ: 설법체, ㄷ: 대화체)

경의 번호	장소	중요 인물	대화 상대자	대화 형태
◐1상윳따	Devatāsaṃyutta (총 81개의 경)			
	사왓티의 기원정사 (69)	붓다 (69)	데와 신 (69)	ㅅ(69)
1:2.1	기원정사	붓다	비구들	ㅅ
1:2.10	라자가하의 따뽀다(온천) 승원	붓다	사밋디 존자, 데와 신	ㅅ
1:4.1-4	사왓티의 기원정사 (4)	붓다 (4)	사뚤라빠 무리의 신들 (4)	ㅅ(4)
1:4.5	사왓티의 기원정사	붓다	웃자나상니까 무리의 신들	ㅅ
1:4.6	사왓티의 기원정사	붓다	많은 사뚤라빠 무리의 신들	ㅅ
1:4.7	까삘라왓투의 큰 숲	붓다	500명의 아라한, 데와 신들	ㅅ
1:4.8	라자가하의 맛다꿋치의 녹야원	붓다	사뚤라빠 무리의 데와 신들	ㅅ
1:4.9	웨살리 큰 숲의 중각강당	붓다	꼬까나다 신	ㅅ

1:4.10	웨살리 큰 숲의 중각강당	붓다	쭐라꼬까나다 신	ㅅ
●2상윳따	**Devaputtasaṃyutta (총30개의 경)**			
	사왓티의 기원정사 (6)	붓다 (6)	데와 신의 아들 (6)	ㅅ (6)
2:1.1	사왓티의 기원정사	붓다	데와 신의 아들 깟사빠	ㅅ
2:1.2	사왓티의 기원정사	붓다	데와 신의 아들 깟사빠	ㅅ
2:1.3	사왓티의 기원정사	붓다	데와 신의 아들 마가	ㅅ
2:1.4	사왓티의 기원정사	붓다	데와 신의 아들 마가다	ㅅ
2:1.5	사왓티의 기원정사	붓다	데와 신의 아들 다말리	ㅅ
2:1.6	사왓티의 기원정사	붓다	데와 신의 아들 까마다	ㅅ
2:1.7	사왓티의 기원정사	붓다	데와 신의 아들 빤짤라짠다	ㅅ
2:1.8	사왓티의 기원정사	붓다	데와 신의 아들 따야나	ㅅ
2:1.9	사왓티의 기원정사	붓다	데와 신의 아들 짠디마	ㅅ
2:1.10	사왓티의 기원정사	붓다	데와 신의 아들 수리야	ㅅ
2:2.1	사왓티의 기원정사	붓다	데와 신의 아들 짠디마사	ㅅ
2:2.2	사왓티의 기원정사	붓다	데와 신의 아들 벤두가	ㅅ
2:2.3	라자가하의 죽림정사	붓다	데와 신의 아들 디갈랏티	ㅅ
2:2.4	사왓티의 기원정사	붓다	데와 신의 아들 난다나	ㅅ
2:2.5	사왓티의 기원정사	붓다	데와 신의 아들 짠다마	ㅅ
2:2.6	사왓티의 기원정사	붓다	데와 신의 아들 바수닷다	ㅅ
2:2.7	사왓티의 기원정사	붓다	데와 신의 아들 수브라흐마	ㅅ
2:2.8	사께따의 안자나 숲의 녹야원	붓다	데와 신의 아들 까꿋따	ㅅ
2:2.9	라자가하의 죽림정사	붓다	데와 신의 아들 웃따라	ㅅ
2:3.1	사왓티의 기원정사	붓다	데와 신의 아들 시와	ㅅ
2:3.5	꼬살라의 히말라야 산기슭의 초막	비구들	데와 신의 아들 잔뚜	ㅅ
2:3.6	사왓티의 기원정사	붓다	데와 신의 아들 로히땃사	ㅅ
2:3.9	사왓티의 기원정사	붓다	아난다, 데와 신의 아들 수시마	ㄷ
2:3.10	라자가하의 죽림정사	붓다	여러 데와 신의 아들들, 악마 빠삐만	ㅅ

◐ 3상윳따	Kosalasaṃyutta (총 25개의 경)			
	사왓티의 기원정사 (19)	붓다 (19)	빠세나디 왕 (19)	ㄷ (17) ㅅ (2)
3:1.8	사왓티의 기원정사	붓다	빠세나디 왕, 말리까 왕비	ㄷ
3:2.1	사왓티 동원의 미가라마뚜 강당	붓다	빠세나디 왕	ㄷ
3:2.2	사왓티의 기원정사	붓다	빠세나디 왕과 5명의 왕들, 재가자 짠다낭갈리까	ㄷ
3:2.3	사왓티의 기원정사	붓다	빠세나디 왕, 브라흐민 학생 수닷사나	ㄷ
3:2.4	사왓티의 기원정사	붓다	비구들	ㄷ
3:2.5	사왓티의 기원정사	붓다	비구들	ㄷ
◐ 4상윳따	Mārasaṃyutta (총 25개의 경)			
4:3.5	사왓티의 기원정사	붓다	악마의 세 딸들, 악마 빠삐만	ㅅ
4:1.1-3 4:3.4	우루웰라의 네란자라 강가의 아자빨라 보리수나무 아래 (4)	붓다 (4)	악마 빠삐만 (4)	ㅅ (4)
4:1.4	바라나시의 이시빠따나의 녹야원	붓다	악마 빠삐만	ㅅ
4:1.5	바라나시의 이시빠따나의 녹야원	붓다	비구들, 악마 빠삐만	ㅅ
4:1.6	라자가하의 죽림정사	붓다	악마 빠삐만	ㅅ
4:1.7	라자가하의 죽림정사	붓다	악마 빠삐만	ㅅ
4:1.8	사왓티의 기원정사	붓다	악마 빠삐만	ㅅ
4:1.9	라자가하의 죽림정사	붓다	비구들, 악마 빠삐만	ㅅ
4:1.10	라자가하의 죽림정사	붓다	비구들, 악마 빠삐만	ㅅ
4:2.1	라자가하의 독수리봉	붓다	악마 빠삐만	ㅅ
4:2.2	사왓티의 기원정사	붓다	악마 빠삐만	ㅅ
4:2.3	라자가하의 맛다꿋치의 녹야원	붓다	악마 빠삐만	ㅅ
4:2.4	꼬살라의 브라흐민 마을 에까살라	붓다	악마 빠삐만	ㅅ
4:2.5	사왓티의 기원정사	붓다	악마 빠삐만	ㅅ
4:2.6	사왓티의 기원정사	붓다	비구들	ㅅ
4:2.7	웨살리 큰 숲의 중각강당	붓다	악마 빠삐만	ㅅ

4:2.8	마가다의 브라흐민 마을 빤짜살라	붓다	악마 빠삐만	ㅅ
4:2.9	사왓티의 기원정사	붓다	비구들, 악마 빠삐만	ㅅ
4:2.10	꼬살라의 히말라야 산기슭의 초막	붓다	악마 빠삐만	ㅅ
4:3.1	사꺄의 실라와띠 지역	붓다	악마 빠삐만, 비구들	ㅅ
4:3.2	사꺄의 실라와띠 지역	붓다	사밋디 존자, 악마 빠삐만	ㅅ
4:3.3	라자가하의 죽림정사	붓다	고디까 존자, 악마 빠삐만, 비구들	ㄷ
◑ 5상윳따	**Bhikkhunisaṃyutta (총 10개의 경)**			
5.1	사왓티의 안다 숲	알라위까 비구니	악마 빠삐만	ㅅ
5.2	사왓티의 안다 숲	소마 비구니	악마 빠삐만	ㅅ
5.3	사왓티의 안다 숲	끼사 고따미 비구니	악마 빠삐만	ㅅ
5.4	사왓티의 안다 숲	위자야 비구니	악마 빠삐만	ㅅ
5.5	사왓티의 안다 숲	우빨라완나 비구니	악마 빠삐만	ㅅ
5.6	사왓티의 안다 숲	짤라 비구니	악마 빠삐만	ㅅ
5.7	사왓티의 안다 숲	우빠짤라 비구니	악마 빠삐만	ㅅ
5.8	사왓티의 안다 숲	시수 빠짤라 비구니	악마 빠삐만	ㅅ
5.9	사왓티의 안다 숲	셀라 비구니	악마 빠삐만	ㅅ
5.10	사왓티의 안다 숲	와지라 비구니	악마 빠삐만	ㅅ
◑ 6상윳따	**Brahmasaṃyutta (총 15개의 경)**			
6:1.1-2	우루웰라의 네라자라 강가의 아자빨라 보리수 아래 (2)	붓다 (2)	사함빠띠 브라흐마 신 (2)	ㅅ (2)

6:1.3	사왓티에서 탁발 도중	브라흐마 데와 존자	사함빠띠 브라흐마 신	ㅅ
6:1.4	사왓티의 기원정사	붓다	바까 브라흐마 신	ㅅ
6:1.5	사왓티의 기원정사	붓다	어떤 브라흐마 신, 마하목갈라나 존자, 마하깝삐나 존자, 아누룻다 존자, 시종브라흐마 신	ㅅ
6:1.6	사왓티의 기원정사	붓다	시종 없는 브라흐마 신인 수브라흐마 신과 숫다와사 신	ㅅ
6:1.7	사왓티의 기원정사	붓다	시종 없는 브라흐마 신인 수브라흐마 신과 숫다와사 신	ㅅ
6:1.8	사왓티의 기원정사	붓다	시종 없는 브라흐마 신인 수브라흐마 신과 숫다와사 신	ㅅ
6:1.9	사왓티의 기원정사	붓다	시종 없는 브라흐마 신인 뚜두 브라흐마 신	ㅅ
6:1.10	사왓티의 기원정사	붓다	고깔리까 비구, 비구들	ㄷ
6:2.1	라자가하의 삽삐니 강둑	붓다	사낭꾸마라 브라흐마 신	ㅅ
6:2.2	라자가하의 독수리봉	붓다	사함빠띠 브라흐마 신	ㅅ
6:2.3	마가다의 안다까윈다 마을	붓다	사함빠띠 브라흐마 신	ㅅ
6:2.4	사왓티의 기원정사	붓다	비구들	ㄷ
6:2.5	꾸시나라의 한 쌍의 살라나무 사이	붓다	비구들, 사함빠띠 브라흐마 신	ㅅ
◑7상윷따	Brāhmaṇasaṃyutta (총 22개의 경)			
7:1.1	라자가하의 죽림정사	붓다	브라흐민 여인 다난자니와 그 남편인 브라흐민	ㄷ
7:1.2	라자가하의 죽림정사	붓다	브라흐민 악꼬사까바라드와자	ㄷ
7:1.3	라자가하의 죽림정사	붓다	브라흐민 아수린다까바라드와자	ㄷ
7:1.4	라자가하의 죽림정사	붓다	브라흐민 빌랑기까바라드와자	ㄷ
7:1.5	사왓티의 기원정사	붓다	브라흐민 아힝사까바라드와자	ㄷ
7:1.6	사왓티의 기원정사	붓다	브라흐민 자따바라드와자	ㄷ

7:1.7	사왓티의 기원정사	붓다	브라흐민 숫디까바라드와자	ㄷ
7:1.8	라자가하의 죽림정사	붓다	브라흐민 악기까바라드와자	ㄷ
7:1.9	꼬살라의 순다리까 강둑	붓다	브라흐민 순다리까바라드와자	ㄷ
7:1.10	꼬살라의 어떤 숲	붓다	어떤 브라흐민	ㄷ
7:2.1	마가다의 닥키나기리의 에까날라 마을	붓다	브라흐민 까시바라드와자	ㄷ
7:2.2	사왓티의 기원정사	붓다	브라흐민 우다야	ㄷ
7:2.3	사왓티의 기원정사	붓다	우빠와나 존자, 브라흐민 데와히따	ㄷ
7:2.4	사왓티의 기원정사	붓다	어떤 대부호 브라흐민	ㄷ
7:2.5	사왓티의 기원정사	붓다	브라흐민 마낫탓다	ㄷ
7:2.6	사왓티의 기원정사	붓다	브라흐민 빳짜니까사따	ㄷ
7:2.7	꼬살라의 어떤 숲	붓다	브라흐민 나와깜미까바라드와자	ㄷ
7:2.8	꼬살라의 어떤 숲	붓다	바라드와자 가문의 브라흐민 학생들	ㄷ
7:2.9	사왓티의 기원정사	붓다	어머니를 부양하는 브라흐민	ㄷ
7:2.10	사왓티의 기원정사	붓다	거지 브라흐민	ㄷ
7:2.11	사왓티의 기원정사	붓다	상가라와 브라흐민	ㄷ
7:2.12	사꺄족의 작은 도시 코마둣사	붓다	코마둣사의 브라흐민 장자들	ㄷ
◖8상윳따	Vaṅgīsasaṃyutta (총 12개의 경)			
8.1-3	알라위의 악갈라와 사당 (3)	왕기사 존자 (3)	스승인 니그로다깝빠 존자 (3)	ㅅ (3)
8.4	사왓티의 기원정사	아난다	왕기사 존자	ㄷ
8.5	사왓티의 기원정사	붓다	비구들, 왕기사 존자	ㄷ
8.6	사왓티의 기원정사	사리뿟따	비구들, 왕기사 존자	ㄷ
8.7	사왓티 동원의 미가라마뚜 강당	붓다	500명의 아라한들, 사리뿟따, 왕기사 존자	ㄷ
8.8	사왓티의 기원정사	붓다	1,250명의 비구들, 왕기사 존자	ㄷ
8.9	라자가하의 죽림정사	붓다	안냐꼰단냐 존자, 왕기사 존자	ㄷ

8.10	라자가하의 이시길리 산의 검은 바위	붓다	500명의 아라한, 마하목갈라나 존자, 왕기사 존자	ㄷ
8.11	깜빠의 각가라 호수	붓다	500명의 아라한들, 700명의 남성재가자, 700명의 여성재가자, 왕기사 존자	ㄷ
8.12	사왓티의 기원정사	왕기사 존자	아무도 없음. 오직 시(詩) 한 수임	ㅅ
◑ 9상윳따	**Vanasaṃyutta (총 14개의 경)**			
9.1-2와 8 9.10-12,14	꼬살라의 어떤 숲 (7)	어떤 비구(7)	데와 신 (7)	ㅅ (7)
9.3	꼬살라의 어떤 숲	깟사빠곳따 비구	데와 신	ㅅ
9.4	꼬살라의 어떤 숲	많은 비구들	데와 신	ㅅ
9.5	꼬살라의 어떤 숲	아난다 존자	데와 신	ㅅ
9.6	꼬살라의 어떤 숲	아누룻다	잘리니 여신	ㅅ
9.7	꼬살라의 어떤 숲	나가닷따 비구	데와 신	ㅅ
9.9	웨살리의 어떤 숲	왓지족의 어떤 비구	데와 신	ㅅ
9.13	꼬살라의 어떤 숲	많은 비구	데와 신	ㅅ
◑ 10상윳따	**Yakkhasaṃyutta (총 12개의 경)**			
10.1	라자가하의 인다구따 산에 약카 인다까가 있는 곳	붓다	약카 인다까	ㅅ
10.2	라자가하의 독수리봉	붓다	약카 사까	ㅅ
10.3	가야의 땅끼따만짜(약카 있는 곳)	붓다	약카 수찔로마, 약카 카라	ㅅ
10.4	마가다의 마니말라까 사당	붓다	약카 마니밧다	ㅅ
10.5	사왓티의 기원정사	여성 재가자	여성재가자 아들 사누	ㅅ
10.6	사왓티의 기원정사	아누룻다	약카녀 삐앙까라의 어머니	ㅅ

10.7	사왓티의 기원정사	붓다	비구들, 야카녀 뿌납바수	ㅅ
10.8	라자가하의 시따 숲	붓다	아나타삔디까 장자, 약카시와까	ㄷ
10.9	라자가하의 죽림정사	비구니 숙까	숙까에게 믿음을 가진 약카	ㅅ
10.10	라자가하의 죽림정사	비구니 숙까	숙까에게 믿음을 가진 약카	ㅅ
10.11	라자가하의 죽림정사	비구니 찌라	찌라에게 믿음을 가진 약카	ㅅ
10.12	알라위의 약카가 있는 곳	붓다	알라와까 약카	ㅅ
◐ 11 상윳따	**Sakkasaṃyutta (총 25개의 경)**			
11:1.1	사왓티의 기원정사	붓다	비구들, 신들의 왕 삭까 신, 데와 신인 수위라	ㅅ
11:1.2	사왓티의 기원정사	붓다	비구들, 신들의 왕 삭까 신, 데와 신인 수시마	ㅅ
11:1.3	사왓티의 기원정사	붓다	비구들, 여러 신들	ㅅ
11:1.4	사왓티의 기원정사	붓다	비구들, 신들의 왕 삭까	ㅅ
11:1.5	사왓티의 기원정사	붓다	비구들, 신들의 왕 삭까, 아수라의 왕 웨빠찟띠	ㅅ
11:1.6	사왓티의 기원정사	붓다	비구들, 신들의 왕 삭까	ㅅ
11:1.8	사왓티의 기원정사	붓다	신들의 왕 삭까, 아수라의 왕 웨로짜나	ㅅ
11:1.9	사왓티의 기원정사	붓다	비구들, 신들의 왕 삭까	ㅅ
11:1.10	사왓티의 기원정사	붓다	비구들, 아수라의 왕 삼바라	ㅅ
11:2.1,2,8,9 11:1.7,3.5	사왓티의 기원정사 (6)	붓다 (6)	비구들 (6)	ㅅ (6)
11:2.3	웨살리 큰 숲의 중각강당	붓다	릿차위족 마할리	ㄷ
11:2.4	라자가하의 죽림정사	붓다	비구들	ㅅ
11:2.5	사왓티의 기원정사	붓다	신들의 왕 삭까	ㅅ
11:2.6	라자가하의 독수리봉	붓다	신들의 왕 삭까	ㅅ
11:2.7	사왓티의 기원정사	붓다	신들의 왕 삭까, 브라흐마 신 사함빠띠	ㅅ

11:2.10	사왓티의 기원정사	붓다	비구들	ㅅ
11:3.1	사왓티의 기원정사	붓다	신들의 왕 삭까	ㅅ
11:3.2	사왓티의 기원정사	붓다	비구들, 신들의 왕 삭까	ㅅ
11:3.3	사왓티의 기원정사	붓다	비구들, 여러 신들	ㅅ
11:3.4	사왓티의 기원정사	붓다	비구들, 두 명의 비구	ㅅ
◑ 12상윳따	Nidānasaṃyutta (총 93개의 경)			
	사왓티의 기원정사 (75)	붓다 (75)	비구들 (75)	ㄷ (3) ㅅ (72)
12.12	사왓티의 기원정사	붓다	몰리야 팍구나 비구	ㄷ
12.15	사왓티의 기원정사	붓다	깟짜야나곳따 존자	ㄷ
12.17	라자가하의 죽림정사	붓다	나체수행자 깟사빠	ㄷ
12.18	사왓티의 기원정사	붓다	방랑수행자 띰바루까	ㄷ
12.24	라자가하의 죽림정사	붓다	사리뿟따, 아난다, 방랑수행자들	ㄷ
12.25	사왓티의 기원정사	붓다	사리뿟따 존자, 아난다 존자, 부미자 존자	ㄷ
12.26	사왓티의 기원정사	붓다	우빠와나 존자	ㄷ
12.31	사왓티의 기원정사	붓다	사리뿟따 존자	ㄷ
12.32	사왓티의 기원정사	붓다	깔라라캇띠야 비구, 사리뿟따 존자	ㄷ
12.41	사왓티의 기원정사	붓다	아나타삔디까 장자	ㄷ
12.46	사왓티의 기원정사	붓다	어떤 브라흐민	ㄷ
12.47	사왓티의 기원정사	붓다	브라흐민 자눗소니	ㄷ
12.48	사왓티의 기원정사	붓다	궤변론자 브라흐민	ㄷ
12.60	꾸루의 깜마사담마 작은 도시	붓다	아난다	ㄷ
12.66	꾸루의 깜마사담마 작은 도시	붓다	비구들, 아난다	ㄷ
12.67	바라나시 이시빠따나의 녹야원	사리뿟따	마하꼿티따 존자	ㄷ
12.68	꼬삼비의 고시따 승원	사윗타 존자	무실라 존자, 나라다 존자, 아난다 존자	ㄷ
12.70	라자가하의 죽림정사	붓다	방랑수행자 수시마	ㄷ

☾ 13상윳따	**Abhisamayasaṃyutta (총 11개의경)**			
	사왓티의 기원정사 (11)	붓다 (11)	비구들 (11)	ㄷ(11)
☾ 14상윳따	**Dhātusaṃyutta (총 39개의 경)**			
	사왓티의 기원정사 (36)	붓다 (36)	비구들 (36)	ㅅ(36)
14.13	나띠까의 벽돌집	붓다	마하깟짜야나 존자	ㄷ
14.14	사왓티의 기원정사	붓다	비구들	ㅅ
14.15	라자가하의 독수리봉	붓다	여러 잘 알려진 존자들	ㄷ
☾ 15상윳따	**Anamataggasaṃyutta (총 20개의 경)**			
	사왓티의 기원정사 (16)	붓다 (16)	비구들 (16)	ㄷ (6) ㅅ(10)
15.8	라자가하의 대나무 숲(죽림정사)	붓다	어떤 브라흐민	ㄷ
15.10	라자가하의 독수리봉	붓다	비구들	ㅅ
15.13	라자가하의 죽림정사	붓다	빠와에서 온 30명 비구	ㅅ
15.20	라자가하의 독수리봉	붓다	비구들	ㅅ
☾ 16상윳따	**Kassapasaṃyutta (총 13개의 경)**			
16.1,3,4,9	사왓티의 기원정사 (4)	붓다 (4)	비구들 (4)	ㅅ(4)
16.2	바라나시의 이시빠따나의 녹야원	마하 깟사빠	사리뿟따	ㄷ
16.5	라자가하의 죽림정사	붓다	마하깟사빠	ㄷ
16.6	사왓티의 기원정사	붓다	마하깟사빠, 두 명의 비구	ㄷ
16.7,8	사왓티의 기원정사 (2)	붓다 (2)	마하깟사빠 (2)	ㄷ(2)
16.10	사왓티의 기원정사	붓다	마하깟사빠, 아난다	ㄷ
16.11	라자가하의 죽림정사	붓다	마하깟사빠, 아난다	ㄷ
16.12	바라나시의 이시빠따나의 녹야원	마하 깟사빠	사리뿟따	ㄷ
16.13	사왓티의 기원정사	붓다	마하깟사빠	ㄷ
☾ 17상윳따	**Lābhasakkārasaṃyutta (총 43개의 경)**			
	사왓티의 기원정사 (41)	붓다 (41)	비구들 (41)	ㅅ(41)
17.35	라자가하의 독수리봉	붓다	비구들	ㅅ

17.36	라자가하의 죽림정사	붓다	비구들	ㅅ
◑18상윳따	**Rahulasaṃyutta (총 22개의 경)**			
	사왓티의 기원정사 (22)	붓다 (22)	라훌라 (22)	ㄷ(22)
◑19상윳따	**Lakkhaṇasaṃyutta (총 21개의 경)**			
	라자가하의 죽림정사 (21)	붓다 (21)	락카나 존자, 마하목갈라나 (21)	ㄷ(21)
◑20상윳따	**Opammasaṃyutta (총 12개의 경)**			
	사왓티의 기원정사 (9)	붓다 (9)	비구들 (9)	ㅅ(9)
20.8	웨살리 큰 숲의 중각강당	붓다	비구들	ㅅ
20.9	사왓티의 기원정사	붓다	새로 계 받은 비구, 비구들	ㄷ
20.10	사왓티의 기원정사	붓다	어떤 비구	ㄷ
◑21상윳따	**Bhikkhusaṃyutta (총 12개의 경)**			
21.1	사왓티의 기원정사	마하 목갈라나	비구들	ㄷ
21.2	사왓티의 기원정사	사리뿟따	아난다	ㄷ
21.3	라자가하의 죽림정사	사리뿟따	마하목갈라나	ㄷ
21.4	사왓티의 기원정사	붓다	젊은 비구	ㄷ
21.5	사왓티의 기원정사	붓다	수자따 존자	ㄷ
21.6	사왓티의 기원정사	붓다	밧디야 존자	ㄷ
21.7	웨살리 큰 숲의 중각강당	붓다	위사카 존자	ㄷ
21.8	사왓티의 기원정사	붓다	난다 존자	ㅅ
21.9	사왓티의 기원정사	붓다	띳사 존자	ㄷ
21.10	라자가하의 죽림정사	붓다	어떤 비구	ㄷ
21.11	사왓티의 기원정사	붓다	마하깝삐나 존자	ㄷ
21.12	사왓티의 기원정사	붓다	마하깝삐나 존자, 두 명의 비구	ㄷ
◑22상윳따	**Khandhasaṃyutta (총 159개의 경)**			
	사왓티의 기원정사 (100)	붓다 (100)	비구들 (100)	ㄷ(85) ㅅ(15)
22.1	박가의 숭수마라기리의 베사깔라 숲의 녹야원	붓다	나꿀라삐따 장자, 사리뿟따 존자	ㄷ

22.2	사꺄의 데와다하 마을	붓다	사리뿟따, 비구들	ㄷ
22.3과 4	아완띠의 꾸라라가라의 산협 (2)	마하깟짜나 (2)	할릿디까니 장자 (2)	ㄷ (2)
22.21,37,38,159	사왓티의 기원정사 (4)	붓다 (4)	아난다 (4)	ㄷ (4)
22.35,36,63-70,96-98,113-116,126	사왓티의 기원정사 (18)	붓다 (18)	어떤 비구 (18)	ㄷ (18)
22.49	라자가하의 죽림정사	붓다	장자의 아들 소나	ㄷ
22.50	라자가하의 죽림정사	붓다	장자의 아들 소나	ㄷ
22.59	바라나시의 이시빠따나의 녹야원	붓다	다섯 명의 비구들	ㅅ
22.60	웨살리 큰 숲의 중각강당	붓다	릿차위족 마할리	ㄷ
22.71	사왓티의 기원정사	붓다	라다 존자	ㄷ
22.72	사왓티의 기원정사	붓다	수라다 존자	ㄷ
22.80	까삘라왓투의 니그로다 승원	붓다	비구들	ㄷ
22.81	꼬삼비의 고시따 승원	붓다	비구들, 아난다 존자	ㅅ
22.82	사왓티의 동원의 미가라마뚜 강당	붓다	비구들, 어떤 비구	ㄷ
22.83	사왓티의 기원정사	아난다	비구들	ㄷ
22.84	사왓티의 기원정사	붓다	띳사 존자, 비구들	ㄷ
22.85	사왓티의 기원정사	사리뿟따	야마까 존자, 비구들	ㄷ
22.86	웨살리 큰 숲의 중각강당	붓다	아누룻다, 방랑수행자들	ㄷ
22.87	라자가하의 죽림정사	붓다	왁깔리 존자	ㄷ
22.88	라자가하의 죽림정사	붓다	앗사지 존자	ㄷ
22.89	꼬삼비의 고시따 승원	케마까 존자	장로 비구들, 다사까 존자	ㄷ
22.90	바라나시의 이시빠따나의 녹야원	찬나 존자	장로 비구들, 아난다 존자	ㄷ
22.91	사왓티의 기원정사	붓다	라훌라 존자	ㄷ
22.92	사왓티의 기원정사	붓다	라훌라 존자	ㄷ

22.95	아욧자의 갠지스 강둑	붓다	비구들	ㅅ
22.122,123	바라나시의 이시빠따나의 녹야원 (2)	사리뿟따 (2)	마하꼿티따 존자 (2)	ㄷ (2)
22.124,125	사왓티의 기원정사 (2)	붓다 (2)	깝빠 존자 (2)	ㄷ (2)
22.127 -135	바라나시의 이시빠따나의 녹야원 (9)	사리뿟따 (9)	마하꼿티따 존자 (9)	ㄷ (9)
◑23상윳따	**Rādhasaṃyutta (총 46개의 경)**			
	사왓티의 기원정사 (46)	붓다 (46)	라다 존자 (46)	ㅅ(7) ㄷ(39)
◑24상윳따	**Diṭṭhisaṃyutta (총 96개의 경)**			
	사왓티의 기원정사 (96)	붓다 (96)	비구들 (96)	ㄷ(96)
◑25상윳따	**Okkantikasaṃyutta (총 10개의 경)**			
	사왓티의 기원정사 (10)	붓다 (10)	비구들 (10)	ㅅ(10)
◑26상윳따	**Uppādasaṃyutta (총 10개의 경)**			
	사왓티의 기원정사 (10)	붓다 (10)	비구들 (10)	ㅅ(10)
◑27상윳따	**Kilesasaṃyutta (총 10개의 경)**			
	사왓티의 기원정사 (10)	붓다 (10)	비구들 (10)	ㅅ(10)
◑28상윳따	**Sāriputtasaṃyutta (총 10개의 경)**			
	사왓티의 기원정사 (9)	사리뿟따 (9)	아난다 (9)	ㄷ (9)
28.10	라자가하의 죽림정사	사라뿟따	여성 방랑수행자 수찌무키	ㄷ
◑29상윳따	**Nāgasaṃyutta (총 50개의 경)**			
29.1과 2	사왓티의 기원정사 (2)	붓다 (2)	비구들 (2)	ㅅ (2)
나머지	사왓티의 기원정사 (48)	붓다 (48)	어떤 비구 (48)	ㄷ(48)
◑30상윳따	**Supaṇṇasaṃyutta (총 46개의 경)**			
30.1과 2	사왓티의 기원정사 (2)	붓다 (2)	비구들 (2)	ㅅ (2)
나머지	사왓티의 기원정사 (44)	붓다 (44)	어떤 비구 (44)	ㄷ(44)
◑31상윳따	**Gandhabbasaṃyutta(총 112개의 경)**			
	사왓티의 기원정사 (111)	붓다 (111)	어떤 비구 (111)	ㄷ (111)

31.1	사왓티의 기원정사	붓다	비구들	ㅅ (1)
◐32상윳따	**Valāhakasaṃyutta (총57개의 경)**			
32.1	사왓티의 기원정사	붓다	비구들	ㅅ (1)
나머지	사왓티의 기원정사 (56)	붓다 (56)	어떤 비구 (56)	ㄷ(56)
◐33상윳따	**Vacchagottasaṃyutta (총55개의 경)**			
	사왓티의 기원정사 (55)	붓다 (55)	방랑수행자 왓차곳따 (55)	ㄷ(55)
◐34상윳따	**Jhānasaṃyutta (총55개의 경)**			
	사왓티의 기원정사 (55)	붓다 (55)	비구들 (55)	ㅅ(55)
◐35상윳따	**Saḷāyatanasaṃyutta (총248개의 경)**			
	사왓티의 기원정사 (169)	붓다 (169)	비구들 (169)	ㅅ (169)
35.28	가야의 가야시사(언덕 능선)	붓다	비구들	ㅅ
35.29-32	라자가하의 죽림정사 (4)	붓다 (4)	비구들 (4)	ㅅ(4)
35.53-59, 71-73,79, 80,82,165- 167	사왓티의 기원정사 (16)	붓다 (16)	어떤 비구 (16)	ㄷ(16)
35.63	사왓티의 기원정사	붓다	미가잘라 존자	ㄷ
35.64	사왓티의 기원정사	붓다	미가잘라 존자	ㄷ
35.65-68	라자가하의 죽림정사 (4)	붓다 (4)	사밋디 존자 (4)	ㄷ (4)
35.69	라자가하의 시따 숲의 삽빠손디까 동굴	우빠세나 존자	사리뿟따	ㄷ
35.70	사왓티의 기원정사	붓다	우빠와나 존자	ㄷ
35.74	사왓티의 기원정사	붓다	잘 알려지지 않은 신참 비구	ㄷ
35.75	사왓티의 기원정사	붓다	잘 알려지지 않은 신참 비구	ㄷ
35.76	사왓티의 기원정사	붓다	라다 존자	ㄷ
35.77	사왓티의 기원정사	붓다	라다 존자	ㄷ
35.78	사왓티의 기원정사	붓다	라다 존자	ㄷ
35.83	사왓티의 기원정사	붓다	몰리야 팍구나 존자	ㄷ
35.84-86	사왓티의 기원정사 (3)	붓다 (3)	아난다 존자 (3)	ㄷ (3)

35.87	라자가하의 죽림정사	붓다	사리뿟따, 찬나 존자, 마하쭌다 존자	ㄷ
35.88	사왓티의 기원정사	붓다	뿐나 존자	ㄷ
35.89	사왓티의 기원정사	붓다	바히야 존자	ㄷ
35.95	사왓티의 기원정사	붓다	말룽꺄뿟따 존자	ㄷ
35.113	나디까 마을의 벽돌집(승원)	붓다	어떤 비구	ㅅ
35.116	사왓티의 기원정사	붓다	아난다, 비구들	ㄷ
35.117	사왓티의 기원정사	붓다	아난다, 비구들	ㄷ
35.118	라자가하의 독수리봉	붓다	삭까 신	ㄷ
35.119	라자가하의 독수리봉	붓다	간답바의 아들 빤짜시카	ㄷ
35.120	사왓티의 기원정사	사리뿟따	어떤 비구	ㄷ
35.124	웨살리 큰 숲의 중각강당	붓다	욱가 장자	ㄷ
35.125	왓지의 핫티가마(마을)	붓다	욱가 장자	ㄷ
35.126	날란다의 빠와리까의 망고 숲	붓다	우빨리 장자	ㄷ
35.127	꼬삼비의 고시따 승원	삔돌라바라드와자	우데나 왕	ㄷ
35.128	라자가하의 죽림정사	붓다	장자의 아들 소나	ㄷ
35.129	꼬삼비의 고시따 승원	붓다	고시따 장자	ㄷ
35.130	아완띠의 꾸라라가라의 산협	마하깟짜나	할릿다까니 장자	ㄷ
35.131	박가의 숭수마라기리의 베사깔라 숲의 녹야원	붓다	나꿀라삐따 장자	ㄷ
35.132	아완띠의 막까라까따의 숲속 초막	마하깟짜나	로힛짜 브라흐민	ㄷ
35.133	까만다의 브라흐민 또데이야의 망고 숲	우다이 존자	브라흐민의 부인	ㄷ
35.134-145	사꺄의 데와다하 작은 도시 (12)	붓다 (12)	비구들 (12)	ㅅ(12)
35.160	라자가하의 지와까의 망고 숲	붓다	비구들	ㅅ
35.161	라자가하의 지와까의 망고 숲	붓다	비구들	ㅅ
35.162-164	사왓티의 기원정사	붓다	마하꽃티따 존자	ㄷ

35.232	바라나시의 이시빠따나의 녹야원	사리뿟따	마하꽂티따 존자	ㄷ
35.233	꼬삼비 고시따 승원	아난다	까마부 존자	ㄷ
35.234	꼬삼비 고시따 승원	아난다	우다이 존자	ㄷ
35.241	꼬삼비의 갠지스강 언덕	붓다	비구들	ㅅ
35.242	낌빌라의 갠지스강 언덕	붓다	낌빌라 존자, 비구들	ㅅ
35.243	까삘라왓투의 니그로다 승원	붓다	사꺄족들	ㄷ
◑36상윳따	Vedanasaṃyutta (총31개의 경)			
	사왓티의 기원정사 (23)	붓다 (23)	비구들 (23)	ㅅ(23)
36.7	웨살리 큰 숲의 중각강당	붓다	비구들	ㅅ
36.8	웨살리 큰 숲의 중각강당	붓다	비구들	ㅅ
36.11	사왓티의 기원정사	붓다	어떤 비구	ㄷ
36.15	사왓티의 기원정사	붓다	아난다	ㄷ
36.16	사왓티의 기원정사	붓다	아난다	ㄷ
36.19	사왓티의 기원정사	우다이 존자	건축가 빤짜깡가	ㄷ
36.21	라자가하의 죽림정사	붓다	방랑수행자 몰리야시와까	ㄷ
36.23	사왓티의 기원정사	붓다	어떤 비구	ㄷ
◑37상윳따	Mātugāmasaṃyutta (총34개의 경)			
	사왓티의 기원정사 (14)	붓다 (14)	비구들 (14)	ㅅ(14)
37.5-24	사왓티의 기원정사 (20)	붓다 (20)	아누룻다 존자 (20)	ㄷ(20)
◑38상윳따	Jambukhādakasaṃyutta(총16개의 경)			
	마가다의 날라까 마을 (16)	사리뿟따 (16)	방랑수행자 잠부카다까(16)	ㄷ(16)
◑39상윳따	Samandakasaṃyutta (총16개의 경)			
	왓지의 욱까쩰라 마을 (16)	사리뿟따 (16)	방랑수행자 사만다까 (16)	ㄷ (16)
◑40상윳따	Moggallānasaṃyutta (총11개의 경)			
	사왓티의 기원정사 (9)	마하목갈라나 존자 (9)	비구들 (9)	ㅅ (9)

40.10	사왓티의 기원정사	마하목갈라나 존자	삭까 신, 데와 신들	ㅅ
40.11	사왓티의 기원정사	마하목갈라나 존자	데와 신의 아들들, 삭까 신	ㅅ
◑ 41상윳따	**Cittasaṃyutta (총 10개의 경)**			
41.1	맛치까산다의 야생 망고 숲	많은 장로 비구들	찟따 장자	ㄷ
41.2	맛치까산다의 야생 망고 숲	많은 장로 비구들	찟따 장자, 이시닷따 존자	ㄷ
41.3	맛치까산다의 야생 망고 숲	많은 장로 비구들	찟따 장자, 이시닷따 존자	ㄷ
41.4	맛치까산다의 야생 망고 숲	많은 장로 비구들	찟따 장자, 마하까 존자	ㄷ
41.5	맛치까산다의 야생 망고 숲	까마부 존자	찟따 장자	ㄷ
41.6	맛치까산다의 야생 망고 숲	까마부 존자	찟따 장자	ㄷ
41.7	맛치까산다의 야생 망고 숲	고닷따 존자	찟따 장자	ㄷ
41.8	맛치까산다의 야생 망고 숲	찟따 장자	니간타나따뿟따	ㄷ
41.9	맛치까산다의 야생 망고 숲	찟따 장자	나체고행자 깟사빠	ㄷ
41.10	맛치까산다의 야생 망고 숲	찟따 장자	찟따 장자의 혈족과 동료	ㄷ
◑ 42상윳따	**Gāmaṇisaṃyutta (총 13개의 경)**			
42.1	사왓티의 기원정사	붓다	촌장 짠다	ㄷ
42.2	라자가하의 죽림정사	붓다	배우극단 감독관인 딸라뿟따	ㄷ
42.3	사왓티의 기원정사	붓다	전투사 대장	ㄷ
42.4	사왓티의 기원정사	붓다	코끼리 전투사 대장	ㄷ
42.5	사왓티의 기원정사	붓다	기마병 대장	ㄷ
42.6-8	날란다의 빠와리까의 망고 숲 (3)	붓다 (3)	촌장 아시반다까뿟따 (3)	ㄷ (3)
42.9	날란다의 빠와리까의 망고 숲	붓다	니간타나따뿟따, 촌장 아시반다까뿟따	ㄷ
42.10	라자가하의 죽림정사	붓다	촌장 마니쭐라까, 왕의 신하들	ㄷ

42.11	말라의 우루웰라깝빠 자은 도시	붓다	촌장 비드라가까	ㄴ
42.12	말라의 우루웰라깝빠 작은 도시	붓다	촌장 라시야	ㄷ
42.13	꼴리야의 웃따라 마을	붓다	촌장 빠딸리야	ㄷ
◐43상윳따	**Asaṅkhatasaṃyutta (총 44개의 경)**			
	사왓티의 기원정사 (44)	붓다 (44)	비구들 (44)	ㅅ(44)
◐44상윳따	**Abyākatasaṃyutta (총 11개의 경)**			
44.1	사왓티의 기원정사	붓다	비구니 케마, 빠세나디 왕	ㄷ
44.2	웨살리 큰 숲의 중각강당	붓다	아누룻다 존자, 방랑수행자들	ㄷ
44.3-6	바라나시의 이시빠따나의 녹야원(4)	사리뿟따 (4)	마하꼿티따 존자 (4)	ㄷ (4)
44.7	사왓티의 기원정사	붓다	마하목갈라나 존자, 방랑수행자 왓차곳따	ㄷ
44.8	사왓티의 기원정사	붓다	방랑수행자 왓차곳따, 마하목 갈라나 존자	ㄷ
44.9	사왓티의 기원정사	붓다	방랑수행자 왓차곳따	ㄷ
44.10	사왓티의 기원정사	붓다	방랑수행자 왓차곳따, 아난다	ㄷ
44.11	나디까의 벽돌집(승원)	사비야깟 짜나 존자	방랑수행자 왓차곳따	ㄷ
◐45상윳따	**Maggasaṃyutta (총 180개의 경)**			
	사왓티의 기원정사 (169)	붓다 (169)	비구들 (169)	ㄷ (1) ㅅ(168)
45.2	사꺄의 삭까라(작은 도시)	붓다	아난다	ㄷ
45.3	사왓티의 기원정사	붓다	사리뿟따	ㄷ
45.4	사왓티의 기원정사	붓다	아난다	ㄷ
45.6,7,13	사왓티의 기원정사 (3)	붓다 (3)	어떤 비구 (3)	ㄷ (3)
45.10	사왓티의 기원정사	붓다	방랑수행자 난디야	ㄷ
45.18-20	빠딸리뿟따의 꾹꾸따 승원 (3)	아난다 (3)	밧다 존자 (3)	ㄷ (3)
45.30	사왓티의 기원정사	붓다	웃띠야 존자	ㄷ
◐46상윳따	**Bojjhaṅgasaṃyutta (총 184개의 경)**			
	사왓티의 기원정사 (163)	붓다(163)	비구들 (163)	ㅅ (163)

46.4	사왓티의 기원정사	사리뿟따	비구들	ㅅ
46.5,44-47	사왓티의 기원정사 (5)	붓다 (5)	어떤 비구 (5)	ㄷ (5)
46.6	사께따의 안자나 숲의 녹야원	붓다	방랑수행자 꾼달리야	ㄷ
46.8	꼬삼비의 고시따 승원	우빠와나 존자	사리뿟따 존자	ㄷ
46.14	라자가하의 죽림정사	붓다	마하깟사빠 존자	ㄷ
46.15	라자가하의 죽림정사	붓다	마하목갈라나 존자	ㄷ
46.16	라자가하의 죽림정사	붓다	마하쭌다 존자	ㄷ
46.26	사왓티의 기원정사	붓다	비구들, 우다이 존자	ㄷ
46.27	사왓티의 기원정사	붓다	비구들	ㅅ
46.28	사왓티의 기원정사	붓다	비구들, 우다이 존자	ㄷ
46.29	사왓티의 기원정사	붓다	비구들	ㅅ
46.30	숨바의 세다까(작은 도시)	붓다	우다이 존자	ㄷ
46.52	사왓티의 기원정사	붓다	비구들, 방랑수행자들	ㄷ
46.53	사왓티의 기원정사	붓다	비구들, 방랑수행자들	ㄷ
46.54	꼴리야의 할릿다와사나 작은 도시	붓다	비구들, 방랑수행자들	ㄷ
46.55	사왓티의 기원정사	붓다	브라흐민 상가라와	ㄷ
46.56	라자가하의 독수리봉	붓다	왕자 아바야	ㄷ
◖47상윳따	**Satipaṭṭhānasaṃyutta (총 104개의 경)**			
	사왓티의 기원정사 (79)	붓다 (79)	비구들 (79)	ㅅ(79)
47.1	웨살리의 암바빨리 숲	붓다	비구들	ㅅ
47.2	웨살리의 암바빨리 숲	붓다	비구들	ㅅ
47.3	사왓티의 기원정사	붓다	어떤 비구	ㄷ
47.9	웨살리의 벨루와가마까(마을)	붓다	아난다	ㄷ
47.10	사왓티의 기원정사	붓다	아난다, 비구니들	ㄷ
47.11	사왓티의 기원정사	붓다	사리뿟따	ㄷ
47.12	날란다의 빠와리까의 망고 숲	붓다	사리뿟따	ㄷ
47.13	사왓티의 기원정사	붓다	아난다, 쭌다 사미	ㄷ

47.14	왓지의 욱가쩰라의 갠지스 강변	붓다	비구들	ㅅ
47.15	사왓티의 기원정사	붓다	바히야 존자	ㄷ
47.16	사왓티의 기원정사	붓다	웃띠야 존자	ㄷ
47.18	우루웰라의 네란자라 강가 아자빨라 보리수 아래	붓다	브라흐마 사함빠띠 신	ㅅ
47.19	숨바의 세다까 마을	붓다	비구들	ㅅ
47.20	숨바의 세다까 마을	붓다	비구들	ㅅ
47.21-23	빠딸리뿟따의 꾹꾸따 승원 (3)	아난다(3)	밧다 존자 (3)	ㄷ(3)
47.25	사왓티의 기원정사	붓다	어떤 브라흐민	ㄷ
47.26-28	사께따의 깐따끼 숲 (3)	사리뿟따 (3)	마하목갈라나, 아누룻다 (3)	ㄷ(3)
47.29	라자가하의 죽림정사	아난다	시리왓다 장자	ㄷ
47.30	라자가하의 죽림정사	아난다	마나딘나 장자	ㄷ
47.46	사왓티의 기원정사	붓다	어떤 비구	ㄷ
47.47	사왓티의 기원정사	붓다	어떤 비구	ㄷ
◐ 48상윳따	**Indriyasaṃyutta (총 178개의 경)**			
	사왓티의 기원정사 (163)	붓다(163)	비구들 (163)	ㅅ(163)
48.41	사왓티 동원의 미가라마뚜 강당	붓다	아난다	ㄷ
48.42	사왓티의 기원정사	붓다	브라흐민 운나바	ㄷ
48.43	사께따의 안자나 숲의 녹야원	붓다	비구들	ㅅ
48.44	사왓티의 뿝빠꽂타까 (목욕장)	붓다	사리뿟따	ㄷ
48.45-48	사왓티 동원의 미가라마뚜 강당 (4)	붓다 (4)	비구들 (4)	ㅅ (4)
48.49	꼬삼비의 고시따 승원	붓다	비구들	ㄷ
48.50	앙가의 아빠나(작은 도시)	붓다	사리뿟따	ㄷ
48.51	꼬살라의 살라 마을	붓다	비구들	ㅅ
48.52	말라의 우루웰라깝빠(마을)	붓다	비구들	ㅅ
48.53	꼬삼비의 고시따 승원			
48.57	우루웰라의 네란자라 강둑의 아자빨라 보리수 아래	붓다	브라흐마 신 사함빠띠	ㅅ

48.58	라자가하의 독수리봉의 수까라카따(동굴 이름)	붓다	사리뿟따 존자	ㄷ
◐49상윳따	**Sammappadhānasaṃyutta (총54개의 경)**			
	사왓티의 기원정사 (54)	붓다 (54)	비구들 (54)	ㅅ(54)
◐50상윳따	**Balasaṃyutta (총108개의 경)**			
	사왓티의 기원정사 (108)	붓다 (108)	비구들 (108)	ㅅ(108)
◐51상윳따	**Iddhipādasaṃyutta (총86개의 경)**			
	사왓티의 기원정사 (80)	붓다 (80)	비구들 (80)	ㅅ(80)
51.10	웨살리 큰 숲의 중각강당	붓다	아난다	ㄷ
51.14	사왓티 동원의 미가라마뚜 강당	붓다	마하목갈라나 존자, 비구들	ㄷ
51.15	꼬삼비의 고시따 승원	아난다	브라흐민 운나바	ㄷ
51.22	사왓티의 기원정사	붓다	아난다	ㄷ
51.27	사왓티의 기원정사	붓다	아난다	ㄷ
51.28	사왓티의 기원정사	붓다	아난다	ㄷ
◐52상윳따	**Anuruddhasaṃyutta (총24개의 경)**			
	사왓티 기원정사 (15)	아누룻다 존자 (15)	비구들 (15)	ㄷ(15)
52.1	사왓티의 기원정사	아누룻다	마하목갈라나 존자	ㄷ
52.2	사왓티의 기원정사	아누룻다	마하목갈라나 존자	ㄷ
52.3	사왓티의 수따누 강둑	아누룻다	비구들	ㄷ
52.4-6	사께따의 깐따끼 숲 (3)	아누룻다 (3)	사리뿟따, 마하목갈라나 존자 (3)	ㄷ (3)
52.8	사왓티의 살랄라 나무 초막	아누룻다	비구들	ㅅ
52.9	웨살리의 암바빨리 숲	아누룻다	사리뿟따 존자	ㄷ
52.10	사왓티의 안다 숲	아누룻다	비구들	ㄷ
◐53상윳따	**Jhānasaṃyutta (총54개의 경)**			
	사왓티의 기원정사 (54)	붓다 (54)	비구들 (54)	ㅅ(54)
◐54상윳따	**Ānāpānasaṃyutta (총20개의 경)**			
	사왓티의 기원정사 (13)	붓다 (13)	비구들 (13)	ㄷ(1) ㅅ(12)

54.6	사왓티의 기원정사	붓다	아릿타 존자	ㄷ
54.9	웨살리 큰 숲의 중각강당	붓다	비구들, 아난다 존자	ㄷ
54.10	낌빌라의 대나무 숲	붓다	낌빌라 존자	ㄷ
54.11	잇차낭갈라의 잇차낭갈라 숲	붓다	비구들	ㅅ
54.12	까삘라왓투의 니그로다 승원	로마사왕 기사 존자	사꺄족 마하나마	ㄷ
54.13	사왓티의 기원정사	붓다	아난다	ㄷ
54.14	사왓티의 기원정사	붓다	아난다	ㅅ
◑55상윳따	**Sotāpattisaṃyutta (총 74개의 경)**			
	사왓티의 기원정사 (43)	붓다 (43)	비구들 (43)	ㅅ(43)
55.3	라자가하의 죽림정사	붓다	장자 조띠까, 재가자 디가부, 비구들	ㄷ
55.4	사왓티의 기원정사	사리뿟따	아난다	ㄷ
55.5	사왓티의 기원정사	붓다	사리뿟따	ㄷ
55.6	사왓티의 기원정사	붓다	건축사 이시닷따와 뿌라나	ㄷ
55.7	꼬살라의 웰루드와라 마을	붓다	브라흐민 장자들(재가자)	ㄷ
55.8-10	나디까의 벽돌집(승원) (3)	붓다 (3)	아난다 (3)	ㄷ (2) ㅅ (1)
55.11	사왓티의 라자까라마(비구니 승원)	붓다	비구니들	ㅅ
55.13	사왓티의 기원정사	아난다	사리뿟따	ㄷ
55.18	사왓티의 기원정사	마하목갈라나 존자	33신들	ㅅ
55.19	사왓티의 기원정사	마하목갈라나 존자	33신들	ㅅ
55.20	사왓티의 기원정사	붓다	33신들	ㅅ
55.21,22, 37,49,54	까삘라왓투의 니그로다 승원 (5)	붓다 (5)	사꺄족 마하나마 (5)	ㄷ (4) ㅅ (1)
55.23	까삘라왓투의 니그로다 승원	붓다	사꺄족 마하나마, 사꺄족 여인 고다	ㄷ
55.24	까삘라왓투의 니그로다 승원	붓다	사꺄족 마하나마, 사꺄족들	ㄷ
55.25	까삘라왓투의 니그로다 승원	붓다	사꺄족 마하나마, 사꺄족들	ㄷ

55.26	사왓티의 기원정사	붓다	아나타삔디까 장자, 사리뿟따, 아난다	ㄷ
55.27	사왓티의 기원정사	붓다	아나타삔디까 장자, 아난다	ㄷ
55.28	사왓티의 기원정사	붓다	아나타삔디까 장자	ㅅ
55.30	사왓티의 기원정사	붓다	릿차위족 대신 난다까	ㅅ
55.39	까삘라왓투의 니그로다 승원	붓다	사꺄족 여인 깔리고다	ㅅ
55.40	까삘라왓투의 니그로다 승원	붓다	사꺄족 (재가남) 난디야	ㄷ
55.47	까삘라왓투의 니그로다 승원	붓다	사꺄족 (재가남) 난디야	ㅅ
55.48	까삘라왓투의 니그로다 승원	붓다	사꺄족 (재가남) 밧디야	ㅅ
55.52	까삘라왓투(도시)	어떤 비구	까삘라왓투인들	ㄷ
55.53	바라나시의 이시빠따나의 녹야원	붓다	재가남 담마딘나, 500명의 재가남	ㄷ
◐ 56 상윳따	Saccasaṃyutta (총 131개의 경)			
	사왓티의 기원정사 (98)	붓다 (98)	비구들 (98)	ㄷ(98)
56.11-20	바라나시의 이시빠따나의 녹야원 (10)	붓다 (10)	최초의 비구 5명 (10)	ㅅ (10)
56.21	왓지의 꼬띠가마(마을)	붓다	비구들	ㅅ
56.22	왓지의 꼬띠가마(마을)	붓다	비구들	ㅅ
56.30	쩨띠의 사하자띠(작은 도시)	장로 비구들	가왐빠띠 존자	ㄷ
56.31-40	꼬삼비의 싱사빠 숲 (10)	붓다 (10)	비구들 (10)	ㅅ(10)
56.41	라자가하의 죽림정사	붓다	비구들	ㅅ
56.42-44	라자가하의 독수리봉 (3)	붓다 (3)	비구들 (3)	ㄷ (2) ㅅ (1)
56.45	웨살리 큰 숲의 중각강당	붓다	아난다	ㄷ
56.46-50	웨살리 큰 숲의 중각강당 (5)	붓다 (5)	비구들 (5)	ㄷ (5)

2) 도표 1-2: 상윳따니까야의 도표 1-1에 의한 빈도수 통계

장소 총 77개의 다른 장소	빈도	중요인물 총 38명	빈도	대화상대자 199명의 다른 인물	빈도
사왓티의 기원정사	2,528 (87%)	붓다	2,719 (94%)	비구들 (500명의 아라한, 30명의 비구), 단체를 말함	1,911 (63%)
라자가하의 죽림정사	74	사리뿟따 존자	69	어떤 비구	311
바라나시의 이시빠따나의 녹야원	34	아누룻다 존자	26	데와 신들	88
웨살리 큰 숲의 중각강당	20	아난다 존자	14	방랑수행자 왓차곳따	60
꼬살라의 어떤 숲	16	마하목갈라나 존자	14	아난다 존자	50
마가다의 날라까 마을	16	어떤 비구	8	라다 존자	49
왓지의 욱까쩰라 마을	16	비구들(장로 비구 포함)	8	마하목갈라나 존자	37
까뻴라왓투의 니그로다 승원	15	왕기사 존자	4	악마 빠삐만	35
라가가하의 독수리봉	14	마하깟짜나 존자	4	사리뿟따	26
사꺄의 데와다하 작은 도시	13	찟따 장자	3	아누룻다	26
꼬삼비의 고시따 승원	11	비구니 숙까	2	라훌라	24
사왓티의 안다 숲	11	마하깟사빠 존자	2	빠세나디 왕	23
꼬삼비의 싱사빠 숲	10	우다이 존자	2	락카나 존자	21
맛치까산다의 야생 망고 숲	10	까마부 존자	2	마하꼿티따 존자	18
사왓티 동원의 미가라마뚜 강당	9	찬나 존자	1	방랑수행자 잠부카다까	16
우루웰라의 네란자라 강가의 아자빨라 보리수 아래	8	알라위까 비구니	1	방랑수행자 사만다까	16
날란다의 빠와리까의 망고 숲	6	소마 비구니	1	신들의 왕 삭까	15
사께따의 깐따끼 숲	6	끼사고따미 비구니	1	최초의 비구 5명	10
빠딸리뿟따의 꾹꾸따 승원	6	위자야 비구니	1	사함빠띠 브라흐마 신	9
알라위의 악갈라와 사당	3	우빨라완나 비구니	1	사꺄족 마하나마	9
나디까의 벽돌집(승원)	3	짤라 비구니	1	마하깟사빠 존자	8

아완띠의 꾸라라가라의 산협	3	우빠짤라 비구니	1	데와 신의 아들들	7
숨바의 세다까(작은 도시)	3	시수빠짤라 비구니	1	찟다 존자	7
아욧자의 갠지스 강둑	3	셀라 비구니	1	방랑수행자들	7
사께따의 안자나 숲의 녹야원	3	와지라 비구니	1	왕기사 존자	7
웨살리의 암바빨리 숲	3	브라흐마데와 존자	1	사밋디 존자	6
말라의 우루웰라깝빠 작은 도시	3	깟사빠곳따 존자	1	밧다 존자	6
라자가하의 지와까의 망고 숲	2	로마사왕기사 존자	1	사뚤라빠 무리의 신들	6
베사깔라 숲의 녹야원	2	나가닷따 비구	1	아나타삔디까 장자	5
꾸루의 깜마사담마 작은 도시	2	어떤 여성재가자	1	어떤 브라흐민	4
라자가하의 맛다꿋치의 녹야원	2	비구니 찌라	1	우다이 존자	4
꼬살라 히말라야 산기슭의 초막	2	사윗타 존자	1	촌장 아시반다까뿟따	4
사꺄의 실라와띠 지역	2	케마까 존자	1	니그로다깝빠 존자	3
왓지의 꼬띠가마(마을)	2	우빠세나 존자	1	두 명의 비구	3
라자가하의 따뽀다 온천 승원	1	삔돌라바라드와자 존자	1	아수라 신	3
까삘라왓투의 큰 숲	1	고닷따 존자	1	장자의 아들 소나	3
꼬살라 브라흐민 마을 에까살라	1	사비야깟짜나 존자	1	33신들	3
마가다 브라흐민 마을 빤짜살라	1	우빠와나 존자	1	우빠와나 존자	3
사왓티에서 탁발 도중	1			시종 없는 브라흐마 신인 수브라흐마 신과 숫다와사 신	3
라자가하의 삽삐니 강둑	1			안냐꼰단냐 존자	2
마가다의 안다까윈다 마을	1			나체수행자 깟사빠	2
꾸시나라의 한 쌍의 살라나무 사이	1			마하깝삐나 존자	2
꼬살라의 순다리까 강둑	1			나꿀라삐따 장자	2
마가다의 닥키나기리의 에까날라 마을	1			할릿다까지 장자	2
사꺄족 작은 도시 코마둣사	1			깝빠 존자	2
짬빠의 각가라 호수	1			미가잘라 존자	2

라자가하의 이시길리 산의 검은 바위	1		잘 알려지지 않은 신참 비구	2
웨살리의 어떤 숲	1		마하쭌다 존자	2
라자가하의 인다꾸따 산에 약카 인다까가 있는 곳	1		욱가 장자	2
가야의 땅끼따만짜 (약카 있는 곳)	1		이시닷다 존자	2
마가다의 마니말라까 사당	1		니간타나따뿟따	2
라자가하의 시따 숲	1		비구니들	2
알라위(작은 도시)의 약카가 있는 곳	1		브라흐민 운나바	2
가야의 가야시사(언덕 능선)	1		사꺄족들	2
라자가하의 시따 숲의 삽빠손디까 동굴	1		사꺄족 난디야	2
왓지의 핫티가마(마을)	1		브라흐민 상가라와	2
아완띠의 막카라까따 숲속 초막	1		릿차위족 마할리	2
까만다의 브라흐민 또데이야 의 망고 숲	1		바히야 존자	2
꼬삼비의 갠지스강 언덕	1		웃띠야 존자	2
낌빌라의 갠지스강 언덕	1		숙까에게 믿음을 가진 약카	2
꼴리야의 웃따라 작은 도시	1		여러 신들	2
사꺄의 삭까라 작은 도시	1		데와 신의 아들 깟사빠	2
꼴리야의 할럿다와사나 작은 도시	1		브라흐민 장자들	1
웨살리 벨루와가마까	1		사꺄족 여인 고다	1
왓지의 욱가쩰라의 갠지스 강변	1		릿차위족 대신 난다까	1
사왓티의 뿝빠꼿타까(목욕장)	1		사꺄족 재가녀 깔리고다	1
앙가의 아빠나(작은 도시)	1		사꺄족 재가남 밧디야	1
꼬살라의 살라 마을	1		촌장 라시야	1

까삘라왓투 도시	1		존장 빠딸리야	1
라자가하의 독수리봉의 수까라카따(동굴)	1		비구니 케마	1
사왓티의 수따누 강둑	1		방랑수행자 난디야	1
사왓티의 살랄라 나무 초막	1		방랑수행자 꾼달리야	1
낌빌라의 대나무 숲	1		왕자 아바야	1
잇차낭갈라의 잇차낭갈라 숲	1		시리왓따 장자	1
꼬살라의 웰루드와라 마을	1		마나딘나 장자	1
사왓티의 라자까라마 승원	1		조띠까 장자	1
쩨띠의 사하자띠(작은 도시)	1		재가자 디가부	1
			말리까 왕비	1
			빠세나디 왕과 5명의 왕들	1
			재가자 짠다낭갈리까	1
			찟다 존자	1
			아릿타 존자	1
			가왐빠띠 존자	1
			몰리야 팍구나 존자	1
			마하깟짜야나 존자	1
			고디까 존자	1
			고깔리까 비구	1
			브라흐민 여인 다난자니와 그 남편 브라흐민	1
			브라흐민 악꼬사까 바라드와자	1
			브라흐민 아수린다까 바라드와자	1
			브라흐민 빌랑기까 바라드와자	1
			브라흐민 아힝사까 바라드와자	1

			브라흐민 자따 바라드와자	1
			브라흐민 숫디까 바라드와자	1
			브라흐민 악기까 바라드와자	1
			브라흐민 순다리까 바라드와자	1
			브라흐민 까시바라드와자	1
			브라흐민 우다야	1
			브라흐민 데와히따	1
			어떤 대부호 브라흐민	1
			브라흐민 마낫탓다	1
			브라흐민 나와깜미까 바라드와자	1
			브라흐민 빳짜니까사따	1
			바라드와자 가문의 브라흐민 학생들	1
			어머니를 부양하는 브라흐민	1
			거지 브라흐민	1
			코마둣사의 브라흐민 장자들	1
			700명의 남성재가자	1
			700명의 여성재가자	1
			여성재가자 아들 사누	1
			깟짜야나곳따 존자	1
			방랑수행자 띰바루까	1
			부미자 존자	1
			깔라라캇띠야 비구	1
			브라흐민 자눗소니	1

				궤변론자 브라흐민	1
				나라다 존자	1
				무실라 존자	1
				방랑수행자 수시마	1
				새로 계 받은 비구	1
				젊은 비구	1
				수자따 존자	1
				밧디야 존자	1
				위사카 존자	1
				난다 존자	1
				수라다 존자	1
				띳사 존자	1
				야마카 존자	1
				왁깔리 존자	1
				앗사지 존자	1
				여성방랑수행자 수찌무키	1
				말룽꺄뿟따 존자	1
				우빨리 장자	1
				우데나 왕	1
				고시따 장자	1
				로힛자 브라흐민	1
				브라흐민 부인	1
				까마부 존자	1
				낍빌라 존자	1
				건축가 빤짜깡가	1
				방랑수행자 몰리야시와까	1
				마하까 존자	1

			찟다 장자의 혈족과 동료	1
			촌장 짠나	1
			배우극단 감독관 딸라뿍따	1
			전투사 대장	1
			코끼리 전투사 대장	1
			기마병 대장	1
			촌장 마니쭐라까	1
			왕의 신하들	1
			촌장 바드라가까	1
			까삘라왓투인들	1
			재가남 담마딘나	1
			웃자나상니까 무리의 신들	1
			꼬까나다 신	1
			쭐라 꼬까나다 신	1
			데와 신의 아들 마가	1
			데와 신의 아들 마가다	1
			데와 신의 아들 다말리	1
			데와 신의 아들 까마다	1
			데와 신의 아들 빤짤라짠다	1
			데와 신의 아들 따야나	1
			데와 신의 아들 짠디마	1
			데와 신의 아들 수리야	1
			데와 신의 아들 짠디마사	1
			데와 신의 아들 벤두가	1
			데와 신의 아들 디갈랏티	1
			데와 신의 아들 난다나	1
			데와 신의 아들 짠다마	1

			데와 신의 아들 바수닷다	1
			데와 신의 아들 수브라흐마	1
			데와 신의 아들 까꿋따	1
			데와 신의 아들 웃따라	1
			데와 신의 아들 시와	1
			데와 신의 아들 잔뚜	1
			데와 신의 아들 로히띳사	1
			데와 신의 아들 수시마	1
			건축사이시닷따와 뿌라나	1
			시종 없는 브라흐마 신인 뚜두 브라흐마 신	1
			사냥꾸마라 브라흐마 신	1
			바까 브라흐마 신	1
			어떤 브라흐마 신	1
			시종 브라흐마 신	1
			잘리니 여신	1
			약카 인다까	1
			약카 사까	1
			약카 수찔로마	1
			약카 카라	1
			약카 마니밧다	1
			약카녀 삐앙까라의 어머니	1
			약카녀 뿌납바수	1
			약카녀 시와까	1
			찌라에게 믿음을 가진 약카	1
			알라와까 약카	1
			데와 신인 수위라	1

			데와 신인 수시마	1
			아수라왕 웨빠찟따	1
			아수라왕 삼바라	1
			아수라왕 웨로짜나	1
			간답바의 아들 빤짜시카	1

(1) 상윳따니까야 빈도수 자세히 보기

① 장소

- 총 77개의 다른 장소가 있다.
- 장소는 경 하나에 한 개의 장소만 선택하였기에 장소의 총 숫자는 경의 총 숫자인 2,904이다.
- 사왓티 기원정사 87% 계산은? 2,528(기원정사의 빈도수)÷2,904(상윳따 총경전수) ×100

② 중요인물

- 총 38명의 다른 인물이 있다.
- 중요인물은 경 하나에 한 사람만 선택하였기에 중요인물의 총 빈도수는 2,904이다.
- 붓다 94%의 계산은? 2,719(붓다의 빈도수)÷2,904(상윳따 총경전수)×100

③ 대화상대자

- 총 199명의 각기 다른 인물이 있다.
- 대화상대자는 경전 하나에도 여러 명이 나타나므로 여러 명의 대화상대자가 있다.
- 비구들 63%의 계산은? 1,911(비구들의 빈도수)÷3,021(대화상대자 총빈도수)×100

(2) 도표 1-2에서 상윳따에 등장하는 중요인물 총 38명 중 비구니가 10명이나 되는 이유

'5빅쿠니상윳따'에는 총 10개의 경이 있다. 그런데 정형구로 "부처님이 사왓티 기원정사에 계셨다."라고만 나오고 부처님은 한 번도 경의 내용에 나오지 않기 때문에 각각 경의 주인공 비구니를 중요인물로 하였다.

중요인물로서 아누룻다 존자의 등장 빈도가 의외로 높은 것은 52상윳따의 총 24개의 경 모두에서 그가 주인공으로 등장하고 있으며 비구들이나 사리뿟따 존자, 목갈라나 존자 등을 상대로 대화를 하고 있기 때문이다.

(3) 도표 1-2에 나타나는 중요인물과 대화상대자 빈도수 유의점

56개의 상윳따 중에서 개인의 이름을 경의 제목으로 한 상윳따가 13개이고 신이나 가상의 존재를 제목으로 삼은 상윳따가 10개이다. 개인의 이름을 한 상윳따에는 자연스럽게 그 이름의 주인공이 빈번히 등장한다. 마찬가지로 신이나 가상의 존재들을 경의 제목으로 삼은 상윳따 역시 그 이름에 해당하는 존재가 거의 그 상윳따 전체에 나타날 수밖에 없다. 이런 이유로 여러 이름의 개인과 인간 이외의 다른 존재인 신들의 등장 빈도가 높은 것이다.

좀 더 보충하자면, 이들은 여기저기 경에서 개별적으로 잠시 등장한 횟수를 하나하나 모아서 빈도수가 높아진 것이 아니라 대개는 어느 특정한 상윳따 전체에 무더기로 등장하거나, 또는 많은 경전이 한꺼번에 같은 형식으로 나오기 때문에 그렇게 된 것이다.

(4) 도표 1-2에 의한 상윳따니까야 장소의 부류별 빈도수 표

다음은 장소를 부류별로 나누어 부처님은 어디에 더 많이 머무셨는지를 보이는 도표이다. 얼마나 자주 머무신 장소인지가 아니라 얼마나 다양한 장소에 머무셨는지에 초점을 맞추었다. 예를 들어, 비록 엄청나게 많은 빈도수를 나타내고 있는 기원정사일지라도 아래 표에서는 단지 여러 승원 중 하나로 계산되었다. 말하자면 이 표는 머무신 장소의 반복되는 빈도수와는 상관없이, 얼마나 다양한 종류의 장소들에 머무셨는지에 관한 가짓수를 보여준다.

장소	가지수	자세한 장소
숲	14	맛치까산다의 야생 망고 숲, 사께따의 깐따끼 숲, 꼬살라의 어떤 숲, 시따 숲, 안다 숲, 까뻴라왓투의 큰 숲, 빠와리까 망고 숲, 지와까 망고 숲, 암바빨리 숲, 잇차낭갈라 숲, 싱사빠 숲, 웨살리의 어떤 숲, 또데이야의 망고 숲, 낌빌라의 대나무 숲
마을	12	마가다의 날라까, 욱까쩰라, 데와다하, 꼬띠가마, 에까살라, 빤짜살라, 안다까윈다, 핫티가마, 벨루와가마까, 꼬살라의 살라마을, 웰루드와라, 에까날라 마을
도시, 작은 도시, 지역	12	숨바의 세다까, 실라와띠 지역, 코마둣사, 알라위(작은 도시)의 약카가 있는 곳, 까뻴라왓투, 할릿다와사나, 아빠나, 쩨띠의 사하자띠(작은 도시), 우루웰라깝빠 작은 도시, 웃따라 작은 도시, 사꺄의 삭까라(작은 도시), 깜마사담마 작은 도시
승원	10	기원정사, 죽림정사, 중각강당, 니그로다 승원, 미가라마뚜 강당, 고시따 승원, 벽돌집 승원, 따뽀다 승원, 꾹꾸따 승원, 라자까라마 비구니 승원
강둑	6	삽삐니 강둑, 순다리까 강둑, 네란자라 강둑의 보리수 아래, 수따누 강둑, 아욧자의 갠지스 강둑, 욱가쩰라의 갠지스 강둑
녹야원	4	맛다꿋치의 녹야원, 안자나 숲의 녹야원, 이시빠따나의 녹야원, 베사깔라 숲의 녹야원
산	3	독수리봉, 이시길리 산의 검은 바위, 아완띠의 꾸라라가라 산협
초막	3	히말라야 산기슭의 초막, 막카라까따 숲속 초막, 살랄라나무 초막
강, 언덕	3	가야의 가야시사 언덕 능선, 꼬삼비의 갠지스강 언덕, 낌빌라의 갠지스강 언덕
사당	2	악갈라와 사당, 마니말라까 사당
동굴	2	시따 숲의 삽빠손디까 동굴, 독수리봉의 수까라카따 동굴
살라나무	1	한 쌍의 살라나무 사이
호수	1	각가라 호수
길가	1	사왓티에서 탁발 도중
목욕장	1	사왓티의 뿝빠꼿타까 목욕장
들판	1	가야의 들판(약카가 자주 다니는 곳에 있는 돌 판대기)

① 전체 77개의 각기 다른 장소 중에서 부처님은 숲에서 가장 많이 머무셨다. 따라서 숲의 종류도 다양하다.

② 그다음 빈도를 차지하는 곳이 마을과 도시이고, 이어서 승원이 뒤를 따른다.

부처님이 머무셨던 승원은 10개로 분류된다. 물론 승원이 지어지기 전, 초창기에는 마을과 숲에서 가장 많이 머무셨을 것이다. 그리고 부처님과 비구들은 안거가 끝나면 한 군데 승원에 머물지 않고 모두 유행 길에 올랐다. 그러니 마을과 숲은 그 빈도수가 높을 수밖에 없다.

③ 다음 순으로 강둑, 녹야원, 산, 초막, 강, 언덕, 사당, 동굴, 길가, 살라나무 사이, 호수, 목욕장, 들판 등이 있다.

(5) 도표 1-2에 의한 상윳따니까야 대화상대자의 부류별 빈도수 표

대화상대자	가지수	자세한 대화상대자 이름
비구들	1	비구들의 가지 수는 1이지만 비교할 수 없을 정도로 빈도수는 높다
존자/ (특정한 이름을 가진) 비구/ 어떤 비구	55	사밋디 존자, 아난다 존자, 고디까 존자, 마하목갈라나 존자, 마하깝삐나 존자, 아누룻다 존자, 니그로다깝빠 존자, 왕기사 존자, 사리뿟따 존자, 안냐꼰단냐 존자, 깟짜야나곳따 존자, 부미자 존자, 우빠와나 존자, 마하꽃티따 존자, 나라다 존자, 무실라 존자, 마하깟짜야나 존자, 마하깟사빠 존자, 라훌라 존자, 락카나 존자, 수자따 존자, 밧디야 존자, 위사카 존자, 난다 존자, 수라다 존자, 라다 존자, 뿐나만따니뿟따 존자, 띳사 존자, 야마카 존자, 왁깔리 존자, 앗사지 존자, 깝바 존자, 미가잘라 존자, 바히야 존자, 말룽꺄뿟따 존자, 가왐빠띠 존자, 까마부 존자, 우다이 존자, 낌빌라 존자, 이시닷따 존자, 마하까 존자, 밧다 존자, 마하쭌다 존자, 아릿타 존자, 웃띠야 존자, 찟다 존자/ 고깔리까 비구, 몰리야팍구나 비구, 깔라라깟띠야 비구, 최초의 비구 5명/ 잘 알려지지 않은 신참 비구, 젊은 비구, 새로 계 받은 비구, 두 명의 비구, 어떤 비구
신/ 악마/ 약카	57	데와 신, 데와 신들, 여러 신들, 사함빠띠 브라흐마 신, 여러 다른 이름의 브라흐마 신들, 여러 다른 이름의 데와 신의 아들들, 여신, 삭까 신, 간답바의 아들, 33신들/ 악마 빠삐만, 아수라왕들/ 약카, 여러 다른 이름의 약카들, 약카녀들
브라흐민/ 브라흐민 장자들/ 특정 이름의 브라흐민들/ 브라흐민 여인	28	브라흐민 악꼬사까바라드와자, 브라흐민 아수린다까바라드와자, 브라흐민 발랑기까바라드와자, 브라흐민 아힝사까바라드와자, 브라흐민 자따바라드와자, 브라흐민 숫디까바라드와자, 브라흐민 악기까바라드와자, 브라흐민 순다리까바라드와자, 브라흐민 까시바라드와자, 브라흐민 우다야바라드와자, 브라흐민 데와히따, 브라흐민 마낫탓다, 브라흐민 나와깜미까바라드와자, 브라흐민 뺏짜니까사따, 브라흐민 상가라와, 브라흐민 자눗소니, 브라흐민 운나바, 브라흐민 로힛자/ 브라흐민 장자들, 코마둣사의 브라흐민 장자들/ 어떤 브라흐민, 어떤 대부호 브라흐민, 궤변론자 브라흐민, 거지 브라흐민, 어머니를 부양하는 브라흐민, 바라드와자 가문의 브라흐민 학생들/ 브라흐민 여인 다난자니와 그 남편, 브라흐민 부인

재가자 (남성)/ 사꺄족/ 릿차위족/ 장자/ 재가자 (여성)	26	재가자 짠다낭갈리까, 700명의 남성재가자, 여성재가자 아들 사누, 재가자 디가부, 재가자 담마딘나/ 사꺄족 재가남 난디야, 사꺄족 재가남 밧디야, 사꺄족들, 사꺄족 마하나마, 까삘라왓투인들/ 릿차위족 마할리, 릿차위족 대신 난다까/ 아나타삔디까 장자, 나꿀라삐따 장자, 할릿다까지 장자, 욱가 장자, 우빨리 장자, 고시따 장자, 찟따 장자의 혈족과 동료, 시리왓다 장자, 마나딘나 장자, 조띠까 장자, 장자의 아들 소나/ 사꺄족 재가녀 깔리고다, 700명의 여성재가자, 사꺄족 여인 고다
방랑수행자 (들)/ 여성 방랑수행자/ 나체고행자	12	방랑수행자 띰바루까, 방랑수행자 수시마, 방랑수행자 왓차곳따, 방랑수행자 몰리야시와까, 방랑수행자 잠부카다까, 방랑수행자 난디야, 방랑수행자 꾼달리야, 방랑수행자들/ 여성방랑수행자 수찌무키/ 나체고행자 깟사빠, 니간타나따뿟따
왕, 왕비, 왕자, 왕의 신하들	6	빠세나디 왕, 빠세나디 왕과 5명의 왕들, 우데나 왕, 말리까 왕비, 아바야 왕자, 왕의 신하들
촌장	6	촌장 짠나, 촌장 아시반다까뿟다, 촌장 마니쭐라까, 촌장 바드라가까, 촌장 라시야, 촌장 빠딸리야
특정 직업	6	건축가 빤짜깡가, 건축사 이시닷따와 뿌라나, 배우극단 감독관 딸라뿟따, 전투사 대장, 코끼리 전투사 대장, 기마병 대장
비구니	2	케마 비구니, 비구니들

① 위의 표에서도 알 수 있듯이 부처님은 대화상대자로 거의 대부분 비구들인 승가 대중을 상대로 말씀하셨다. 물론 비구 개인도 대화상대자로 가장 많이 분포되어 있다.

② 그다음 순위를 차지하는 대화상대자는 여러 신들인데, 전체 56상윳따 중에서 10개의 상윳따가 이들에 관한 내용이다. 상윳따니까야에 신들이 많이 등장하는 것으로 미루어 신들을 중요시하던 당시 고대 인도의 관습을 엿볼 수 있다.

③ 눈여겨볼 만한 점은 브라흐민이 대화상대자로 꽤 여러 번 등장한다는 사실이다. 이는 그만큼 브라흐민과의 교류가 많았음을 방증하고 있다. 부처님은 그들의 잘못된 관행인 4성계급을 깨뜨리고 인간의 평등을 천명하셨으나, 그들 중

에는 출가자도 많았고 부처님께 믿음을 둔 사람이 많았다는 점 또한 이와 무관하지 않을 것이다.

④ 재가자 중에는 특히 사꺄족과 릿차위족이 많이 등장함을 알 수 있다. 부와 사회적 명성을 겸비한 장자들이 많이 등장하는 것도 특징이다.

⑤ 방랑수행자와 나체고행자들은 경전에 가장 많이 등장하는 수행자 집단이다.

⑥ 왕이나 왕비, 왕자, 왕의 신하들은 모든 니까야에 공통으로 등장한다. 이들은 부처님께 커다란 신심이 있었다. 그리고 부처님 가르침을 존경하고 따랐다.

⑦ 특정 직업을 가지고 부처님의 대화상대자가 되었던 이들은 당시 왕의 체제에 속해 있던 직업군으로 왕의 건축사, 전투사 대장 또는 극단 감독관을 말한다.

⑧ 부처님이 비구니나 비구니 승가에서 설법하신 적은 매우 드물다. 그러나 '상윳따니까야 44:1 케마 장로니'에서 케마 장로니는 빠세나디 왕에게 설법하고 있다. 비구니가 왕에게 설법할 정도로 식견이 높았던 것이다. 부처님 당시는 깨달은 비구니도 수백 명이었으며 비구니의 위상이 높았던 것으로 보인다.

위에서 열거한 여러 부류의 사람들은 부처님을 찾아뵙고 질문을 하는가 하면, 숲에서 홀로 수행하는 비구들을 찾아가서 가르침을 듣기도 하였다. 부처님은 항상 찾아오는 모든 사람에게 가르침을 설하였다. 전혀 외부와 소통이 없는 은자가 아니었다.

3) 도표 1-3: 상윳따니까야의 도표 1-2에 의한 장소 빈도수 그림표

(1) 상윳따니까야의 장소 빈도수에 관한 확인사항
기원정사를 제외하였다. 사왓티 기원정사는 상윳따니까야에 2,528회나 나오며 전체 경전 빈도의 87%나 되기 때문에 나머지 장소들과는 비교가 안 된다. 따라서 기원정사를 제외하고 두 번째로 빈도수가 높은 장소에서부터 13곳과 빈도수가 낮은 '나머지 장소 합계'를 하나로 묶어 14개의 항목으로 비교하였다.

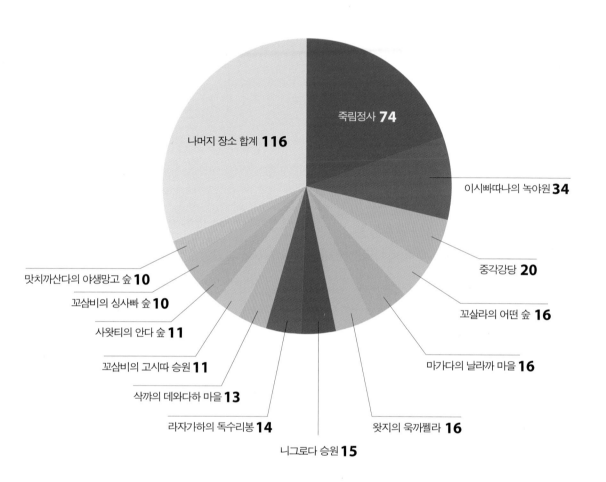

죽림정사 **74**

나머지 장소 합계 **116**

이시빠따나의 녹야원 **34**

중각강당 **20**

꼬살라의 어떤 숲 **16**

마가다의 날라까 마을 **16**

맛치까산다의 야생망고 숲 **10**

꼬삼비의 싱사빠 숲 **10**

사왓티의 안다 숲 **11**

꼬삼비의 고시따 승원 **11**

삭까의 데와다하 마을 **13**

라자가하의 독수리봉 **14**

니그로다 승원 **15**

왓지의 욱까쩰라 **16**

도표 1-3 상윳따니까야의 장소 빈도수
기원정사는 2,528로 87%가 되어 제외함

74

(2) 상윳따니까야의 장소 빈도수에 관한 분석

① 상윳따 니까야 각 경전에 나타난 장소는 총 77종류로 확인된다.

② '나머지 합계, 116'이란, 위 그림표에 나타난 13곳의 장소 이외의 이 도표에 다 넣을 수 없는 나머지 모든 장소의 합계이다.

③ 기원정사가 이렇게 많은 이유: 경 전체의 장소적 배경이 기원정사인 상윳따는 13상윳따, 18·19·23·24·25·26·27·29·30·31·32·33·34·37·40·43·49· 50·53상윳따가 있다. 경의 숫자가 많은 24상윳따의 경우는 96개의 경 전체가 기원정사를 배경으로 한다. 상윳따니까야에는 반 페이지나 한두 페이지 정도 의 짧은 경들이 많다. 사람 이름이나 단어 하나, 아니면 주제나 명칭만 다르게 반복되는 경우도 허다하다. 그래서 장소도 기원정사의 반복이 많고, 경의 수가 많기 때문에 특정한 장소가 없는 한 그냥 기원정사로 한 것 같다.

④ 상위 빈도수의 특징은 가장 초창기의 역사를 보여준다. 죽림정사는 빔비사라 왕이 기증한 대나무 숲에 허름하게 지어진 승원이었다. 기원정사와 죽림정사 다음으로 높은 빈도를 보이는 '바라나시의 이시빠따나의 녹야원'은 부처님이 5 명의 비구들에게 최초로 '중도'와 '네 가지 거룩한 진리(사성제)'를 설법한 장소 로 유명하다. 이곳은 선인들과 수행자들이 모이는 사슴동산으로 알려져 있다.

⑤ 다섯 번째 빈도를 보이는 '마가다의 날라까 마을'은 사리뿟따 존자의 고향이 다. 불교 전법의 초창기에 가장 중요한 역할을 했던 사리뿟따는 고향 마을에 서 방랑수행자들에게 문답을 통해 가르침을 펼쳤다. 이때 그가 강조했던 것이 불교 윤리의 뿌리인 '8정도'이다. 날라까 마을의 빈도수는 38상윳따의 전체 경 전 16개에서 반복된 결과이다.

⑥ 아홉 번째 빈도인 '사꺄의 데와다하 마을'은 부처님의 외갓집으로, 즉 어머니와 이모의 고향이다. 35상윳따 중 12개(134-145까지)의 경전이 반복된 결과이다.

⑦ 14가지 상위 빈도에서 파악되는 특징은 숲이 4곳이나 된다는 점이다. 이는 승 원이 많이 지어지기 전에 숲에서 정진하는 비구들의 모습을 보여준다.

4) 도표 1-4: 상윳따니까야의 도표 1-2에 의한 중요인물
   빈도수 그림표

(1) 상윳따니까야의 중요인물 빈도수에 관한 확인사항

붓다를 제외하였다. 중요인물로 붓다는 상윳따니까야에 2,719회 등장하여 94%
나 되기 때문에 나머지 인물들과는 비교가 안 된다. 따라서 붓다를 제외하고 두
번째 빈도수가 높은 인물에서부터 13명과 빈도수가 낮은 '나머지 사람 합계'를 하
나로 묶어 14개로 비교하였다.

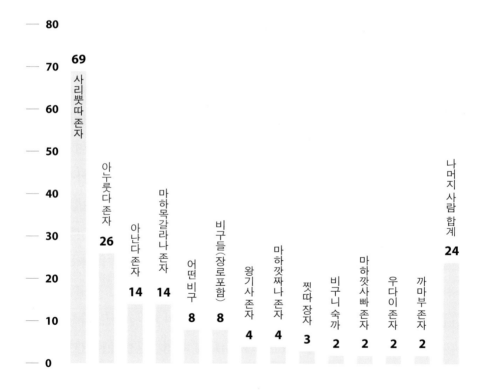

도표 1-4 상윳따니까야의 중요인물 빈도수
붓다는 2,719로 94%로 비교가 안 되어 제외 함

76

(2) 상윳따니까야의 중요인물 빈도수에 관한 분석

① 사리뿟따 존자의 빈도수가 유난히 높은 이유는 '28사리뿟따상윳따'에 주인공
으로 등장하기 때문이다. 38상윳따와 39상윳따에도 역시 사리뿟따가 주인공
으로 등장하는데, 이들 경전의 장소적 배경이 바로 그의 고향인 날라까이다.
고향에서 그는 방랑수행자에게 문답형식을 통해 가르침을 펼친다. 이러한 이
유로 빈도수가 높아진 것이다.

② 두 번째 빈도가 높은 인물은 아누룻다 존자이다. 그 역시 '52아누룻다상윳따'
의 총 24개의 경 전체에서 모두 주인공으로 등장한다.

③ 다른 니까야와 다른 경향이 있다면 아난다 존자의 출연빈도가 낮다는 점이다. 그
이유는 상윳따니까야의 특정 인물을 주제로 한 상윳따에 '아난다상윳따'는 없기
때문이다. 여기저기서 모은 빈도수이니 그는 사실상 높은 빈도라 할 수 있다.

④ 다른 니까야와 또 다른 점은 '한때 부처님이 기원정사에 계셨다'라고 하는 시
작 정형구에서 부처님의 자리에 다른 존자나 비구니, 장자 등이 중요인물로
등장한다는 점이다.

5) 도표 1-5: 상윳따니까야의 도표 1-2에 의한 대화상대자
   빈도수 그림표

(1) 상윳따니까야의 대화상대자 빈도수에 관한 확인사항
비구들을 제외하였다. 대화상대자로 비구들이 상윳따니까야에 1,911회 등장하여
63%나 되기 때문에 나머지 인물들과는 비교가 안 된다. 따라서 비구들을 제외하
고 두 번째 빈도수가 높은 인물에서부터 13개의 상위 빈도와 '나머지 사람 합계'
를 더한 14개를 비교하였다.

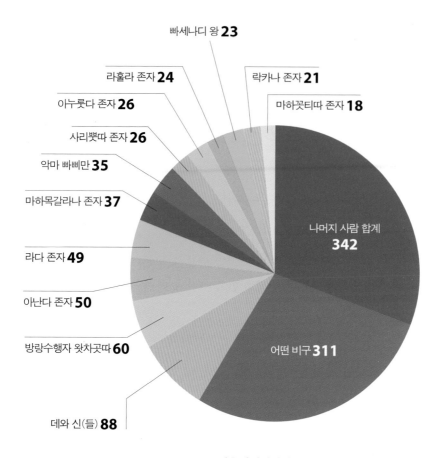

빠세나디 왕 **23**

라훌라 존자 **24**

락카나 존자 **21**

아누룻다 존자 **26**

마하꼿티따 존자 **18**

사리뿟따 존자 **26**

악마 빠삐만 **35**

마하목갈라나 존자 **37**

나머지 사람 합계
342

라다 존자 **49**

아난다 존자 **50**

방랑수행자 왓차곳따 **60**

어떤 비구 **311**

데와 신(들) **88**

도표 1-5 상윳따니까야의 대화상대자 빈도수
비구들은 1,911로 63%로 비교가 안 되어 제외 함

(2) 상윳따니까야의 대화상대자 빈도수에 관한 분석

① 비구들 다음으로 높은 빈도수를 차지하는 '어떤 비구'는 상윳따니까야에 311
회 등장한다. 31상윳따 111개의 경전은 모두 어떤 비구가 한 가지를 질문하면
부처님이 대답하는 형식으로 되어있는데, 단어 몇 개만 다르고 완전히 동일한
내용의 반복이다. 어떤 비구가 무더기로 나오는 상윳따는 모두 가상의 존재들
을 제목으로 삼고 상상적인 내용을 담고 있다. 빈도수가 많은 '어떤 비구'의 상
윳따는 아래와 같다.

상윳따 번호	상윳따 이름	상윳따 제목 (주제)	어떤 비구 경전의 개수
29	나가상윳따	용	총 50개 경에서 48개의 경
30	수빤나상윳따	신비한 새	총 46개 경에서 44개의 경
31	간답바상윳따	간답바 신	총 112개 경에서 111개의 경
32	왈라하까상윳따	구름 신	총 57개 경에서 56개의 경

② 세 번째 빈도수가 높은 인물은 88개 경에 등장하는 데와 신(들)이다. 1상윳따의 71개의 경이 모두 데와 신들이 붓다와 게송을 주고받는 형식으로 구성되어 있다.

③ 네 번째 빈도수가 높은 인물은 방랑수행자 왓차곳따이다. '33왓차곳따상윳따' 의 55개 전체 경전에 무더기로 등장하기 때문에 한 개인의 빈도가 높다.

④ 다섯 번째 빈도가 높은 인물은 아난다 존자이다. '아난다상윳따'는 없으므로 경전 여기저기에서 모은 빈도이다. 이런 이유에서 아난다 존자는 실제로는 그 누구보다 경전에 많이 등장한다고 할 수 있다.

⑤ 여섯 번째 빈도가 높은 라다 존자도 '23라다상윳따'의 46개 경에 모두 등장한다. 무더기로 등장하기에 라다 존자 역시 한 개인이지만 빈도가 높다.

⑥ '나머지 사람 합계'는 이 그림표에 다 나타낼 수 없는 빈도수가 낮은 사람들의 합계이다.

(3) 특정 인물을 대상으로 한 상윳따 도표

다음은 특정 인물을 대상으로 한 상윳따 도표이다. 총 13개의 상윳따가 특정 인물의 상윳따이고, 다양한 여러 신들에 대한 상윳따가 10개이다.

특정 이름	상윳따의 수	특정 이름이 붙은 상윳따 번호와 이름
특정 이름의 비구	8	8왕기사상윳따, 16깟사빠상윳따, 18라훌라상윳따, 19락카나상윳따, 23라다상윳따, 28사리뿟따상윳따, 40목갈라나상윳따, 52아누룻다상윳따
방랑수행자	3	33왓차곳따상윳따, 38잠부카다까상윳따, 39사만다까상윳따

왕	1	3꼬살라상윳따
장자	1	41찟따상윳따
여러 이름의 신들	10	1데와상윳따, 2데와뿟따상윳따, 4악마상윳따, 6브라흐마신상윳따, 10약카신상윳따, 11삭까신상윳따, 29용상윳따, 30신비한새상윳따, 31간답바신상윳따, 32구름신상윳따

특정 이름이 붙은 상윳따에는 해당하는 이름의 주인공이 한꺼번에 여러 차례 등장하기 때문에 상대적으로 높은 빈도수를 차지할 수밖에 없다. 마찬가지로 신들의 이름을 가진 상윳따가 10개나 되기 때문에 여러 신들의 빈도수가 높은 것은 당연한 현상이다.

6) 도표 1-6: 상윳따니까야의 도표 1-2에 의한 설법형태 빈도수 그림표

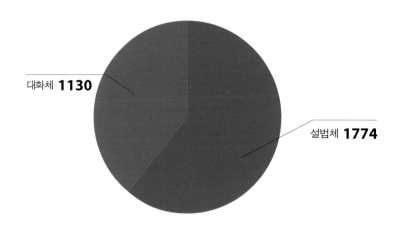

도표 1-6 상윳따니까야의 설법 형태 빈도수

(1) 설법체가 단연 더 많은 이유

① 데와 신(1상윳따), 데와 신의 아들(2상윳따), 마라(4상윳따), 브라흐마 신(6상윳따), 약카 신(10상윳따), 삭까 신(11상윳따), 용(29상윳따), 신비한 새(30상윳따), 간답바 신(31상윳따), 구름 신(32상윳따) 등 이상 10개의 상윳따에 등장하는 인물들은 모두 인간이 아닌 신이나 가상의 존재들이다.

② 열거한 10개의 경전은 모두 가상의 존재들을 의인화시켜 게송이나 대화를 주고받는 형태로 구성되어 있다. 이것은 어디까지나 부처님의 가르침을 표현하기 위한 한 방법으로, 이런 가상의 존재들을 주제로 한 경전은 설령 게송을 주고받는 형식이라 하더라도 실제의 대화가 아니기 때문에 설법체로 계산하였다.

③ 설법체의 대표적인 정형구가 있다. "한때 부처님은 기원정사에 계셨다. 부처님은 비구들에게 말씀하셨다. 비구들이여, 그대들에게 연기에 대하여 설하겠다. 잘 듣고 숙고하여라. 연기란 무엇인가?" 그런 다음 연기에 관해 설법하시는 내용이 나온다.

④ 이런 설법체의 전형적인 형태가 상윳따니까야에서는 한꺼번에 나타나는 경향을 보인다. 12상윳따에서 75개의 경, 17상윳따의 41개의 경, 23상윳따의 43개의 경, 24상윳따의 전체 96개의 경, 29상윳따의 전체 50개의 경, 30상윳따의 전체 46개의 경, 32상윳따의 전체 56개의 경, 33상윳따의 전체 55개의 경, 34상윳따의 전체 55개의 경, 35상윳따의 169개의 경, 46상윳따의 163개의 경, 48상윳따의 163개의 경, 49상윳따의 전체 54개의 경, 50상윳따의 전체 108개의 경, 51상윳따의 80개의 경, 53상윳따의 전체 54개의 경에 한꺼번에 설법체의 형태가 나타난다.

⑤ 여기서 전체란 말은 해당 상윳따의 경 모두가 이런 정형구인 설법체로 되어있다는 뜻이다. 상윳따니까야는 전형적인 설법형태의 경들이 많다. 많은 경전이 단어 몇 개만 다를 뿐 똑같은 내용을 반복한다. 그래서 경전의 숫자가 이렇게 많아진 것이다.

⑥ 그래도 대화체가 39%나 되는 이유는 많은 상윳따에서 '5온 무상'의 정형구가

여기저기 나오기 때문이다. 일반적으로 상대방과 서로 말을 주고받는 방식의 문체를 대화체라고 한다. 이와 똑같은 스타일의 형태가 전체 빠알리 니까야 여기저기에 글자 하나 안 틀리고 그대로 나온다. 부처님은 당신이 깨달은 진리에 대하여 남녀노소, 빈부귀천을 막론하고 누구에게든지 똑같은 스타일의 가르침을 주셨다.

⑦ 그런데 아래와 같은 '5온 무상'의 전형적인 문답형식은 묻고 대답하니 대화체이기는 하지만 좀 특이하다. 이처럼 판에 박은 듯한 특이한 대화체는 부처님의 확고한 가르침으로 자리 잡아서 경의 여기저기에, 특히 반복의 경전에서 그대로 옮겨져 사용된다.

"형상은 영원한가, 무상한가?"

"무상합니다."

"무상한 것은 괴로운 것인가, 즐거운 것인가?"

"괴로운 것입니다."

"… 느낌은 괴로운 것인가, 즐거운 것인가?"

"괴로운 것입니다."

⑧ 이런 문답이 계속 이어지기 때문이다. 이런 문답은 분명히 대화체인데 전형적인 특이한 대화체이다.

2장

맛지마니까야의 배경 도표와 그림표

1. 맛지마니까야의 예비적 고찰

맛지마니까야는 영국 빠알리성전협회의 로마자본으로 대부분 3-8페이지 정도 되는 중간 길이 경들의 모음이라서 10페이지가 넘는 경은 드물다. 맛지마니까야에는 총 152개의 경이 있다. 맛지마니까야는 가장 초기인 이시빠따나의 녹야원에서부터 매우 다양한 장소, 다양한 인물, 다양한 내용의 배경을 가지고 있다.

맛지마니까야는 디가니까야처럼 너무 사변적이거나 번다하지 않고, 상윳따니까야처럼 너무 소박하거나 단순하지도 않으며, 앙굿따라니까야처럼 너무 짧아서 깊이가 없는 그런 경전이 아니다. 다양한 주제 아래 수행의 핵심을 논리적으로 설하는 경전으로 남방불교 스님들이 가장 선호하는 니까야이다.

맛지마니까야에는 상윳따니까야, 앙굿따라니까야에서 보이는 것처럼 애매모호한 경전은 없다. 152개의 경을 설법한 장소, 경에 등장하는 중요인물과 대화 상대자 그리고 경전의 설법형태가 확실하다. 또한 경의 내용이나 편집과 구성, 내용의 전개 등이 네 개의 니까야 중에서 가장 명료하고 수준급이다.

2. 맛지마니까야에 관한 도표와 설명

1) 도표 2-1: 맛지마니까야의 배경 도표

●대화형태에서의 표기 (ㅅ: 설법체, ㄷ: 대화체)

경의 번호	경의 이름	장소	중요 인물	대화 상대자	대화 형태
1	Mūlapariyāyasutta	꼬살라의 욱까타 도시의 수바가 숲의 황제살라나무 아래	붓다	비구들	ㅅ

2	Sabbāsavasutta	기원정사	붓다	비구들	ㅅ
3	Dhammadāyādasutta	기원정사	붓다	비구들, 사리뿟따	ㅅ
4	Bhayabheravasutta	기원정사	붓다	브라흐민 자눗소니	ㄷ
5	Anaṅgaṇasutta	기원정사	사리뿟따	비구들, 마하목갈라나	ㄷ
6	Ākaṅkheyyasutta	기원정사	붓다	비구들	ㅅ
7	Vatthūpamasutta	기원정사	붓다	비구들, 브라흐민 순다리까바라드와자	ㄷ
8	Sallekhasutta	기원정사	붓다	마하쭌다 존자	ㄷ
9	Sammādiṭṭhisutta	기원정사	사리뿟따	비구들	ㄷ
10	Satipaṭṭhānasutta	꾸루의 깜마사담마 (작은 도시)	붓다	비구들	ㅅ
11	Cūḷasīhanādasutta	기원정사	붓다	비구들	ㅅ
12	Mahāsīhanādasutta	웨살리 도시 밖의 서쪽 숲	붓다	사리뿟따	ㄷ
13	Mahādukkhakkhandhasutta	기원정사	붓다	비구들	ㄷ
14	Cūḷadukkhakkhndhasutta	까삘라왓투의 니그로다 승원	붓다	사꺄족 마하나마	ㄷ
15	Anumānasutta	박가국의 숭수마라기라의 베사깔라 숲의 녹야원	마하목갈라나	비구들	ㅅ
16	Cetokhilasutta	기원정사	붓다	비구들	ㅅ
17	Vanapatthasutta	기원정사	붓다	비구들	ㅅ
18	Madhupiṇḍikasutta	까삘라왓투의 니그로다 승원	붓다	비구들, 사꺄족 단다빠니, 마하깟짜나 존자	ㄷ
19	Dvedhāvitakkasutta	기원정사	붓다	비구들	ㅅ
20	Vitakkasaṇṭhānasutta	기원정사	붓다	비구들	ㅅ
21	Kakacūpamasutta	기원정사	붓다	비구들, 몰리야 팍구나 비구	ㄷ
22	Alagaddūpamasutta	기원정사	붓다	아릿따 비구, 비구들	ㄷ

23	Vammikasutta	기원정사	붓다	꾸마라 깟사빠 존자, 어떤 신	ㄷ
24	Rathavinītasutta	죽림정사	붓다	사리뿟따, 뿐나만따니뿟따 존자	ㄷ
25	Nivāpasutta	기원정사	붓다	비구들	ㅅ
26	Ariyapariyesanāsutta	기원정사	붓다	비구들, 아난다	ㅅ
27	Cūḷahatthipadopamasutta	기원정사	붓다	브라흐민 자눗소니, 방랑수행자 삘로띠까	ㄷ
28	Mahāhatthipadopamasutta	기원정사	사리뿟따	비구들	ㅅ
29	Mahāsāropamasutta	라자가하의 독수리봉	붓다	비구들	ㅅ
30	Cūḷasāropamasutta	기원정사	붓다	브라흐민 삥갈라꽂차	ㄷ
31	Cūḷagosinga	나디까 마을의 벽돌집 승원	붓다	아누룻다, 낌빌라, 난디야 존자	ㄷ
32	Mahāgosingasutta	고싱가 살라 숲	붓다	사리뿟따와 잘 알려진 제자들	ㄷ
33	Mahāgopālakasutta	기원정사	붓다	비구들	ㅅ
34	Cūḷagopālakasutta	왓지의 욱까쩰라 (마을)의 갠지스 강변	붓다	비구들	ㅅ
35	Cūḷasaccakasutta	웨살리의 큰 숲의 중각강당	붓다	자이나교도 삿짜까, 앗사지존자, 릿차위족 둠무카	ㄷ
36	Mahāsaccakasutta	웨살리의 큰 숲의 중각강당	붓다	자이나교도 삿짜까, 아난다	ㄷ
37	Cūḷataṇhāsankhayasutta	사왓티 동원의 미가라마뚜 강당	붓다	삭까 신, 마하목갈라나	ㄷ
38	Mahātaṇhāsankhayasutta	기원정사	붓다	비구들, 사띠 비구	ㄷ
39	Mahā-Assapurasuttasutta	앙가의 앗사뿌라 (작은 도시)	붓다	비구들	ㅅ
40	Cūḷa-Assapurasutta	앙가의 앗사뿌라 (작은 도시)	붓다	비구들	ㅅ
41	Sāleyyakasutta	꼬살라의 살라 브라흐민 마을	붓다	브라흐민 장자들	ㄷ

42	Verañjakasutta	기원정사	붓다	브라흐민 장자들	ㄷ
43	Mahālavedallasuttasutta	기원정사	사리뿟따	마하꼿티따 존자	ㄷ
44	Cūḷavedallasutta	죽림정사	비구니 담마딘나	재가자 위사카 (재가남)	ㄷ
45	Cūḷadhammasamādānasutta	기원정사	붓다	비구들	ㅅ
46	Mahādhammasamādānasutta	기원정사	붓다	비구들	ㅅ
47	Vīmaṃsakasutta	기원정사	붓다	비구들	ㅅ
48	Kosambiyasutta	꼬삼비 고시따 승원	붓다	비구들	ㄷ
49	Brahmanimantanikasutta	기원정사	붓다	비구들, 악마 빠삐만, 바까 브라흐마 신	ㅅ
50	Māratajjanīyasutta	박가국의 숭수마라기라의 베사깔라 숲의 녹야원	마하목갈라나	악마 빠삐만	ㅅ
51	Kandarakasutta	짬빠의 각가라 호수	붓다	코끼리조련사 아들 뻿사, 방랑수행자 깐다라까, 비구들	ㄷ
52	Aṭṭhakanāgarasutta	웨살리의 벨루와가마까(마을)	아난다	장자 다사마	ㄷ
53	Sekhasutta	까삘라왓투의 니그로다 승원	붓다	사꺄족, 아난다, 마하나마	ㄷ
54	Potaliyasutta	앙굿따라빠의 아빠나 작은 도시	붓다	장자 뽀딸리야	ㄷ
55	Jīvakasutta	라자가하의 지와까 꼬마라밧짜의 망고 숲	붓다	지와까 꼬마라밧짜	ㄷ
56	Upālisutta	날란다의 빠와리까의 망고 숲	붓다	우빨리(니간타교도), 디가따빠신 (니간타교도), 니간타 나따뿟따	ㄷ
57	Kukkuravatikasutta	꼴리야의 할릿다와사나 작은 도시	붓다	(나체)고행자 뿐나와 세니야	ㄷ
58	Anhayarājakumārasutta	죽림정사	붓다	아바야 왕자	ㄷ

59	Bahuvedanīyasutta	기원정사	붓다	목수 빤짜깡가, 아난다 존자, 우다인 존자	ㄷ
60	Apaṇṇakasutta	꼬살라의 살라 브라흐민 마을	붓다	브라흐민 장자들	ㄷ
61	Ambalaṭṭhikārāhulovadasutta	죽림정사	붓다	라훌라 존자	ㄷ
62	Mahārāhulovādasutta	기원정사	붓다	라훌라 존자	ㄷ
63	Cūḷamālunkyasutta	기원정사	붓다	말룽꺄뿟따 존자	ㄷ
64	Mahāmālunkyasutta	기원정사	붓다	말룽꺄뿟따 존자, 아난다	ㄷ
65	Bhaddālisutta	기원정사	붓다	밧달리 존자	ㄷ
66	Laṭukikopamsutta	앙굿따라빠의 아빠나(작은 도시)	붓다	우다인 존자	ㄷ
67	Cātumāsutta	짜뚜마(사꺄족 마을)의 아마라끼 숲	붓다	비구들, 사리뿟따, 아난다, 마하목갈라나, 사꺄족들, 사함빠띠 브라흐마 신	ㄷ
68	Naḷakapānasutta	꼬살라의 날라까빠나 마을의 빨라사 숲	붓다	아누룻다, 비구들	ㄷ
69	Gulissānisutta	죽림정사	사리뿟따	비구들, 마하목갈라나	ㄷ
70	Kīṭāgirisutta	까시의 끼따기리 작은 도시	붓다	비구들, 앗사지 비구, 뿌납바수까 비구	ㄷ
71	Tevijjavacchagottasutta	웨살리 큰 숲의 중각강당	붓다	방랑수행자 왓차곳따	ㄷ
72	Aggivacchagottasutta	기원정사	붓다	방랑수행자 왓차곳따	ㄷ
73	Mahāvacchagottasutta	죽림정사	붓다	방랑수행자 왓차곳따, 비구들	ㄷ
74	Dīghanakhasutta	독수리봉의 수까라까따 동굴	붓다	방랑수행자 디가나카	ㄷ
75	Māgandiyasutta	꾸루의 깜마사담마의 바라드와자 가문의 브라흐민의 불을 섬기는 사당	붓다	방랑수행자 마간디야, 바라드와자 가문의 브라흐민	ㄷ

76	Sandakasutta	꼬삼비의 고시따승원	아난다	방랑수행자 산다까	ㄷ
77	Mahāsakuludāyisutta	죽림정사	붓다	방랑수행자 사꿀루다인, 방랑수행자들	ㄷ
78	Samaṇamaṇḍikāsutta	기원정사	붓다	목수 빤짜깡가, 방랑수행자 욱가하마나	ㄷ
79	Cūḷasakuludāyisutta	죽림정사	붓다	방랑수행자 사꿀루다인	ㄷ
80	Vekhanassasutta	기원정사	붓다	방랑수행자 웨카낫사	ㄷ
81	Ghaṭīkārasutta	꼬살라국에서 유행 중	붓다	아난다	ㄷ
82	Raṭṭhapālasutta	꾸루의 툴라꽂티따라 는 작은 도시	붓다	랏타빨라 존자, 랏타빨라 부모, 친구, 꼬라위야 왕	ㄷ
83	Makhādevasutta	위데하의 (수도인) 미틸라의 마카데와 망고 숲	붓다	아난다	ㅅ
84	Madhurāsutta	마두라 (수라세나국의 수도) 의 군다 숲	마하깟 짜나 존자	마두라의 왕 아완띠뿟따	ㄷ
85	Bodhirājakumārasutta	박가국의 숭수마라기 라의 베사깔라 숲의 녹야원	붓다	왕자 보디, 브라흐민 청년 산지까뿟따	ㄷ
86	Aṅgulimālasutta	기원정사	붓다	앙굴리말라, 빠세나디 왕, 목동	ㄷ
87	Piyajātikasutta	기원정사	붓다	빠세나디 왕, 말리까 왕비, 어떤 장자, 브라흐민 날리장가	ㄷ
88	Bāhitikasutta	기원정사	아난다	빠세나디 왕	ㄷ
89	Dhammacetiyasutta	사꺄족의 작은 도시 메달룸빠	붓다	빠세나디 왕, 빠세나디 왕의 총사령관 디가까라나야	ㄷ
90	Kaṇṇakatthalasutta	꼬살라의 도시 우준냐 의 깐나깟탈라 녹야원	붓다	빠세나디 왕, 아난다, 빠세나디 왕의 장군 위두다바	ㄷ

91	Brahmāyusutta	위데하국의 미틸라 도시의 마카데와의 망고 숲	붓다,	브라흐민 브라흐마유, 브라흐민 청년 웃따라	ㄷ
92	Selasutta	앙굿따라빠의 아빠나(작은 도시)	붓다	타래머리를 한 (고행자) 께니야, 브라흐민 셀라, 300명의 브라흐민들	ㄷ
93	Assalāyanasutta	기원정사	붓다	브라흐민 청년 앗살라야나, 500명의 브라흐민들	ㄷ
94	Ghoṭamukhasutta	바라나시의 케미야 망고 숲	우데나 존자	브라흐민 고따무카	ㄷ
95	Cankīsutta	꼬살라의 오빠사다 마을의 살라 숲인 데와 숲	붓다	브라흐민 짱끼, 브라흐민들, 브라흐민 청년 까빠티까	ㄷ
96	Esukārīsutta	기원정사	붓다	브라흐민 에수까리	ㄷ
97	Dhānañjānisutta	죽림정사	붓다	사리뿟따, 브라흐민 다난자니, 어떤 비구	ㄷ
98	Vāseṭṭhasutta	잇차낭갈라의 잇차낭갈 숲	붓다	브라흐민 청년 와셋타와 바라드와자	ㄷ
99	Subhasutta	기원정사	붓다	브라흐민 청년 수바	ㄷ
100	Sangāravasutta	꼬살라의 짠달라깝빠 마을의 또데이야의 망고 숲	붓다	브라흐민 여인 다난자니, 브라흐민 청년 상가라와	ㄷ
101	Devadahasutta	사꺄족의 작은 도시 데와다하	붓다	비구들	ㅅ
102	Pañcattayasutta	기원정사	붓다	비구들	ㅅ
103	Kintisutta	꾸시나라의 발리하라나 숲	붓다	비구들	ㅅ
104	Sāmagāmasutta	사꺄국의 사마가마(마을)	붓다	아난다, 쭌다 사미	ㄷ
105	Sunakkhattasutta	웨살리 큰 숲의 중각강당	붓다	릿차위족의 아들 수낙캇따	ㄷ
106	Āneñjasappāyasutta	꾸루국의 깜마사담마 작은 도시	붓다	비구들, 아난다 존자	ㄷ

107	Gaṇakamoggallānasutta	사왓티 동원의 미가라마뚜 강당	붓다	브라흐민 가나까 목갈라나	ㄷ
108	Gopakamoggallānasutta	죽림정사	아난다	브라흐민 고빠까목갈라나, 마가다의 대신 왓사까라	ㄷ
109	Mahāpuṇṇamasutta	사왓티 동원의 미가라마뚜 강당	붓다	어떤 비구, 비구들	ㄷ
110	Cūḷapuṇṇamasutta	사왓티 동원의 미가라마뚜 강당	붓다	비구들	ㄷ
111	Anupadasutta	기원정사	붓다	비구들	ㅅ
112	Chabbisodhanasutta	기원정사	붓다	비구들	ㅅ
113	Sappurisasutta	기원정사	붓다	비구들	ㅅ
114	Sevitabbāsevitabbasutta	기원정사	붓다	사리뿟따, 비구들	ㄷ
115	Bahudhātukasutta	기원정사	붓다	아난다	ㄷ
116	Isigilisutta	라자가하의 이시길리 산	붓다	비구들	ㄷ
117	Mahācattārīsakasutta	기원정사	붓다	비구들	ㅅ
118	Ānāpānasatisutta	사왓티 동원의 미가라마뚜 강당	붓다	잘 알려진 장로 비구들	ㅅ
119	Kāyagatāsatisutta	기원정사	붓다	비구들	ㅅ
120	Sankhārupapattisutta	기원정사	붓다	비구들	ㅅ
121	Cūḷasuññatasutta	사왓티 동원의 미가라마뚜 강당	붓다	아난다	ㅅ
122	Mahāsuññatasutta	까삘라왓투의 니그로다 승원	붓다	아난다	ㅅ
123	Acchariya-abbhūtasutta	기원정사	붓다	아난다, 비구들	ㄷ
124	Bakkulasutta	죽림정사	박꿀라 존자	박꿀라 존자의 재가적 친구인 아쩰라깟사빠 존자	ㄷ
125	Dantabhūmisutta	죽림정사	붓다	아찌라와따 신참 비구, 자야세나 왕자	ㄷ
126	Bhūmijasutta	죽림정사	붓다	부미자 존자, 자야세나 왕자	ㄷ

127	Anuruddhasutta	기원정사	아누룻다	목수 빤짜깡가, 아비야깟짜나 비구	ㄷ
128	Upakkilesasutta	꼬삼비의 고시따 승원	붓다	비구들, 바구 존자, 아누룻다 존자, 난디야 존자, 낌빌라 존자	ㄷ
129	Bālapaḍitasutta	기원정사	붓다	비구들	ㅅ
130	Devadūtasutta	기원정사	붓다	비구들	ㅅ
131	Bhaddekarattasutta	기원정사	붓다	비구들	ㅅ
132	Ānandabhaddekarattasutta	기원정사	붓다	아난다, 비구들	ㄷ
133	Mahākaccānabhaddekaratta	라자가하의 따뽀다 온천 승원	붓다	사밋디 존자, 어떤 신, 마하깟짜나 존자	ㄷ
134	Lomasakangiyabhaddekarattasutta	기원정사	붓다	로마사깡기야 존자, 짠다나 신	ㄷ
135	Cūḷakammavibhangasutta	기원정사	붓다	브라흐민 청년 수바	ㄷ
136	Mahākammavibhangasutta	죽림정사	붓다	아난다, 사밋디 존자, 방랑수행자 뽀딸리뿟따, 우다인 존자	ㄷ
137	Saḷāyatanavibhangasutta	기원정사	붓다	비구들	ㅅ
138	Uddesavibhangasutta	기원정사	붓다	마하깟짜나 존자, 비구들	ㄷ
139	Araṇavibhangasutta	기원정사	붓다,	비구들	ㅅ
140	Dhātuvibhangasutta	라자가하의 도공 박가와의 작업실	붓다	뿍꾸사띠 출가자, 비구들	ㄷ
141	Saccavibhangasutta	바라나시의 이시빠따나의 녹야원	붓다	사리뿟따, 비구들	ㄷ
142	Dakkhiṇāvibhangasutta	까삘라왓투의 니그로다 승원	붓다	아난다, 마하빠자빠띠 고따미	ㄷ
143	Anāthapiṇḍikovādasutta	기원정사	붓다	사리뿟따, 아나타삔디까 장자, 아난다	ㄷ
144	Channovādasutta	죽림정사	사리뿟따	찬나 존자, 마하쭌다 존자	ㄷ
145	Puṇṇovādasutta	기원정사	붓다	뿐나 존자	ㄷ

146	Nandakovādasutta	기원정사	붓다	마하빠자빠띠 고따미 비구니, 난다까 존자, 500명의 비구니	ㄷ
147	Cūḷarāhulovādasutta	기원정사	붓다	라훌라 존자	ㄷ
148	Chachakkasutta	기원정사	붓다	비구들	ㅅ
149	Mahāsaḷāyatanikasutta	기원정사	붓다	비구들	ㅅ
150	Nagaravindeyyasutta	꼬살라의 나가라윈다 마을	붓다	브라흐민 장자들	ㅅ
151	Piṇḍapātapārisuddhisutta	죽림정사	붓다	사리뿟따	ㄷ
152	Indriyabhāvanāsutta	까장갈라국의 무켈루 숲	붓다	아난다, 브라흐민 청년 웃따라	ㄷ

2) 도표 2-2: 맛지마니까야의 도표 2-1에 의한 빈도수 통계

장소 총 46개의 다른 장소	빈도	중요인물 9명	빈도	대화상대자 108명의 각기 다른 사람	빈도
기원정사	70 (46%)	붓다	135 (89%)	비구들	66 (27.5%)
죽림정사	16	사리뿟따	6	아난다	20
사왓티 동원의 미가라마뚜 강당	6	아난다	4	사리뿟따	9
까삘라왓투의 니그로다 승원	5	마하목갈라나	2	빠세나디 왕	5
웨살리 큰 숲의 중각강당	4	비구니 담마딘나	1	브라흐민 장자들	4
꼬삼비의 고시따 승원	3	마하깟짜나 존자	1	마하목갈라나 존자	3
앙굿따라빠의 아빠나 작은 도시	3	우데나 존자	1	마하깟자나 존자	3
숭수마라기리의 베사깔라 숲의 녹야원	3	박꿀라 존자	1	아누룻다 존자	3
꾸루의 깜마사담마 작은 도시	2	아누룻다 존자	1	우다인 존자	3
앙가의 앗사뿌라(작은 도시)	2			라훌라 존자	3

미틸라의 마카데와 밍고 숲	2		방랑수행자 왓차곳따	3
꼬살라의 살라 브라흐민 마을	2		목수 빤짜깡가	3
라자가하의 독수리봉	1		마하쭌다 존자(쭌다 사미로 불리기도 함)	3
바라나시의 이시빠따나의 녹야원	1		어떤 신	2
수바가 숲의 황제살라나무 아래	1		낌빌라 존자	2
웨살리 도시 밖의 서쪽 숲	1		난디야 존자	2
나디까의 벽돌집 승원	1		자이나교도 삿짜까	2
고싱가 살라 숲	1		앗사지 존자	2
욱까쩰라의 갠지스 강변	1		악마 빠삐만	2
짬빠의 각가라 호수	1		사꺄족	2
웨살리의 벨루와가마까(마을)	1		브라흐민 자눗소니	2
지와까의 망고 숲	1		말룽꺄뿟따 존자	2
빠와리까의 망고 숲	1		방랑수행자 사꿀라다인	2
꼴리야의 할릿다와사나 작은 도시	1		브라흐민 웃따라	2
짜뚜마의 아마라끼 숲	1		어떤 비구	2
꼬살라의 빨라사 숲	1		브라흐민 청년 수바	2
까시의 끼따기리 작은 도시	1		자야세나 왕자	2
독수리봉의 수까라카따 동굴	1		사밋디 존자	2
꾸루의 깜마사담마의 바라드와자 가문의 브라흐민의 불을 섬기는 사당	1		마하빠자빠띠 고따미	2
꼬살라국에서 유행 중에	1		사꺄족 마하나마	2
꾸루의 툴라꼿티따 작은 도시	1		사꺄족 단다빠니	1
마두라 도시의 군다 숲	1		몰리야팍구나 비구	1
사꺄족의 작은 도시 메달룸빠	1		아릿타 비구	1
우준냐의 깐나깟탈라 녹야원	1		꾸마라깟사빠 존자	1
바라나시의 케미야 망고 숲	1		뿐나만따니뿟다 존자	1
오빠사다 마을의 데와 숲	1		방랑수행자 삘로띠까	1

잇차낭갈라의 잇차낭갈라 숲	1			브라흐민 뻥갈라꽂차	1
짠달라깝빠의 또데이야 망고 숲	1			릿차위족 둠무카	1
사꺄족의 데와다하 작은 도시	1			삭까 신	1
꾸시나라의 발리하라나 숲	1			사띠 비구	1
사꺄의 사마가마(마을)	1			마하꼿티따 존자	1
라자가하의 이시길리 산	1			재가남 위사카	1
라자가하의 따뽀드 온천 승원	1			바까 브라흐마 신	1
라자가하의 도공 박가와의 작업실	1			코끼리조련사 아들 뻿사	1
꼬살라의 나가라윈다 마을	1			방랑수행자 깐다라까	1
까장갈라의 무켈루 숲	1			장자 다사마	1
				장자 뽀딸리야	1
				지와까 꼬마라밧짜	1
				우빨리(니간타 신도)	1
				디가따빠신(니간타 신도)	1
				니간타나따뿟따	1
				고행자 뿐나와 세니야	1
				아바야 왕자	1
				밧달리 존자	1
				사함빠띠 브라흐마 신	1
				방랑수행자 디가나카	1
				방랑수행자 마간디야	1
				바라드와자 가문의 브라흐민	1
				방랑수행자 산다까	1
				방랑수행자들	1
				방랑수행자 욱가하마나	1
				방랑수행자 웨카낫사	1
				랏타빨라 존자	1

			랏타빨라의 부모와 친구	1
			꼬라위야 왕	1
			마두라의 왕 아완띠뿟따	1
			왕자 보디	1
			브라흐민 청년 산지까뿟따	1
			앙굴리말라	1
			목동	1
			말리까 왕비	1
			어떤 장자	1
			브라흐민 날리장가	1
			빠세나디 왕의 총사령관 디가까라나야	1
			빠세나디 왕의 장군 위두다바	1
			브라흐민 브라흐마유	1
			타래머리를 한 고행자 께니야	1
			브라흐민 셀라	1
			300 명의 브라흐민들	1
			브라흐민 청년 앗살라야나	1
			500명의 브라흐민들	1
			브라흐민 고따무카	1
			브라흐민 짱끼	1
			브라흐민들	1
			브라흐민 청년 까빠티까	1
			브라흐민 에수까리	1
			브라흐민 다난자니	1
			브라흐민 청년 와셋타와 바라드와자	1

				브라흐민 여인 다난자니	1
				브라흐민 청년 상가라와	1
				브라흐민 순다리까바라드와자	1
				릿차위족의 아들 수낙캇따	1
				브라흐민 가나까목갈라나	1
				마가다 대신 왓사까라	1
				아쩰라깟사빠 존자	1
				아찌라와따 신참 비구	1
				부미자 존자	1
				아비야깟짜나 비구	1
				바구 존자	1
				로마사깡기야 존자	1
				짠다나 신	1
				방랑수행자 뽀딸리뿟따	1
				뿍꾸사띠 출가 지원자	1
				아나타삔디까 장자	1
				찬나 존자	1
				뿐나 존자	1
				난다까 존자	1
				500명의 비구니	1

(1) 맛지마니까야 빈도수 자세히 보기

① 장소

- 46개의 각기 다른 장소가 있다.

- 장소는 경 하나에 한 장소만을 택하였기에 장소의 총 숫자는 152이다.

97

- 기원정사 46%의 계산은? 70(기원정사의 빈도수)÷152(맛지마 총경수)×100

② 중요인물

- 총 9명의 각기 다른 중요인물이 있다.

- 중요인물은 경 하나에 한 사람만을 택하였기에 중요인물의 총 숫자는 152이다.

- 붓다 89%의 계산은? 135(붓다의 빈도수)÷152(맛지마 총경수)×100

③ 대화상대자

- 총 108명의 각기 다른 대화상대자가 있다.

- 대화상대자는 경 하나에도 여러 명이 있다. 따라서 대화상대자의 총 숫자는 240이다.

- 비구들 27.5%의 계산은? 66(비구들 빈도수)÷240(대화상대자 총 숫자)×100

(2) 맛지마니까야 빈도수에 나타나는 특징

위의 도표에 따르면, 기원정사는 152개의 맛지마니까야 중 경의 설법 장소로 70회(46%) 나오는데 이는 거의 절반에 가까운 수치다. 중요인물로는 붓다가 152개의 경에서 135회(89%)나 등장하며, 이로써 붓다에 의해서 대부분의 가르침이 주어졌음을 알 수 있다. 대화상대자로 비구들은 66(27.5%)회 등장한다. 다른 니까야에 비해 상대적으로 빈도가 낮은 편이며 비구들 대신 다른 인물들이 많이 등장한다.

(3) 도표 2-2에 의한 맛지마니까야 장소의 부류별 빈도수 표

다음 표는 얼마나 다양한 장소에서 설법이 이루어졌는지를 보여준다. 즉 하나의 장소에서 반복되는 설법의 횟수가 아니라 얼마나 다양한 종류의 장소들에서 설법이 이루어졌는지를 보여주는 표이다. 예를 들어 기원정사는 152개의 전체 경전 중 70번이나 반복되어 나타나지만, 여기에서는 단지 하나의 승원으로 계산되었다. 따라서 아래의 표는 어떤 이름의 다른 승원이 있었는지, 어떤 종류의 마을이 있었는지, 어떤 이름의 숲이 있었는지, 어떤 종류의 각기 다른 장소에서 가르침이 설해졌는지를 나타낸다.

장소	가지수	자세한 장소
숲	15	마카데와 망고 숲, 수바가 숲의 황제살라나무 아래, 웨살리 도시 밖의 서쪽 숲, 고싱가살라 숲, 지와까의 망고 숲, 빠와리까의 망고 숲, 아마라끼 숲, 빨라사 숲, 케미야 망고 숲, 오빠사다의 살라 숲인 데와 숲, 잇차낭갈라 숲, 또데이야의 망고 숲, 무켈루 숲, 마두라의 군다 숲, 꾸시나라의 발리하라나 숲
승원	8	기원정사, 죽림정사, 미가라마뚜 강당, 니그로다 승원, 중각강당, 고시따 승원, 나디까의 벽돌집 승원, 따뽀다 온천 승원
마을	5	꼬살라의 살라브라흐민 마을, 벨루와가마까(마을), 끼따기리 마을, 사꺄의 사마가마(마을), 나가라윈다 마을
작은 도시	6	꾸루의 깜마사담마 작은 도시, 앙굿따라빠의 아빠나 작은 도시, 툴라꼿티따 작은 도시, 데와다하 작은 도시, 메달룸빠 작은 도시, 할릿다와사나 작은 도시
녹야원	3	베사깔라 숲의 녹야원, 이시빠따나의 녹야원, 깐나깟탈라 녹야원
도시	1	앙가의 앗사뿌라 도시
산, 언덕	2	라자가하의 독수리봉, 이시길리 산
강변	1	욱까쩰라의 갠지스 강변
호수	1	각가라 호수
동굴	1	독수리봉의 수까라카따 동굴
사당	1	바라드와자 가문의 불을 섬기는 사당
유행 중	1	꼬살라국에서 유행 중에
작업실	1	라자가하의 박가와 작업실

① 숲 종류가 가장 많다. 당시의 부처님과 제자들은 숲에서 가장 많이 머물며 수행하셨다.

② 숲이 승원보다 두 배나 많은 점으로 보아 부처님과 제자들은 우기가 아니면 유행을 하다가 숲에 머무셨는데, 탁발을 위해 도시나 마을 인근에 계셨음을 알 수 있다.

③ 녹야원은 사슴들이 보호되어 사는 곳으로 네 개의 니까야에 자주 나오는 장소이다.

④ 부처님은 강변이나 호숫가, 동굴, 사당, 작업실 그리고 유행 중에도 길에서 가르침을 펼치셨음을 알 수 있다.

(4) 도표 2-2에 의한 맛지마니까야 대화상대자의 부류별 빈도수 표

다음 표는 한 인물이 얼마나 자주 부처님의 대화상대자로 등장하는지를 나타내는 통계가 아니라 얼마나 다양한 인물들이 등장하는지를 보여준다. 어떤 종류의 인물이 부처님과 대화하였는지 그 다양한 인물의 종류와 가짓수를 확인할 수 있는 표이다. 예를 들면, 어떤 이름의 존자인지, 어떤 이름의 브라흐민인지, 어떤 이름의 왕족인지, 어떤 이름의 방랑수행자인지 등등 자세한 대화상대자의 목록을 제시하고 있다.

대화상대자	가지수	자세한 대화상대자의 이름
비구들(단체)	1	'비구들'은 가장 빈번히 등장한다
존자/ 비구/ 어떤 비구/ 출가자	32명의 각기 다른 비구가 등장한다	사리뿟따 존자, 마하목갈라나 존자, 마하쭌다 존자, 마하깟짜나 존자, 꾸마라깟사빠 존자, 뿐나만따니뿟따 존자, 아난다 존자, 아누룻다 존자, 낌빌라 존자, 난디야 존자, 앗사지 존자, 마하꼿티따 존자, 우다인 존자, 라훌라 존자, 말룽꺄뿟따 존자, 밧달리 존자, 랏타빨라 존자, 아쩰라깟사빠 존자, 사밋디 존자, 로마사깡기야 존자, 찬나 존자, 뿐나 존자, 난다까 존자, 바구 존자, 부미자 존자/ 몰리야팍구나 비구, 아릿따 비구, 사띠 비구, 아찌라와따 신참 비구, 아비야깟짜나 비구/ 어떤 비구/ 뿍꾸사띠 출가자
브라흐민 (개인)/ 브라흐민 청년/ 브라흐민 장자들/ 브라흐민들 (단체)/ 브라흐민 여인	24명의 각기 다른 브라흐민들이 등장한다	B 자눗소니, B 순다리까바라드와자, B 삥갈라꽂차, B 셀라, B 고따무카, B 짱끼, B 에수까리, B 다난자니, B 가나까목갈라나, B 날리장가, B 브라흐마유/ B 청년 앗살라야나, B 청년 와셋타와 바라드와자, B 청년 산지까뿟따, B 청년 웃따라, B 청년 까빠티카, B 청년 수바, B 청년 상가라와/ B 장자들, 바라드와자 가문의 브라흐민/ 브라흐민들, 300명의 브라흐민들, 500명의 브라흐민들/ 브라흐민 여인 다난자니 (● B는 브라흐민의 약자임)
방랑수행자/ 방랑수행자들 (단체)	11명의 각기 다른 이름과 단체	뻴로띠까, 깐다라까, 뽀딸리뿟따, 디가니카, 마간디야, 산다까, 사꿀루다인, 욱가하마나, 웨카낫사, 왓차곳따(● 모두 방랑수행자임)/ 방랑수행자들
재가남/ 장자	7	재가남 위사카, 지와까 꼬마라밧짜, 랏타빨라 부모와 친구/ 다사마 장자, 뽀딸리야 장자, 아나타삔디까 장자, 어떤 장자
왕/ 왕비/ 왕자	7	빠세나디 왕, 꼬라위야 왕, 마두라의 왕 아완띠뿟따/ 말리까 왕비/ 아바야 왕자, 보디 왕자, 자야세나 왕자
신/ 악마	6	삭까 신, 어떤 신, 바까브라흐마 신, 사함빠띠브라흐마 신, 짠다나 신/ 악마 빠삐만

사꺄족/ 릿차위족	5	사꺄족 마하나마, 사꺄족 단다빠니, 사꺄족들/ 릿차위족 아들 수낙캇따, 릿차위족 둠무카
자이나교도	4	자이나교도 삿짜까, 우빨리, 디가따빠신, 니간타나따뿟따
왕의 부하	3	빠세나디 왕의 총사령관 디가까라나야, 마가다의 대신 왓사까라, 빠세나디 왕의 장군 위두다바
마을 사람	2	목동, 앙굴리말라
특정 직업의 사람	2	코끼리 조련사 아들 뻿사, 목수 빤짜깡가
비구니/ 비구니들	2	마하빠자빠띠 고따미 비구니/ 500명의 비구니들
나체고행자/ 타래머리를 한 고행자	2	나체고행자 뿐나와 세니야/ 타래머리를 한 고행자 께니야

① 맛지마니까야에서도 부처님은 대화상대자로 여러 비구들(단체)에게 설법하신 경우가 가장 많았는데, 개인 비구에게도 많은 말씀을 하셨음을 알 수 있다.

② 비구들 다음으로 많은 대화상대자는 브라흐민으로 방랑수행자의 2배 이상이다. 부처님은 '깨달은 성자'로 브라흐민들이 추앙하는 존재였으며, 그들은 부처님의 바른 가르침에 승복하였다. 많은 브라흐민이 부처님께 귀의하여 가르침을 들었다. 출가하는 이도 많았고, 그렇지 않은 경우는 재가 신도가 되었다.

③ 방랑수행자 역시 종교적 수행자 집단의 사람들로, 이들도 부처님께 질문을 했다. 부처님이 이들에게 설법하는 내용이 많다. 부처님을 추종하는 장자들이나 재가자들은 부처님을 방문하고 가르침을 들었다.

④ 재가자·장자 등의 빈도수와 왕·왕비·왕자의 빈도수는 같다. 네 개의 니까야에는 공통적으로 부처님이 왕과 왕비, 왕자와 대화를 나누는 장면이 많다.

⑤ 그 외 부처님 교단 다음의 교세를 가졌던 자이나교도와 부처님의 종족인 사꺄족들도 대화의 상대자였음을 알 수 있다.

3) 도표 2-3: 맛지마니까야의 도표 2-2에 의한 장소 빈도수 그림표

(1) 맛지마니까야의 장소 빈도수에 관한 확인사항

다음 그림표는 맛지마니까야 상위 빈도수인 13개의 장소와 빈도수가 낮은 '나머지 장소들'을 모두 합산하여 14번째의 항목으로 비교하였다.

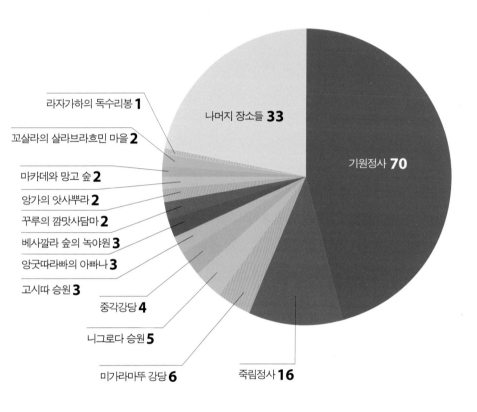

도표 2-3 맛지마니까야의 장소 빈도수

(2) 맛지마니까야의 장소 빈도수에 관한 분석

① 기원정사는 장소로 70회 나온다. 맛지마니까야 전체 경전 수 152개의 거의 절반에 이르는 수치이다. 기원정사는 비구들뿐 아니라 모든 재가자에게 열려 있는, 부처님의 가르침을 항상 들을 수 있는 곳이었다.

② 그다음 빈도수가 높은 장소는 죽림정사로 비록 허름한 승원이었으나 가장 초
창기에 만들어진 승원이었기에 빈도수 또한 높다.

③ 위의 원 그림표에서 발견되는 특징은 빈도수가 높은 곳은 모두 승원이었다는
점이다. 아주 초창기 승원이 없었던 시기를 지나서 많은 승원이 지어지고 비
구들이 안정적으로 승원에 거주하였음을 알 수 있다.

④ 이 밖에도 작은 도시, 녹야원, 숲, 마을, 산, 망고 숲, 독수리봉, 작은 승원들, 호
수, 동굴, 사당, 살라 숲, 작업실 등이 있으며, 유행 중에는 길에서도 가르침이
베풀어졌다.

4) 도표 2-4: 맛지마니까야의 도표 2-2에 의한 중요인물 빈도수 그림표

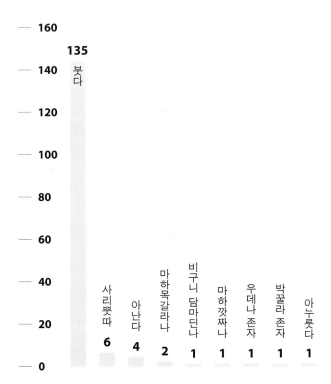

도표 2-4 맛지마니까야의 중요인물 빈도수

103

① 부처님이 거의 설법을 하셨지만 경의 주인공으로 비구들이 약간 등장함을 알수 있다.

② 사리뿟따가 여섯 개의 경에서 주인공으로 등장한다. 부처님을 대신하여 비구들에게 설법하는 비구는 바로 사리뿟따 존자이다. 사리뿟따 존자는 부처님이 후계자로 지목할 정도로 부처님과 승단의 두터운 신뢰를 받았다. 그는 지혜와 덕행을 겸비하였고 더욱이 교리에 해박하였다.

③ 경 18은 부처님이 간략히 설법하고 들어가신 후 남아 있는 비구들이 깟짜나 존자에게 부처님 가르침의 자세한 뜻을 묻고 답을 듣는 식이기에, 깟짜나 존자가 사실상의 중요인물이나 마찬가지다. 더욱이 경 133과 경 138에는 부처님은 조금 말씀하셨으나 마하깟짜나 존자가 비구들에게 뒷부분을 길게 설법하는 장면이 나온다. 이런 점들로 보아, 마하깟짜나 존자는 사리뿟따 존자 다음으로 비구들에게 교리를 해석하여 설법하는 데 해박하였다고 할 수 있다.

④ 특이한 것은 비구니 담마딘나가 출가 전의 남편이었던 부유한 상인 위사카에게 설법하고 있다는 점이다. 비구니 담마딘나는 구족계를 받고 오래지 않아 아라한의 경지에 올랐다. 그녀는 가르침을 설하는 데 최상이라고 부처님이 말씀하셨다. 부유한 상인 위사카도 출가하여 아라한이 되었다.

5) 도표 2-5: 맛지마니까야의 도표 2-2에 의한 대화상대자 빈도수 그림표

(1) 맛지마니까야의 대화상대자 빈도수에 관한 확인사항

다음 도표는 맛지마니까야의 대화상대자 중에서 가장 빈도수가 높은 13개의 항목에 속하는 인물과 빈도수가 낮은 '나머지 사람들 합계'를 하나로 하여 14개의 항목으로 비교하였다. 대화상대자의 전체 빈도수는 도표 2-5를 합산하면 240회가 되고, 도표 2-2에서 계산한 것처럼 108가지 부류의 각기 다른 사람들이 등장한다.

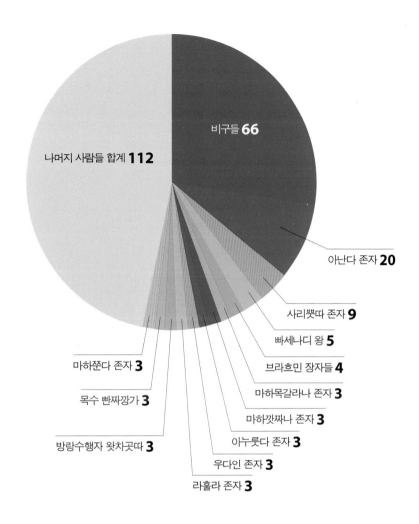

비구들 **66**

나머지 사람들 합계 **112**

아난다 존자 **20**

사리뿟따 존자 **9**

빠세나디 왕 **5**

브라흐민 장자들 **4**

마하목갈라나 존자 **3**

마하깟짜나 존자 **3**

아누룻다 존자 **3**

우다인 존자 **3**

라훌라 존자 **3**

마하쭌다 존자 **3**

목수 빤짜깡가 **3**

방랑수행자 왓차곳따 **3**

도표 2-5 맛지마니까야의 대화상대자 빈도수

(2) 맛지마니까야의 대화상대자 빈도수에 관한 분석

① 부처님이 가장 많이 대화를 한 상대자는 당연히 비구들 무리이다. 그다음이
부처님을 가장 가까이서 모신 아난다 존자이다. 사리뿟따 존자는 부처님이 계
승자라고 할 정도로 부처님 곁에서 부처님을 도와 비구들에게 설법하기도 하
고 승원의 대소사를 처리하였다.

② 빠세나디 왕은 부처님과 가장 친분이 두터웠던 왕으로 부처님을 최상으로 공
경하였다. 그의 이야기는 여러 왕 중에서도 경전에 가장 많이 나타나고 있다.

③ 브라흐민 장자들은 부유한 재권들로 넓은 도지를 소유하고 있었나. 그들은 브라흐민의 계급제도를 정면으로 부정하고 인간의 평등을 천명한 부처님께 처음에는 도전을 하기도 하고 질문을 하며 맞서더니, 마침내는 부처님의 가르침에 귀의하여 출가하거나 재가 신도가 되기도 하였다.

④ 방랑수행자들도 집단을 이루어 수행하였는데, 이들은 항상 부처님과 승가 공동체에 관심이 많아서 부처님의 가르침에 많은 질문을 하였다. 부처님도 이들과 많은 대화를 나누셨다.

⑤ 똑같이 3회씩의 빈도를 가지고 있는 마하목갈라나 존자, 마하깟짜나 존자, 아누룻다 존자, 우다인 존자, 라훌라 존자, 마하쭌다 존자는 잘 알려진 바대로 자주 경전에 등장하는 인물들이다. 그리고 목수 빤짜깡가는 부처님께 신심이 돈독한 재가자였다.

6) 도표 2-6: 맛지마니까야의 도표 2-2에 의한 설법형태 빈도수 그림표

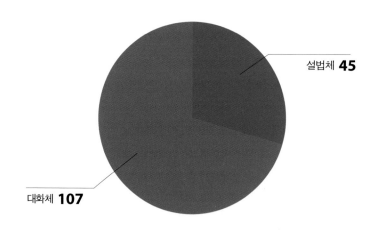

도표 2-6 맛지마니까야의 설법형태 빈도수

(1) 맛지마니까야의 설법형태 빈도수에 관한 특징

맛지마니까야는 다섯 니까야 중에서 남방불교 스님들이 가장 선호하는 니까야이다. 수행하는 비구들에게 가장 심오하고 깊이 있는 가르침을 주는 경전이기 때문이다. 대화체가 70%나 될 정도로 많은 부분을 차지하는 이유는 부처님의 가르침이 어떤 형태를 띠고 있었는지를 잘 말해준다. 부처님은 문답의 방식을 통해 상대의 이해가 어느 정도인지를 파악해가면서 가르침을 주셨던 것이다.

(2) 맛지마니까야에 왜 대화체가 더 많을까?

첫째는 브라흐민들과의 대화체가 많기 때문이고, 둘째는 방랑수행자들과의 대화체가 많기 때문이고, 셋째는 재가자들, 장자들, 왕족들, 사꺄족들, 릿차위족, 그 외에 자이나교도나 고행자들과의 대화체가 많기 때문이다. 넷째는 상윳따니까야나 앙굿따라니까야처럼 비구들에게 일방적으로 주어지는 설법의 형태가 아주 적기 때문이다.

그 대신 비구들에게도 대화체로 가르치셨다.(예: 경 147) 대표적인 대화체의 정형구는 바로 '5온 무상'에 관한 문답식 가르침이다. 최초의 부처님 가르침은 '사성제'이고, 두 번째 가르침은 '무상'과 '무아'의 가르침(상윳따니까야 22 : 59)이다. 무상과 무아의 가르침을 얼마나 강조해서 가르치셨던지 이 정형구가 전체 니까야에 그대로 반복된다.

> "그대들은 어떻게 생각하는가. 육신은 영원한가, 무상한가?"
> "무상합니다."
> "무상한 것은 괴로운 것인가, 즐거운 것인가?"
> "괴로운 것입니다."
> "무상하고 괴롭고 수시로 변하는 것을 두고 '이것은 나의 것이다. 이것은 나이다. 이것은 나의 자아다.'라고 생각하는 것이 합당한가?"
> "합당하지 않습니다."

이 정형구는 어린 라훌라로부터 학문이 깊은 브라흐민에 이르기까지 누구나 이해하기 쉽기에, 부처님은 대화를 하는 대상에 관계없이 누구에게나 보편적으로 이런 방식을 통해 가르치셨다. 부처님은 전체 비구들을 대상으로 하실 때도 많은 경우 문답의 형식을 통해 가르침을 주셨는데 때로는 어떤 특정한 비구를 지적하여 질문을 하기도 하셨다. 일방적으로 혼자 강의하는 주입식 교육이 아니라 상대방의 이해정도에 따라 그에 맞는 가르침을 주셨던 것이다. 이해하지 못하는 가르침은 전혀 도움이 되지 않기 때문이다.

3장

디가니까야의 배경 도표와 그림표

1. 디가니까야의 예비적 고찰

1) 디가니까야 도표 작성 시 유의점

(1) 경전의 총 개수

34개의 긴 길이의 경으로 구성되어 있으며, 가장 대화체가 많은 니까야이다. 디가니까야는 34개의 경전 중에서 절반 정도가 브라흐민이나 방랑수행자, 고행자들과 연관되어 있어서 이들이 많이 등장한다. 따라서 이들과 논쟁하고 토론하고 설득하는 내용들이 다른 어느 니까야와 비교해도 많은 부분을 차지한다. 이런 특징적 이유로 가장 대화체가 많은 니까야가 된 것이다.

(2) 죽림정사가 한 곳인 이유

죽림정사는 총 34개의 경 중에서 한 개의 경에만 나타난다. 경의 내용에 빔비사라 왕은 없고 아들인 아자따삿뚜 왕만 등장하기에 부처님 후반부의 이야기라고 추측할 수 있다. 그래서 빔비사라 왕이 부처님 활동 초기에 기증한 죽림정사가 한 곳에만 나타나는 것이다.

(3) 신들의 등장

총 34개의 경전 중에서 7개의 경전이 신들과 연관된 경전이기에 신들이 자주 등장한다.

(4) 경 19의 중요인물 문제

경 19는 신 빤짜시카가 부처님께 33신들에게서 직접 들은 것을 말씀드리겠다고 하여, 경의 내용이 거의 모두 그들의 이야기로 되어있다. 경의 끝부분에 있는 부처님 말씀이 중요한데 진정한 수행에 관해 말씀하신다. 내용상 분량으로 보자면 빤짜시카를 중요인물로 할 수도 있으나, 설법주는 분명히 부처님이시고 빤짜시카는 다만 신들의 이야기를 전달하는 인물일 뿐이다. 부처님의 진정한 가르침으로 결론을 맺고 있기에 부처님을 중요인물로 하였다.

(5) 경 33의 중요인물 문제

경 33에도 두 분의 설법자가 등장한다. 앞부분의 로마자본인 4페이지 정도 분량은 부처님이 말라족의 새 회당 사용 요청에 따라 가셔서 직접 설법하신 내용이고, 말라들이 돌아간 다음 부처님은 사리뿟다 존자에게 비구들에게 설법하라고 하시고는 누우셨는데 이때 사리뿟따가 설법한 내용이 로마자본으로 60페이지에 달한다. 그러면 중요인물을 붓다로 해야 하나, 아니면 사리뿟따로 해야 하나?

이 경의 제목은 '상기띠(Saṅgīti)'로 '합송'의 뜻이며, 법수에 따라 교리를 정리하고 있다. 그러므로 이 경의 주제는 '합송'이 된다. 부처님이 전반부를 시작하였으나, 부처님의 위임을 받은 사리뿟따의 권위를 보이기 위해 전반부가 첨가된 것 같다. 그래서 중요인물을 사리뿟따로 하였다.

(6) 경 3·4·5의 도입부

경 3·4·5의 도입부는 "한때 부처님은 500명 정도의 많은 비구들의 무리와 함께 꼬살라에서 유행하시다가…"와 같은 정형구로 시작하지만, 오직 첫머리에만 500명의 비구 승가를 언급하고 있을 뿐 실제 경의 내용에는 비구들이 등장하지 않는다. 그러므로 경 3·4·5에서는 '비구들'을 대화상대자로 계산하지 않았다.

(7) 하나의 경전에 장소가 여럿인 경우

부처님이 열반에 들기 전 유행하신 곳을 가장 상세히 전하는 열여섯 번째 경전인 마하빠리닙빠나 경은, 가장 긴 경(로마자 본으로 96페이지)으로 부처님이 18개의 장소에 머무셨음을 보여준다. 이 연구서에서는 하나의 경전에는 한 곳의 장소만을 언급하기로 통일하였으므로, 이 경우 가장 처음의 장소만 선택하였다.

2) 이 연구서의 도표에는 없지만 마하빠리닙빠나 경에 나오는 18개의 장소

다음은 이 연구서가 분석하고 있는 도표에는 나타나지 않지만, 불교 역사에서 가장 중요한 정보를 제공해주며 부처님의 마지막 발자취가 가장 감동적으로 스며 있는 18개의 장소들을 따로 살펴본 것이다.

유행 순서	머무신 장소	대화상대자
1	라자가하의 독수리봉(Gijjhakūṭa pabbata)	아난다, 비구들, 마가다 대신 왓사까라, 아자따삿뚜 왕
2	암발랏티까(Ambalaṭṭhika) 정원의 왕의 휴게소	아난다, 비구들
3	날란다의 빠와리까(Pāvārika)의 망고 숲	아난다, 사리뿟다, 비구들
4	빠딸리 마을(Pāṭaligāma)	아난다, 빠딸리 마을의 재가자들, 마가다 대신 수니다와 왓사까라, 비구들
5	꼬띠 마을(Koṭigāma)	아난다, 비구들
6	나디까(Nādikā)의 벽돌집 승원	아난다, 비구들
7	웨살리의 암바빨리(Ambapālī)의 망고 숲	아난다, 비구들, 암바빨리 기녀, 릿차위들
8	웨살리의 벨루와 마을(Beluvagāma)	아난다, 비구들
9	웨살리의 짜빨라 탑(Cāpāla cetiya)	아난다
10	웨살리 큰 숲의 중각강당(Kūṭāgārasālā)	아난다, 비구들
11	반다 마을(Bhaṇḍagāma)	아난다, 비구들
12	핫티 마을(Hatthigāma)	아난다, 비구들
13	암바 마을(Ambagāma)	아난다, 비구들
14	잠부 마을(Jambugāma)	아난다, 비구들
15	보가나가라(Bhoganagara)의 아난다 사당	아난다, 비구들
16	말라의 빠와(Pāvā)의 쭌다의 망고 숲	아난다, 비구들, 쭌다의 공양 음식으로 혹심한 병을 얻으심.
17	꾸시나라(Kusinālā)의 까꿋타(Kakuttha) 강으로 가셔서 물을 마시고 목욕하심.	아난다, 비구들, 쭌다까 존자
18	꾸시나라의 말라족의 살라(Sāla) 숲의 한 쌍의 살라나무 사이에 침상을 만듦. 붓다는 여기서 위대한 열반에 드심.	아난다, 비구들, 말라족들의 친견, 마지막 제자가 된 수밧다

● 부처님께서 열반 전에 유행하신 18개의 장소 (디가니까야 16장)
라자가하 독수리봉에서 꾸시나라까지

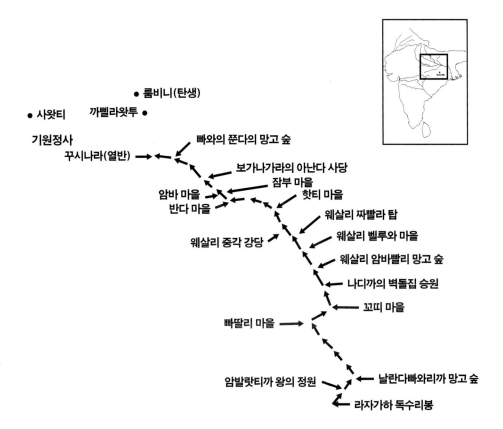

디가니까야 16장에서 부처님의 마지막 모습을 보자

"한때 부처님은 라자가하의 독수리봉(Gijjhakūta pabbata)에 계셨다. … 부처님은 암발랏티까왕의 정원에 머무셨다. … 부처님은 날란다에서 빠와리까의 망고 숲에 계셨다. … 빠딸리 마을. … 부처님은 대장장이 아들 쭌다가 공양 올린 음식을 드시고 혹심한 병에 걸려서 죽음에 이를 정도의 극심한 고통을 느끼셨다. … 부처님은 많은 비구 승가와 함께 꾸시나라의 까꿋따강으로 가셨다. 부처님은 말라의 살라 숲으로 가셨다. … 아난다 존자는 한 쌍의 살라나무 사이에 북쪽으로 머리를 둔 침상을 만들었다. … 한 쌍의 살라나무는 때아닌 때에 꽃들이 만개하여 흩날리며 여래의 몸에 떨어졌다."

부처님께서 열반 전 유행하신 18개의 장소(디가니까야 16장)

2. 디가니까야에 관한 도표와 설명

1) 도표 3-1: 디가니까야의 배경 도표

●대화형태에서의 표기 (ㅅ: 설법체, ㄷ: 대화체)

경의 번호	경의 이름	장소	중요 인물	대화상대자	설법 형태
1	Brahmajala Sutta	라자가하와 날란다 사이의 암발랏티까 정원의 왕의 휴게소	붓다	500명의 비구 승가, 방랑수행자 숩삐야와 그의 제자 브라흐마닷따	ㄷ
2	Samannaphala Sutta	라자가하의 지와까 꼬마라밧짜의 망고 숲	붓다	1,250명의 비구 승가, 아자따삿뚜 왕	ㄷ
3	Ambattha Sutta	꼬살라의 잇차낭갈라의 잇차낭갈라 숲	붓다	브라흐민 뽁카라사띠와 그의 제자 암밧타, 청년 브라흐민들	ㄷ
4	Sonadanda Sutta	앙가의 짬빠의 각가라 호수의 강둑	붓다	브라흐민 소나단다, 브라흐민들	ㄷ
5	Kutadanta Sutta	마가다의 카누마따의 암발랏티까 정원	붓다	브라흐민 꾸따단따, 브라흐민들	ㄷ
6	Mahali Sutta	웨살리 큰 숲의 중각강당	붓다	릿차위 옷탓다와 많은 릿차위들	ㄷ
7	Jaliya Sutta	꼬삼비의 고시따 승원	붓다	방랑수행자 만딧사와 잘리야	ㄷ
8	Mahasihanada Sutta	우준냐의 깐나깟탈라의 녹야원	붓다	나체고행자 깟사빠	ㄷ
9	Potthapada Sutta	기원정사	붓다	방랑수행자 뽓타빠다, 코끼리조련사의 아들 찟따, 방랑수행자들	ㄷ
10	Subha Sutta	기원정사	아난다	브라흐민 또데야의 아들 청년 수바	ㄷ
11	Kevaddha Sutta	날란다의 빠와리까의 망고 숲	붓다	장자 께왓다	ㄷ
12	Lohicca Sutta	꼬살라의 살라와띠까 마을	붓다	브라흐민 로힛짜, 이발사 베시까	ㄷ
13	Tevijja Sutta	꼬살라의 마나사까따 마을의 아찌라와띠강 언덕의 망고 숲	붓다	청년 브라흐민 와셋타와 바라드와자	ㄷ

14	Mahapadana Sutta	기원정사의 까레리꾸띠	붓다	비구들	ㅅ
15	Mahanidana Sutta	꾸루의 깜마사담마라는 작은 도시	붓다	아난다 존자	ㄷ
16	Mahaparinibbana Sutta	라자가하의 독수리봉	붓다	아난다, 비구들, 마가다 대신 브라흐민 왓사까라, 아자따삿뚜 왕, 사리뿟따, 빠딸리 마을의 재가자들, 암바빨리 기녀, 릿차위들, 대장장이 아들 쭌다, 쭌다까 존자, 마지막 제자 수밧다	ㄷ
17	Mahasudassana Sutta	꾸시나라의 말라족들의 살라 숲의 한 쌍의 살라나무 사이(열반에 드시기 전)	붓다	아난다	ㅅ
18	Janavasabha Sutta	(왓지족 마을) 나디까의 벽돌집	붓다	아난다, 자나와사바 약카, 삭까 신	ㄷ
19	Mahagovinda Sutta	라자가하의 독수리봉	붓다	빤짜시카 신, 삭까 신	ㄷ
20	Mahasamaya Sutta	까삘라왓투의 큰 숲	붓다	500명의 아라한, 여러 신들, 약카 신	ㅅ
21	Sakkapanha Sutta	라자가하의 웨디야 산의 인다살라 동굴	붓다	삭까 신, 빤짜시카 신	ㄷ
22	Mahasatipatthana Sutta	꾸루의 깜마사담마라는 작은 도시	붓다	비구들	ㅅ
23	Payasi Sutta	꼬살라의 세따뱌의 싱사빠 숲	꾸마라 깟사빠 존자	빠야시 영주, 브라흐민 청년 웃따라	ㄷ
24	Patika Sutta	말라의 작은 도시 아누삐야	붓다	방랑수행자 박가와곳따, 릿차위족 수낙캇따	ㄷ
25	Udumbarika Sutta	라자가하의 독수리봉	붓다	방랑수행자 니그로다, 산다나 장자	ㄷ
26	Cakkavatti Sutta	마가다의 마뚤라(마을)	붓다	비구들	ㅅ
27	Agganna Sutta	사왓티 동원의 미가라마뚜 강당	붓다	출가 견습생 브라흐민 와셋타와 바라드와자	ㄷ
28	Sampasadaniya Sutta	날란다의 빠와리까의 망고 숲	붓다	사리뿟따 존자, 우다이 존자	ㄷ

29	Pasadika Sutta	시꺄족의 웨단냐 가문의 망고 숲의 높은 노대의 건물	붓다	쭌다 사미, 아난다 존자	ㅅ
30	Lakkhana Sutta	사왓티의 기원정사	붓다	비구들	ㅅ
31	Sigalaka Sutta	라자가하 죽림정사	붓다	장자의 아들 싱갈라까	ㄷ
32	Atanatiya Sutta	라자가하의 독수리봉	붓다	비구들, 4대 천왕, 수많은 신들, 약카 신들, 웻사나 대천왕	ㄷ
33	Sangiti Sutta	말라의 빠와 도시 쭌다의 망고 숲	사리뿟따	비구들	ㅅ
34	Dasuttara Sutta	짬빠의 각가라 호수의 강둑	사리뿟따	비구들	ㅅ

2) 도표 3-2: 디가니까야의 도표 3-1에 의한 빈도수 통계

장소 총 24개의 다른 장소	빈도	중요인물 4명의 인물	빈도	대화상대자 총 43명의 각기 다른 사람	빈도
기원정사(까레리꾸띠 포함)	4 (11.8%)	붓다	30 (88%)	500명의 비구들, 1,250명의 비구들, 500명의 아라한	11 (15.9%)
라자가하의 독수리봉	4	사리뿟따	2	아난다 존자	5
꾸루의 깜마사담다라는 작은 도시	2	꾸마라깟사빠	1	삭까 신	3
짬빠의 각가라 호수의 강둑	2	아난다	1	아자따삿뚜 왕	2
암발랏티까 정원의 왕의 휴게소	2			브라흐민들	2
날란다의 빠와리까의 망고 숲	2			많은 릿차위들	2
지와까 꼬마라밧자의 망고 숲	1			사리뿟따	2
잇차낭갈라의 잇차낭갈라 숲	1			쭌다까 존자(쭌다 사미)	2
웨살리 큰 숲의 중각강당	1			빤짜시카 신	2
꼬삼비의 고시따 승원	1			여러 신들	2

꾸시나라 말라족의 살라 숲	1			약카 신(들)	2
사왓티 동원의 미가라마뚜 강당	1			청년 브라흐민들	1
라자가하의 죽림정사	1			방랑수행자 뽓타빠다	1
우준냐의 깐나깟탈라의 녹야원	1			브라흐민 뽁카라사띠와 그 제자 암밧타	1
꼬살라의 살라와띠까 마을	1			브라흐민 소나단다	1
꼬살라의 마나사까따 마을의 아찌라와띠강 언덕의 망고 숲	1			브라흐민 꾸따단따	1
말라의 빠와 도시 쭌다의 망고 숲	1			릿차위족 옷탓다	1
왓지족마을 나디까의 벽돌집	1			방랑수행자 만딧사와 잘리야	1
까삘라왓투의 큰 숲	1			나체고행자 깟사빠	1
라자가하의 웨디야 산의 인다살라 동굴	1			방랑수행자 숩삐야와 그 제자 브라흐마닷따	1
꼬살라의 세따뱌의 싱사빠 숲	1			방랑수행자들	1
말라의 작은 도시 아누삐야	1			코끼리조련사의 아들 찟따	1
마가다의 마뚤라(마을)	1			브라흐민 또데야의 아들 청년 수바	1
사꺄족의 웨단냐 가문의 망고 숲의 높은 노대의 건물	1			장자 께왓다	1
				브라흐민 로힛자	1
				이발사 베시까	1
				청년 브라흐민 와셋타와 바라드와자	1
				마가다 대신 왓사까라	1
				빠딸리 마을의 재가자들	1
				암바빨리 기녀	1
				대장장이 아들 쭌다	1
				마지막 제자 수밧다	1

			자나와사바 약카	1
			빠야시 영주	1
			브라흐민 청년 웃따라	1
			방랑수행자 박가와곳따	1
			릿차위족 수낙캇따	1
			방랑수행자 니그로다	1
			산다나 장자	1
			출가 견습생 브라흐민 와셋타와 바라드와자	1
			우다이 존자	1
			장자의 아들 싱갈라까	1
			4대 천왕	1

(1) 디가니까야 빈도수 자세히 보기

① 장소

- 총 24개의 각기 다른 장소가 있다.
- 경 하나에 한 장소만을 선택하였기에 장소의 총 숫자는 34이다.
- 기원정사 11.8%의 계산은? 4(기원정사의 빈도수)÷34(디가니까야 총경수)×100

② 중요인물

- 중요인물로 총 4명의 각기 다른 사람이 등장한다.
- 경 하나에 한 사람만을 선택하였기에 중요인물의 총 숫자는 34이다.
- 붓다 88%의 계산은? 30(붓다의 빈도수)÷34(디가니까야 총경수)×100

③ 대화상대자

- 총 43명의 각기 다른 사람이 등장한다.
- 대화상대자는 경 하나에도 여러 명일 수도 있으므로 대화상대자의 총 빈도수는 69이다.

- 비구들 15.9%의 계산은? 11(비구들의 빈도수)÷69(대화상대자 총빈도수)×100

(2) 도표 3-2에 따라 디가니까야 34개의 장소를 부류별로 나눈 도표

다음 표는 어떤 장소가 얼마나 자주 경에 나오는지의 빈도수가 아니라 얼마나 다양한 장소들이 나오는지를 보여준다. 어떤 종류의 장소들인지, 그리고 어떤 이름의 장소들인지를 나타내는 표이다. 예를 들어 기원정사가 경에 등장하는 빈도수는 상당히 많지만, 이 표에서는 오직 하나의 승원으로 계산된다. 디가니까야 34개의 경에 나타나는 장소에는 승원이 여섯 가지 종류임을 알 수 있다. 다른 니까야와 마찬가지로 역시 숲의 종류가 가장 많은 가짓수를 보인다. 그만큼 여러 다양한 숲에 머무셨음을 알 수 있다.

　　경이 총 34개이므로 장소의 종류나 가짓수가 그리 많지는 않다. 그러나 인다살라 동굴이나 높은 노대의 건물은 이 경에만 등장하는 특이한 장소이다.

장소	가지수	자세한 장소
숲, 정원, 망고 숲	9	암발랏티까 정원, 빠와리까의 망고 숲, 지와까 꼬마라밧자의 망고 숲, 잇차낭갈라 숲, 말라족의 살라 숲, 아찌라와띠강 언덕의 망고 숲, 까삘라왓투의 큰 숲, 세따뱌의 싱사빠 숲, 빠와 도시 쭌다의 망고 숲
승원 종류	6	기원정사, 중각강당, 고시따 승원, 미가라마뚜 강당, 죽림정사, 나디까의 벽돌집 승원
도시, 작은 도시	2	말라의 작은 도시 아누삐야, 꾸루의 깜마사담마 작은 도시
마을 종류	2	꼬살라의 살라와띠까 마을, 마가다의 마뚤라 마을
산, 산봉우리	1	라자가하의 독수리봉
호수의 강둑	1	짬빠의 각가라 호수의 강둑
녹야원	1	우준냐의 깐나깟탈라의 녹야원
동굴	1	라자가하의 웨디야 산의 인다살라 동굴
높은 노대의 건물	1	사꺄족의 웨단냐 가문의 망고 숲의 높은 노대의 건물

(3) 도표 3-2에 따라 디가니까야 대화상대자를 부류별로 나눈 도표

대화상대자	가지수	자세한 대화상대자의 이름
비구들(무리)	1	500명의 비구 승가, 1,250명의 비구 승가, 500명의 아라한, 비구들 (* 이렇게 비구들 앞에 숫자가 붙어도 똑같이 비구 승가를 말한다.)
브라흐민(들)	9	브라흐민 뽁카라사띠와 그 제자 암밧타, 브라흐민 소나단다, 브라흐민 꾸따단다, 브라흐민 또데이야의 아들 청년 수바, 브라흐민 로힛짜, 청년 브라흐민 와셋타와 바라드와자, 브라흐민들, 브라흐민 청년 웃따라, 청년 브라흐민들
방랑수행자	6	방랑수행자 숩삐야와 그의 제자 브라흐마닷따, 방랑수행자 만딧사와 잘리야, 방랑수행자 뿟타빠다, 방랑수행자 박가와곳따, 방랑수행자 니그로다, 방랑수행자들
신(들)/ 약카 신(들)/ 4대 천왕	6	삭까 신, 여러 신들, 빤짜시카 신/ 자나와사바 약카, 약카들/ 4대 천왕
비구(개인)	5	아난다 존자, 사리뿟따 존자, 쭌다 사미(쭌다까 존자),[8] 우다이 존자, 마지막 제자 수밧다
릿차위족	3	릿차위 옷탓다, 릿차위족 수낙캇따, 많은 리차위족
장자	3	장자 께왓다, 산다나 장자, 장자의 아들 싱갈라까
재가자	4	코끼리조련사 아들 찟따, 빠딸리 마을의 재가자들, 대장장이 아들 쭌다, 암바빨리 기녀
출가견습생	1	와셋타와 바라드와자
나체고행자	1	나체고행자 깟사빠
왕	1	아자따삿뚜 왕
대신	1	마가다 대신 왓사까라
영주	1	빠야시 영주
이발사	1	이발사 베시카

---

8 마하쭌다(Mahācunda), 쭌다, 쭌다까, 쭌다 사미는 동일 인물이다. 사리뿟따의 동생으로 어려서 출가하여 쭌다 사미라고 불렀는데 세월이 흘러도 그대로 쭌다 사미로 불렀다고 한다. 사리뿟따 동생 중에서 가장 경전에 많이 등장한다. 아난다 존자가 그의 스승이었다. 나중에 그의 훌륭함을 보이는 '마하(Mahā: 큰)'가 이름 앞에 붙어서 마하쭌다 존자라고 불렀다. 부처님 제자 중에서 훌륭한 장로 중의 한 사람이 되었다.

① 위의 표에서 볼 수 있듯이 디가니까야는 브라흐민이나 방랑수행자들, 고행자들에 관계된 경전이 전체 34개의 경전 중에서 절반을 차지한다. 브라흐민이나 방랑수행자들이 비구보다 훨씬 많다.

② 경전의 장소들이 마가다나 웨살리 쪽에 많다 보니 웨살리의 종족인 릿차위족이 대화상대자로 많이 등장하고, 반면 까삘라왓투를 기반으로 하는 사캬족은 하나도 없다.

③ 34개의 경전 중 5개의 경전이 신들의 이야기이기에 여러 종류의 신들이 등장한다. 고대로부터 내려오는 인도의 민간신앙에 영향받았음을 알 수 있다.

3) 도표 3-3: 디가니까야의 도표 3-2에 의한 장소 빈도수 그림표

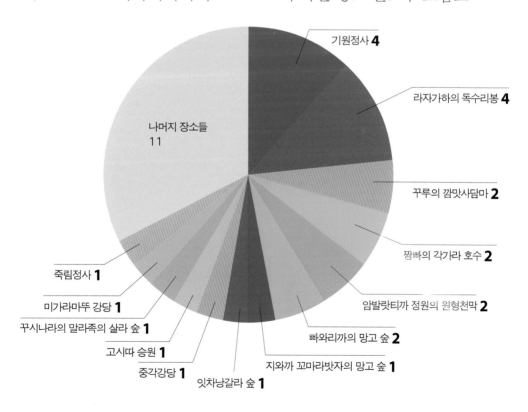

도표 3-3 디가니까야의 장소 빈도수

① 34개의 전체 경 중에서 기원정사는 경 14에 나오는 기원정사의 소속 건물인 까레리꾸띠까지 합쳐서 네 번 나온다. 디가니까야에는 부처님이 500여 명의 비구 대중들과 함께 유행하시다가 도착한 곳이나 브라흐민, 방랑수행자들이 있는 곳을 방문하여 그들과 토론하고 대화하신 내용이 많기 때문에 기원정사의 비중이 크지 않다.

② 경 18·19·20·21·32 같은 경우, 신들이 경의 주인공이고 장소도 독수리봉 산이나 숲, 동굴 등이기 때문에 라자가하의 독수리봉이 기원정사와 같은 빈도를 나타낸다.

③ 부처님의 열반을 상세히 다루고 있는 디가니까야 16은 로마자본으로 96페이지에 달하는 가장 긴 경으로, 부처님이 마지막으로 경유하고 머문 18곳의 장소가 나온다. 이 경우 맨 처음에 나오는 장소만 택하였다.

④ 빔비사라 왕은 등장하지 않고 그의 아들인 아자따삿뚜 왕만 등장하는 것으로 보아, 디가니까야는 확실히 부처님 후반기의 내용을 담고 있음을 알 수 있다. 이로 인해 죽림정사 또한 한 개의 경에만 나온다.

4) 도표 3-4: 디가니까야의 도표 3-2에 의한 중요인물 빈도수 그림표

① 아난다 존자가 등장하는 경 10과 꾸마라깟사빠 존자가 등장하는 경 23은 부처님 열반 후에 설한 것이다. 부처님이 열반하셨으니 당연히 다른 인물이 경의 주인공이 된 것이다.

② 경 33과 경 34는 사리뿟따가 설법주이다. 앞에서 이미 언급한 것처럼 경 33은 사리뿟따가 부처님 가르침을 체계적으로 정리한 내용이다. 특히 경 34는 "부처님은 짬빠의 각가라 호숫가에 계셨다."라고 언급한 도입부를 제외한 나머지는 모두 사리뿟따 존자가 비구들에게 논장 형식의 부처님 가르침을 법수에 따

라 체계적으로 설법하는 내용이다. 부처님은 '호숫가에 계셨다'라고 형식적으로만 나오기 때문에 경 34도 역시 경을 설한 중요인물이 부처님이 아니라 사리뿟다 존자가 된 것이다.

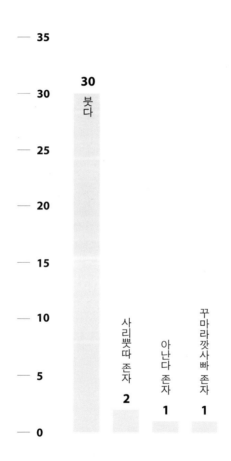

도표 3-4 디가니까야의 중요인물 빈도수

5) 도표 3-5: 디가니까야의 도표 3-2에 의한 대화상대자 빈도수 그림표

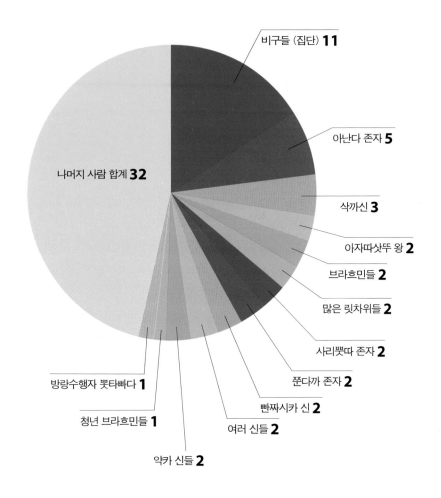

비구들 (집단) **11**

아난다 존자 **5**

삭까신 **3**

아자따삿뚜 왕 **2**

브라흐민들 **2**

많은 릿차위들 **2**

사리뿟따 존자 **2**

쭌다까 존자 **2**

빠짜시카 신 **2**

여러 신들 **2**

약카 신들 **2**

청년 브라흐민들 **1**

방랑수행자 뽓타빠다 **1**

나머지 사람 합계 **32**

도표 3-5 디가니까야의 대화상대자 빈도수

① 비구들(비구 승가)의 빈도수가 월등히 높다. 그 이유는 승원에 모인 많은 비구들에게 설법하신 경우보다 "500명의 비구 승가와 함께, 또는 1,250명의 많은 비구 승가와 함께 … 망고 숲에 머무셨다."라는 전형적인 구절에서 볼 수 있듯이

부처님이 유행하실 때 항상 동행하며 대화에 간접적으로 참여했기 때문이다.

② 대화상대자로서 비구들 다음으로 빈도수가 높은 인물이 아난다와 삭까 신이다. 특히 디가니까야는 34개의 경전 중에서 5개의 경이 신을 주인공으로 하는 경전이기에 이 경전들을 중심으로 삭까 신, 여러 신들, 약카 신들이 자주 등장한다.

③ 사리뿟따는 부처님보다 일찍 열반하였다. 그리고 오직 맨 마지막 두 개의 경(경33·34)에만 그의 이름이 등장한다. 이 경들에서 그는 부처님 교리를 법수[9]별로 정연하게 정리하였다.

④ 나머지 한 번씩 등장하는 사람들의 총 숫자는 32명[10]이다. 이들의 대부분은 브라흐민, 방랑수행자, 나체고행자들로 경전 전체의 절반 정도가 이들과 연관되어 있다.

---

9 부처님의 가르침을 모으고 정리하는 방법 중 하나가 법수이다. 법수는 부처님의 가르침을 나누는 방법인데, 즉 하나에 관계되는 가르침, 둘에 관계되는 가르침에서부터 열에 관계되는 가르침에 이르기까지를 각각 나누어 정리하고 있다. 앙굿따라니까야는 1법수부터 11법수까지 나누어 부처님 가르침을 정리한 대표적인 법수의 니까야이다.

10 이 연구서의 원 그림표는 원의 조각을 14개로 제한하였다. 원의 조각은 빈도 순서에 따라 13개를 선정하고 이 13개의 순위에 들지 않는 나머지를 모두 합산하여 14번째 '나머지 사람'으로 표기하여 비교하였다. 그런데 도표 3-5 대화상대자 빈도수에서는 등장빈도가 1회에 그친 두 사람이 13개의 순위표에 포함되었다. 따라서 이들을 제외한 '나머지 사람'에 속하는 빈도수가 1인 사람들의 합은 모두 32명이 된다.

6) 도표 3-6: 디가니까야의 도표 3-2에 의한 설법형태 빈도수 그림표

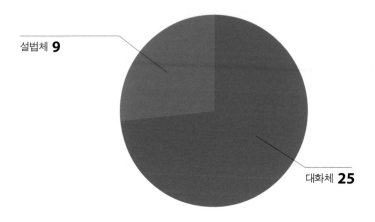

설법체 **9**

대화체 **25**

도표 3-6 디가니까야의 설법형태 빈도수

① 총 34개의 경 중에서 9개의 경이 설법체로 되어있지만, 이 9개의 경이 모두 비구 승가 대중에게 설법한 것은 아니다. 여기에는 사리뿟따가 교리를 분석하고 있는 내용(2개의 경전)과 여러 신들이 부처님을 찬탄하는 내용(1개)이 포함되어 있고, 나머지도 다른 니까야와는 다르게 '인간의 기원과 수명에 관한 것', '세상의 기원에 대한 것', '과거 7불의 이야기', '마하 수다세나 왕의 이야기' 등 신화적인 내용을 담고 있다. 이런 경전들도 설법체로 되어있다.

② 대화체의 많은 경우는 브라흐민이나 방랑수행자, 나체고행자, 재가자, 장자 등과의 담론이나 토론으로 이루어져 있다.

4장

앙굿따라니까야의 배경 도표와 그림표

1. 앙굿따라니까야의 예비적 고찰

1) 앙굿따라니까야 도표 작성 시 유의점

앙굿따라니까야는 하나의 모음(1법수)에서부터 열하나의 모음(11법수)에 이르기까지 숫자에 따라서 열한 개로 묶은 경전이다. 즉 하나의 주제를 가진 것끼리 모으고, 두 가지 주제를 가진 것끼리 모으고, 세 가지 주제, 네 가지 주제, … 열한 가지의 주제를 가진 것끼리 모은 것으로 하나의 숫자에서 열하나의 숫자까지 숫자별로 모은 경전이다.

영국 빠알리성전협회본으로는 앙굿따라니까야를 총 2,344[11]개의 경으로 계산하고 있다. 이 연구서에서도 2,344개의 경으로 계산하였다.

앙굿따라니까야는 경이 길어야 로마자 본으로 6페이지 정도인데, 이마저도 극히 드물다. 두세 줄짜리도 많고 대부분 한 문장이나 반 페이지, 혹은 한 페이지 분량이다. 그러다 보니 이 연구서에서 필요한 각각의 경에 드러난 장소, 중요인물, 대화상대자가 없는 경우가 대부분이다. 예를 들면 사왓티 기원정사라고 분명하게 명시된 경전은 총 2,344개의 경전 중에서 겨우 50개에 불과하다. 기원정사라고 언급된 경전에다 기원정사 외의 다른 장소가 언급된 경전을 포함해 봐야 장소가 언급된 경전은 모두 193개이다.

---

11 앙굿따라니까야 주석서에는 앙굿따라니까야 경전의 숫자를 9,557개의 경이라고 하고, 스리랑카본은 8,777개, 미얀마의 6차 결집본은 7,231개의 경으로 계산하고 있다. 또한 냐나뽀니까 장로와 비구 보디가 선별한 앙굿따라니까야 번역인 '부처님의 숫자적인 가르침'(Nyanaponika Thera and Bhikkhu Bodhi 번역, Numerical Discourses of the Buddha)의 서론인 페이지 XV에는 2,344개의 경으로 계산하고 있다. 이처럼 경전의 숫자가 엄청난 차이를 보이는 건 왜일까? 그 이유는 간단하다. 즉 경의 내용은 서로 같지만 하나의 경을 얼마나 여러 갈래로 나누었는가에 달려있다. 예를 들면 하나의 경을 열 개의 경으로 나눌 수도 있고, 50개의 경으로도 나눌 수 있다. 아마도 주석서의 경의 숫자에 근접하려고 그렇게 잘게 나누어 경의 숫자를 늘렸다고 생각된다.

정형구가 절반이라도 있는 경전, 즉 장소는 명시되지 않았으나 중요인물과 대화상대자가 명시되어 있어서 사왓티 기원정사라고 추측할 수 있는 경전도 총 127개뿐이다. 이것까지 합쳐야 겨우 320(193+127)개의 경에 정형구가 있다고 할 수 있다. 나머지 2,024개는 정형구가 없다. 시작 정형구가 없으므로 장소 언급 역시 없다.

(1) 이 연구서의 경의 계산에 정형구는 왜 필요한가?
모든 빠알리 경전은 똑같이 다음과 같은 정형구로 시작한다.

"Evaṃ me sutaṃ. Ekaṃ samayaṃ Bhagavā Sāvatthiyaṃ viharati Jetavane Anāthapiṇḍikassa ārāme. Tena kho pana samayena Jāṇussoṇī brahmano ….."

"이와 같이 나는 들었다. 한때 부처님은 사왓티의 제따 숲의 아나타삔디까 승원에 계셨다. 그때 브라흐민 자눗소니는 ….."

여기에서 부처님은 중요인물이 되고, 아나타삔디까 승원은 장소가 되고, 브라흐민 자눗소니는 대화상대자가 된다. 그러니 정확한 '장소', '중요인물', '대화상대자'을 살펴보려면 이처럼 격식을 갖춘 정형구가 반드시 필요하다. 그러나 앙굿따라니까야에는 각 법수의 시작 경전과 극소수의 경들에만 이런 정형구가 있을 뿐, 거의 모든 경에서는 발견할 수조차 없다.

(2) 정형구가 절반쯤 있는 경전(추측의 경)이란 무엇인가?
앞서 언급했듯이 장소가 분명히 드러나는 "이와 같이 나는 들었다. 한때 부처님은 사왓티의 제따 숲의 아나타삔디까 승원에 계셨다."라고 하는 정형구 다음에는 으레 대화상대자가 명시된 정형구가 따라오기 마련이다. 그러나 장소와 중요인물, 대화상대자를 명확히 확인할 수 없는 경전이 상당히 많다. 이럴 경우는 추측을 하는 수밖에 없다. 가령, "그때 말리까 왕비가 부처님께 다가갔다. 인사를 드리고 앉아서 부처님께 말하였다."라는 정형구가 있다면 비록 장소까지 명시된 완전한 형태는 아니더라도 이를 통해서 기원정사라는 장소가 생략되었음을 유추해내는 것이다.

편의상 이 연구서에서는 완전한 형태는 아니나 절반 정도라도 정보를 제공하는 정형구가 있는 경전이라면 '추측의 경'이라는 명칭을 사용한다. 도표에는 '기원정사(추정)'이라고 표기하였다.

(3) 정형구 없는 경에 대한 이 연구서의 방향
정형구 없어도 기원정사로 추정하여 계산하였다.

1법수에는 574개의 경이 있는데, 오직 한 개의 경에만 정형구가 있다. 1법수 14장 1-80까지는 모두 한두 줄짜리다. 제목도 없는 이 한두 줄짜리 경전 때문에 경전의 개수가 어마어마하게 늘어났다. 더구나 경들이 두세 줄, 한 문장, 반 페이지 정도로 짧다 보니 정형구가 들어갈 자리가 없다. 사실 1법수에 속한 574개의 경은, 경 하나의 분량이라 해도 과언이 아니다.

2법수도 비슷하다. 모두 "비구들이여…."나 바로 본문으로 시작된다. 의도적으로 경의 숫자를 많게 한 건 아닌지, 연속된 같은 내용의 두 줄짜리를 경이라 할수 있는지, 혹은 정형구도 없는 한두 줄짜리를 무조건 기원정사로 계산해야 하는지 하는 의문이 들지 않을 수 없다. 한 줄, 두세 줄, 한 문장을 경이라 하기에는 너무 짧고 이해가 되지 않는 부분이다.

그러나 다른 한편으로, 정형구로 계산할 수 있는 320개 정도의 경을 제외한 나머지 2,024의 경을 정형구가 없다고 해서 무시할 수 있는지는 고민할 수밖에 없다. 이 많은 경들을 설한 장소는 그래도 분명 있을 것이 아닌가? 따라서 장소는 기원정사로 하는 것이 최상의 방책이지 않겠는가? 만약 정형구가 없다고 해서 이 많은 경의 숨겨진 장소를 무시하는 것은 전통적인 경의 숫자를 무시하는 것이 아닌가? 이런 물음이 있기에 전통적인 경의 계산에 따르기로 하였다.

그래도 3법수부터 11법수까지는 1법수나 2법수와는 달리 비교적 경전 길이도 길고 문장도 갖추어져 있기 때문에 정형구가 없다 하더라도 기원정사, 붓다,

비구들의 전형적인 시작 정형구로 추정해서 계산하였다. 이런 정형구 없는 경이 무려 2,024개의 경이다. 이런 경들도 모두 '기원정사', '붓다', '비구들', '설법체'로 추정하여 계산하였다.

2) 앙굿따라니까야의 법수별 경의 숫자와 시작 정형구

•혼동을 피하기 위해 1법수에 기원정사가 명시된 경은 한 개라는 뜻으로 숫자를 넣어【1】표기를 하였다.

법수	경의 숫자	기원정사가 명시된 경	시작 정형구 있는 경 (기원정사 명시된경 【50】개 포함)	시작 정형구 추측의 경	시작 정형구 없는 경
1법수	575	【1】	1	0	574
2법수	283	【2】	4	5	274
3법수	163	【4】	21	21	121
4법수	271	【4】	27	23	221
5법수	365	【7】	24	15	326
6법수	156	【6】	22	10	124
7법수	96	【4】	16	6	74
8법수	96	【5】	32	5	59
9법수	95	【5】	13	6	76
10법수	219	【12】	27	25	167
11법수	25	【0】	6	11	8
총계	2,344	【50】→	(왼쪽의 50개가 포함된 숫자임) 193	127	2,024

(1) 위의 표에 대한 정리

① 앙굿따라니까야의 총 경전 숫자는 2,344개이다.

② 앙굿따라니까야에서 기원정사라고 명확히 언급된 경전은 오직 50개이다.

③ 시작 정형구가 있는 경은 기원정사가 명기된 경 50개를 포함하여 오직 193개의 경이다.

④ 시작 정형구 추측의 경은 오직 127개의 경이다.

⑤ 시작 정형구 없는 경은 2,024개의 경이다.

⑥ 193(시작 정형구 있는 경)+127(시작 정형구 추측의 경)+2,024(시작 정형구 없는 경)=2,344(총 경전의 수)가 된다.

⑦ 그러므로 이 연구서에서는 2,024개의 경은 시작 정형구가 없어도, '기원정사-부처님-비구들-설법체'의 세트로 계산하였다.

2. 앙굿따라니까야에 관한 도표와 설명

1) 도표 4-1: 앙굿따라니까야의 배경 도표

이 도표는 앙굿따라니까야 총 2,344개의 경에 나타난 장소, 중요인물, 대화상대자, 대화형태를 보여준다. 도표에서 확인할 수 있듯, 정형구가 없는 경이 무려 2,024개나 된다. 실제 경에는 없지만, 장소와 중요인물 그리고 대화상대자와 설법체를 일괄적으로 추정했기 때문에 '기원정사', '붓다', '비구들', '설법체'가 많아지게 되었다.

　　도표에서 '추정'이란 말은 경에는 실제로 장소나 중요인물이나 대화상대자가 없지만 이 연구서에서는 있는 것으로 계산하였다는 뜻이다. 정형구 없어도 정형구가 있는 것처럼 추측하여 계산해 넣었다.

부수 번호	장소	중요 인물	대화 상대자	대화 형태
● 1법수 574개 경	**사왓티 기원정사(정형구 없어도 추정)**	**붓다** (574)	**비구들** (574)	**ㅅ** (574)
1.1-1	사왓티의 기원정사	붓다	비구들	ㅅ
● 2법수 274개 경	**사왓티 기원정사(정형구 없어도 추정)**	**붓다** (274)	**비구들** (274)	**ㅅ** (274)
2.1-1	사왓티의 기원정사	붓다	비구들	ㅅ
2.2-6	사왓티의 기원정사(추측)	붓다	어떤 브라흐민	ㄷ
2.2-7	사왓티의 기원정사(추측)	붓다	브라흐민 자눗소니	ㄷ
2.2-8	사왓티의 기원정사(추측)	붓다	아난다	ㄷ
2.4-3	사왓티의 기원정사(추측)	붓다	어떤 브라흐민	ㄷ
2.4-4	사왓티의 기원정사(추측)	붓다	아나타삔디까 장자	ㄷ
2.4-5	사왓티의 기원정사	붓다	사리뿟따, 많은 신들	ㄷ
2.4-6	와라나(도시)의 깟다마 호수의 강둑	마하 깟짜나	브라흐민 아라마단다	ㄷ
2.4-7	마두라의 군다 숲	마하 깟짜나	브라흐민 깐다라야나	ㄷ
● 3법수 121개 경	**사왓티 기원정사(정형구 없어도 추정)**	**붓다** (121)	**비구들** (121)	**ㅅ** (121)
3.1	사왓티의 기원정사	붓다	비구들	ㅅ
3.15	바라나시의 이시빠따나의 녹야원	붓다	비구들	ㅅ
3.21	사왓티의 기원정사	붓다	사리뿟따, 사윗타 존자, 마 하꼿티따 존자	ㄷ
3.32	사왓티의 기원정사(추측)	붓다	아난다, 사리뿟따	ㄷ
3.34	알라위의 소가 다니는 길의 싱사빠 숲	붓다	핫타까 왕자	ㄷ
3.51	사왓티의 기원정사(추측)	붓다	2명의 브라흐민	ㄷ
3.52	사왓티의 기원정사(추측)	붓다	2명의 브르흐민	ㄷ
3.53	사왓티의 기원정사(추측)	붓다	어떤 브라흐민	ㄷ
3.54	사왓티의 기원정사(추측)	붓다	방랑수행자	ㄷ

3.55	사왓티의 기원정사(추측)	붓다	브라흐민 자눗소니	ㄷ
3.56	사왓티의 기원정사(추측)	붓다	부유한 브라흐민	ㄷ
3.57	사왓티의 기원정사(추측)	붓다	방랑수행자 왓차곳따	ㄷ
3.58	사왓티의 기원정사(추측)	붓다	브라흐민 띠깐나	ㄷ
3.59	사왓티의 기원정사(추측)	붓다	브라흐민 자눗소니	ㄷ
3.60	사왓티의 기원정사(추측)	붓다	브라흐민 상가라와, 아난다	ㄷ
3.63	꼬살라의 웨나가뿌라	붓다	브라흐민 장자들	ㄷ
3.64	라자가하의 독수리봉	붓다	방랑수행자 사라바, 비구들	ㄷ
3.65	꼬살라의 께사뿟따라는 깔라마들 마을	붓다	깔라마들	ㄷ
3.66	사왓티의 동원의 미가라마뚜 강당	난다까 장로	재가자 살하 그리고 로하나	ㄷ
3.70	사왓티의 동원의 미가라마뚜 강당	붓다	위사카	ㅅ
3.71	사왓티의 기원정사	아난다	방랑수행자 찬나	ㄷ
3.72	꼬삼비의 고시따 승원	아난다	아지와까의 제자인 어떤 장자	ㄷ
3.73	까삘라왓투의 니그로다 승원	아난다	사꺄족 마하나마, 붓다	ㄷ
3.74	웨살리 큰 숲의 중각강당	아난다	릿차위족 아바야	ㄷ
3.75	사왓티의 기원정사(추측)	붓다	아난다	ㅅ
3.76	사왓티의 기원정사(추측)	붓다	아난다	ㅅ
3.77	사왓티의 기원정사(추측)	붓다	아난다	ㅅ
3.78	사왓티의 기원정사(추측)	붓다	아난다	ㄷ
3.79	사왓티의 기원정사(추측)	붓다	아난다	ㄷ
3.80	사왓티의 기원정사(추측)	붓다	아난다	ㄷ
3.83	웨살리 큰 숲의 중각강당	붓다	어떤 비구	ㄷ
3.90	꼬살라의 빵까다 지역	붓다	깟사빠곳따 비구	ㄷ
3.105	사왓티의 기원정사(추측)	붓다	아나타삔디까 장자	ㅅ
3.106	사왓티의 기원정사(추측)	붓다	아나타삔디까 장자	ㅅ
3.121	꾸시나라의 발리하라나 숲	붓다	비구들	ㅅ
3.123	웨살리의 고따마까 사당	붓다	비구들	ㅅ

3.124	꼬살라의 까삘라왓투	붓다	사꺄족의 마하나마	ㄷ
3.125	사왓티의 기원정사	붓다	신의 아들 핫타까	ㄷ
3.126	바라나시의 이시빠따나의 녹야원	붓다	어떤 비구, 비구들	ㄷ
3.127	사왓티의 기원정사(추측)	붓다	아누룻다 존자	ㄷ
3.128	사왓티의 기원정사(추측)	사리 뿟다	아누룻다 존자	ㄷ
3.140	라자가하의 공작 먹이 주는 곳의 방랑수행자들 승원	붓다	비구들	ㅅ
◑ 4법수 221개 경	사왓티 기원정사(정형구 없어도 추정)	붓다 (221)	비구들 (221)	ㅅ (221)
4.1	왓지의 반다가마 마을	붓다	비구들	ㅅ
4.24	사께따의 깔라까 승원	붓다	비구들	ㅅ
4.30	라자가하의 독수리봉	붓다	방랑수행자들	ㄷ
4.35	라자가하의 죽림정사	붓다	마가다 대신 왓사까라	ㄷ
4.36	욱깟타와 세따뱌 사이의 큰 길	붓다	브라흐민 도나	ㄷ
4.39	사왓티의 기원정사(추측)	붓다	브라흐민 웃자야	ㄷ
4.40	사왓티의 기원정사(추측)	붓다	브라흐민 우다이	ㄷ
4.45	사왓티의 기원정사	붓다	신의 아들 로히띳사	ㄷ
4.46	사왓티의 기원정사(추측)	붓다	비구들	ㅅ
4.48	사왓티의 기원정사	붓다	위사카 존자	ㄷ
4.53	마두라와 웨란자 사이의 큰 길	붓다	장자들과 장자들의 부인	ㅅ
4.55	박가의 숭수마라기리의 베사깔라 숲의 녹야원	붓다	나꿀라삐따 장자	ㄷ
4.57	꼴리야의 삿자넬라라는 작은 도시	붓다	꼴리야의 딸 숩빠와사	ㅅ
4.58	사왓티의 기원정사(추측)	붓다	아나타삔디까 장자	ㅅ
4.60	사왓티의 기원정사(추측)	붓다	아나타삔디까 장자	ㅅ
4.61	사왓티의 기원정사(추측)	붓다	아나타삔디까 장자	ㅅ
4.62	사왓티의 기원정사(추측)	붓다	아나타삔디까 장자	ㅅ
4.68	라자가하의 독수리봉	붓다	비구들	ㅅ

4.76	꾸시나라의 살라 숲의 한 쌍의 살라나무 사이	붓다	비구들, 아난다	ㅅ
4.79	사왓티의 기원정사(추측)	붓다	사리뿟따	ㄷ
4.80	꼬삼비의 고시따 승원	붓다	아난다	ㄷ
4.100	사왓티의 기원정사(추측)	붓다	방랑수행자 뽀딸리야	ㄷ
4.101	사왓티의 기원정사	붓다	비구들	ㅅ
4.111	사왓티의 기원정사(추측)	붓다	말 조련사 께시	ㄷ
4.158	사왓티의 기원정사(추측)	사리뿟따	비구들	ㅅ
4.159	꼬삼비의 고시따 승원	아난다	어떤 비구니, 어떤 사람	ㄷ
4.167	사왓티의 기원정사(추측)	사라뿟따	마하목갈라나	ㄷ
4.168	사왓티의 기원정사(추측)	목갈라나	사리뿟따	ㅅ
4.170	사왓티의 기원정사(추측)	아난다	비구들	ㅅ
4.173	사왓티의 기원정사(추측)	사리뿟따	비구들	ㅅ
4.174	사왓티의 기원정사(추측)	마하꽃티따 존자	사리뿟따, 아난다	ㄷ
4.175	사왓티의 기원정사(추측)	우빠와나 존자	사리뿟따	ㄷ
4.177	사왓티의 기원정사(추측)	붓다	라훌라 존자	ㅅ
4.179	사왓티의 기원정사(추측)	아난다	사리뿟따	ㄷ
4.180	보가나가라의 아난다 사당	붓다	비구들	ㅅ
4.183	라자가하의 죽림정사	붓다	마가다의 대신 왓사까라	ㄷ
4:184	사왓티의 기원정사(추측)	붓다	브라흐민 자눗소니	ㄷ
4.185	라자가하의 독수리봉	붓다	방랑수행자들	ㄷ
4.186	사왓티의 기원정사(추측)	붓다	어떤 비구	ㄷ
4.187	라자가하의 죽림정사	붓다	마가다 대신 왓사까라	ㄷ

4.188	라자가하의 독수리봉	붓다	만디까의 아들 우빠까	ㄷ
4.190	사왓티의 동원의 미가라마뚜 강당	붓다	비구들	ㅅ
4.193	웨살리의 큰 숲의 중각강당	붓다	릿차위족 밧디야	ㄷ
4.194	꼴리야의 사뿌가라는 작은 도시	아난다	사뿌가족들	ㄷ
4.195	까삘라왓투의 니그로다 승원	붓다	사꺄족 왑빠, 마하목갈라나	ㄷ
4.196	웨살리의 큰 숲의 중각강당	붓다	릿차위족 아바야	ㄷ
4.197	사왓티의 기원정사	붓다	말리까 왕비	ㄷ
4.233	사왓티의 기원정사(추측)	붓다	브라흐민 목갈라나	ㄷ
4.241	꼬삼비의 고시따 승원	붓다	아난다	ㄷ
4.254	사왓티의 기원정사(추측)	붓다	말룽꺄뿟따 존자	ㄷ
◐ 5법수 326개 경	사왓티 기원정사(정형구 없어도 추정)	붓다 (326)	비구들 (326)	ㅅ (326)
5.1	사왓티의 기원정사	붓다	아난다	ㅅ
5.30	잇차낭갈라의 잇차낭갈라 숲	붓다	나기따 존자	ㄷ
5.31	기원정사	붓다	수마나 공주	ㄷ
5.32	라자가하의 죽림정사	붓다	쭌다 공주	ㄷ
5.33	밧디야의 자띠야 숲	붓다	욱가하(재가신도)	ㄷ
5.34	웨살리 큰 숲의 중각강당	붓다	시하대장군	ㄷ
5.41	사왓티의 기원정사	붓다	아나타삔디까 장자	ㅅ
5.43	사왓티의 기원정사(추측)	붓다	아나타삔디까 장자	ㅅ
5.44	웨살리 큰 숲의 중각강당	붓다	욱가 장자	ㄷ
5.49	사왓티의 기원정사	붓다	빠세나디 왕	ㄷ
5.50	빠딸리뿟따의 꾹꾸따 승원	붓다	나라다 존자	ㄷ
5.51	사왓티의 기원정사	붓다	비구들	ㄷ
5.55	사왓티의 기원정사	붓다	비구들	ㄷ
5.58	웨살리 큰 숲의 중각강당	붓다	릿차위 청년들	ㄷ
5.73	사왓티의 기원정사(추측)	붓다	어떤 비구	ㅅ
5.74	사왓티의 기원정사(추측)	붓다	어떤 비구	ㅅ

5.100	꼬삼비의 고시따 승원	붓다	마하목갈라나 존자	ㄷ
5.106	꼬삼비의 고시따 승원	붓다	아난다	ㄷ
5.114	마가다의 안다까윈다(마을)	붓다	아난다	ㅅ
5.121	웨살리 큰 숲의 중각강당	붓다	비구들	ㅅ
5.143	웨살리 큰 숲의 중각강당	붓다	릿차위들	ㄷ
5.144	사께따의 띠깐다끼 숲	붓다	비구들	ㅅ
5.162	사왓티의 기원정사(추측)	사리뿟따	비구들	ㅅ
5.163	사왓티의 기원정사(추측)	사리뿟따	비구들	ㅅ
5.164	사왓티의 기원정사(추측)	사리뿟따	비구들	ㅅ
5.165	사왓티의 기원정사(추측)	사리뿟따	비구들	ㅅ
5.166	사왓티의 기원정사(추측)	사리뿟따	비구들	ㄷ
5.167	사왓티의 기원정사(추측)	붓다	사리뿟따	ㄷ
5.168	사왓티의 기원정사(추측)	사리뿟따	비구들	ㄷ
5.169	사왓티의 기원정사(추측)	아난다	사리뿟따	ㄷ
5.170	꼬삼비의 고시따 승원	아난다	밧다지 존자	ㄷ
5.171	사왓티의 기원정사	붓다	비구들	ㅅ
5.174	사왓티의 기원정사(추측)	붓다	아나타삔디까 장자	ㅅ
5.176	사왓티의 기원정사(추측)	붓다	아나타삔디까 장자, 사리뿟따	ㄷ
5.180	꼬살라의 살라 숲	붓다	아난다	ㅅ
5.192	사왓티의 기원정사(추측)	붓다	브라흐민 도나	ㄷ
5.193	사왓티의 기원정사(추측)	붓다	브라흐민 상가라와	ㅅ
5.194	웨살리 큰 숲의 중각강당	붓다	브라흐민 까라나빨리 브라흐민 삥기야니	ㄷ
5.195	웨살리 큰 숲의 중각강당	붓다	500명의 릿차위들	ㄷ

5.201	낍빌라의 대나무 숲	붓다	낍빌라 존자	ㄷ
◑ 6법수 124개 경	**사왓티 기원정사(정형구 없어도 추정)**	**붓다 (124)**	**비구들 (124)**	**ㅅ (124)**
6.1	사왓티의 기원정사	붓다	비구들	ㅅ
6.10	까삘라왓투의 니그로다 승원	붓다	사꺄족 마하나마	ㄷ
6.16	숭수마라기리의 베사깔라 숲의 녹야원	붓다	나꿀라삐따 장자	ㄷ
6.17	사왓티의 기원정사	붓다	장로 비구들	ㄷ
6.18	꼬살라에서 유행 중 길가 나무 아래	붓다	비구들	ㄷ
6.19	나디까의 벽돌집(승원)	붓다	비구들	ㄷ
6.20	나디까의 벽돌집(승원)	붓다	비구들	ㄷ
6.21	사꺄의 사마가마까의 연못가	붓다	비구들	ㄷ
6.27	사왓티의 기원정사(추측)	붓다	어떤 비구	ㄷ
6.28	바라나시의 이시빠따나의 녹야원	장로 구들	비구들	ㄷ
6.32	사왓티의 기원정사(추측)	붓다	천신, 비구들	ㅅ
6.34	사왓티의 기원정사	마하목 갈라나	브라흐마 신 띳사	ㄷ
6.37	사왓티의 기원정사	붓다	난다마따 여성재가자	ㅅ
6.38	사왓티의 기원정사(추측)	붓다	어떤 브라흐민	ㄷ
6.40	낍빌라의 대나무 숲	붓다	낍빌라 존자	ㄷ
6.41	라자가하의 독수리봉	사리 뿟따	비구들	ㄷ
6.42	잇차낭갈라의 잇차낭갈라 숲	붓다	나기따 존자	ㄷ
6.43	사왓티의 기원정사	붓다	아난다, 우다이 존자	ㄷ
6.44	사왓티의 기원정사(추측)	붓다	아난다, 미가살라 여성재가자	ㄷ
6.46	쩨띠의 사하자띠 작은 도시	마하쭌 다 존자	비구들	ㅅ
6.47	사왓티의 기원정사(추측)	붓다	방랑수행자 몰리야시와까	ㄷ
6.49	사왓티의 기원정사	붓다	케마 존자, 수마나 존자	ㄷ

6.51	사왓티의 기원정사(추측)	아난다	사리뿟따	ㄷ
6.52	사왓티의 기원정사(추측)	붓다	브라흐민 자눗소니	ㄷ
6.53	사왓티의 기원정사(추측)	붓다	어떤 브라흐민	ㄷ
6.54	라자가하의 독수리봉	붓다	담미까 존자	ㄷ
6.55	라자가하의 독수리봉	붓다	소나 존자	ㄷ
6.56	사왓티의 기원정사(추측)	붓다	아난다, 팍구나 존자	ㄷ
6.57	라자가하의 독수리봉	붓다	아난다	ㄷ
6.59	라자가하의 독수리봉	붓다	(나무 장사하는) 장자	ㄷ
6.60	바라나시의 이시빠따나의 녹야원	붓다	장로 비구들, 코끼리조련사 아들 찟다 존자, 비구들	ㄷ
6.61	바라나시의 이시빠따나의 녹야원	붓다	장로 비구들, 비구들	ㄷ
6.62	꼬살라의 단다깝빠까(작은 도시)	붓다	아난다	ㄷ
6.69	사왓티의 기원정사(추측)	붓다	데와 신	ㄷ
◑7법수74개 경	**사왓티 기원정사(정형구 없어도 추정)**	**붓다 (74)**	**비구들 (74)**	**ㅅ(74)**
7.1	사왓티의 기원정사	붓다	비구들	ㅅ
7.7	사왓티의 기원정사(추측)	붓다	욱가(빠세나디 왕 대신)	ㄷ
7.19	웨살리의 사란다다 사당	붓다	릿차위들	ㄷ
7.20	라자가하의 독수리봉	붓다	마가다 대신 왓사까라, 아난다	ㄷ
7.21	라자가하의 독수리봉	붓다	비구들	ㅅ
7.31	사왓티의 기원정사(추측)	붓다	데와 신, 비구들	ㅅ
7.39	사왓티의 기원정사	붓다	사리뿟따	ㄷ
7.40	꼬삼비의 고시따 승원	붓다	아난다	ㄷ
7.44	사왓티의 기원정사	붓다	브라흐민 욱가따사리라	ㄷ
7.47	사왓티의 기원정사(추측)	붓다	브라흐민 자눗소니	ㄷ
7.49	짬빠의 각가라 호수	붓다	짬빠의 남성재가자	ㄷ
7.50	닥키나기리 지방	사리뿟따	난다마따 여성재가자	ㄷ

7.51	사왓티의 기원정사(추측)	붓다	어떤 비구	ㄷ
7.53	라자가하의 독수리봉	붓다	데와 신, 마하목갈라나, 비구들	ㄷ
7.54	웨살리 큰 숲의 중각강당	붓다	(릿차위족) 시하 장군	ㄷ
7.56	낍빌라의 대나무 숲	붓다	낍빌라 존자	ㄷ
7.58	숭수마라기리의 베사깔라 숲의 녹야원	붓다	마하목갈라나 존자	ㄷ
7.59	사왓티의 기원정사	붓다	아나타삔디까 장자	ㄷ
7.62	웨살리의 암바빨리 숲	붓다	비구들	ㅅ
7.66	사왓티의 기원정사(추측)	붓다	사리뿟따	ㄷ
7.68	꼬살라 유행 중 길가 나무 아래	붓다	비구들	ㄷ
7.79	사왓티의 기원정사(추측)	붓다	우빨리 존자	ㄷ
◑ 8법수 59개 경	사왓티 기원정사(정형구 없어도 추정)	붓다 (59)	비구들 (59)	ㅅ(59)
8.1	사왓티의 기원정사	붓다	비구들	ㅅ
8.7	라자가하의 독수리봉	붓다	비구들	ㅅ
8.8	마히사왓투의 다와잘리까 승원	웃따라 존자	비구들, 삭까 신, 웻사와나 신	ㄷ
8.10	짬빠의 각가라 호수 둔덕	붓다	비구들	ㅅ
8.11	웨란자의 날레루(약카 이름)의 님바나무 아래	붓다	웨란자의 브라흐민	ㄷ
8.12	웨살리 큰 숲의 중각강당	붓다	(릿차위족) 시하 장군	ㄷ
8.19	웨란자의 날레루(약카 이름)의 님바나무 아래	붓다	빠하라다 아수라 왕	ㄷ
8.20	사왓티의 동원의 미가라마뚜 강당	붓다	비구들, 아난다, 마하목갈라나	ㄷ
8.21	웨살리 큰 숲의 중각강당	붓다	욱가 장자, 어떤 비구	ㄷ
8.22	왓지의 핫티가마	붓다	욱가 장자, 어떤 비구	ㄷ
8.23	알라위의 악갈라와 사당	붓다	핫타까(재가자), 어떤 비구, 비구들	ㄷ
8.24	알라위의 악갈라와 사당	붓다	(남성재가자) 핫타까, 비구들	ㄷ

8.25	까삘리왓투의 니그로다 승원	붓다	(사꺄족) 마하나마	ㄷ
8.26	라자가하의 지와까의 망고 숲	붓다	지와까 꼬마라밧짜	ㄷ
8.28	사왓티의 기원정사(추측)	붓다	사리뿟따	ㄷ
8.30	박가의 숭수마라기리의 베사깔라 숲의 녹야원	붓다	아누룻다 존자, 비구들	ㄷ
8.41	사왓티의 기원정사	사리뿟따	비구들	ㅅ
8.43	사왓티의 동원의 미가라마뚜 강당	붓다	여성재가자 위사까	ㅅ
8.44	웨살리 큰 숲의 중각강당	붓다	(남성재가자) 와셋타	ㄷ
8.45	사왓티의 기원정사	붓다	(여성재가자) 봇자	ㅅ
8.46	꼬삼비의 고시따 승원	붓다	아누룻다 존자	ㄷ
8.47	사왓티의 동원의 미가라마뚜 강당	붓다	위사까(여성재가자)	ㅅ
8.48	박가의 숭수마라기리의 베사깔라 숲의 녹야원	붓다	장자의 아내 나꿀라마따	ㅅ
8.49	사왓티의 동원의 미가라마뚜 강당	붓다	여성재가자 위사까	ㅅ
8.51	까삘라왓투의 니그로다 승원	붓다	마하빠자빠띠 고따미 비구니	ㄷ
8.52	웨살리 큰 숲의 중각강당	붓다	아난다	ㄷ
8.53	웨살리 큰 숲의 중각강당	붓다	마하빠자빠띠 고따미 비구니, 아난다	ㅅ
8.54	꼴리야의 깍까라빳따라는 작은 도시	붓다	(재가자) 디가자누	ㄷ
8.55	사왓티의 기원정사(추측)	붓다	브라흐민 웃자야	ㄷ
8.56	사왓티의 기원정사(추측)	붓다	브라흐민 웃자야	ㄷ
8.63	사왓티의 기원정사(추측)	부다	어떤 비구	ㄷ
8.64	가야의 가야시사(언덕 능선)	붓다	비구들	ㅅ
8.70	웨살리 큰 숲의 중각강당	붓다	아난다	ㄷ
8.73	나디까의 벽돌집(승원)	붓다	비구들	ㄷ
8.74	나디까의 벽돌집(승원)	붓다	비구들	ㅅ
8.77	사왓티의 기원정사	사리뿟따	비구들	ㅅ

8.78	사왓티의 기원정사(추측)	사리 뿟따	비구들	ㅅ
8.82	사왓티의 기원정사	붓다	뿐니야 존자	ㄷ
8.86	꼬살라의 잇차낭갈라 숲	붓다	나기따 존자	ㄷ
◑ 9법수 76개 경	**사왓티 기원정사(정형구 없어도 추정)**	**붓다** (76)	**비구들** (76)	ㅅ(76)
9.1	사왓티의 기원정사	붓다	비구들	ㅅ
9.2	사왓티의 기원정사(추측)	붓다	어떤 비구	ㄷ
9.3	짤리까의 짤리까 산	붓다	메기야 존자	ㄷ
9.4	사왓티의 기원정사	붓다	난다까 존자, 비구들	ㄷ
9.6	사왓티의 기원정사(추측)	사리 뿟따	비구들	ㅅ
9.7	라자가하의 독수리봉	붓다	방랑수행자 수따와	ㄷ
9.8	라자가하의 독수리봉	붓다	방랑수행자 삿자	ㄷ
9.11	사왓티의 기원정사	붓다	사리뿟따, 어떤 비구	ㄷ
9.12	사왓티의 기원정사	붓다	사리뿟따, 방랑수행자들	ㄷ
9.13	사왓티의 기원정사(추측)	마하 꼿티따	사리뿟따	ㄷ
9.14	사왓티의 기원정사(추측)	사리 뿟따	사밋디 존자	ㄷ
9.20	사왓티의 기원정사	붓다	아나타삔디까 장자	ㄷ
9.26	라자가하의 죽림정사	사리 뿟따	짠디까뿟따, 비구들	ㄷ
9.27	사왓티의 기원정사(추측)	붓다	아나타삔디까 장자	ㅅ
9.34	라자가하의 죽림정사	사리 뿟따	비구들, 우다이 존자	ㄷ
9.37	꼬삼비의 고시따 승원	아난다	우다이 존자, 비구들	ㄷ
9.38	사왓티의 기원정사(추측)	붓다	2명의 브라흐민	ㄷ
9.41	말라의 우루웰라 깝빠라는 작은 도시	붓다	따뻿사 장자, 아난다	ㄷ
9.42	꼬삼비의 고시따 승원	아난다	우다이 존자	ㄷ

◐ 10법수 167개 경	사왓티 기원정사(정형구 없어도 추정)	붓다 (167)	비구들 (167)	ㅅ (167)
10.1	사왓티의 기원정사	붓다	아난다	ㄷ
10.4	사왓티의 기원정사(추측)	사리 뿟따	비구들	ㅅ
10.5	사왓티의 기원정사(추측)	아난다	비구들	ㅅ
10.6	사왓티의 기원정사(추측)	붓다	아난다	ㄷ
10.7	사왓티의 기원정사(추측)	사리 뿟따	아난다	ㄷ
10.20	꾸루의 깜마사담마	붓다	비구들	ㅅ
10.22	사왓티의 기원정사(추측)	붓다	아난다	ㅅ
10.24	쩨띠의 사하자띠 작은 도시	마하쭌 다 존자	비구들	ㅅ
10.26	아완띠의 꾸라라가라의 산협	마하깟 짜나 존자	여성재가자 깔리	ㄷ
10.27	사왓티의 기원정사	붓다	비구들	ㄷ
10.28	까장갈라의 대나무 숲	까장 갈라의 비구니	까장갈라의 남성재가자들	ㄷ
10.30	사왓티의 기원정사	붓다	빠세나디 왕	ㄷ
10.31	사왓티의 기원정사(추측)	붓다	우빨리 존자	ㄷ
10.37	사왓티의 기원정사(추측)	붓다	아난다	ㄷ
10.41	사왓티의 기원정사(추측)	붓다	우빨리 존자	ㄷ
10.45	삭까의 까삘라왓투의 니그로다 승원	붓다	삭까의 남성재가자들	ㄷ
10.47	웨살리 큰 숲의 중각강당	붓다	릿차위족 마할리	ㄷ
10.50	사왓티의 기원정사	붓다	비구들	ㅅ
10.51	사왓티의 기원정사	붓다	비구들	ㅅ
10.52	사왓티의 기원정사(추측)	사리 뿟따	비구들	ㅅ
10.55	사왓티의 기원정사(추측)	붓다	비구들	ㅅ

10.60	사왓티의 기원정사	붓다	아난다, 기리마난다 존자	ㄷ
10.65	마가다의 날라까가마까	사리뿟따	방랑수행자 사만다까니	ㄷ
10.67	꼬살라의 날라까빠나의 빨라사 숲	붓다	사리뿟따	ㄷ
10.69	사왓티의 기원정사	붓다	비구들	ㄷ
10.71	사왓티의 기원정사	붓다	비구들	ㅅ
10.72	웨살리 큰 숲의 중각강당	붓다	비구들	ㄷ
10.75	사왓티의 기원정사	붓다	아난다, 미가살라 여성재가자	ㄷ
10.81	짬빠의 각가라 호수 둔덕	붓다	바후나 존자	ㄷ
10.82	사왓티의 기원정사(추측)	붓다	아난다	ㅅ
10.83	사왓티의 기원정사(추측)	붓다	뿐니야 존자	ㄷ
10.84	사왓티의 기원정사(추측)	마하목갈라나	비구들	ㅅ
10.85	쩨띠의 사하자띠(작은 도시)	마하쭌다 존자	비구들	ㅅ
10.86	라자가하의 죽림정사	마하깟사빠	비구들	ㅅ
10.87	사왓티의 기원정사(추측)	붓다	깔라까 비구	ㄷ
10.89	사왓티의 기원정사(추측)	붓다	고깔리까 비구	ㄷ
10.90	사왓티의 기원정사(추측)	붓다	사리뿟따	ㄷ
10.91	사왓티의 기원정사	붓다	아나타삔디까 장자	ㅅ
10.92	사왓티의 기원정사	붓다	아나타삔디까 장자	ㅅ
10.93	사왓티의 기원정사	붓다	아나타삔디까 장자, 방랑수행자들	ㄷ
10.94	짬빠의 각가라 호수 둔덕	붓다	왓지야마히따 장자, 방랑수행자들	ㄷ
10.95	사왓티의 기원정사(추측)	붓다	웃띠야 방랑수행자, 아난다	ㄷ
10.96	라자가하의 따뽀다(온천 승원)	아난다	꼬까누다 방랑수행자	ㄷ
10.99	사왓티의 기원정사(추측)	붓다	우빨리 존자	ㄷ

10.116	사왓티의 기원정사(추측)	붓다	아지따 방랑수행자	ㄷ
10.117	사왓티의 기원정사(추측)	붓다	브라흐민 상가라와	ㄷ
10.119	사왓티의 기원정사(추측)	붓다	브라흐민 자눗소니	ㄷ
10.167	사왓티의 기원정사(추측)	붓다	브라흐민 자눗소니	ㄷ
10.169	사왓티의 기원정사(추측)	붓다	브라흐민 상가라와	ㄷ
10.176	빠와의 쭌다의 망고 숲	붓다	대장장이 아들 쭌다	ㄷ
10.177	사왓티의 기원정사(추측)	붓다	브라흐민 자눗소니	ㄷ
10.209	사왓티의 기원정사(추측)	붓다	어떤 브라흐민	ㄷ
◑ 11 법수 8개 경	사왓티 기원정사(정형구 없어도 추정)	붓다 (8)	비구들 (8)	ㅅ (8)
11.1	사왓티의 기원정사(추측)	붓다	아난다	ㄷ
11.4	사왓티의 기원정사(추측)	사리뿟따	비구들	ㅅ
11.5	사왓티의 기원정사(추측)	아난다	비구들	ㅅ
11.7	사왓티의 기원정사(추측)	붓다	아난다	ㄷ
11.8	사왓티의 기원정사(추측)	아난다	사리뿟따	ㄷ
11.9	사왓티의 기원정사(추측)	붓다	아난다	ㄷ
11.10	나디까의 벽돌집(승원)	붓다	산다 존자	ㄷ
11.11	라자가하의 공작 먹이 주는 곳의 방랑수행자들 승원	붓다	비구들	ㅅ
11.12	삭까의 까삘라왓투의 니그로다 승원	붓다	삭까족 마하나마	ㄷ
11.13	삭까의 까삘라왓투의 니그로다 승원	붓다	삭까족 마하나마	ㄷ
11.14	삭까의 까삘라왓투의 니그로다 승원	붓다	삭까족 난디야(재가자)	ㄷ
11.15	사왓티의 기원정사(추측)	붓다	수부띠 존자	ㄷ
11.17	웨살리의 벨루와가마까	아난다	다사마 장자	ㄷ
11.19	사왓티의 기원정사(추측)	붓다	비구들	ㄷ
11.20	사왓티의 기원정사(추측)	붓다	비구들	ㄷ
11.21	사왓티의 기원정사(추측)	사리뿟따	비구들	ㄷ
11.22	사왓티의 기원정사(추측)	사리뿟따	비구들	ㄷ

146

2) 도표 4-2: 앙굿따라니까야의 도표 4-1에 의한 빈도수 통계

장소 총 60개의 다른 장소	빈도	중요인물 총 13명의 인물	빈도	대화상대자 126명의 다른 사람	빈도
사왓티 기원정사 ●정형구 있는 경: 193개 ●정형구 절반 있는 경(추측): 127개 ●정형구 없는 경 추측: 2,024개	2,194 (94%)	붓다	2,283 (97%)	비구들	2,106 (88.4%)
웨살리 큰 숲의 중각강당	20	사리뿟따 존자	26	아난다 존자	41
라자가하의 독수리봉	16	아난다 존자	18	사리뿟따 존자	20
꼬삼비의 고시따 승원	11	마하깟짜나 존자	3	아나타삔디까 장자	17
까삘라왓투의 니그로다 승원	8	마하목갈라나 존자	3	어떤 비구	13
라자가하의 죽림정사	7	마하쭌다 존자	3	브라흐민 자눗소니	9
사왓티 동원의 미가라마뚜 강당	7	마하꼿티따 존자	2	어떤 브라흐민	6
바라나시 이시빠따나의 녹야원	5	난다까 존자	1	마하목갈라나 존자	6
숭수마라기리의 베사깔라 숲의 녹야원	5	우빠와나 존자	1	삭까족 마하나마	6
나디까의 벽돌집(승원)	5	장로 비구들	1	방랑수행자들	6
짬빠의 각가라 호수	4	웃따라 존자	1	브라흐민 상가라와	4
잇차낭갈라의 잇차낭갈라 숲	3	까장갈라의 비구니	1	우다이 존자	4
낌빌라의 대나무 숲	3	마하깟사빠 존자	1	우빨리 존자	4
쩨띠의 사하자띠(작은 도시)	3			여성재가자 위사까	4
라자가하의 공작 먹이 주는 곳의 방랑수행자들의 승원	2			마가다 대신 왓사까라	4
꼬살라 유행 중 길가 나무 아래	2			아누룻다 존자	4
웨란자의 날래루의 님바나무 아래	2			장로 비구들	3
알라위의 악갈라와 사당	2			나기따 존자	3
와라나의 깟다마 호수의 강둑	1			(릿차위족) 시하 장군	3
마두라(도시)의 군다 숲	1			욱가 장자	3
알라위의 소가 다니는 길의 싱사빠 숲	1			낌빌라 존자	3

꼬살라의 웨나가뿌라	1			데와 신	3
꼬살라의 께사뿟따라는 깔라마 마을	1			2명의 브라흐민	3
꼬살라의 빵까다 지역	1			빠세나디 왕	2
꾸시나라의 발리하라나 숲	1			재가자 핫타까	2
웨살리의 고따마까 사당	1			마하빠자빠띠 고따미 비구니	2
꼬살라의 까삘라왓투	1			브라흐민 웃자야	2
왓지의 반다가마 마을	1			많은 신들	1
욱깟타와 세따뱌 사이의 큰 길	1			브라흐민 아라마단다	1
마두라와 웨란자 사이의 큰 길	1			브라흐민 깐다라야나	1
꼴리야의 삿짜넬라(작은 도시)	1			사윗타 존자	1
꾸시나라의 말라들의 살라 숲의 한 쌍의 살라나무 사이	1			마하꿋티따 존자	1
보가나가라의 아난다 사당	1			핫타까 왕자	1
꼴리야의 사뿌가(작은 도시)	1			부유한 브라흐민	1
밧디야의 자띠야 숲	1			방랑수행자 왓차곳따	1
빠딸리뿟따의 꾹꾸따 승원	1			브라흐민 띠깐나	1
마가다의 안다까윈다 마을	1			브라흐민 장자들	1
사께따의 띠깐따끼 숲	1			방랑수행자 사라바	1
꼬살라의 살라 숲	1			깔라마들	1
사꺄의 사마가마까의 연못가	1			재가자 살하와 로하나	1
꼬살라의 단다깝빠까(작은 도시)	1			방랑수행자 찬나	1
웨살리의 사란다다 사당	1			아지와까 제자인 어떤 장자	1
닥키나기리 지방	1			깟사빠곳따 비구	1
웨살리의 암바빨리 숲	1			신의 아들 핫타까	1

마히사왓투의 다와잘리까 승원	1			브라흐민 도나	1
라자가하의 지와까의 망고 숲	1			브라흐민 웃자야	1
왓지의 핫티가마	1			브라흐민 우다이	1
꼴리야의 깍까라빳따(작은 도시)	1			신의 아들 로히땃사	1
가야의 가야시사 언덕 능선	1			위사카 존자	1
짤리까의 짤리까 산	1			장자들과 장자들 부인	1
말라의 우루웰라깝빠	1			나꿀라삐다 장자	1
꾸루의 깜마사담마	1			꼴리야의 딸 숩빠와사	1
아완띠의 꾸라라가라의 산협	1			방랑수행자 뽀딸리야	1
까장갈라의 대나무 숲	1			말 조련사 께시	1
마가다의 날라까가마까	1			어떤 비구니	1
꼬살라의 날라까빠나의 빨라사 숲	1			다사마 장자	1
빠와의 쭌다의 망고 숲	1			라훌라 존자	1
웨살리의 벨루와가마까	1			만디까의 아들 우빠까	1
라자가하의 따뽀다(온천 승원)	1			릿차위족 밧디야	1
사께따의 깔라까 승원	1			사뿌가족들	1
				사까족 왑빠	1
				말리까 왕비	1
				브라흐민 목갈라나	1
				말룽꺄뿟따 존자	1
				수마나 공주	1
				쭌다 공주	1
				(재가자) 욱가하	1
				나라다 존자	1
				릿차위 청년들	1

				밧다지 존자	1
				브라흐민 도나	1
				브라흐민 까라나빨리	1
				브라흐민 삥기야니	1
				나꿀라삐따 장자	1
				어떤 신	1
				브라흐마 신 띳사	1
				난다마따 여성재가자	1
				방랑수행자 몰리야시와까	1
				케마 존자	1
				수마나 존자	1
				담미까 존자	1
				소나 존자	1
				팍구나 존자	1
				(나무 장사하는) 장자	1
				코끼리조련사 아들 찟다 존자	1
				데와 신	1
				빠세나디 왕의 대신 욱가	1
				브라흐민 욱가따사리라	1
				짬빠의 남성재가자	1
				난다마따 여성재가자	1
				삭까 신	1
				웻사와나 신	1

			웨란자의 브라흐민	1
			빠하라다 아수라 신	1
			지와까 꼬마라밧짜	1
			(남성재가자) 와셋타	1
			(여성재가자) 봇자	1
			장자의 아내 나꿀라마따	1
			마하빠자빠띠 고따미 비구니	1
			(재가자) 디가자누	1
			뿐니야 존자	1
			메기야 존자	1
			난다까 존자	1
			방랑수행자 수따와	1
			방랑수행자 삿자	1
			사밋디 존자	1
			짠디까뿟다 존자	1
			따뿟사 장자	1
			여성재가자 깔리	1
			까장갈라의 남성 재가자들	1
			삭까의 남성재가자들	1
			릿차위족 마할리	1
			기리마난다 존자	1
			방랑수행자 사만다까니	1

			마후니 존자	1
			뿐니야 존자	1
			깔라까 비구	1
			고깔리까 비구	1
			왓지야마히따 장자	1
			방랑수행자 웃띠야	1
			방랑수행자 꼬까누다	1
			방랑수행자 아지따	1
			대장장이 아들 쭌다	1
			산다 존자	1
			삭까족 난디야 (재가자)	1
			수부띠 존자	1

(1) 앙굿따라니까야 빈도수 자세히 보기

① 장소

- 총 60개의 다른 장소가 있다.

- 장소는 경 하나에 한 장소를 선택하였기에 장소의 총 숫자는 2,344이다.

- 기원정사 94%의 계산은? 2,194(기원정사 빈도수)÷2,344(앙굿따라니까야 총경수)×100

② 중요인물

- 총 13명의 각기 다른 중요인물이 등장한다.

- 중요인물은 경 하나에 한 사람을 선택하였기에 중요인물의 총 숫자는 2,344이다.

- 붓다 97%의 계산은? 2,283(붓다의 빈도수)÷2,344(앙굿따라니까야 총경수)×100

③ 대화상대자

- 총 126명의 각기 다른 사람이 등장한다.
- 대화상대자는 경 하나에도 여러 명일 수 있다. 대화상대자 총 빈도수는 2,382이다.
- 비구들 88.4%의 계산은? 2,106(비구들 빈도수)÷2,382(대화상대자 총빈도수)×100

이처럼 앙굿따라니까야에는 수많은 경전의 숫자에 비해 겨우 60개의 각기 다른 장소가 있다. 정형구 없는 경전들이 2천 개가 넘는데 이것들을 모두 기원정사로 추정했기 때문이다. 중요인물로는 사리뿟따와 아난다 존자가 높은 빈도를 보인다. 대화상대자로 높은 빈도를 차지하는 인물은 물론 비구들이지만 높은 빈도의 다른 대화상대자들도 꽤 있는 편이다.

(2) 도표 2-2에 의한 앙굿따라니까야 장소의 부류별 빈도수 표
아래의 도표는 60가지의 각기 다른 장소들을 부류별로 나누어 어떤 장소에서 주로 설법이 이루어졌는지를 보여준다. 또한, 설법이 이루어진 구체적인 장소들은 어디인지를 살펴볼 수 있다. 즉 숲에는 어떤 숲들이 있는지, 승원에는 어떤 승원이 있는지, 마을에는 어떤 마을이 있는지 등을 자세히 확인할 수 있다. 기원정사는 엄청난 빈도수이지만, 이 표에서는 단지 승원의 하나일 뿐이다.

장소	가지수	자세한 장소
숲	14	잇차낭갈라 숲, 낍빌라의 대나무 숲, 군다 숲, 알라위의 고막가의 싱사빠 숲, 발리하라나 숲, 한 쌍의 살라나무 사이, 자띠야 숲, 띠깐따끼 숲, 살라 숲, 암바빨리 숲, 쭌다의 망고 숲, 지와까의 망고 숲, 까장갈라의 대나무 숲, 빨라사 숲
승원	11	기원정사, 중각강당, 고시따 승원, 니그로다 승원, 죽림정사, 미가라마뚜 강당, 나디까의 벽돌집(승원), 꾹꾸따 승원, 다와잘리까 승원, 따뽀다(온천 승원), 깔라까 승원
마을, 지역	9	웨나가뿌라 마을, 께사뿟따 마을, 닥키나기리 지방, 날라까가마까 마을, 벨루와가마까(마을), 빵까다 지역, 반다가마 마을, 안다까윈다 마을, 핫티가마 마을

153

도시, 작은 도시	8	까뻴라왓투, 삿짜넬라 작은 도시, 사삥까 작은 도시, 단다깝빠까 작은 도시, 깍까라빳따 작은 도시, 우루웰라깝빠 작은 도시, 깜마사담마 작은 도시, 쩨띠의 사하자띠(작은 도시)
산, 언덕, 절벽	4	독수리봉, 가야시사의 언덕 능선, 짤리까 산, 꾸라라가라의 산협
사당	4	악갈라와 사당, 고따마까 사당, 아난다 사당, 사란다나 사당
길가	4	유행 중 길가 나무 아래, 날래루의 님바나무 아래, 욱깟타의 큰 길, 마두라의 큰 길
강둑, 호숫가, 연못가	3	각가라 호수, 깟다마 호수의 강둑, 사마가마까의 연못가
녹야원	2	이시빠따나의 녹야원, 베사깔라 숲의 녹야원
이교도 승원	1	방랑수행자들 승원

① 위의 도표에서도 알 수 있듯이 앙굿따라니까야는 다른 니까야와 비교했을 때 경전 숫자는 많지만 장소는 그리 많지 않다.

② 다른 세 개의 니까야에도 숲이 가장 많았는데 여기도 숲이 가장 많다.

③ 다와잘리까 승원과 깔라까 승원은 여기에만 나오는 잘 알려지지 않은 장소이고, 나머지는 모두 잘 알려진 유명한 승원들이다.

④ 다른 니까야와는 달리 사당이 많은 편이다.

⑤ 특정한 장소가 아니라 경전의 장소적 배경이 길인 경우도 많은 편이다.

(3) 도표 2-2에 의한 앙굿따라니까야 대화상대자의 부류별 빈도수 표

아래 도표는 대화상대자들이 어떤 종류의 사람들이었는지를 보여준다. 가령, 각각의 비구들이라면 개인 이름으로 등장하는 비구들은 어떤 비구들인지, 브라흐

---

12 비구들(집단)이라는 명칭에는 비구들, 그리고 비구들 집단이라는 두 가지 뜻이 있다. 경에 비구들이라고 나오는 경우는 그냥 비구들이고, 500명의 비구들 또는 1,250명의 비구들로 나오는 것은 비구들 집단이라는 뜻이다. 그러니 그냥 비구들이라고 나오는 경우와의 차별이 필요하기에 그렇게 표기하였다.

민이라면 어떤 브라흐민인지, 장자라면 어떤 장자인지, 어떤 방랑수행자인지 등을 보여주는 표이다.

대화상대자	가지수	자세한 대화상대자의 이름
비구들(집단)[12]	1	비구들, 장로 비구들 포함
각각의 비구들	46	비구, 어떤 비구와 비구 각각의 이름으로 된 존자 포함
브라흐민 총계	19	2명의 브라흐민, 어떤 브라흐민, 부유한 브라흐민, 브라흐민 장자들, 브라흐민 자눗소니처럼 브라흐민 각각의 이름이 붙은 개개인
장자와 남성 재가자	17	장자, (나무 장사하는) 장자, 장자들과 장자들 부인, 남성재가자 … (아무개), 어떤 장자, 욱가 장자처럼 장자 각각의 이름이 붙은 개개인
방랑수행자 총계	10	방랑수행자들(단체), 방랑수행자 왓차곳따처럼 방랑수행자 각각의 이름이 붙은 개개인
여러 신들	9	많은 신들, 어떤 신, 특별한 이름이 붙은 신
여성재가자	8	여성재가자 …(아무개), 장자의 아내 나꿀라마따, 꼴리야의 딸 숩빠와사
특정 종족이나 직업이 붙은 사람들	8	특별한 종족 이름이 붙은 사람, 특별한 직업이나 특별한 지역 이름이 붙은 사람들(깔라마들, 말 조련사 께시, 릿차위족 …(아무개), 만디까의 아들, 사뿌가족, 사꺄족 …(아무개), 릿차위 청년들, 500명의 릿차위들)
왕, 왕비, 왕자	3	빠세나디 왕, 말리까 왕비, 핫타까 왕자
왕의 대신, 장군	3	마가다의 (아자따삿뚜 왕의) 대신 왓사까라, 빠세나디 왕의 대신 욱가, 릿차위족 시하 장군
비구니	2	어떤 비구니, 마하빠자빠띠 비구니
공주	2	수마나 공주, 쭌다 공주

① 위의 표와 같이 비구들이나 각각의 비구 개인이 많은 것은 당연하다.

② 브라흐민이 장자나 재가자보다 더 많다는 점이 특이하다. 그만큼 브라흐민은 깨달은 붓다에게 관심이 있어서 때로는 떠보기도 하고, 때로는 가르침을 들으러 와서는 부처님의 설법에 감복되었다. 나중에는 이들 중 많은 사람이 출가를 하거나 재가 신도가 되었다.

③ 방랑수행자 역시 같은 수행자 무리로서 이들과의 대화가 많다. 여성 재가자나 특정한 직종을 가진 사람들이 많았던 것은 부처님이 이들에게도 평등하게 대했기 때문일 것이다.

④ 왕이나 왕족은 어느 경전에나 등장하는 부처님의 열성적인 후원자였다. 비구니의 등장은 극소수이다.

3) 도표 4-3: 앙굿따라니까야의 도표 4-2에 의한 장소 빈도수 그림표

아래는 비교 불가능한 기원정사를 제외한 나머지 상위 빈도수의 장소를 보이는 그림표이다. 빈도수가 높은 순서대로 13개의 장소를 선정하고 그 외 낮은 빈도수를 보이는 장소들을 합산한 '나머지 장소'를 함께 총 14개의 항목으로 비교하였다. '나머지 장소 45'에는 빈도수가 2인 것과 빈도수가 1인 것들이 포함된다.

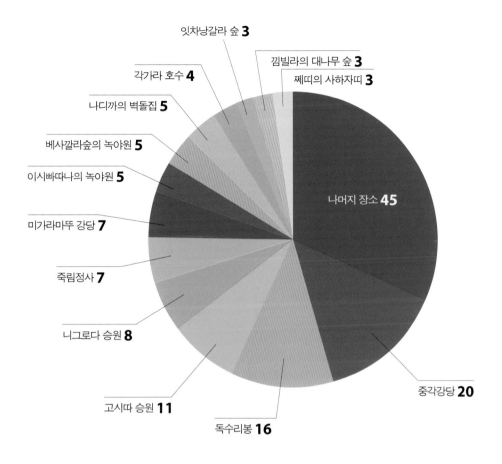

잇차낭갈라 숲 **3**

껌빌라의 대나무 숲 **3**

쩨띠의 사하자띠 **3**

각가라 호수 **4**

나디까의 벽돌집 **5**

베사깔라숲의 녹야원 **5**

이시빠따나의 녹야원 **5**

미가라마뚜 강당 **7**

죽림정사 **7**

니그로다 승원 **8**

고시따 승원 **11**

독수리봉 **16**

나머지 장소 **45**

중각강당 **20**

도표 4-3 앙굿따라니까야의 장소 빈도수
기원정사는 2,194로 94%로 비교가 안 되어 제외함

① 앙굿따라니까야의 장소적 특징을 들자면, 사왓티의 기원정사가 2,194로 전체 경전의 94%를 차지한다는 점이다. 이는 정형구 없는, 즉 장소 언급이 없는 2,024개의 경전이 모두 기원정사로 계산되었기 때문이다.

② 사왓티 다음으로 빈도가 높은 곳은 중각강당(20개), 독수리봉(16개), 고시따 승원(11개), 니그로다 승원(8개), 죽림정사(7개), 미가라마뚜 강당(7개)으로 독수리봉을 빼고는 모두 승원이다. 주로 승원에서 가르침이 이루어졌음을 알 수 있다. 이는 여기저기에 승원이 많이 건립되고 정착되어 있었음을 의미한다.

4) 도표 4-4: 앙굿따라니까야의 도표 4-2에 의한 중요인물 빈도수 그림표

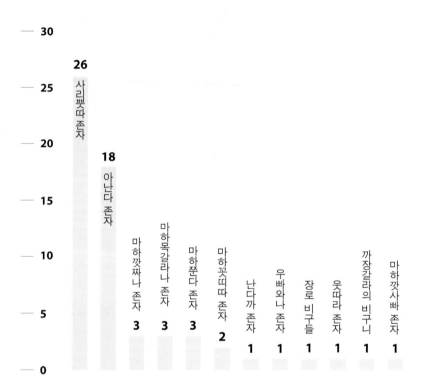

도표 4 - 4 앙굿따라니까야의 중요인물 빈도수
붓다는 2,283으로 97%로 비교가 안 되어 제외함

① 앙굿따라니까야에 등장하는 중요인물의 특징을 들자면, 붓다가 2,283으로 전체 경전의 97%가 된다는 점이다. 정형구 없는, 즉 장소 언급이 없는 2,024개의 경전이 모두 붓다로 계산되었기 때문이다. 부처님 외에 중요인물로 등장하는 사람은 총 12명이다.

② 사리뿟따 존자는 26번이나 경의 주인공으로 등장한다. 그는 경전에서 부처님이 후계자로 인정할 정도로 박학다식했으며 더구나 지혜와 덕행을 겸비했기

에 승단의 존경을 받았다. 어떤 경우에는 부처님을 대신하여 비구들과 재가자들에게 가르침을 설하기도 하였다.

③ 다음은 아난다 존자로 부처님 곁에서 드러나지 않게 가르침을 잘 받아 행하였다. 부처님 가까이서 가르침을 가장 많이 들었던 인물답게 비구들과 재가자들에게 많이 들었던 가르침을 전하였다.

④ 그다음 인물로는 마하깟짜나 존자, 마하목갈라나 존자, 마하쭌다 존자 등이 있다. 비록 빈도수는 훨씬 낮으나 역시 부처님 가르침에 해박하여 경전에 자주 등장한다.

⑤ 이 표에서 알 수 있는 앙굿따라니까야의 또 다른 특이사항은 까장갈라의 비구니가 경의 주인공으로 등장한다는 점이다. 경전 10법수 28에는 까장갈라에 사는 비구니에게 남성 재가자들이 찾아가서 가르침을 묻고 비구니가 자세하게 설명하는 장면이 있다. 그 당시 비구니들의 탁월한 수행력과 위상을 알 수 있는 대목이다.

5) 도표 4-5: 앙굿따라니까야의 도표 4-2에 의한 대화상대자 빈도수 그림표

아래의 도표에는 비구들이 대화상대자로 2,106회나 등장하는데 전체 경전의 88.4%이다. 이는 정형구 없는 2,024개의 경전이 모두 비구들로 계산되었기 때문이다. 다른 대화상대자들과는 비교조차 불가능한 수준이라서 이 그림표에서는 제외하였다. 상위 빈도수에 있는 13명의 인물과 빈도수가 낮은 '나머지 사람들'을 함께 총 14개의 항목으로 비교하였다.

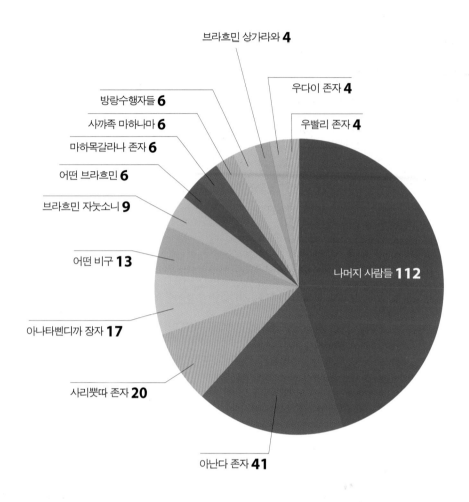

브라흐민 상가라와 **4**

우다이 존자 **4**

우빨리 존자 **4**

방랑수행자들 **6**

사꺄족 마하나마 **6**

마하목갈라나 존자 **6**

어떤 브라흐민 **6**

브라흐민 자눗소니 **9**

어떤 비구 **13**

아나타삔디까 장자 **17**

사리뿟따 존자 **20**

나머지 사람들 **112**

아난다 존자 **41**

도표 4-5 앙굿따라니까야의 대화상대자 빈도수
비구들은 2,106으로 88.4%가 되어 제외함

① 비구들 다음으로 높은 빈도를 차지하는 대화상대자는 아난다 존자로 41회나 경에 등장한다. 그 뒤를 이어 20회 등장하는 사리뿟따 존자가 있다. 아난다 존자의 빈도수가 높은 것은 시자로서 항상 부처님 가까이 있었기 때문이다.

② 상위의 12명을 제외한 '나머지 사람들'에 속하는 인물들은 모두 112명으로 대화상대자로서 등장한 빈도가 4회(2명), 3회(7명), 2회(4명) 정도로 낮거나 단 1회에 그치기도 한다.

③ 아나타삔디까 장자는 대화상대자로 17회나 등장하는 만큼 사리뿟따 다음으로 빈도가 높다. 기원정사를 짓기 위하여, 그는 제따 왕자의 말에 따라 황금을 바닥에 깔 정도로 신심이 대단하였다. 부처님과 많은 비구 승가가 그의 공덕으로 기원정사라는 안락한 거처를 마련할 수 있었다.

④ 그다음 빈도가 높은 인물은 브라흐민 자눗소니인데, 그는 부유하고 명망 있는 브라흐민으로 부처님께 큰 신뢰를 가지고 있었다. 부처님과 대화한 내용이 여러 경전에 나온다.

6) 도표 4-6: 앙굿따라니까야의 도표 4-2에 의한 설법형태 빈도수 그림표

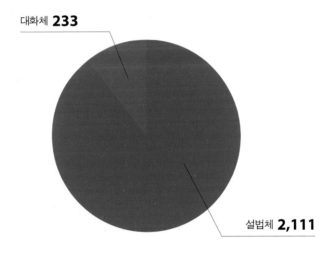

도표 4-6 앙굿따라니까야의 설법형태 빈도수

(1) 앙굿따라니까야에 이렇게 설법체가 많은 이유

① 위의 그림표에서 보이는 것처럼 앙굿따라니까야는 전체 경전 2,344개 중 2,111개가 설법체로 되어 있어서 90%의 비중을 차지한다. 이는 정형구 없는

2,024개의 경전이 모두 설법체로 계산되었기 때문이다.

② 부처님과 대화를 주고받으며 경전이 구성된 경우를 대화체의 견본이라 할 수 있다. 앙굿따라니까야에는 비구나 재가자 등 어떤 사람이 대화상대자로 부처님께 와서 한 가지를 질문하면 부처님의 설명이 끝까지 계속 이어지는 형식을 취하는 경우가 많다. 예를 들어, 5법수 73에서는 어떤 비구가 부처님께 이렇게 질문한다. "어떻게 비구는 가르침에 머뭅니까?" 이에 부처님의 답변이 이어지는데, "비구여,···.", "비구여,···.", "비구여,···." 이렇게 일방적인 설명으로 경이 끝난다. 이런 경들도 비구가 질문하고 부처님이 답하였기에 모두 대화체로 계산하였다.

③ 대화체의 대상은 남성 재가자, 여성 재가자, 브라흐민, 방랑수행자, 장자, 비구 존자들, 왕, 왕비, 왕자, 공주, 왕의 대신, 비구니 등 다양한 부류의 사람들이다.

5장

네 개 니까야의 그림표 비교

1. 네 개 니까야의 장소 그림표 비교

지금까지 상윳따니까야, 맛지마니까야, 디가니까야, 앙굿따라니까야에서 설법이 이루어진 장소, 설법의 주인공인 중요인물, 부처님과의 대화상대자, 부처님의 설법 형태를 찾아내어 경전 하나하나의 통계를 바탕으로 원그림표나 막대그림표에 그 빈도수를 표시하고, 그와 같은 빈도수가 나오게 된 배경을 설명하였다. 장소나 인물들의 빠알리어 이름은 정확성을 기하기 위하여 뒤의 부록에 원문을 모두 실었다.

다음은 네 개의 니까야를 동시에 살펴보도록 하겠다. 즉, 각각의 니까야에서 발췌한 장소, 중요인물, 대화상대자, 설법형태로 만들어진 그림표를 한자리에 모아 니까야 별로 비교하면서 공통점은 무엇이고 다른 점은 무엇인지 그 특징을 파악해보는 것이다.

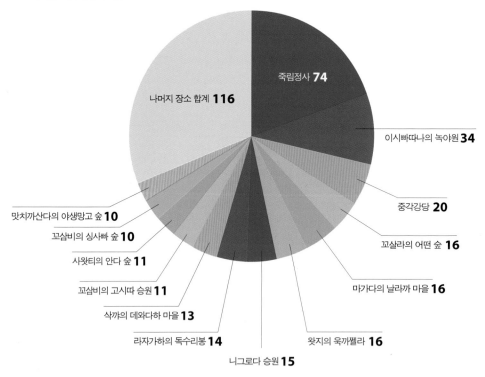

도표 1-3 상윳따니까야의 장소 빈도수
기원정사는 2,528로 87%가 되어 제외함

164

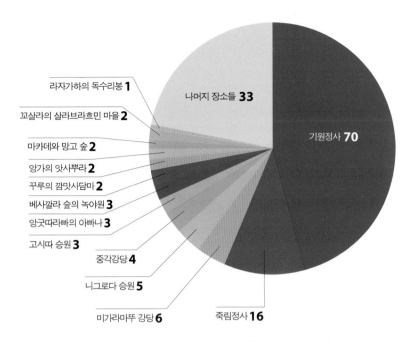

라자가하의 독수리봉 **1**

꼬살라의 살라브라흐민 마을 **2**

마카데와 망고 숲 **2**

앙가의 앗사뿌라 **2**

꾸루의 깜맛사담마 **2**

베사깔라 숲의 녹야원 **3**

앙굿따라빠의 아빠나 **3**

고시따 승원 **3**

중각강당 **4**

니그로다 승원 **5**

미가라마뚜 강당 **6**

나머지 장소들 **33**

기원정사 **70**

죽림정사 **16**

도표 2-3 맛지마니까야의 장소 빈도수

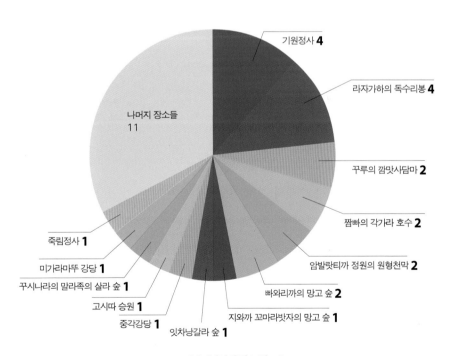

기원정사 **4**

라자가하의 독수리봉 **4**

꾸루의 깜맛사담마 **2**

짬빠의 각가라 호수 **2**

암발랏티까 정원의 원형천막 **2**

빠와리까의 망고 숲 **2**

지와까 꼬마라밧자의 망고 숲 **1**

잇차낭갈라 숲 **1**

중각강당 **1**

고시따 승원 **1**

꾸시나라의 말라족의 살라 숲 **1**

미가라마뚜 강당 **1**

죽림정사 **1**

나머지 장소들 **11**

도표 3-3 디가니까야의 장소 빈도수

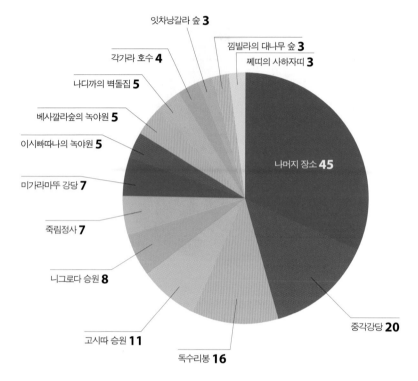

도표 4-3 앙굿따라니까야의 장소 빈도수
기원정사는 2,194로 94%로 비교가 안 되어 제외함

1) 네 개 니까야의 경전의 총 숫자와 각기 다른 장소의 총 숫자

① 상윳따니까야: 총 2,904개의 경, 총 77개의 각기 다른 장소

② 맛지마니까야: 총 152개의 경, 총 46개의 각기 다른 장소

③ 디가니까야: 총 34개의 경, 총 24개의 각기 다른 장소

④ 앙굿따라니까야: 총 2,344개의 경, 총 60개의 각기 다른 장소

2) 위의 네 개 니까야의 장소 그림표를 도표로 보기

빈도 순위	상윳따니까야	빈도	맛지마니까야	빈도	디가니까야	빈도	앙굿따라니까야	빈도
1	기원정사	2,528	기원정사	70	기원정사	4	기원정사	2,194
2	죽림정사	74	죽림정사	16	독수리봉	4	중각강당	20
3	이시빠따나의 녹야원	34	미가라마뚜 강당	6	깜맛사담마	2	독수리봉	16
4	중각강당	20	니그로다 승원	5	각가라 호수	2	꼬삼비의 고시따 승원	11
5	꼬살라의 어떤 숲	16	중각강당	4	암발랏티까 정원의 원형 강당	2	니그로다 승원	8
6	마가다의 날라까 마을	16	꼬삼비의 고시따 승원	3	빠와리까의 망고 숲	2	죽림정사	7
7	왓지의 욱까쩰라(마을)	16	앙굿따라빠의 아빠나	3	지와까 꼬마라밧자의 망고 숲	1	미가라마뚜 강당	7
8	니그로다 승원	15	베사깔라 숲의 녹야원	3	잇차낭갈라 숲	1	이시빠따나의 녹야원	5
9	독수리봉	14	깜맛사담마	2	중각강당	1	베사깔라 숲의 녹야원	5
10	사꺄의 데와다하 마을	13	앙가의 앗사뿌라	2	꼬삼비의 고시따 승원	1	나디까의 벽돌집	5
11	꼬삼비의 고시따 승원	11	마카데와 망고 숲	2	말라족의 살라 숲	1	각가라 호수	4
12	사왓티의 안다 숲	11	꼬살라의 살라 브라흐민 마을	2	미가라마뚜 강당	1	잇차낭 갈라의 숲	3
13	꼬삼비의 싱사빠 숲	10	독수리봉	1	죽림정사	1	낌빌라의 대나무 숲	3

3) 네 개 니까야에서 드러나는 장소에 관한 특징

(1) 네 개의 니까야에서 동일하게 상위에 속하는 장소

오직 기원정사뿐이다. 기원정사는 특히 상윳따니까야와 앙굿따라니까야에서 압도적인 빈도수를 나타낸다. 그러나 디가니까야에서는 독수리봉과 같은 빈도수일 만큼 많지 않다. 디가니까야는 다른 니까야에서처럼 '비구들'에게 주로 설법한 것이 아니라 브라흐민이나 방랑수행자, 나체고행자들과 대화를 나누는 빈도가 높았기 때문이다.

(2) 각 빈도수를 비교할 수는 없다

네 개 니까야는 경전의 총 숫자가 각기 다르기 때문이다.

(3) 네 개 니까야에 모두 등장하는 장소

5개의 장소이다. 사왓티의 기원정사, 라자가하의 죽림정사, 웨살리의 중각강당, 라자가하의 독수리봉, 꼬삼비의 고시따 승원. 네 개는 승원이고 하나는 초창기 승원이 지어지기 전에 가장 많이 계셨던 독수리봉이다. 이들 승원은 매우 중요하며 가장 자주 경전에 나온다.

　　라자가하가 둘, 사왓티가 둘, 웨살리가 하나이다. 라자가하는 마가다의 수도이고, 사왓티는 꼬살라의 수도이다. 마가다국과 꼬살라국을 중심으로 가장 많이 머무셨던 것이다.

(4) 세 개 니까야에 모두 등장하는 장소

2개의 장소이다. 까삘라왓투의 니그로다 승원, 사왓티 동원의 미가라마뚜 강당. 이들 승원 역시 중요하고 경전에 자주 나온다.

(5) 두 개 니까야에 모두 등장하는 장소

5개의 장소이다. 깜마사담마, 이시빠따나의 녹야원, 각가라 호수, 잇차낭갈라 숲,
베사깔라 숲의 녹야원이다.

2. 네 개 니까야의 중요인물 그림표 비교

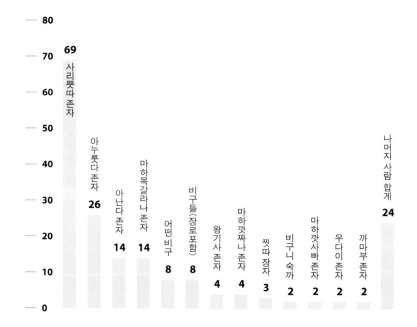

도표 1-4 상윳따니까야의 중요인물 빈도수
붓다는 2,719로 94%로 비교가 안 되어 제외 함

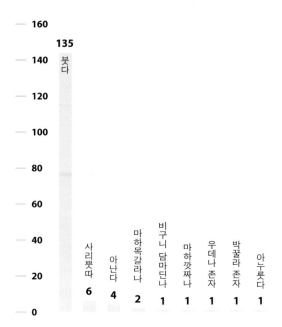

도표 2-4 맛지마니까야의 중요인물 빈도수

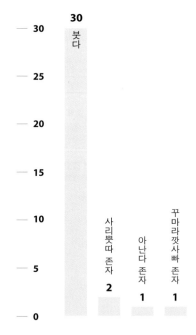

도표 3-4 디가니까야의 중요인물 빈도수

170

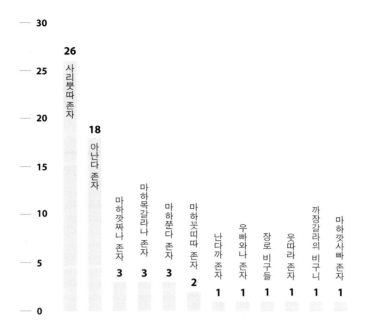

도표 4 – 4 앙굿따라니까야의 중요인물 빈도수

붓다는 2,283으로 97%로 비교가 안 되어 제외함

1) 각 니까야의 각기 다른 중요인물의 총 숫자

① 상윳따니까야: 38명

② 맛지마니까야: 9명

③ 디가니까야: 4명

④ 앙굿따라니까야: 13명

2) 위의 막대 그림표를 도표로 보기

아래 도표에 나오는 중요인물들은 모두 비구나 존자, 비구니들이다. 지면상 존자는 생략한다.

빈도 순위	상윳따니까야	빈도	맛지마니까야	빈도	디가니까야	빈도	앙굿따라니까야	빈도
1	붓다	2,719	붓다	135	붓다	30	붓다	2,283
2	사리뿟따	69	사리뿟따	6	사리뿟따	2	사리뿟따	26
3	아누룻다	26	아난다	4	아난다	1	아난다	18
4	아난다	14	마하목갈라나	2	꾸마라깟사빠	1	마하깟짜나	3
5	마하목갈라나	14	비구니 담마딘나	1			마하목갈라나	3
6	어떤 비구	8	마하깟짜나	1			마하쭌다	3
7	(장로)비구들[13]	8	우데나	1			마하꼿티따	2
8	왕기사	4	박꿀라	1			난디까	1
9	마하깟짜나	4	아누룻다	1			우빠와나	1
10	찟따 장자	3					장로 비구들	1
11	비구니 숙까	2					웃따라	1
12	마하깟사빠	2					까장갈라의 비구니	1
13	우다이	2					마하깟사빠	1

---

13 '(장로) 비구들'이라고 표기한 이유는, (장로)는 장로 비구란 의미이고 비구는 장로가 아닌 비구임을 뜻하는데 이들 두 부류를 동시에 나타내기 위해서이다.

3) 네 개 니까야에서 드러나는 등장인물에 관한 특징

(1) 네 개 니까야에 모두 나타난 사람

붓다, 사리뿟따 존자, 아난다 존자이다. 사리뿟따 존자는 네 개의 니까야에 모두 중요인물로 등장하는데 부처님 다음으로 높은 빈도이다. 부처님이 후계자로 지목할 정도로 그는 교리나 수행 그리고 덕행에 있어서 타의 추종을 불허하는 빼어난 제자였다. 항상 부처님 곁에서 승단의 대소사를 처리했고 도움이 필요한 비구들을 위해서는 언제나 마다하지 않았다. 그는 부처님 가르침을 수집하고, 정리하고, 체계화해서 비구들에게 가르쳤다. 그러나 부처님보다 먼저 열반에 들었고 그를 대신할 만한 사람은 아무도 없었다.

부처님은 전법을 하신 지 20년 후에 아난다 존자를 시자로 선택하셨다. 아난다 존자는 부처님의 후반부 25년간을 한결같이 보필했으며 부처님의 면모를 닮은 빼어난 인물이었다. 천재적인 기억력을 가지고 있었기에 부처님 열반 후 경전 결집에서 모든 경을 암송해내는 능력을 발휘하였다. 성품이 온화하고 적을 만들지 않는 인물로 모든 사람이 그를 좋아하였다.

(2) 세 개 니까야에 모두 등장하는 사람

마하목갈라나 존자, 마하깟짜나 존자이다. 마하목갈라나 존자는 사리뿟따 존자와 함께 붓다의 큰 기둥이었다. 사리뿟따와 함께 승단의 대소사를 처리하였다. 마하깟짜나 존자는 부처님이 가르치셨던 교리에 해박하였다. 지혜와 지식이 풍부하여 사리뿟따 존자 다음으로 부처님 교리를 해설하고 가르치는 데에 능한 인물이었다.

(3) 두 개 니까야에 모두 등장하는 사람

장로 비구들, 마하깟사빠 존자, 아누룻다 존자이다. 장로 비구들은 승원에 함께 거주하면서 설법을 들은 비구들이다. 마하깟사빠 존자는 식사 초대에도 가지 않고 보시하는 가사도 입지 않았으며 누더기를 걸치고 고행과 수행에만 몰두하였다. 부처님 열반 후에는 승가를 대표하여 1차 결집을 주도하였다. 아누룻다 존자는 부처님의 사촌으로 열심히 수행하였는데, 부처님 열반 후에는 승단을 위해 중요한 역할을 하였다.

(4) 등장인물에 있어서의 특이사항
특이하게, 비구니 숙까와 까장갈라의 비구니가 중요인물이다. 당시 비구니의 수행과 정진뿐 아니라 위상까지 알 수 있다.

3. 네 개 니까야의 대화상대자 그림표 비교

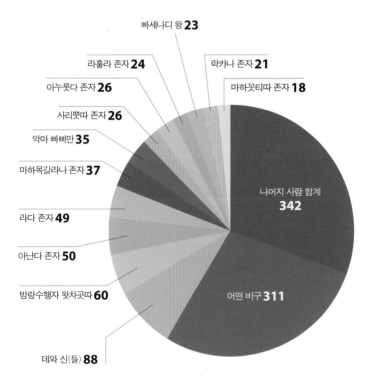

도표 1-5 상윳따니까야의 대화상대자 빈도수
비구들은 1,911로 63%로 비교가 안 되어 제외 함

174

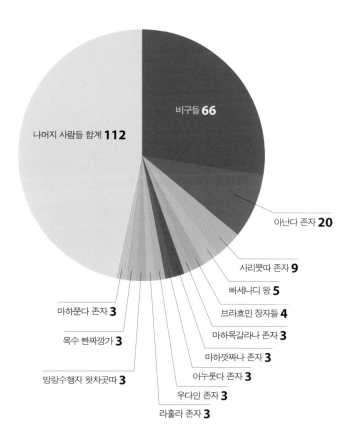

비구들 **66**

나머지 사람들 합계 **112**

아난다 존자 **20**

사리뿟따 존자 **9**

빠세나디 왕 **5**

브라흐민 장자들 **4**

마하목갈라나 존자 **3**

마하깟짜나 존자 **3**

아누룻다 존자 **3**

마하쭌다 존자 **3**

목수 빠짜깡가 **3**

방랑수행자 왓차곳따 **3**

우다인 존자 **3**

라훌라 존자 **3**

도표 2-5 맛지마니까야의 대화상대자 빈도수

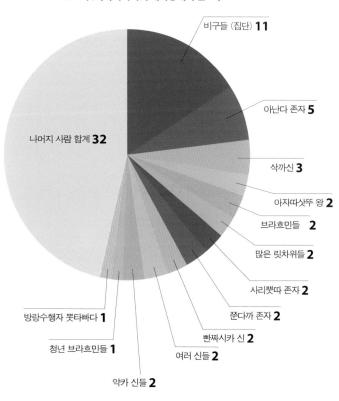

비구들 (집단) **11**

아난다 존자 **5**

삭까신 **3**

아자따삿뚜 왕 **2**

브라흐민들 **2**

많은 릿차위들 **2**

사리뿟따 존자 **2**

쭌다까 존자 **2**

빤짜시카 신 **2**

여러 신들 **2**

약카 신들 **2**

청년 브라흐민들 **1**

방랑수행자 뽓타빠다 **1**

나머지 사람 합계 **32**

도표 3-5 디가니까야의 대화상대자 빈도수

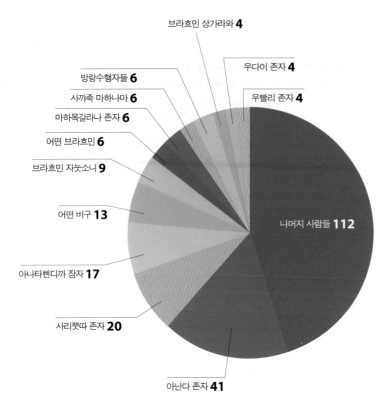

브라흐민 상가라와 **4**

우다이 존자 **4**

우빨리 존자 **4**

방랑수행자들 **6**

사까족 마하나마 **6**

마하목갈라나 존자 **6**

어떤 브라흐민 **6**

브라흐민 자눗소니 **9**

어떤 비구 **13**

아나타삔디까 장자 **17**

사리뿟따 존자 **20**

아난다 존자 **41**

나머지 사람들 **112**

도표 4-5 앙굿따라니까야의 대화상대자 빈도수
비구들은 2,106으로 88.4%가 되어 제외함

1) 네 개 니까야에서 각기 다른 대화상대자는 몇 사람인가?

① **상윳따니까야:** 199명의 각기 다른 사람들

② **맛지마니까야:** 108명의 각기 다른 사람들

③ **디가니까야:** 43명의 각기 다른 사람들

④ **앙굿따라니까야:** 126명의 각기 다른 사람들

2) 위의 대화상대자 원 그림표를 도표로 보기

빈도 순위	상윳따니까야	빈도	맛지마니까야	빈도	디가니까야	빈도	앙굿따라니까야	빈도
1	비구들	1,911	비구들	66	비구들(집단)	11	비구들	2,106
2	어떤 비구	311	아난다 존자	20	아난다 존자	5	아난다 존자	41
3	데와 신들	88	사리뿟따 존자	9	삭까 신	3	사리뿟따 존자	20
4	방랑수행자 왓차곳따	60	빠세나디 왕	5	아자따삿뚜 왕	2	아나타삔디까 장자	17
5	아난다 존자	50	브라흐민 장자들	4	브라흐민들	2	어떤 비구	13
6	라다 존자	49	마하목갈라나 존자	3	많은 릿차위들	2	브라흐민 자눗소니	9
7	마하목갈라나 존자	37	마하깟짜나 존자	3	사리뿟따 존자	2	어떤 브라흐민	6
8	악마 빠삐만	35	아누룻다 존자	3	쭌다까 존자 (쭌다 사미)	2	마하목갈라나 존자	6
9	사리뿟따 존자	26	우다인 존자	3	빤짜시카 신	2	사꺄족 마하나마	6
10	아누룻다 존자	26	라홀라 존자	3	여러 신들	2	방랑수행자들	6
11	라홀라 존자	24	방랑수행자 왓차곳따	3	약카 신들	2	브라흐민 상가라와	4
12	빠세나디 왕	23	목수 빤짜깡가	3	청년 브라흐민	1	우다이 존자	4
13	락카나 존자	21	마하쭌다 존자	3	방랑수행자 뽓타빠다	1	우빨리 존자	4

3) 네 개 니까야에서 드러나는 대화상대자에 관한 특징

(1) 네 개 니까야의 대화상대자에서 가장 상위 빈도인 '비구들' 비교

상윳따니까야와 앙굿따라니까야에 등장하는 비구들의 빈도수가 어마어마하다는 것을 앞 장에서 설명하였다. 맛지마니까야에서 대화상대자로 나오는 비구들의 빈도수는 66회(27.5%)이다. 디가니까야는 11개(15.9%)의 경에서 비구들이 대화

상대자로 나온다. 그러므로 맛지마니까야와 디가니까야에서는 비구들보다 훨씬 더 많은 재가자나 브라흐민, 혹은 방랑수행자들이 대화상대자로 등장하고 있음을 알 수 있다.

(2) 대화상대자들은 몇 개의 니까야에서 공통적으로 등장하는가

① **네 개 니까야에 모두 등장하는 대화상대자:** 비구들, 아난다 존자, 사리뿟따 존자

② **세 개 니까야에 모두 등장하는 대화상대자:** 마하목갈라나 존자

③ **두 개 니까야에 모두 등장하는 대화상대자:** 라훌라 존자, 빠세나디 왕, 아누룻다 존자, 마하쭌다 존자, 어떤 비구, 방랑수행자 왓차곳따

(3) 네 개 니까야의 대화상대자에서 발견되는 특징

① 대화상대자는 부처님께 질문도 하고, 많은 가르침을 들은 부처님 주변의 인물들이다.

② 위에서 거론한 존자들은 가장 부처님 가까이 있었던 사람들이라고 할 수 있다.

③ 승원에는 비구들이 많았고 그들은 부처님의 가르침을 수시로 들을 수 있었다.

④ 빠세나디 왕은 부처님과 매우 밀접한 친분이 있었다.

⑤ 방랑수행자 왓차곳따는 상윳따니까야의 33상윳따에 한꺼번에 여러 차례 나오기 때문이다.

4. 네 개 니까야의 설법형태 그림표 비교

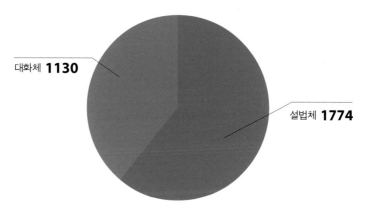

대화체 **1130**

설법체 **1774**

도표 1-6 상윳따니까야의 설법 형태 빈도수

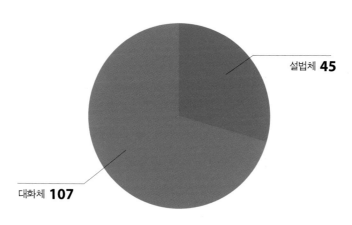

설법체 **45**

대화체 **107**

도표 2-6 맛지마니까야의 설법형태 빈도수

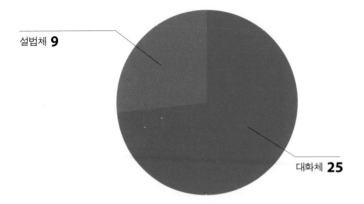

설법체 **9**

대화체 **25**

도표 3-6 디가니까야의 설법형태 빈도수

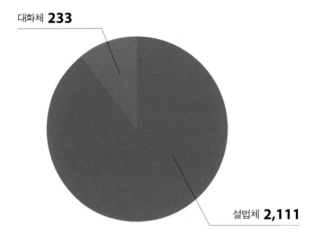

대화체 **233**

설법체 **2,111**

도표 4-6 앙굿따라니까야의 설법형태 빈도수

1) 위의 원 그림표를 도표로 보기

설법형태		상윳따니까야	맛지마니까야	디가니까야	앙굿따라니까야
대화체 대화체	빈도수	1,130	107	25	233
	퍼센트	39%	70%	74%	10%
설법체 설법체	빈도수	1,774	45	9	2,111
	퍼센트	61%	30%	26%	90%

2) 네 개 니까야에 나타난 설법형태의 특징

(1) 대화체가 가장 많이 발견되는 니까야

대화체가 가장 많이 발견되는 니까야는 디가니까야이다. 브라흐민이나 방랑수행자들, 혹은 나체고행자들과의 토론, 대화, 질문 등이 많기 때문이다. 그다음으로 대화체가 많은 것은 맛지마니까야이다. 이 니까야에도 브라흐민들, 방랑수행자들 그리고 기타 여러 고행자와의 대화와 토론이 많다. 이 두 니까야는 부처님이 혼자 설법하시는 것이 아니라 대화상대자가 있어서 질문과 대답이 오가는 형식의 대화체를 많이 취하고 있다.

(2) 설법체가 가장 많이 발견되는 니까야

설법체가 가장 많은 니까야는 앙굿따라니까야이다. 이 니까야의 경우, 경전의 도입부에 시작 정형구가 대부분 없기 때문에 어쩔 수 없이 '사왓티-기원정사-비구들-설법체'의 정형구 형태를 일괄 적용하여 계산하였다. 그러다 보니 설법체가 많아진 것이다. 그러나 상윳따니까야나 앙굿따라니까야는 경전의 수 자체가 많기 때문에 그냥 일방적으로 비구들에게 설법하는 형태도 자주 발견될 수밖에 없다.

제 2 편

네 개 니까야
각각 머무신 장소에 대한 설명

(1) 제2편의 중요 내용은 무엇인가?

네 개 니까야에 나타난 장소 하나하나를 모두 살펴보는 것이다. 장소 중에서 부처님이 가장 많이 머무셨던 기원정사를 특별히 자세하게 다루었다. 기원정사에 대한 각 경전의 묘사, 바르후뜨 탑의 각문에 언급된 내용, 알렉산더 커닝햄(Alexander Cunningham)의 고고학적 자료와 도해, 법현과 현장의 기록 등에 의하여 기원정사의 건물들을 밝혀보았다. 또한, 기원정사 유적지의 각 건물에 대한 안내판을 번역하여 정보를 좀 더 충실히 하였다.

　　승원 이외의 나머지 장소들도 여러 자료를 수집하여 자세히 살펴보았다. 사진과 도해, 그림으로 그려서 좀 더 실감 나게 그 장소의 특성을 이해할 수 있도록 하였다.

(2) 설명 순서

① **제1장 네 개 니까야에서 가장 빈도수가 높은 10개의 승원**: 사왓티의 기원정사, 사왓티의 미가라마뚜 강당, 꼬삼비의 고시따 승원, 까삘라왓투의 니그로다 승원, 웨살리 큰 숲의 중각강당, 라자가하의 죽림정사, 빠딸리뿟따의 꾹꾸따 승원, 왓지의 나디까의 벽돌집 승원, 라자가하의 따뽀다 온천 승원, 사왓티의 라자까라마 비구니 승원

② **제2장의 1. 상윳따니까야의 장소 설명**: 총 77개의 다른 장소(승원 10개+그 외의 장소 67개)

③ **제2장의 2. 맛지마니까야의 장소 설명**: 총 46개의 다른 장소(승원 8개+그 외의 장소 38개)

④ **제2장의 3. 디가니까야의 장소 설명**: 총 24개의 다른 장소(승원 6개+그 외의 장소 18개)

⑤ **제2장의 4. 앙굿따라니까야의 장소 설명**: 총 60개의 다른 장소(승원 11개+그 외의 장소 49개)

(3) 장소 설명의 원칙

① 승원은 경전에 가장 자주 등장하는 장소이기 때문에 승원을 따로 묶어서 가장 앞쪽에 넣었다. 여기에서는 빈도수가 높고 잘 알려진 승원만 선택하였다. 모두 10개이다.

② 망고 숲이나 여러 다른 숲에도 어떤 형태로든 부처님과 비구들을 위한 건물이 있었음을 경전의 내용으로 알 수 있다. 그러나 이런 승원은 잘 알려지지도 않았고 빈도수가 낮기 때문에 따로 맨 앞의 승원 그룹에 넣지 않았다. (예: 지와까의 망고 숲 승원, 빠와리까의 망고 숲 승원 등)

③ 그 외의 다른 장소들은 각 니까야 경전의 빈도수 순서대로 실었다.

④ 장소들은 각 니까야에 나타난 내용과 주석서의 설명, 빠알리 인명사전(D. P. P. N), 법현의 불국기, 현장의 대당서역기, 붓다고사의 설명, 알렉산더 커닝햄 (Alexander Cunningham)의 기원정사 발굴 정보, 현대 빠알리어 학자들의 저서, 인터넷 정보 등 다양한 자료들을 통해 그 위치나 상황을 도출하였다.

⑤ 설명을 위해서는 경전이나 주석서, 또는 법현기와 대당서역기의 어느 페이지에 언급되고 되어있는지를 명기하여 정확성을 기하였다.

1장

네 개 니까야에서 가장
빈도수가 높은 10개의 승원

사왓티의 기원정사(Jetavane Anāthapiṇḍikassa ārāma)

기원정사 1. 잘 단장된 기원정사 유적터

'사왓티의 기원정사(Jetavane Anāthapiṇḍikassa ārāma)'를 원어 그대로 해석하면 '제따 숲의 아나타삔디까 승원'이 된다. 기원정사는 전 세계 종교사에서 그 유래를 찾을 수 없을 만큼 유명한 역사를 가지고 있다. 제따 왕자의 숲을 사기 위하여 바닥에 황금을 깔았던 아나타삔디까 장자의 일화가 바로 그것이다. 그래서 그런지 기원 정사는 가장 훌륭한 승원이 되었고 부처님의 가르침이 가장 많이 설해진 곳이 되었다. 현재도 사진(기원정사 1. 잘 단장된 기원정사 유적터)에서 보이는 것처럼 잘 보존되고 관리되고 있다.

기원정사는 1875년에 고고학자 알렉산더 커닝햄에 의하여 발굴되어 연구되었다. 여기에서는 기원정사에 대한 그의 보고서와 바르후뜨 탑과 산찌 탑의 각문, 유적지의 안내판, 현장과 법현의 기록 등의 자료를 통해 기원정사가 어떤 승원이었는지를 좀 더 명확하게 조명하고자 한다.

1) 기원정사의 개요

(1) 소재지: 꼬살라국의 수도 사왓티

(2) 승원 이름: Jetavane Anāthapiṇḍikassa ārāma(제따 숲의 아나타삔디
   까 승원: 기원정사로 번역하였다)
① **Jeta**: 꼬살라의 빠세나디 왕의 왕자인 제따
② **Jeta-vana**: 제따 숲
③ **Anāthapiṇḍika**: 원어로는 '가난한 자에게 음식을 주는 사람'이란 뜻인데 이
   런 선행을 베푸는 사왓티의 대부호 상인을 존경하여 부르는 명칭이 되었다.
④ **ārāma**: 빠알리어 사전에는 이렇게 나온다. "①정원, 동산, ②특별히 부처님과
   승가에 드린 개인적인 정원을 말하며, 이러한 곳에서 부처님은 많은 비구들에
   게 설법하시고, 비구들은 모여서 담론도 하고 거주하는 곳이었다." 그러므로
   승원으로 번역한다.

2) 기원정사의 내력

(1) '율장 쭐라왁가 6편 4'에 나타난 기원정사
그때 아나타삔디까 장자는 사왓티를 죽 돌아보면서 '마을에서 너무 멀지도 않고,
너무 가깝지도 않고, 사람들이 오고 가기에 편리하고, 낮에 번잡하지 않고, 밤에
는 시끄럽지 않고, 인적이 드물고, 명상하기에 적합한 곳, 부처님이 머물 수 있는
곳은 어딜까?'라고 생각하였다.

　　그때 아나타삔디까 장자는 제따 왕자의 훌륭한 숲을 보았다. 그곳은 모든 조
건을 다 갖춘 안성맞춤의 장소였다. 장자는 제따 왕자에게 그 숲에 승원을 지을 수
있도록 요청하였다. 그러나 왕자는 억만금을 준다 해도 줄 수 없다고 말하였다.

그러나 끈질긴 장자의 요청으로 결국 왕자가 부르는 값에 지을 수 있다는 결론에 도달하였다. 그래서 장자는 마차에 금화를 싣고 가서 깔기 시작하였다.[14] 그러나 그 금화는 입구 근처의 작은 공간에도 충분하지 않았다. 그래서 장자는 사람들에게 말하였다.

"여러분 가서 금화를 가져오십시오. 이 공간에 금화를 깔아야 합니다."

그러자 제따 왕자는 생각하였다. '장자가 이렇게 많은 금화를 가져오는 것은 보통 일이 아니다.' 그리고 장자에게 이렇게 말하였다.

"됐습니다, 장자여. 이 공간을 나에게도 주십시오. 이것은 나의 선물이 될 것입니다."

제따 왕자는 그 공간에 문간 대문[15]을 지었다.

아나타삔디까 장자는 건물을 짓고 방사를 만들고, 현관, 집회장, 불 때는 곳, 옥외 변소, 경행하는 장소, 경행할 수 있는 큰 방, 우물, 우물가 정자, 목욕탕, 목욕탕에 딸린 큰 방, 연못, 창고 등의 편리한 시설을 갖춘 승원을 지었다.

아나타삔디까 장자는 기원정사의 땅값으로 18크로[16]를 왕자에게 지불하였다. 그러나 제따 왕자는 그 모든 돈을 문간을 짓는 데 다 사용하였다.[17]

아나타삔디까 장자는 54크로[18]를 숲을 사고 그곳에 건물을 짓는 데에 사

---

14 이 이야기는 바르후뜨 탑(Bharhut Tope)의 바스릴리프(basrelief)에 묘사되어 있다. Alexander Cunningham, Report of Tours in the Gangetic Provinces from Badaon to Bihar, pp. 84-86.

15 koṭṭhaka: 율장 주석서 1221에 따르면,그는 문간 대문이 있는 기다란 건물을 입구 쪽에 지었다.

16 여기에서 말하는 금액이 그 당시의 화폐단위라면 그야말로 어마어마한 돈이었음이 틀림없다. 크로(crore)는 인도의 화폐단위로 1,000만 루삐(Rupee)를 말한다. 18크로는 1억 8,000만 루삐이다.

17 맛지마니까야 주석서(Aluvihara Series: Ⅰ. 50)과 율장 주석서에 따르면, 제따 왕자는 문간 대문을 포함한 기다란 건물을 지었다고 한다.

18 54크로(숲은 18크로를 지불, 나머지 36크로는 건물 짓는데 사용한 것이다)는 5억 4,000만 루삐이다.

용하였다.[19]

부처님은 기원정사에서 열아홉 번 우기철 안거를 보내셨다.[20]

(2) 아나타삔디까(Anāthapiṇḍika) 장자는 누구인가

아나타삔디까 장자의 원래 이름은 수닷따(Sudatta)이다. 아나타삔디까 (Anāthapiṇḍika)는 '의지처가 없는, 의탁할 곳이 없는, 가난한 사람들에게 음식을 주는 사람'이라는 의미로, 그는 가난한 사람들에게 음식을 주고, 자선을 베풀었기 때문에 본래 이름보다는 아나타삔디까(Anāthapiṇḍika: 가난한 자에게 음식을 주는 사람) 라고 불리었다.

2,500년 전에 그는 사람들을 위한 복지와 자선 사업에 눈을 뜬 선각자였다. 재산을 벌어서 정말 필요한 사람들에게 다시 베풀어 주는 부처님 자비를 실천한 훌륭한 사람이었다. 그는 제따 왕자가 그냥 던졌던 말에도 숲에 금화를 깔 정도의 순수함과 부처님을 향한 숭고한 열정을 가진 인물이었다. 그의 이해타산을 따지지 않은 '무주상보시'의 열정은, 불교 역사뿐만이 아니라 인도의 역사에 길이 남아 있다.

아나타삔디까 장자는 그의 집에 500개의 자리를 항상 준비하였으며, 가난한 마을 사람들과 100명의 비구들에게 매일 음식을 제공하였다.[21]

기원정사 바깥쪽에 마을 어린이들을 위한 운동장이 있었던 것 같다. 사왓티의 큰 길이 기원정사의 한 모퉁이를 지나가기 때문에 여행객들은 (웅장하고 아름다운) 기원정사에 들러 물도 마시고 그늘에서 휴식을 취했을 것이다.[22]

---

19 맛지마니까야 주석서(Aluvihara Series: 1. 50); 우다나 주석서 56.

20 담마빠다 주석서 Ⅲ. 3; 앙굿따라니까야 주석서(Simon Hewavitarne Bequest Series: Ⅰ. 336).

21 앙굿따라니까야 주석서(Simon Hewavitarne Bequest Series: Ⅰ. 208, 209).

22 자따까(Fausböll, 5 vols: Ⅱ. 203).

알렉산더 커닝햄의 유적도 지도를 보면 동쪽 대문 문가에 보리수가 있고 연못이 있다. 그러니 보리수 그늘과 연못가에서 쉬었을 것이다.

3) 바르후뜨(Bharhut) 탑과 산찌(Sanci) 탑에 나타난 기원정사

아래 조각은 매우 중요한 기원정사의 역사와 기원정사 안의 중요 건물을 나타내고 있다. 바르후뜨 탑[23]의 조각은 바스-릴리프(bas-relief)[24]가 되어있어 또렷하다.

> 1863년 처음 기원정사 발굴에서 나는 꼬삼바-꾸띠(Kosamba-kuti)를 발견하였다. 이때 이후로 나는 바르후뜨(Bharhut) 조각 가운데에서 꼬삼바-꾸띠 그리고 간다-꾸띠(Gandha-kuti)라고 새겨진 두 개의 건물이 있는 기원정사 전체를 보여주는 원통의 바스-릴리프(bas-relief)를 발견하였다.[25]

(1) 바르후뜨 탑의 기원정사

다음 사진(기원정사 2. 바르후뜨 탑의 기원정사의 모습)은 바르후뜨 탑의 기원정사의 모습과 아나타삔디까 장자가 금화를 까는 모습이다.[26] 조각에 나타난 것들을 하나하나 살펴보며 설명을 대조하면 쉽게 이해할 수 있을 것이다.

---

23 "Bharhut", Wikipedia 백과사전. 바르후뜨 탑은 제일 시초에는 기원전 3세기 아소까 왕에 의해 지어졌으리라 추정되며, 그 후 기원전 2세기 숭가 왕조 때에 난간 울타리와 대문이 첨가되어 조각되었다. 그러니 산찌 탑보다 약간 후의 조각이다.

24 바스-릴리프란 예술적인 기교의 명칭인데, 형상을 더 뚜렷하고 도드라지게 하는 기법이다. 현재 바르후뜨 조각은 캘커타 박물관에 바스-릴리프가 되어 있어서 형상을 보다 뚜렷하게 볼 수 있다.

25 Alexander Cunningham, Report of Tours in the Gangetic provinces from Badaon to Bihar, pp. 78-82.

26 Spence Hardy, Manual of Buddhism, p. 218; Alexander Cunningham, The Stūpa of Bharhut, pp. 84-115; Alexander Cunningham, Report of Tours in the Gangetic Provinces From Badaon to Bihar, pp. 80-81.

기원정사 2. 바르후뜨 탑의 기원정사의 모습

① 테두리의 맨 아래에 글자가 보이는데 'Jetavanarama(기원정사)'라고 쓰여 있다.

② 맨 앞에 두 마리의 소가 앉아 있다. 금화는 두 마리의 소가 실어 올 정도로 무거웠음을 의미한다.

③ 그 뒤로 소의 수레가 세워져 있다. 짐을 싣지 않고 있음을 짐작할 수 있다.

④ 앞의 두 사람은 엄지와 손가락으로 작은 물건을 들고 있다. 한 사람은 아나타삔디까이고, 또 한 사람은 그의 재정을 담당하는 사람으로 실어온 금화를 세고 있다.

⑤ 오른쪽 위에 앉아 있는 두 사람은 바쁘게 금화를 땅에 깔고 있다. 아나타삔디

까 장자는 전체를 금화로 깔 작정이다.

⑥ 왼쪽에 6명의 인물은 제따 왕자와 그의 친구들이다.

⑦ 가운데에는 아나타삔디까 장자가 그의 봉헌이 이루어졌다는 증거로써 양손에 물단지를 들고 있다. 물을 붓는 행위는 봉헌을 한다는 증거로서 서약한 것의 완성을 뜻한다.

⑧ 왼편에 두 개의 건물이 있다. '간다꾸띠(왼쪽 위 뾰족한 지붕의 집)'와 '꼬삼바꾸띠(왼쪽 아래의 집)'라고 쓰인 두 개의 건물이 있다. 위쪽 테두리에 새겨진 글자가 간다꾸띠이다. 왼쪽 옆의 테두리에는 꼬삼바꾸띠라고 새겨져 있다.

⑨ 난간으로 둘러싸인 간다꾸띠 오른쪽 위쪽의 세 개의 나무는 전단향나무이다. 그래서 건물의 이름이 향실이라는 의미의 간다꾸띠가 된 것이다.

⑩ 꼬삼바꾸띠 오른쪽의 나무는 망고나무인데, 망고나무 아래에 난간을 설치하여 보호하고 있다. 부처님이 심으신 망고나무이며, 망고 열매가 열려 있다. 기원정사 건물을 지을 때 전단향나무(살랄라나무)와 망고나무는 베지 않았다고 한다.

⑪ 왼쪽 인물이 (매우 놀람의 표시로) 입에 손가락을 대고 있다. 그는 제따 왕자로, 아나타삔디까 장자가 돈을 지불하는 것이 불가능하다고 생각했는데 실제로 땅에 금화를 깔고 있는 모습을 보고 매우 놀란 것이다. 바르후뜨의 바스-릴리프에는 이와 똑같은 행동의 예가 몇 개 있다. 이 특이한 행동은 특히 여인에게서 많은데 이런 관습은 인도에서 아직도 보편적이다.

미얀마 전승에 의하면, 기원정사의 정원지기가 커다란 망고를 부처님께 드렸다. 아난다 존자가 껍질을 벗겨서 부처님께 드렸다. 부처님은 망고를 드시고 씨를 심고 그 위에 손을 씻었다. 그런데 기적이 일어났다. 망고나무는 순식간에 싹이 뜨고, 자라서 꽃이 피고 열매가 달렸다. 그래서 이 특별한 망고나무를 보호하기 위하여 난간을 둘렀다.[27]

---

27 Alexander Cunningham, The Stupa of Bharhut, p. 87.

쓰여진 각문은 알렉산더 커닝햄의 간다꾸띠와 꼬삼바꾸띠의 선명한 각문을 보이는 도해를 참조하면 된다.

기원정사 3. 아나타삔디까 장자가 땅에 황금을 까는 그림

위 그림에서는 제따 왕자(왼쪽)가 아나타삔디까 장자에게 말하고 있다. "됐습니다!" 뒤쪽에는 수레에 금화를 실어오고 있으며 앞쪽에는 금화를 깔고 있는 인부들의 모습이 보인다.

(2) 산찌 탑의 기원정사

아래는 산찌 탑[28]에 나타난 기원정사의 모습이다.

---

28 산찌(Sanci) 탑은 기원전 약 250년경에 아소까 왕이 건립한 가장 아름다운 탑이다. 탑을 둘러싼 조각과 난간의 조각, 네 개 문의 조각은 돌에 조각한 것으로 몇천 년의 풍상에도 굳건히 서 있다.

기원정사 4. 산찌 탑의 기원정사

① 바르후뜨 탑에서 간다꾸띠, 꼬삼바꾸띠라고 새겨진 건물과 같은 모양의 뾰족한 지붕을 가진 바로 가운데 위의 건물이 간다꾸띠이다. 왼쪽 아래가 꼬삼바꾸띠이다.

② 오른쪽 아래는 정말 오두막인데 아마도 아난다 존자나 사리뿟따 존자의 꾸띠(kuṭi: 작은 오두막)일 것이다. 사리뿟따 존자는 기원정사의 대소사를 처리하였다. 기원정사에는 이런 오두막이 여러 개 있었던 것 같다.

③ 수많은 꽃과 나무, 열매들로 장관을 이루고 있는 기원정사의 아름다운 숲을 나타내고 있다.

④ 산찌 탑은 불상이 만들어지기 전의 조각이라서 불상이 없다. 대신에 빈자리, 법륜, 보리수, 연꽃, 발자국 등으로 부처님을 상징하였다. 건물 앞의 빈자리 반석은 바로 부처님을 상징한다.

⑤ 기원정사에 난간의 모습이 분명하다. 이런 난간이 기원정사를 둘러싸고 있었을 것이다.

4) 기원정사의 건물들

(1) 주석서에 언급된 건물들

다음은 '디가니까야 주석서 Ⅱ'와 '숫따니빠따 주석서 Ⅱ'에서 각각 언급하고 있는 기원정사의 중요 건물 4개를 비교한 표이다.

디가니까야 주석서 Ⅱ. 407에 언급된 중요 건물 네 개와 지은 사람		숫따니빠따 주석서 Ⅱ. 403에 언급된 중요 건물 네 개와 지은 사람	
Salaḷaghāra[29] (살랄라가라)	빠세나디 왕	Candanamāla (짠다나말라)	아나타삔디까 장자
ghandakuṭi[30] (간다꾸띠)	아나타삔디까 장자	Mahāghandakuṭi (마하간다꾸띠)	아나타삔디까 장자
Kosambakuṭi[31] (꼬삼바꾸띠)	아나타삔디까 장자	Kosambakuṭi (꼬삼바꾸띠)	아나타삔디까 장자
Karerikuṭi[32] (까레리꾸띠)	아나타삔디까 장자	Kaverimaṇḍalamāḷā 까웨리만달라말라	아나타삔디까 장자

기원정사에는 데와 신의 계획에 따라 60개의 커다란 홀(hall: 강당 또는 집회소, 방사)과 60개의 작은 홀이 지어졌다. 아나타삔디까 장자가 모두 지었다.[33]

① 두 개의 주석서는 중요 건물 네 개를 달리 말하고 있다.

② 살랄라가라는 상윳따니까야 52: 8과 디가니까야 21: 9에 장소로 언급되고 있

---

29 'salaḷa'는 향기로운 냄새가 나는 나무로 전단향나무를 뜻하며, 'ghāra'는 집이다. 따라서 'Salaḷaghāra'는 전단향나무 집이란 뜻이다.

30 'ghanda'는 향기를 뜻하며, 'kuṭi'는 작은 오두막을 말한다. 그래서 향실로 번역한다.

31 'kosamba'는 꼬삼바나무가 문가에 있어서 붙은 이름이다.

32 'kareri'는 까레리나무가 문가에 있어서 붙은 이름이다.

33 Malalasekera, Dictionary of Pāli Proper Names Ⅰ, p. 964. 주석 7번.

어 확실하다. 그러나 짠다나말라는 그 어디에도 언급이 없다. 살랄라(Salaḷa: 향기 나는 나무) 가라(ghāra: 집)를 짠다나(Candana: 향기 나는 나무) 말라(māla: 집회소)로 잘못 적은 듯하다.

③ 디가니까야 14: 1에 장소로 언급된 까레(r)리만달라말라(Kaṛeṛimaṇḍalamāḷā)를 까웨(v)리만달라말라(Kaveṛimaṇḍalamāḷā)라고 잘못 기록하고 있다.

⑤ 부처님 처소인 작은 규모의 간다꾸띠를 Mahā(큰)ghandakuṭi라고 한 것은 특별한 문제가 없어 보인다.

⑥ 이 외에 디가니까야 14: 1에 장소로 언급된 '까레리만달라말라(Kaṛeṛimaṇḍalamāḷā)'가 있다. 그러므로 이 연구서에서는 보다 신뢰도가 높은 디가니까야 주석서 Ⅱ.407에 기록된 중요 건물 네 개(살랄라가라, 간다꾸띠, 꼬삼바꾸띠, 까레리꾸띠)와 디가니까야 14: 1에 장소로 언급된 까레리만달라말라를 합쳐서 총 5개의 건물로 계산하였다.

까레리-만달라-말라(Kaṛeṛimaṇḍalamāḷā: 둥근 강당)[34]는 아나타삔디까 장자
가 지은 것으로 까레리꾸띠 가까이에 있다.[35]

(2) 기원정사 건물에 관한 문제

① 아나타삔디까 장자가 지은 총 4개의 건물은 간다꾸띠, 꼬삼바꾸띠, 까레리꾸띠, 까레리만달라말라이다. 까레리만달라말라는 누각 또는 강당이고, 나머지 셋은 꾸띠(kuṭi)이다. 꾸띠는 '작은 오두막'을 뜻하는데, 여기에 문제가 있다. 아나타삔디까 장자는 그렇게 많은 돈을 들여 지은 기원정사에 겨우 누각 (또는 강

---

34 'maṇḍala'은 '둥근'이란 의미이고, 'māḷā'는 회당, 강당, 집회장 또는 누각, 천막이라는 뜻이다. 이 건물은 천막이라기보다 집회소, 강당, 회당, 누각이라는 의미로 보아야 한다. 상식적으로 생각하더라도, 장엄하게 모든 것을 갖추어 지은 기원정사를 일시적으로 사용하는 천막으로 조성했을 리는 없다. 여기서는 누각을 말한다. 'maṇḍala-māḷā'의 사전의 뜻은 '뾰족한 끝의 지붕을 가진 둥근 집회장, 강당 또는 누각, 천막'을 말한다.

35 숫따니빠따 주석서 Ⅱ.403; 디가니까야 주석서 Ⅱ.407.

당) 하나와 세 개의 오두막만 지었을까? 전혀 이치에 맞지 않다.

이 중 까레리꾸띠는 작은 방사를 수십 개 갖추고 있어서 비구들의 개인 처소로 쓰일 만큼 어느 정도의 크기와 규모가 있는 건물이었으리라 생각된다. 꾸띠라는 이름이 붙었지만 그것들의 크기는 제각기 달랐을 것이다. 수행자의 검소한 처소라는 상징적인 의미일 뿐 꾸띠라고 해서 반드시 오두막이라고 할 수는 없다. 물론 빠세나디 왕이 지은 살랄라가라가 큰 건물이라서 많은 비구들을 수용할 수 있었지만, 수백 명을 한꺼번에 수용할 수는 없었을 것이다. 부처님 당시 승원의 규모를 가늠해볼 때 까레리꾸띠 역시 상당히 큰 건물이었을 것이라고 추측된다.

② 그러면 까레리만달라말라는 어떤 건물일까? 만달라(maṇḍala)는 둥근이라는 의미이고, 말라(māḷā)는 회당, 강당, 집회장 또는 누각, 천막의 뜻이다. 빠알리어 사전의 pavilion만 보고 천막이라고 번역함은 문제가 있다. 천막은 임시용으로 치는 것이다. 나무가 흔한 그 당시에 천막은 전혀 아니다. 나무로 만든 커다란 누각 아니면 강당이다.

③ 이 외에 산찌 탑의 오른쪽 아래 보이는 오두막처럼 작은 오두막이 몇 개 있었을 것 같다. 시자인 아난다 그리고 마치 주지처럼 승원의 대소사를 모두 맡아서 처리한 사리뿟따와 목갈라나의 꾸띠가 있었을 것이다.

5) 앞에서 언급한 다섯 건물과 기원정사 주변에 관한 설명

(1) 살랄라가라(Salaḷaghāra)

한때 아누룻다 존자는 사왓티에서 살랄라가라에 있었다. 그때 아누룻다 존자는 비구들에게 이렇게 말하였다.
"벗들이여, 비구들이여."
"벗이여." 비구들은 대답하였다.

아누룻다 존자는 이와 같이 말하였다.

"벗들이여, 갠지스강은 동쪽으로 기울고 동쪽으로 향해 있습니다."[36]

위의 인용문에서 아누룻다 존자는 마치 부처님이 많은 비구들을 모아놓고 설법하듯이 비구들에게 설법을 하고 있다. 이런 점으로 보아, 살랄라가라는 많은 비구들이 모여서 설법도 듣고 또한 많은 비구들의 방사로 쓰이는 큰 건물이었던 것으로 짐작된다.

> 삭까(Sakka: 제석천) 신은 부처님께 말하였다.
> "한때 부처님은 사왓티에서 살랄라가라에 머무셨습니다. 그래서 나는 사왓티로 부처님을 친견하러 갔습니다."[37]

살랄라가라는 기원정사에 있는 중요한 네 개의 건물 중 하나이다. 살랄라가라는 커다란 건물로 빠세나디 왕이 100,000의 돈을 들여 지은 건물이다.[38]

살랄라가라는 기원정사에 있는 건물 중에서 가장 큰 건물로 많은 비구 대중이 머무는 곳이었다. 건물 이름에서도 알 수 있듯이 다른 세 개의 건물, 즉 간다꾸띠, 꼬삼바꾸띠, 까레리꾸띠는 모두 꾸띠(Kuti: 오두막)라는 이름이 붙어 있지만, 살랄라-가라에는 ghara(집)라는 명칭이 사용되었다. 수백 명의 많은 대중을 수용할 수 있는 큰 건물이었다.

---

36 상윳따니까야 52.8.

37 디가니까야 경 21.9.

38 디가니까야 주석서 Ⅱ.407.

(2) 간다꾸띠(ghanda-kuti)

기원정사 안내판에 적힌 간다꾸띠에 대한 내용이다.

> 승원 2번은 '간다꾸띠(Gandhakuti)'라고 불리는 원래의 (간다꾸띠) 건물이 있던 자리에 있는 것으로 믿어진다. 아나타삔디까가 제따와나(기원정사) 승원을 지었을 때, 간다꾸띠는 꼬삼바꾸띠처럼 제따와나에서 부처님이 개인적으로 사용하셨기 때문에 신성한 것으로 예경되었으며 가장 성스러운 건물 중 하나이다.
>
> (간다꾸띠) 전체 건물은 제따와나의 모든 건물 중에서 가장 (건물의) 장식을 많이 한 건물이다.

붓다고사의 디가니까야 주석서인 '수망갈라 윌라시니(Sumaṇgala Viḷāsinī)'[39] 서론에는 간다꾸띠에 대한 매우 애잔한 이야기가 나온다. 부처님 열반 직후의 이야기로 1차 결집을 하게 된 내력을 담고 있으며, 부처님께서 열반하신 직후 아난다 존자가 무엇을 하였는지를 자세히 기록하고 있다.

> 아난다 존자는 500명의 비구들과 함께 사왓티로 유행을 떠났다. 아난다 존자는 기원정사에 도착하여 부처님께서 항상 머무셨던 간다꾸띠로 들어가 예전에 하던 대로 청소를 하고 정리정돈을 하면서 부처님이 말씀하신 것을 기억하며, 부처님이 안 계심에 슬픔에 젖었다.

다음은 알렉산더 커닝햄(Alexander Cunninnham)[40]의 기록으로 알 수 있는 간다

---

39 디가니까야 주석서 I.6-7.

40 알렉산더 커닝햄(Alexander Cunningham, 1814-1893): 그는 28년간 인도에서 군인 엔지니어로 복무하였다. 그 후 47세에 인도 고고학 탐사에 몰두하기 위해 육군 중장으로 은퇴하였다. 그는 완전히 폐허가 되고 그 이름조차 잊혀진 인도의 찬란했던 불교 유적지를 하나하나 발굴하였다. 그의

꾸띠와 꼬삼바꾸띠이다.[41] 본 연구서에 필요한 부분만 발췌하여 인용하였다.

바르후뜨(Bharhut)[42] 조각 원통의 바스-릴리프(Bas-relief)[43]는 전체 기원정
사를 나타내고 있는데, 두 개의 건물에는 '꼬삼바꾸띠(Kosamba-kuti) 그리
고 간다꾸띠(Gandha-kuti)'라고 그 이름이 명기되어 있다.

간다꾸띠에는 커다란 전단향나무 불상이 있었다.

작은 건물 유적에서 나는 인도-스키티안(Kndo-Scythian) 시대의 각문인
'Kosamba-kuti'라고 새겨진 거대한 돌로 된 불상을 발굴하였다.

꼬삼바꾸띠는 동쪽을 향해 있기 때문에 간다꾸띠 또한 동쪽을 향해 있음
을 알 수 있고, 전체 기원정사가 동쪽을 향해 있음을 알 수 있다.

간다꾸띠는 꼬삼바꾸띠의 북쪽에 위치해 있다.

가장 위대한 업적은 아소까 각문의 조직적인 연구였다. 그러기 위해서 그는 아소까 당시의 언어인
브라흐미 글씨를 배우고 불교를 익히게 되었다. 아소까 각문을 판독하고 영어로 번역하였다. 여기
기원정사의 발굴도 포함된다. 그는 인도 불교 유적지 탐사에서 아주 세세하게 탑이나 건물의 크
기, 유적의 재료, 발굴 내용들을 기록하여 여러 권의 보고서와 탐사 결과를 책으로 내었는데, 그의
책들은 불교 역사뿐만이 아니라, 인도 역사와 고고학 분야에서 불후의 연구서로 남아 있다. 그는
인도 불교 유적 발굴에 가장 위대한 공로자이다.

41 Alexander Cunningham, Report of Tours in the Gangetic Provinces from Badaon to Bihar, p. 78, p. 84.

42 바르후뜨 탑은 기원전 2세기경에 조성된 유명한 불교 조각을 간직한 탑으로 그 조각들은 현
재 캘커타 박물관에 있다.

43 바스릴리프(Bas-relief)란 예술적 기교의 명칭으로 형상을 더 뚜렷하고 도드라지게 하는 기법
이다. 바르후뜨 탑의 조각들을 그대로 떼내어 캘커타 박물관에 원통을 만들고 조각을 붙여서 형상
이 더 뚜렷하고 도드라지게 만든 것이 바스릴리프이다. 그래서 조각의 각문도 선명하게 보인다.

지금 남아 있는 (벽돌의) 유적은, 분명히 나무 구조인 바르후뜨 조각에 나타난 예전의 건물의 유적은 아니쪽.

간다꾸띠와 같은 나무 건물은 아마도 법현이 기록한 대로 (7층 건물이 불탈 때) 불타버렸을 것이다.

기원정사 5. 바르후뜨 탑의 기원정사의 모습

이미 앞에서 설명했듯이 위의 사진(기원정사 5. 바르후뜨 탑의 기원정사의 모습)은 바르후뜨 조각이다. 알렉산더 커닝햄의 설명에 따르면, 사진 속에 있는 왼쪽 위의 건물에는 간다꾸띠라고 새겨져 있으며 왼쪽 아래의 건물에는 꼬삼바꾸띠라고 새겨져 있다.

아래에는 알렉산더 커닝햄의 책에 수록된 도해를 소개한다. 그가 그린 것으로 보이는 2장의 도해 중 앞에 있는 것은 간다꾸띠를, 뒤의 도해는 꼬삼바꾸띠를 나타낸다.

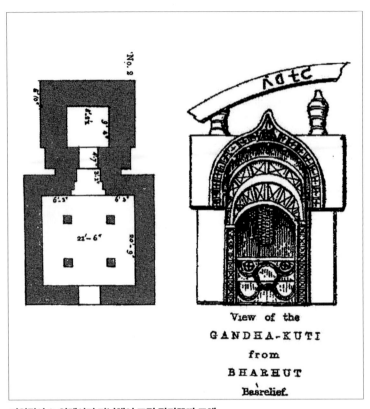

View of the
GANDHA-KUTI
from
BHARHUT
Basrelief.

기원정사 6. 알렉산더 커닝햄이 그린 간다꾸띠 도해

　지붕 위에 조각이 부서진 것에 쓰여 있는 것이 바로 '간다꾸띠'라는 각문이다. 그 왼쪽은 발굴된 간다꾸띠의 터이며, 면적이 표시되어 있다. No. 2는 승원 번호이다.

　위의 도해(기원정사 6. 알렉산더 커닝햄이 그린 간다꾸띠 도해)는 알렉산더 커닝햄이 자신이 발견한 간다꾸띠라고 쓰인 바르후뜨 탑의 모습을 똑같이 그린 것이다. 도해 왼쪽에 No. 2라고 쓰여 있는 것 아래 부분은 현재 발굴된 간다꾸띠의 면적을 잰 것이다.

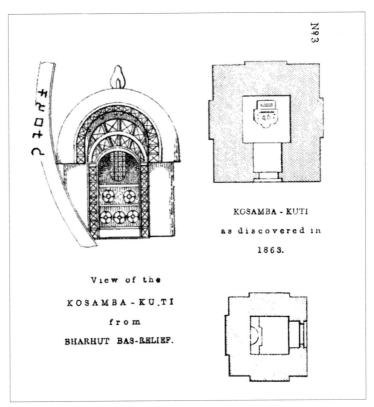

기원정사 7. 알렉산더 커닝햄이 그린 꼬삼바꾸띠 도해

이 건물 옆에 부서진 조각에 '꼬삼바꾸띠'라고 쓰여 있다. 오른편에는 '1863 년에 발견된 꼬삼바꾸띠'라고 쓰여 있고 그 위쪽은 발굴된 유적터이다. 이 도해(기 원정사 7. 알렉산더 커닝햄이 그린 꼬삼바꾸띠 도해)는 알렉산더 커닝햄이 꼬삼바꾸띠라고 쓰여진 바르후뜨 탑의 모습을 그대로 그린 것이며, 오른쪽 No. 3이라고 쓰인 그림 은 방사의 모양을 나타낸 것이다. 승원 번호는 3번이다.

(3) 꼬삼바꾸띠(Kosamba-kuti)

부처님이 사용하신 기원정사에 있는 거처의 하나이다.[44]

꼬삼바꾸띠는 아나타삔디까에 의해 지어진 원래의 꼬삼바꾸띠가 있었던 바로 그 자리를 표시하는 것으로 여겨진다. 그리고 부처님이 개인적으로 사용하셨기에 신성한 것으로 예경하였다. 승원 앞에는 부처님이 걷기 위해 사용하신 오리지날(예전 그대로의) 산책(경행)하는 곳에 지어진 두 개의 벽돌 회랑이 있다.

간다꾸띠는 부처님이 개인적으로 사용하신 작은 꾸띠임이 확실하다. 꼬삼바꾸띠도 부처님이 사용하셨다고 하는데, 그렇다면 꼬삼바꾸띠는 어떤 용도였을까? 추측건대, 꼬삼바꾸띠에는 경행할 수 있는 두 개의 회랑이 있었던 것으로 미루어 부처님께서 명상도 하시고 경행도 하셨던 수행의 공간이었던 것 같다. 또한, 부처님을 방문하는 사람들을 만나는 응접실과 같은 공간이 아니었을까?

(4) 까레리꾸띠(Karerikuti)

한때 부처님은 사왓티에서 기원정사에 있는 까레리꾸띠(까)(Kareri-kuti(kā))에 계셨다. 그때 많은 비구들이 탁발에서 돌아와 공양 후에 까레리만달라말라(Karerimaṇḍalamāḷā: 까레리 원형 누각 강당)에 함께 모여 앉아 전생에 대한 대화를 하였다. … 부처님은 비구들의 대화를 들으시고 까레리만달라말라로 가셨다.[45]

---

44 숫따니빠따 주석서 Ⅱ.403.
45 디가니까야 14장 1.

까레리꾸띠는 그 앞에 까레리만달라말라를 지어 한 세트(한 쌍)를 만든 것 같다. 그러면 까레리꾸띠는 무슨 용도였을까? 까레리꾸띠는 비록 꾸띠라는 이름이 붙었지만 오두막은 전혀 아니다. 왜냐하면, 아나타삔디까 장자가 그렇게 많은 돈을 들여서 조성한 공간에 허름한 오두막을 지어놓았을 리가 만무하기 때문이다. 그는 이곳에 총 네 개의 건물을 지었는데 까레리만달라말라(누각 강당)를 빼면 간다꾸띠, 꼬삼바꾸띠, 까레리꾸띠 세 개의 건물이다. 이 건물들에 모두 '꾸띠'라는 이름이 붙었다고 해서 오두막이라고 하는 것은 이치에 맞지 않는다. 까레리꾸띠는 어느 정도 규모의 큰 건물로 수십 개의 방사를 가지고 있을 것으로 생각된다.

물론 기원정사에는 빠세나디 왕이 지은 살랄라가라라는 큰 건물이 있어서 설법을 하는 장소 겸 비구들이 머무는 방사로 쓰였다. 살랄라가라에서 부처님이나 제자들이 많은 비구들에게 설법하는 내용이 경전에 나오고 있는 것으로 보아 살랄라가라에도 분명 큰 강당과 수십 개의 커다란 방사가 있었을 것이다. 그러나 살랄라가라 하나로는 수백 명의 비구를 수용한다는 것 자체가 불가능하다.

살랄라가라 만큼의 수용력과 역할을 할 수 있는 건물이 최소한 몇 채는 더 필요했던 것이 당시 승원의 규모였음을 감안할 때, 까레리꾸띠 역시 그만큼 큰 건물이었고 수십 명을 수용할 수 있는 건물이었다고 생각할 수밖에 없다.

(5) 까레리만달라말라(Kareri-maṇḍalamāḷā: 원형 누각 강당)

까레리만달라말라(Kareri-maṇḍalamāḷā)는 까레리꾸띠 가까이에 있는 누각 강당이다. 확실한 점은, 까레리만달라말라(Kareri-maṇḍalamāḷā)는 나무 기둥으로 받치고 (단단한) 껍질이나 풀로 지붕을 이은 벽이 없는 건물이었다는 사실이다. 말라(māḷā)는 앉기 위한 강당(nisīdanasālā; sitting-hall)이다.[46]

---

46 디가니까야 주석서 Ⅱ. 407. 붓다고사의 설명으로 건물의 용도는 주거용이 아니라 많은 사람들이 앉아서 법문을 듣고, 서로 토론을 나눌 수 있는 강당이라는 사실을 알 수 있다. 남방의 단단한 껍질이나 풀로 지붕을 이어서 시원하고, 벽이 없으니 사시사철 상쾌한 장소였음이 틀림없다. 영어

"… 그때 부처님은 비구들과 함께 암발랏티까 정원의 왕의 휴게소에서 하룻밤을 묵으셨다. … 이른 아침, 많은 비구들은 일어나서 '만달라말라(Maṇḍala-māḷa: 원형 누각 강당)'에 모여 앉아 이런 이야기를 하였다."[47]

왕의 정원은 나무가 많고, 물을 잘 주고 울타리를 하여 잘 관리 되었다. 왕의 휴게소는 왕의 즐거움을 위해 그림으로 장식되었다.[48]

암발랏티까라는 이름을 가진 왕의 정원은 아주 잘 가꾸어지고, 휴게소는 그림으로 장식되었다고 한다. 이런 곳에 천막을 설치했을 리는 없다. 이곳은 '뾰족한 끝의 지붕을 가진 둥근 누각'이라 함이 맞다.

'만달라말라'는 일상의 거주 공간이 아니라 그냥 앉기 위한 모임의 장소라는 뜻이다. 비구들이 하루의 해거름에 여기에 앉아서 다양한 이야기들을 하곤 했을 것이다. 뜨거운 여름철에는 만다빠나 만달라말라 같이 벽이 없는 시원한 건물은 매우 요긴할 수밖에 없다. 따라서 'māḷa(말라)'를 빠알리어 사전에 나오는 pavilion만 보고 천막이라고 하는 것은 잘못된 번역임이 틀림없다. 천막이 아닌 누각이라고 보아야 한다. pavilion은 보통 천막이라고 하지만, 누각이나 정자라는 뜻도 있기 때문이다.

마찬가지로, 꾸띠라고 해서 빠알리어 사전의 뜻 그대로 오두막이라고 단정 지을 수는 없다. 한국에서도 토굴이라고 해서 모두 단칸방의 오두막은 아닌 것과 같다. 토굴도 토굴 나름으로 그 크기가 다르듯이 꾸띠도 꾸띠 나름으로 그 크기가 다를 것이다. 까레리꾸띠 같은 건물은 강당과 같은 역할을 할 정도로 컸을 것이다. 까레리꾸띠 앞에는 까레리만다빠가 있고 그리고 까레리만달라말라가 있다고 했다. 세 건물에 까레리라는 이름이 붙은 것으로 보아 나머지 두 건물은 까레리꾸

Pavilion은 ①큰 천막 ②간편한 임시건물 ③누각, 정자를 뜻한다. 그러니 빠빌리온도 벽은 없고, 지붕은 있는 누각이나 정자를 말하기도 한다.

47 디가니까야 경 1: 1. 1-2.

48 디가니까야 주석서 Ⅰ.41.2.

띠에 속한 부속 건물임에 분명하다.

이해를 돕기 위해 잠시 '만다빠'와 '만달라말라'에 관해 살펴보도록 하자.

(6) 만다빠(Maṇḍapa)와 만달라말라(maṇḍalamālā)

만다빠와 만달라말라는 같은 용도로 쓰인다. 보통 중요 건물에는 여러 개의 만다빠와 만달라말라가 있다. 만다빠는 산스끄리뜨 용어인데 여러 개의 기둥으로 받쳐 세워진 옥외 강당, 회당, 누각, 또는 천막 등을 말한다. 주로 함께 모이는 장소, 법문을 하는 장소, 논의를 하는 장소, 쉬는 장소 등으로 쓰인다. 반면 만달라말라는 이와는 약간의 차이가 있다. 사전적으로 만달라(maṇḍala)는 '둥근'이란 뜻이고, 말라(mālā)는 강당, 회관, 집회장, 누각, 정자, 천막이란 뜻이다. 그러므로 만달라말라(maṇḍalamālā)는 뾰족한 끝의 지붕을 가진 둥근 강당, 회관, 집회장, 누각이란 의미가 된다.[49]

더운 나라인 남방에서는 이런 만다빠가 본 건물과 함께 필수시설로 존재했던 것으로 보인다. 그러나 둥근 건물을 짓는다는 것은 힘든 일이므로 네모난 누각도 만달라말라라고 부른 것 같다. 외형적인 모습이 둥글든 아니면 네모든 기능적인 측면으로는 같기 때문에 많은 이들이 모일 수 있고 여러 개의 기둥으로 받친 대형 누각이라는 점에서 일치한다면 모두 만달라라고 불릴 수 있을 것이다. 가령, 현대의 건물에 부속된 테라스도 같은 모양으로 설치되지는 않는다. 이처럼 기능과 용도의 측면에서 다르지 않다면 같은 이름을 사용할 수 있는 것이다.

---

49 다음의 자료를 참조할 수 있다. ① Pali English Dictionary: Pali Text Society, ② "Mandapa", Wikipedia Dictionary, ③ "Mandapa", Wikimedia Dictionary, India, ④ "Gohosh", Thailand Cultural Interactions, p. 60.

기원정사 8. [만다빠] 스리랑카 아나가리까 비구니 승원

위의 사진은 스리랑카 '아나가리까(Anagarika) 비구니 승원'의 만다빠이다. 기둥으로 받친 대형 누각으로 이곳에서 비구니 수계가 이루어진다.[50] 기원정사도 이런 큰 규모의 만다빠 또는 만달라말라에서 많은 비구들을 위한 법문과 집회와 모임이 이루어졌으리라 유추해볼 수 있다.

---

50 '아나가리까(Anagarika) 비구니 승원'은 마하메브나와(Mahamevnawa) 승원의 장로 비구에 의해 2003년에 처음으로 비구니 승단으로 설립되었다. 비구니 맥이 끊어지지 않은 한국의 비구니 율원에 와서 비구니 율을 공부하였고, 한국의 비구 율사와 비구니 율사를 초청하여 처음 수계식을 하였다. 그 후 지금까지 놀라운 발전을 거듭하며 100명 이상의 비구니를 배출하였다. 스리랑카에만 비구니 분원을 6개나 내었고, 외국에도 캐나다, 오스트레일리아, 미국에 비구니 분원을 내었다. 장로 비구의 도움으로 비구니 승가대학도 지었다고 한다.

아나가리까 담마팔라는 인도에서 인도 불교를 부흥시킨 스리랑카 포교의 지대한 공로자이다. 아나가리까 담마팔라의 이름을 딴 아나가리까 비구니 승원은 이름에서도 나타나듯이, 인도에서 사라진 불교를 아나가리까 담마팔라가 다시 부흥시킨 것처럼 스리랑카 불교를 다시 부흥시킬 미래의 주인공인 것 같다. 역시 아소까 왕의 아들과 딸인 마힌다 장로와 상가미따 장로니가 불교를 전한 나라는 다른 것 같다.

기원정사 9. [만다빠] 태국 사원

태국 사원의 만다빠는 승원 한쪽에 지어진 누각이다. 승원에 딸린 이런 만다빠는 사람들이 이용하기에 더 편리할 것 같다. 시원하게 열린 공간이기 때문에 더운 여름철에도 기도와 정진을 하는 데에 좋을 것이다.

기원정사 10. [만다빠] 스리랑카 마하메브나와 비구 승원

스리랑카 '마하메브나와(Mahamevnawa) 비구 승원'의 만다빠는 기둥으로 사방을 받치고 나무로 지붕을 이었다. 본 건물 바로 중앙에 누각으로 지어서 명상도 하고, 집회나 모임의 장소 등 여러 용도로 쓰이는 것 같다. 이 만다빠는 커다란 본 건물이 사방을 둘러싸고 있는 안뜰에 위치해 있으며, 만다빠 안에는 앞쪽에 예불당이 있다. 전형적인 만다빠와 예불당의 세트이다.

기원정사에도 사방을 방사가 둘러 있고 가운데 안뜰에 이런 만다빠가 있어서 부처님께서 법문도 하고, 비구들이 명상도 하고 집회도 하는 만다빠가 있었음이 틀림없다.

기원정사 11. 나가로까 불교센터의 임시 천막 누각 건물

위 사진은 인도의 암베드카르(Ambedkar) 박사의 정신을 실천하는 나가로까 불교 센터(Nagaloka Buddhist Center)의 천막 누각 모습이다. 이런 천막은 임시적으로 치는 것이라서 견고하지 못하다. 그러니 기원정사나 경전에 나오는 만달라말라나 만다빠는 이런 천막이 아니고 흔한 나무로 지은 누각이다.

기원정사 12. 만다빠의 형태인 현대 누각 건물

현대식 건물인 이 누각(기원정사 12. 만다빠의 형태인 현대 누각 건물)은 크기는 작지만, 이 건물의 크게 확대된 모습이 만다빠와 비슷할 것 같다. 자연과 동화되고 자연의 아름다움과 싱그러움을 가까이 느낄 수 있는 이런 누각이 더운 기온의 인도에는 당연히 많이 있을 것이다. 특히나 햇볕이 따가운 계절 여름철 숲속의 누각은 매우 요긴한 장소임이 틀림없다.

이런 누각은 지붕도 단단한 잎이나 풀 종류, 혹은 목재 등으로 지어져 있어서 상당히 시원하고, 사방이 탁 트여 바람이 잘 통한다. 자연과 마주 대할 수 있는 공간이라 당연히 승원에서도 이런 누각이 본 건물과 세트로 있었음이 틀림없다. 만달라말라나 만다빠가 바로 이런 누각일 것이다.

(7) 보리수

불교에서 보리수를 빼놓을 수는 없다. 단순한 나무로서가 아니라 석가모니 부처님께서 정각을 이루신 장소로서의 역할을 무시할 수 없기 때문이다.

대문간 앞에는 아나타삔디까 장자가 심은 보리수가 있었다.[51]

---

51 자따까(Fausboll: IV. 228).

부처님이 제따와나를 떠나 유행하실 때에 아나타삔디까 장자는 부처님이 안 계시기 때문에 경배할 곳이 없다는 것이 마음에 걸렸다. 그래서 부처님께 말씀드리니 부처님은 붓다가야의 보리수 싹을 문가에 심으라고 제언하셨다. 그래서 아나타삔디까 장자는 대문가 앞에 보리수를 심었다. 후에 아난다 보리수라고 불리었다.[52]

문간 앞에 아나타삔디까 장자가 심은 보리수가 있었는데 후에는 아난다 보리수라고 불리게 되었다.[53]

기원정사 13. 바르후뜨 탑의 보리수 조각

---

52   자따까(Fausboll: IV. 229).

53   자따까(Fausboll: IV. 228).

위의 사진은 바르후뜨 탑의 보리수 조각이다.[54] 부처님이 보리수 아래서 깨달음을 얻으셨기에 보리수는 부처님의 상징이 되었다. 사진 속의 보리수 아래 있는 건물에는 '사꺄무니 부처님의 보리수(Bhagavato Saka Munino Bodhi)'라고 새겨져 있다. 자세히 보면 커다란 보리수의 꼭대기에 두 개의 우산이 있다. 우산은 지극한 존경과 위엄을 나타낸다.

맨 위에 날개 달린 두 천신이 화환을 보리수에 공양하고 있다. 장식 띠를 들고 있는 두 남성이 손을 입에 대고 있는데, 인도인의 입에 손을 대는 관습은 놀람의 표시이다. 이들은 큰 환희심으로 보리수에 예경하고 있는 것이다. 아래 가운데 빈자리는 부처님을 상징하며, 무릎 꿇은 왼쪽은 여성, 오른쪽은 남성이다. 이들도 역시 부처님께 예경하고 있다. 당시는 불상이 없었던 시대라 빈자리 위에는 양쪽에 법륜이 있고 가운데는 보리수 잎이 있다. 아래 왼쪽 사람은 용왕으로 왼손에 세 개의 뱀을 들고 있다. 이들도 부처님께 예경하고 있다. 맨 오른쪽 기둥 위의 코끼리는 화환을 코에 걸고 부처님께 예경하고 있다. 집 안에는 화환이 걸려 있다.

(8) 기원정사 주변
① 숲, 망고 숲

기원정사는 수많은 나무들이 울창하여서 나무숲의 모습을 보인다.[55]

기원정사의 변두리에 망고 숲이 있다.[56]

---

54 Alexander Cunningham, The Stupa of Bharhut, 1879, p. 84. 조각사진 30.

55 율장 주석서 Ⅲ. 532.

56 자따까(Fausboll: Ⅲ. 137).

215

② 연못

기원정사에는 커다란 연못이 있었는데 제따와나뽁카라니(Jetavanapokk haraṇī)라고 불렀다. 부처님은 여기서 자주 목욕하셨다. [57]

(9) 불국기와 대당서역기에 묘사된 기원정사
① 법현의 불국기에 묘사된 기원정사[58]

성의 남문을 나와서 1,200보 되는 서쪽에 수달장자(아나타삔디까 장자)가 만든 정원(기원정사를 말한다)이 동쪽으로 문을 내고 있고 양쪽 행랑에는 두 개의 석주가 있는데 왼쪽 석주 위에는 수레바퀴(법륜)가, 오른쪽 석주 위에는 소의 형상이 만들어져 있다.[59]

정사 내의 물줄기는 청정하고 나무들은 무성하고 꽃들은 만발하여 볼만하니 여기가 이른바 기원정사이다.
기원정사는 원래 7층이었는데 여러 나라의 국왕들과 백성들이 다투어 보시를 하고, 번개(깃발)를 매달고, 꽃과 향을 사르고, 등불을 밝히는 것을

---

57 앙굿따라니까야 주석서(Simon Hewavitarne Bequest Series: Ⅰ. 264). 부처님은 가끔 여기서 목욕을 하셨다.

58 김규현 역주, 『불국기』, pp. 97-103. 법현(334-420)은 중국 동진시대의 비구이다. 그는 서기 399년 64세의 노령의 나이에 천축국에 가서 율장을 구해오기를 서원하면서 장안을 출발하였다. 죽음의 설산과 모래사막을 거쳐 인도에 가서 율장을 공부하고, 또한 스리랑카에 가서 2년간 율장을 연구한 후, 율장을 얻어서 13년 뒤 412년에 중국에 돌아왔다. 이때가 그의 나이 77세였다. 그는 나이를 잊은 초인간이었다.

59 아소까 왕은 돌기둥을 세울 때 돌기둥 맨 위에 법륜, 사자, 황소, 코끼리, 말 중에서 세울 곳에 알맞은 것을 하나 선택하여 연꽃 좌대 위에 안치하였다. 기원정사는 부처님이 법륜을 굴리는 곳이라서 하나는 법륜을, 또 하나는 부처님 종족의 상징인 황소, 이렇게 두 개의 돌기둥을 기원정사 대문에 세웠다.

하루도 그치는 날이 없었다. 그러다가 쥐가 등 심지를 갉아 먹는 바람에 번개에 불이 붙어 정사에 옮겨 7층 건물이 모두 타 버렸다.

기원정사 큰 동산에는 문이 둘 있는데 한 문은 동쪽으로, 다른 문은 북쪽으로 향해 있다. 정사는 동산의 중앙에 있다.

기원정사를 둘러싸고 98개의 승가람이 있는데 모두 승려들이 거주하고 있으며, 다만 한 곳만이 아무도 없다.[60]

② 현장[61]의 대당서역기에 묘사된 기원정사[62]

승군 왕(빠세나디 왕)의 어전이 있던 곳에서 동쪽으로 멀지 않은 곳에 한 건물터가 남아 있는데 위에 작은 탑이 세워져 있다. 옛날 승군 왕이 여래를 위하여 세운 대법당터이다.

법당 자리에서 멀지 않은 곳에 낡은 건물터 위로 탑이 있다. 부처님의 이모 프라자파티(마하빠자빠띠) 비크슈니(비구니)의 정사로서 승군 왕이 세운 것이다.[63]

그 동쪽으로 이웃해 있는 탑은 수닷타(아나타삔디까)의 본래 집터이다. 그 집 옆에 큰 탑이 있다. 앙굴리말라가 악한 마음을 버린 곳이다.

(사왓티) 성의 남쪽 5~6리 되는 곳에 제타 숲(기원정사)이 있다. 급고독원으로서 수닷타가 부처님을 위해 정사를 세운 곳이다. 옛날에는 가람이었으

---

60 법현이 인도에 간 400년경에 기원정사 주변에 98개의 승가람이 있었다는데 물론 부처님 후대에 많이 지어졌을 것이다.

61 현장(602-664)은 중국의 당나라 때 비구이다. 629년 28세 때 장안을 출발하여 17년간 인도에 체류하며 날란다 대학에서 공부하였다. 돌아와서는 수많은 경전을 번역하였다.

62 권덕주 역, 『대당서역기』, pp. 161-166.

63 빠세나디 왕이 비구니들을 위해 지은 라자까라마 승원이다.

나 이젠 황폐해져 있다. 동무 좌우에는 각기 높이 70여 척 되는 돌기둥이 세워져 있는데 왼쪽 기둥은 고리 모양을 그 끝에 새기고 오른쪽 기둥은 소의 모습을 그 위에 새겨놓았다. 모두 아소까 왕이 세운 것으로서 건물은 붕괴된 채 그 흔적만 남았을 뿐이다. 다만 한 벽돌집만이 견고하게 홀로 남아 있는데 그 안에 불상이 있다.[64]

수닷타 장자는 정이 깊고도 총명한 사람으로서 재산을 모으기도 했지만 어리석은 자를 구제하고 늙고 외로운 사람을 위해 불쌍히 여기며 구제하고자 애를 썼다. 그 당시 그 덕을 찬미하여 급고독(給孤獨)[65]이라 했다.

가람 동쪽 100여 보 되는 곳에 크고 깊은 연못이 있다. … 데와닷따가 지옥에 떨어진 곳이다. 그 남쪽에 또 하나의 큰 연못이 있다. 꼬깔리까 비구가 지옥에 떨어진 곳이다. … 그 남쪽 800여 보 되는 곳에 깊은 연못이 있다. 친차 브라흐민 여인이 지옥에 떨어진 곳이다.[66]

6) 발굴된 기원정사 유적터

알렉산더 커닝햄의 보고서에서 인용한 내용이다.

---

64 알렉산더 커닝햄은 바로 이 불상이 '꼬삼바꾸띠'라고 새겨진 불상이라고 하였다. 그에 따르면, 이 거대한 불상은 높이가 7피트 4인치로 왼손은 무릎에, 오른손은 가르침의 모양이며, 가사를 입고 머리둘레에 오로라 광채가 있다. 불상은 붉은 기가 도는 사암으로 만든 마두라 불상과 같은 형태였다. 이 불상에 꼬삼바꾸띠라고 새겨진 것은 바르후뜨 탑에 새겨진 꼬삼바꾸띠와 같은 건물을 나타낸다. Alexander Cunningham, Report of Tours in The Gangetic Provinces From Badaon to Bihar, p. 86.

65 급고독은 'Anāthapiṇḍika'의 한역으로 원문의 뜻은 '가난한 이들에게 음식을 베푸는 사람'이란 뜻이다.

66 바로 아래에 나오는 알렉산더 커닝햄의 기원정사 유적지 지도에 내용과 위치 지도 표시가 있다.

나의 탐사로는 오직 둘레가 4,500피트(ft)인데 그러나 현재 유적 바깥쪽의 땅에 나무들도 있고, 숲이 있었다고 생각된다. 그래서 전체 둘레는 6,000피트로 늘어난다.[67]

기원정사 큰 동산에는 문이 둘이 있는데, 하나의 문은 동쪽으로 다른 문은 북쪽으로 향해 있다. 기원정사는 동산의 중앙에 있다.[68]

기원정사 14. 기원정사 동문 밖의 아직 발굴되지 않은 유적터

사진(기원정사 14. 기원정사 동문 밖의 아직 발굴되지 않은 유적터)에서 보듯이, 아직 발굴되지 않은 유적터가 있으니 실제의 기원정사는 발굴된 유적터보다 훨씬 더 넓었을 것이다.

(1) 유적지 지도
아래는 알렉산더 커닝햄의 기원정사 발굴 지도이다.[69]

---

67 Alexander Cunningham, Report of Tours in the Gangetic provinces from Badaon to Bihar, p. 82.

68 김규현 역, 『불국기』, p. 101.

69 Alexander Cunningham, Report of Tours in the Gangetic provinces from Badaon to Bihar, pp. 78-93, Plate XXIV. (Plate XXIV은 이책에서 도해나 그림, 글자 등을 책의 말미에 첨부한 부록의 페이지를 말한다.)

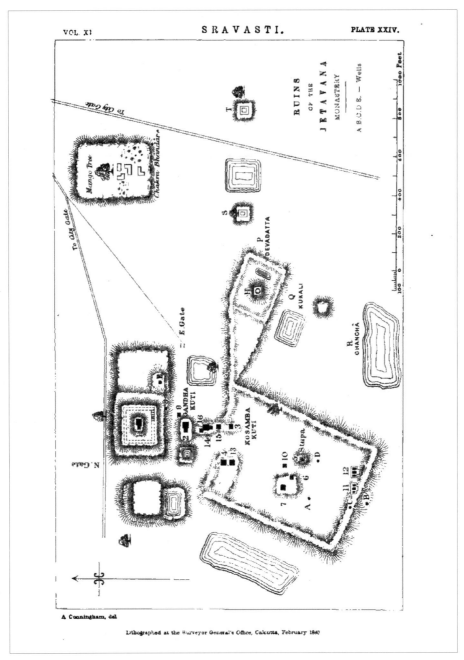

기원정사 15. 알렉산더 커닝햄의 기원정사 발굴 지도

지도(기원정사 15. 알렉산더 커닝햄의 기원정사 발굴 지도)의 번호에 따라 명칭을 매기면 다음과 같다.

① **승원 건물:** 1. 큰 승원, 2. 간다꾸띠, 3. 꼬삼바꾸띠, 4. 커다란 강당, 6. 작은 승원, 7. 기원정사에서 가장 오래된 건물의 승원, 8. 두 개의 방, 10. 마을 사람들이 벽돌을 다 빼가서 흙더미만 남음, 11. 베란다가 있는 세 개의 방, 12. 베란다가 있는 세 개의 방, 13. 커다란 방, 15. 승원, 16. 작은 벽돌 건물

② **스투파 세 개:** 5. 기원정사에서 가장 눈에 띄는 곳으로 원뿔 모양의 스투파, 9. 스투파, 14. 스투파 (현장의 기록에 의하면, 탑은 이보다 훨씬 더 많다.)

③ **우물 다섯 개:** A, B, C, D, E (A는 8각형 우물이다.)

④ **보리수:** 간다꾸띠 동쪽 앞에 연못과 보리수가 있다.

⑤ **연못 여섯 개:** 크고 작은 연못이 있다. 물이 있는 것도 있고 물이 마른 것도 있다. 지도에서는 이런 모양이다.

⑥ 지도에 이름이 나타난 세 개의 연못[70]

- P: 데와닷따(Devadatta)가 지옥에 떨어진 연못, 가람 동쪽 100여 보 거리
- Q: 고깔리까(Kukali: Kokalika)가 지옥에 떨어진 연못, F의 남쪽
- R: 찐짜(Ciñcā: Chancha) 브라흐민 여인이 지옥에 떨어진 연못, Q의 남쪽으로 800여 보 떨어진 곳

(2) 유적지의 안내판 지도

다음은 인도의 고고학적 탐사(Archeological Survey of India)에 의하여 기원정사에 세워진 안내판 지도이다.

---

[70] 알렉산더 커닝햄은 법현과 현장의 기록에 따라 연못의 위치를 추적하였다. 『불국기』(김규현 역, pp. 101-103)와 『대당서역기』(권덕주 역, pp. 164-166)에는 해당하는 내용이 나온다.

기원정사 16. 기원정사 유적지의 안내판 지도

위의 안내판 지도(기원정사 16. 기원정사 유적지의 안내판 지도)의 번호에 따라 명칭을 매기면 다음과 같다.

1. 승원(번호:1), 2. 간다꾸띠, 3. 꼬삼바꾸띠, 4. 승원, 5. 승원, 6. 승원, 7. 검열실, 8. 승원, 9. 승원, 10. 탑, 11. 탑, 12. 탑, 13. 승원, 14. 승원, 15. 스투파-연못 단지

(3) 사헤트 제따와나(Saheth Jetavana)[71] 안내판의 내용[72]

기원정사 17. 사헤트(기원정사) 안내판

안내판의 내용을 번역하면 다음과 같다.

사헤트에서 발굴된 유적은 고고학적 연구를 통하여 '기원정사'로 밝혀졌다. 이곳에서 부처님은 24번의 우기 안거를 보내셨다. 불교 경전에 따르면, 사왓티의 부유한 상인, 후에 아나타삔디까라고 불린 수닷따는 부처님의 제자가 되었고, 제따 왕자에게서 이 땅을 구입하였다.

1863년 이래로 여러 차례 행해진 고고학적 발굴은 수많은 스투파, 승원,

---

71 '사헤트(Saheth)'는 기원정사가 있는 지역 이름이다. '제따와나'는 '제따 숲'이란 뜻으로 기원정사를 의미한다.

72 여기에 사용된 안내판과 사진들은 모두 인터넷 'Aniccasight'의 제목 'Legends of Jetavana Gardens-Sravasti'에 있는 것들이다. 독실한 불교 신도인 동양인 부부가 불교 성지를 순례하면서 찍은 사진들이다.

예불당들의 기초 토대를 발굴하였는데, 그중에 물라 간다꾸띠, 꼬삼바꾸
띠는 (유적지 지도에서) 승원 2와 승원 3이라고 믿어진다. 그리고 최근에 발
굴된 스투파-연못 단지는 가장 의미 깊은 것이다.

거의 대부분의 발굴된 유적은 쿠산 왕조 시기의 것인데 이것들은 굽타
왕조 시기와 그 후대 그리고 11~12세기까지 개축과 복원이 이루어졌다.
제따와나를 구입한 것에 대한 조각의 묘사는 산찌 난간의 조각과 바르후
뜨 탑에 아름답게 묘사되어 있다.

쿠산(Kushan) 왕조(기원후 30-375)[73]는 불교 역사에서 아소까 왕 다음으로 가장
중요한 카니시카(Kanishka)왕의 나라이다. 불교는 쿠산 왕조의 종교가 되었다. 카
니시카 왕은 자신의 모습과 부처님 모습을 담은 금화를 발행하였다. 그는 카쉬미
르(Kashmir)에서 불교결집을 할 정도로 신심이 대단하였다. 오른쪽이 부처님 금화
로 '봇도(Boddo: 붓다(Buddha)를 말한다)'라고 쓰여 있다. 가사를 입고 귀가 매우 길
다. 왼쪽은 카니시카 왕을 새긴 금화이다.

이런 사실들로 보아 기원정사의 유적이 대부분 쿠산 왕조의 유적이란 점은
당연한 것 같다.

기원정사 18. 카니시카 왕의 금화, 부처님 금화

---

73 "Kushan Empire", "Gupta Empire", Wikipedia 백과사전. 쿠산 왕조(기원후 30-375)의 영토는
현재 아프가니스탄, 파키스탄, 인도의 북부 사왓티, 사께따, 까삘라왓투, 바라나시, 사르나트 주변
과 중국 일부를 포함하는 광대한 제국이었다. 굽타 왕조는 기원후 240~605년의 왕조이다.

(4) 지도에서 승원 1번의 안내판, 내용, 유적터

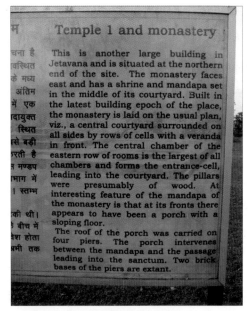

기원정사 19. 살랄라가라 추정의 안내판

안내판의 내용을 번역하면 다음과 같다.[74]

　　승원 1번은 제따와나에 있는 또 하나의 커다란 건물로 제따와나의 북쪽 끝에 있다. 승원은 동쪽으로 향해 있으며, 승원의 안뜰 가운데 예불당과 만다빠 세트(한 쌍)[75]가 있다.

　　이 장소에서 마지막 건축 연대에 건축된 이 승원은 통상적인 방식대로

74　승원 번호 1번은 살랄라가라로 추정된다.

75　'Mandapa(만다빠)'란 지붕은 있으나 벽은 없는 누각형의 커다란 집회소로 비구들이 많이 모여서 법문도 듣고 담론도 할 수 있는 건물을 말한다. 정원의 싱그런 향기를 그대로 느낄 수 있는 신선한 야외 집회장이다. 더운 지방에는 필수적인 건물이다. 예불당과 만다빠 세트란 만다빠 누각 안에 예불당이 있는 것을 말한다. 스리랑카 승원의 예불당과 만다빠가 같이 있는 '기원정사 20. [만다빠 세트] 스리랑카 마하메브나와 비구 승원'의 사진을 보면 쉽게 알 수 있다.

세워졌는데, 말하자면 가운데 중앙 뜰은 앞면에 베란다가 있는 줄지은 승방들로 사방이 둘러싸여 있다. 동쪽에 있는 방에서 가운데 방은 모든 방 중에서 제일 크고, 안뜰로 나가는 출입구가 있다. 기둥들은 나무로 추정된다. 승원의 누각(Mandapa)의 흥미 있는 것은, 그 입구에 경사진 바닥의 현관이 있었던 것으로 보인다.

아래 사진(기원정사 20. [만다빠 세트] 스리랑카 마하메브나와 비구 승원)은 예불당과 만다빠가 같이 있는 건물이다. '승원의 안뜰의 가운데에 예불당과 만다빠 세트(한 쌍)가 있다'라고 하였는데, 승원의 방사가 둘러싸고 있는 이곳이 안뜰이고, 만다빠 안에 예불당이 있다. 즉 예불당과 만다빠가 같이 있는 것이다.

기원정사 20. [만다빠 세트] 스리랑카 마하메브나와 비구 승원

기원정사 21. 기원정사 설법전 유적

간다꾸띠 앞의 커다란 규모의 승원. 가운데가 설법장이다. 사방으로 작은 방사가 빙 둘러 있다. 스리랑카 승원의 안뜰에 예불당과 만다빠가 같이 있는 모양과 완전히 동일하다.

기원정사 22. 기원정사 설법전 유적 자세히 보기

사방으로 베란다가 있는 정사각형의 작은 방사가 설법전 둘레를 죽 두르고 있다. 넓은 공간의 설법전이 가운데 있고 설법전 앞쪽(사진의 왼쪽)에는 넓고 높은 설법전 단이 있다.

기원정사 23. 살랄라가라 유적지 추정

승원 1번은 가장 큰 규모의 승원인 살랄라가라가 있었던 곳으로 추정된다.

(5) 지도에서 승원 2번 간다꾸띠의 안내판, 내용, 유적터

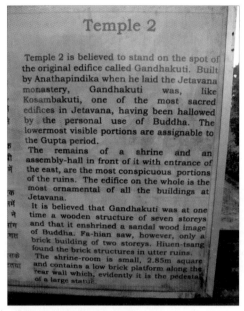

기원정사 24. 간다꾸띠 안내판

간다꾸띠의 안내판을 번역하면 다음과 같다.

승원 2번은 '간다꾸띠(Gandhakuti)'라고 불리는 원래의 (간다꾸띠) 건물이 있던 자리에 있는 것으로 믿어진다. 아나타삔디까가 제따와나 승원을 지을 당시 건축한 간다꾸띠는, 꼬삼바꾸띠처럼 부처님이 개인적으로 사용하셨기 때문에 신성시되었으며 제따와나 승원에서 가장 성스러운 건물 중 하나였다. 가장 아랫부분의 눈에 보이는 부분은 굽타(Gupta) 시대의 것으로 추정할 수 있다.

간다꾸띠의 남은 유적과 그리고 그 앞쪽의 동쪽으로 입구가 난 집회소는 옛터의 잔해에서 가장 눈에 잘 띄는 부분이다. (간다꾸띠) 전체 건물은 제따와나의 모든 건물 중에서 가장 (건물의) 장식을 많이 한 건물이다.

간다꾸띠는 한때 7층의 나무로 된 건물이었고, 전단향나무 불상이 모셔 졌던 것으로 믿어진다. 그러나 법현은 2층의 벽돌 건물을 보았다. 현장은 완전히 허물어진 벽돌 건물을 발견했다.

간다꾸띠는 2.85m의 정사각형으로 작다. 그리고 야트막한 벽돌 단이 있 는데 확실히 이것은 커다란 불상을 놓았던 토대이다.

기원정사 25. 간다꾸띠 유적터

순례객이 금딱지를 많이 붙여서 노랗게 된 곳이 바로 불상을 놓았던 자리이 다. 그리고 이곳이 간다꾸띠이다. 동남아시아 재가자들은 불상이나 부처님과 관 련된 곳에 존경의 표시로 이렇게 금딱지를 붙이는 것이 보편화되어 있다. 태국에 서 본 어떤 불상은 하도 금딱지를 많이 붙여서 불상이 더 이상 날씬하지 않았다.

기원정사 26. 간다꾸띠 유적터의 비구승들

　　상좌불교 비구들이 둘러앉은 곳이 간다꾸띠이다. 그 뒤로 승원의 모습이 보인다. 불상이 있던 자리가 너무 확실한 모습이다. 얼마나 공을 들이고 단단하게 지었으면 벽돌의 기초가 그대로 남아 있다. 이 사진을 찍은 순례자에 의하면, 이 비구스님들은 아침에 와서 하루 종일 여기에서 명상도 하고 시간을 보내다가 해거름에 옆의 승원으로 돌아간다고 한다.

(6) 지도에서 승원 3번 꼬삼바꾸띠의 안내판, 내용, 유적터

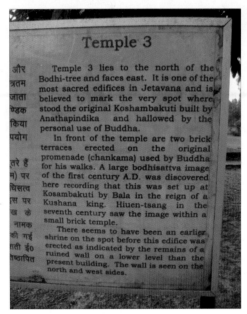

기원정사 27. 꼬삼바꾸띠의 안내판

다음은 꼬삼바꾸띠의 안내판을 번역한 내용이다.

승원 3번은 보리수의 북쪽에 있고 동쪽을 향해 있다. 이것도 기원정사에
서 가장 성스러운 건물 중 하나이다. 아나타삔디까에 의해 지어진 원래의
꼬삼바꾸띠가 있었던 바로 그 자리를 표시하는 것으로 여겨지며, 부처님
이 개인적으로 사용하셨기에 신성한 것으로 예경되었다.

승원 앞에는 부처님이 걷기 위해 사용하신 오리지날(예전 그대로의) 산책
(경행)하는 곳에 지어진 두 개의 벽돌 회랑이 있다.[76] 기원후 1세기 각문이

---

76   오리지날(original) 산책하는 곳이란 아나타삔디까 장자가 부처님의 경행처로 지은 테라스(회
랑)를 말한다. 이 기다란 회랑은 중요한 수행 중 하나인 경행(걷는 명상)을 하기 위해 복도처럼 생겼
을 것이다. 경전에는 부처님이 바깥에서 경행하고 계실 때의 이야기가 많이 나온다. 마음 챙김 명

있는 커다란 불상(보디삿뜨바상이 아님)이 건물 근처에서 발견되었는데, 이 상은 쿠산(Kushan) 왕의 통치시대에 발라(Bala)에 의해 꼬삼바꾸띠에 안치되었다고 기록하고 있다. 현장은 7세기에 작은 벽돌 승원 안에 있는 불상을 보았다.[77]

이 건물이 지어지기 전에 이 자리에, 이 보다 더 이른 시기의 건물이 있었던 것 같다. 왜냐하면, 붕괴된 벽의 유적은 현재 건물보다 더 아래 단계의 층을 나타내기 때문이다. 벽은 북쪽과 서쪽 편에 있다.

그런데 여기에는 약간의 문제가 있다고 여겨진다. 다음은 알렉산더 커닝햄의 꼬삼바꾸띠에서 발굴된 불상의 각문에 대한 묘사이다.

기증자인 세 명 비구의 이름은 뿌쉬파(Pushpa), 싯댜미히라(SiddhyaMihira), 발라 트레피타카(Bala-Trepitaka)이다. … 그리고 부처님의 이름은 세존(Bhagavata). … 불상은 높이가 7피트 4인치(2.25m)로 거대한 크기이다. 불상은 왼손은 무릎에, 오른손은 가르침의 모습으로 (손을) 들고 있다. 모든 불상처럼 오른쪽 어깨는 드러나고, 머리둘레에는 오로라 광채가 있다. 불행하게도 머리와 팔은 부러져 있었다. 불상은 마투라(Mathura)에서 발견되는 붉은 기가 도는 사암으로 되어 있다. 마투라 불상은 기원 1세기에 번창하였다. 그래서 사왓티의 거대한 불상은 마투라에서 가져왔음에 틀림없다고 믿어진다.[78]

상에는 좌선(sitting meditation)과 경행(walking meditation)이 있는데 상좌불교에서는 두 가지 모두 함께 중요한 비중으로 다룬다. 경행을 할 때도 좌선과 마찬가지로 걷는 동작 하나하나에 오로지 마음을 집중하여 걷는다. 경행이 그만큼 중요하기 때문에 경행을 위한 회랑이 반드시 필요했을 것이다.

77 권덕주 역, 『대당서역기』, p. 162. "다만 한 벽돌집만이 견고하게 홀로 남아 있다. 그 안에 불상이 있다."

78 알렉산더 커닝햄은 다음과 같이 기록하고 있다. "작은 건물 유적에서 나는 인도-스키티안(Indo-Scythian: 기원전 85년-기원후 10년) 시대의 각문인 'Kosamba-kuti'라고 새겨진 거대한 돌로 된

이런 정황으로 볼 때, 위의 안내판에 쓰인 내용은 보디사트바(보살)상이 아니라 불상임을 확실히 알 수 있다.

기원정사 28. 벽돌 회랑이 있는 꼬삼바꾸띠

부처님 당시에도 경행(걷는 명상)을 위해 회랑이 필요했을 것이다.

불상을 발굴하였다." Alexander Cunningham, Report of Tours in the Gangetic Provinces from Badaon to Bihar, p. 84, pp. 86-87.

(7) 승원 문가에 심은 보리수

기원정사 29. 기원정사 문가의 보리수

이 사진(기원정사 29. 기원정사 문가의 보리수)에는 울타리가 있고 출입문에 의자가 있고 사람이 앉아 있다. 울타리에는 수많은 깃발들이 걸려 있다. 원래 아나타삔디까 장자가 기원정사를 지을 때 심은 것인데 후에 아난다 보리수라고 불리게 되었다.

보리수는 불상이 만들어지기 전에 부처님과 똑같이 예경되었다. 수많은 산찌 탑과 바르후뜨 탑에는 불상 대신에 보리수가 아주 많이 조각되었다.

(8) 연못 유적

승원에는 연못이 필수였다. 정원의 나무와 꽃에 물도 주어야 했고, 수도 시설이 없는 시대였으니 씻을 수 있는 곳이 필요했다. 그래서 여기저기에 연못이 있다. 알렉산더 커닝햄의 발굴 유적도(기원전사 15. 알렉산더 커닝햄의 기원정사 발굴 지도)에 의하면 기원정사에는 크고 작은 연못이 6개이다.

기원정사 30. 기원정사의 부처님이 목욕하신 연못 유적

기원정사 31. 기원정사 연못 유적
연못으로 내려가는 계단을 해 놓았다. 연못가에 건물이 있었다.

기원정사 32. 데와닷따가 지옥에 떨어진 연못 유적

기원정사 33. 연못 유적터

7) 기원정사 총 결론

지금까지 기원정사에 관련된 자료들을 살펴보았다. 결론적으로 말하자면, 여기서 언급하고 있는 기원정사는 현재 남아 있는 유적보다는 아나타삔디까 장자가 지은 최초의 기원정사에 초점이 맞춰져 있다. 그 후에 지어진 건물들, 알렉산더 커닝햄의 유적도, 유적지의 안내판, 붓다고사의 주석서 내용, 법현이나 현장의 기록 등은 그 옛날 아나타삔디까 장자가 지은 기원정사를 추적하는 데에 참고로 하였다.

경전에 나타나 있는 장소에 관한 내용을 가장 신뢰도가 높은 자료로 삼아 중심에 두었다. 물론 산찌 탑과 바르후뜨 탑의 조각에 새긴 각문 또한 기원전 3세기~기원전 2세기의 것이기 때문에 상당히 신빙성이 있는 자료라고 인정할 수 있었다.

(1) 아나타삔디까 기원정사 건립

기원정사는 대부호 상인인 아나타삔디까 장자가 제따 왕자의 동산을 구입하여 승원을 지은 것이다. 그는 동산을 구입하기 위해 금화를 동산 바닥에 깔 정도로 부처님을 향한 신심이 지극하였다.

(2) 산찌 탑과 바르후뜨 탑의 각문

기원전 3세기의 산찌 탑과 기원전 2세기의 바르후뜨 탑의 조각에 새겨진 각문은 기원정사의 모습을 보여준다. 아나타삔디까 장자가 금화를 까는 장면, 간다꾸띠, 꼬삼바꾸띠, 제따와나라고 쓰여진 각문은 실제 기원정사의 건물 모습을 추측할 수 있게 한다.

(3) 기원정사의 건물

총 다섯 개의 건물이 있었다. 살랄라가라는 빠세나디 왕이 지은 가장 큰 규모의 강당이었는데 많은 대중이 설법도 듣고 집회도 하고 비구들의 방사로도 쓰였다. 다른 네 개의 건물은 아나타삔디까 장자가 지은 것으로 간다꾸띠, 꼬삼바꾸띠, 까레리꾸띠, 까레리만달라말라이다. 이중 까레리만달라말라는 커다란 원형 누각 강당으로 설법과 집회의 장소로 쓰였다. 간다꾸띠는 부처님 개인 오두막이고, 꼬삼바꾸띠는 부처님이 명상도 하고 경행도 하시며 사람들과 만나는 장소로 쓰였던 것 같다. 까레리꾸띠는 꾸띠(오두막)라는 말이 붙었지만 좀 더 큰 건물로 비구들이 편리하게 방사로 사용하는 건물이었던 것으로 여겨진다.

　　발굴된 기원정사의 유적은 거의 대부분 쿠산 왕조(기원후 30-375)의 것이며 그 후에도 복원이 이루어졌다. 안내판에 의하면 간다꾸띠나 꼬삼바꾸띠는 후대에 다시 지었다 해도, 부처님 당시에 아나타삔디까가 지었던 바로 그 자리에 지었다고 한다. 그러니 간다꾸띠나 꼬삼바꾸띠는 예전에 부처님이 거처하셨던 바로 그 자리에 존재하는 것이다.

8) 여러 자료에 의한 부처님 당시의 기원정사 위치도

(1) 위치도: 기원정사 주변의 승원들, 주변의 숲, 사왓티 궁성, 탑들, 건물의 위치도

기원정사와 그 주변에 있었던 미가라마뚜 강당, 라자까라마 비구니 승원, 사왓티 왕궁, 사왓티 인근의 안다 숲, 미가라마뚜 강당 인근의 목욕장 등을 여러 자료에 의하여 그 방향과 거리를 표기하여 도면을 그렸다. 이 도면은 신빙성 있는 자료에 의하여 그렸기 때문에 사실에 가까운 도면이라 할 수 있다.

다음은 현재까지 취합한 자료를 토대로 당시 기원정사의 모습을 복원해 본 것이다.

① 기원정사에는 네 개의 건물, 즉 간다꾸띠, 꼬삼바꾸띠, 까레리꾸띠, 살랄라가 라가 있었다.
② 까레리꾸띠 앞에 있는 까레리만달라말라는 커다란 누각 강당이다.
③ 기원정사는 동산의 중앙에 있다.
④ 기원정사의 건물은 모두 동쪽을 향해 있다.
⑤ 제따 왕자가 지은 문간 대문은 건물의 동쪽에 있다.
⑥ 문간 대문은 동쪽과 북쪽 두 개가 있는데 난간이 둘려 있다.
⑦ 가장 큰 건물인 살랄라가라는 북쪽 끝에 있다.
⑧ 간다꾸띠는 살랄라가라 남쪽에 있다.
⑨ 꼬삼바꾸띠는 간다꾸띠의 남쪽에 있다.
⑩ 까레리꾸띠는 어느 정도 큰 건물로 간다꾸띠와 꼬삼바꾸띠 사이에 있다.
⑪ 까레리만달라말라에는 예불당도 있다.
⑫ 동쪽 문가에 보리수와 연못이 있다.
⑬ 망고나무는 기원정사의 가장자리에 심었다.
⑭ 기원정사의 서쪽에 두 개의 큰 연못이 있다.

⑮ 살랄라가라는 살랄라나무가 앞에 있어서 붙은 이름이다.

    기원정사에 관한 자료를 살피면서 부가적으로 다음과 같은 사실들도 알 수 있었으며, 이런 점들도 기원정사의 원래 모습을 상상하거나 이해하는 데 적지 않은 도움이 될 것으로 생각된다.

① 살랄라나무는 향기가 좋다. 전단향이라고 번역되었다. 살라꽃이 있다.
② 간다꾸띠는 향실로 번역되는데 여기도 향기 나는 나무, 즉 살라나무의 향기가 좋다.
③ 꼬삼바꾸띠도 꼬삼바나무가 문가에 있어서 붙은 이름이고 까레리꾸띠도 까레리나무가 문가에 있어서 붙은 이름이다.
④ 나무와 꽃과 연못이 어울려 아름다운 기원정사를 건립하였다.

● 모든 자료에 의한 기원정사 주변의
승원과 숲과 건물들

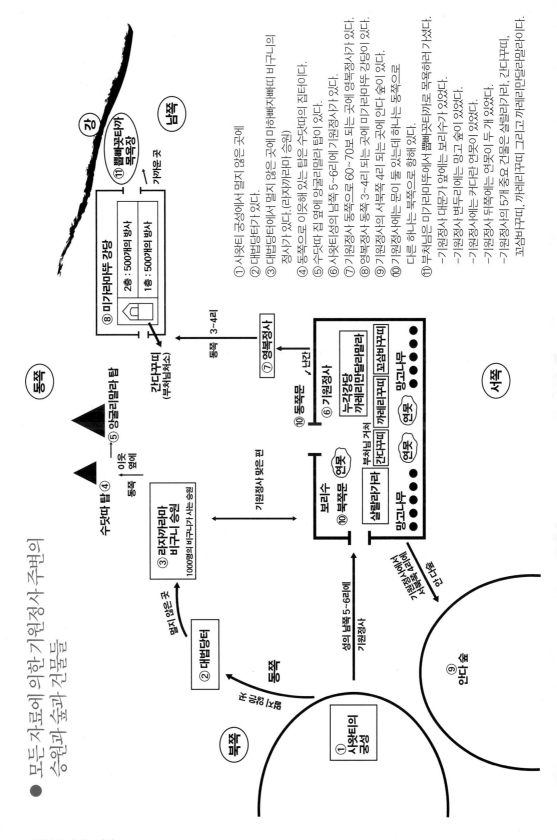

기원정사 위치도 설명

❖ 승원 2 ❖

사왓티 동원(Pubbārāma)의 미가라마뚜 강당
(Migāramātupāsāda)

1) 미가라마뚜 강당의 개요

(1) 소재지: 사왓티의 동쪽 숲으로 기원정사의 동북쪽 6~7리(2.4km)[79]에 있다.[80]

2) 주석서에 나타나는 마가라마뚜 강당[81]

아래는 미가라마뚜 강당에 대한 여러 주석서의 내용을 간추린 것이다.

① 위사카(Visākhā)는 대부호의 딸이었는데 미가라(Migāra)의 아들 뿐나왓다나
   (Punnavaddhana)와 결혼하였다.
② 시아버지인 미가라도 그 아들도 역시 무척 인색한 사람이었다. 위사카로 인하여 이
   들은 부처님을 알게 되었고 위사카의 제안으로 부처님께 공양할 정도가 되었다.
③ 미가라도 무척 부유한 재산가였지만 위사카만큼 부유하지는 않았다.
④ 위사카는 엄청 비싼 많은 보석과 장신구를 수레에 실어 팔기 위해 보냈다. 그
   러나 사왓티에는 아무도 이런 비싼 보석을 살 정도로 부유한 사람이 없었다.

---

79 김규현 역주,『불국기』, p. 101.

80 6리 정도는 가까운 거리이다. 그러니 여러 경전에 부처님은 기원정사에 계시다가 미가라마
뚜 강당이 있는 동원 숲에서 낮 동안을 보내시기도 하고, 두 승원을 자주 왕래하면서 머무셨음을
알 수 있다.

81 담마빠다 주석서 Ⅰ.410; 숫따니빠따 주석서 Ⅱ.502; 디가니까야 주석서 Ⅲ.860; 상윳따니
까야 주석서 Ⅰ.116.

그래서 위사카는 자신이 그 보석을 다시 사들였다. 보석을 다시 사들인 돈으로 미가라마뚜 강당을 지었다.

⑤ 강당을 짓기 위해 사왓티의 동쪽 숲을 사는데 9크로가 들었다.[82] 또한 건물을 짓는 데에 9크로가 들었다.

⑥ 위사카의 요청으로 500명의 비구들과 함께 마하목갈라나 존자가 이 일을 감독하였다.

⑦ 건물은 1층에 500개의 방사, 2층에 500개의 방사를 갖춘 2층 건물이다.

⑧ 위사카는 뿝빠라마(동원: 동쪽 승원)에 부처님을 위하여 간다꾸띠(Gandhakuṭi)를 지었다.[83]

⑨ 모든 건물은 아주 잘 설비가 되어있고, 잘 정비가 되어있었다.

⑩ 공사는 9개월 만에 완공되었다. 완공되는 마지막 날, 위사카는 비구들에게 옷을[84] 보시하였다.

⑪ 부처님은 후반부 20년을 기원정사와 미가라마뚜 강당을 오가면서 머무셨다. 미가라마뚜 강당에서 낮 동안을 보내시고, 기원정사에서 밤에 머무셨음은 경전에서 발견된다.

⑫ 뿝빠라마(Pubbārāma: 동쪽 승원)는 사왓티의 동쪽에 있기 때문에 붙여진 이름이다.

⑬ 위사카를 만나기 전에 무척 인색하고 부처님께 호의적이지 않았던 시아버지 미가라는 위사카의 부처님과 승가에 대한 보시의 공덕에 큰 감명을 받았다. 그래서 미가라는 며느리인 위사카에게 자신의 어머니가 되어달라고 청하였다. 그 후로부터 뿝빠라마는 '미가라-마뚜-빠사다(Migāra-mātu-pāsāda: 미가라 어머니의 강당)'라고 불리었다.

---

82 크로(crore)는 인도 화폐단위로 1,000만 루삐이므로 9크로는 9,000만 루삐이다. 전체 든 금액은 1억8천만 루삐이다.

83 앙굿따라주석서 Ⅰ. 226. (간다꾸띠라는 이름은 부처님의 거처로 다른 곳의 승원에서도 사용된 것 같다: Malalasekera, Dictionary of Pāli Proper Names, p. 745.)

84 옷이란 세 가지 종류의 가사를 말한다.

미가라마뚜 1. 위사카 재가녀가 미가라마뚜 강당을 짓는 모습

3) 경전과 그 이외의 자료에 나타나는 마가라마뚜 강당

한때 부처님은 사왓티에서 기원정사에 계셨다. 그때 부처님은 아침 일찍
탁발하러 사왓티로 들어가셨다. 사왓티에서 탁발을 하고 돌아오셔서 공
양을 한 후 부처님은 아난다 존자에게 말씀하셨다.

"아난다, 동원의 미가라마뚜 강당으로 가서 낮 동안을 머물자."

"예, 부처님."

그래서 부처님은 아난다 존자와 함께 동원의 미가라마뚜 강당으로 가
셨다. 그때 부처님은 오후에 명상에서 일어나셔서 아난다 존자에게 말
씀하셨다.

"아난다, 목욕하러 뿝빠꼿타까(Pubbakoṭṭhaka)로 가자."

"예, 부처님."

그래서 부처님은 아난다 존자와 함께 목욕하러 뿝빠꼿타까로 가셨다. 부
처님은 목욕을 하신 후 물에서 나와서 가사 하나를 입고 몸을 말리셨다.[85]

부처님이 기원정사에 머무시다가 낮 동안에는 동원의 미가라마뚜 강당에 계셨다

---

85 맛지마니까야 경 26: 1-3.

244

는 것은 경전에 여러 번 나온다. 부처님은 두 개의 가까운 거리에 있는 승원을 오가며 머무셨음을 알 수 있다. 맛지마니까야에 나오는 위의 인용문을 통해서 뿝빠꼿타까는 미가라마뚜 강당에서 멀지 않은 거리의 아찌라와띠강에 있던 공중 목욕장임을 알 수 있다. 아찌라와띠강은 사왓티에서 동쪽으로 흐르는 강이다.

한때 부처님은 사왓티의 동원의 미가라마뚜 강당에서 많은 비구 승가와 함께 계셨다. 그때에 보름날 밤 포살일에 부처님은 비구 승가에 둘러싸여 바깥에 앉아 계셨다. [86]

미가라마뚜 2. 미가라마뚜 강당의 옥외에서 설법하시는 부처님

미가라마뚜 강당에 1,000개의 방사가 있었던 것으로 보아 천명 이상의 비구들이 있었을 것으로 예상된다. 그렇다면 위의 그림(미가라마뚜 2. 미가라마뚜 강당의 옥

---

86 상윳따니까야 22 : 82.

외에서 설법하시는 부처님)에서 보는 것처럼 많은 비구들에 둘러싸여 가르침을 설하셨을 것이다.

기원정사 동북쪽 6~7리에 비사거모(위사카)가 정사를 지어 여래와 대중들을 청한 곳이 있는데 지금까지 남아 있다.[87]

그 옆의 정사 앞에 탑이 서 있다. 여래가 이곳에서 여러 외도를 논파했다. 또 여기에서 비사카 어머니(위사카를 말한다)의 청을 받아들였다.[88]

부처님은 사왓티의 기원정사에 계셨다. 위사카는 부처님과 비구들을 공양에 초대하였다. 위사카는 부처님께 이렇게 말씀드렸다.
"부처님, 저는 부처님께 여덟 가지 청이 있습니다. 부처님, 저는 일생 동안 비옷을 승가에 보시하고자 합니다. 저는 일생 동안 다른 곳에서 오는 비구에게, 다른 곳으로 떠나는 비구에게, 병든 비구에게, 병든 비구를 간호하는 비구에게 음식을, 병든 비구에게 약품을, 항상 죽을, 목욕옷을 비구니 승가에 보시하고자 합니다."
부처님은 게송으로 위사카를 축복하셨다.[89]

---

87 김규현 역, 『불국기』, p. 101.

88 권덕주 역, 『대당서역기』, p. 166.

89 율장 마하왁가 8편 2:15.

미가라마뚜 3. 미가라마뚜 강당 유적터

현재는 미가라마뚜 강당이 있던 그 자리의 옆에 스리랑카에서 승원을 지었다고 한다. 지붕 위에 풀이 나고 폐허가 된 이 집은 미가라마뚜 강당의 유적이 발굴되지 않았기 때문에 그 자리에 집을 지은 것 같다.

❖ 승원 3 ❖
꼬삼비(Kosambī)의 고시따 승원(Ghositārāma)

1) 자료에 나타난 꼬삼비의 고시따 승원

꼬삼비는 작은 왕국인 왐사(Vaṃsa)의 수도로 갠지스(Ganges)강과 줌나(Jumna)강 사이에 있다. 왐사의 왕은 우데나(Udena)이다. (고시따 승원에서의) 첫 번째 비구들의 분쟁은 승단의 분열을 초래하였다.[90]

한때 부처님은 꼬삼비의 고시따 승원에 계셨다. 그때에 비구들은 어떤

---

90   Bhikkhu Nanamoli, The Life of the Buddha, pp. 109-119.

비구가 잘못을 저질렀다고 하여 정권[91]시켰다. 그러나 정권된 비구는 잘못이라고 생각지 않았고, 그 정권이 부당하다고 주장하였다. 그래서 자신의 말에 동조하는 무리를 지어 정권을 내린 무리들과 서로 다투게 되었다. 부처님은 이들 모두에게 '승단은 서로 다투고 논쟁하고 시끄러운 싸움이 일어난다'고 타이르시고 나가셨다. 두 번째도 타이르셨다. 그러나 비구들이 뉘우치는 기색이 보이지 않자 부처님은 발우와 가사를 꾸리셨다. 부처님은 빠릴레야((Pārileya)로 가셔서 락키따(Rakkhita) 숲의 훌륭한 살라나무 아래 계셨다. 부처님은 이런 생각이 드셨다. '꼬삼비 비구들의 싸움으로 나는 불편하였다. 이제 그들 모두로부터 떠나 홀로 있으니 편안하구나.'[92]

고시따 승원은 꼬삼비의 고시따 장자에 의해 지어진 승원이다. 고시따(Ghosita)는 고사까(Ghosaka)라고도 한다.[93]

2) 꼬삼비의 고시따 승원과 관련된 인물들

(1) 고사까 장자

고사까 장자는 꼬삼비의 우데나(Udena) 왕의 재정관이었다. 고사까에게는 두 명의 동료가 있었는데 그들은 꾹꾸따(Kukkuṭa)와 빠와리까(Pāvārika)이다. 이들은 여러 해 동안 우기철마다 500명의 수행자들에게 음식을 공양하였다.

그런데 아나타삔디까의 인부였던 사람으로부터 부처님이 이 세상에 오셨다

---

91 '정권'이란 홀로 근신케 하여 비구의 권한을 일시 정지시키는 것을 말한다.

92 율장 마하왕사(Mahavaṃsa) 10편 1-4. 상윳따니까야 22:81도 같은 장소이지만 내용의 변형이 있다.

93 Malalasekera, Dictionary of Pāli Proper Names Ⅰ, p. 829.

는 이야기를 듣고는 고사까, 꾹꾸따 그리고 빠와리까 이 세 사람은 많은 공양물을 가지고 사왓티로 부처님을 뵈러 갔다. 그들은 부처님의 설법을 듣고 부처님을 꼬삼비로 초청하였다. 이후 고사까는 꼬삼비에 부처님과 비구 승가를 위해 승원을 지었는데 고시따 승원(Ghositārāma)이라고 불리었다.[94]

(2) 꾹꾸따 장자

고사까 장자의 친구 꾹꾸따 장자 역시 재정관이었다. 꾹꾸따 장자는 그의 친구인 고시따와 빠와리까와 함께 수행자들에게 공양을 올렸는데, 그 수행자들로부터 부처님의 출현을 듣고는 고사까와 빠와리까와 함께 사왓티로 부처님을 뵈러 갔다. 꾹꾸따는 그의 정원에 부처님과 승가를 위하여 승원을 지었는데 꾹꾸따 승원(Kukkuṭārāma)[95]이라고 불리었다. 부처님은 이 세 개의 승원을 돌아가면서 머무셨다. [96]

(3) 빠와리까 장자

고사까의 친구 빠와리까 장자 역시 재정관이었는데, 부처님을 초청하여 꼬삼비에 있는 자신의 망고 숲에 부처님과 비구 승가를 위하여 승원을 지었다. 이곳의 이름은 빠와리까 승원(Pāvārikārāma) 그리고 빠와리까 망고 숲(Pāvārikambavana)이라고 불리었다.[97]

(4) 그 외의 인물 사마와띠(Samāvāti)

꼬삼비의 재정관인 고사까는 그때 전염병이 돌아 피난민들에게 음식을 주는 일을 하였다. 그런데 부모를 잃은 옛날 친구의 딸이 음식을 구하러 왔다. 그래서 고

---

94 담마빠다 주석서 Ⅰ, p.203.

95 이것은 꼬삼비의 꾹꾸따 승원이다. 그런데 경전에 많이 등장하는 곳은 빠딸리뿟따의 꾹꾸따 승원이다. 두 개는 이름이 같지만 장소가 다르다.

96 디가니까야 주석서 Ⅰ.318; 담마빠다 주석서 Ⅰ.203.

97 디가니까야 주석서 Ⅰ.319; 맛지마니까야 주석서(Aluvihara Series: Ⅰ.541).

사까는 그녀(사마와띠(Samāvāti))를 양녀로 삼았다. 후에 사마와띠는 우데나 왕의 왕비가 되었다. 사마와띠는 하녀를 부처님 설법을 들으러 보냈다. 그리고는 부처님께 들은 이야기를 그대로 궁중의 여인들에게 반복하도록 하였다. 하녀는 기억력이 좋아 마치 부처님처럼 앉아서 궁중의 여인들에게 설법하였다.

이 하녀가 외운 부처님 가르침의 내용들은 수집되었는데 이띠웃따까(Itivuttaka: 부처님의 말씀)로서 빠알리대장경 쿳다까니까야의 하나가 되었다. 이것은 112개의 산문과 게송이 섞인 경이다.

우데나 왕은 사마와띠가 부처님을 왕궁에 초청하여 공양하고 가르침을 들도록 허락하였다. 그래서 부처님을 왕궁으로 초청하였지만 부처님은 거절하시고, 대신 아난다 존자를 보내셨다. 아난다 존자는 매일 왕궁에 가서 공양 후에 부처님 가르침을 설하였다. 사마와띠는 하녀에게서 들어 이미 많은 가르침을 알고 있었기에, 곧 부처님 가르침을 깊이 있게 알게 되었다. 왕궁의 여인들은 모두 부처님 가르침을 알게 되고 듣기를 원하였다.

사마와띠의 양부인 고사까도 또한 깊이 감동되어 부처님과 승가를 위하여 꼬삼비에 큰 규모의 고시따 승원을 지었다.[98]

> 부처님이 열반하신 지 얼마 되지 않았을 때 아난다 존자는 승단의 일로 꼬삼비에서 어떤 나무 아래 앉아 있었다. 그곳은 꼬삼비의 우데나 왕의 유쾌한 숲에서 멀지 않은 곳이었다. … 후궁들은 '바로 멀지 않은 곳에 그들의 스승, 아난다 존자가 앉아 있다'는 소식을 듣고 아난다 존자에게로 가서 설법을 들었다. 그녀들은 환희심으로 고무되어 500벌의 안따라와사 법복을 아난다 존자에게 공양하였다. … 우데나 왕은 아난다 존자에게 500벌의 법복을 더 공양하였다. 그래서 이것은 아난다 존자에게

---

98 앙굿따라니까야 주석서(Simon Hewavitarne Bequest Series: 1, pp. 266-293)와 Nyanaponika Thera, Great Disciples of the Buddha, pp. 285-288에 나오는 내용을 요약하였다.

1,000벌의 법복이 공양된 첫 번째 경우였다.[99]

위의 내용에서 꼬삼비의 고사까(고시따) 장자는 수행자들과 가난한 사람들에게 음식을 주는 좋은 일을 한 것을 알 수 있다. 고사까 장자의 부처님에 대한 신심이 그의 양녀인 사마와띠와도 관련이 큼을 볼 수 있다. 부처님 가르침에 대한 사마와띠의 대단한 열성은 우데나 왕을 비롯하여 왕궁의 여인들이 매일 아난다 존자를 초청하여 부처님 가르침을 듣도록 만들었다.

고사까의 두 명의 친구인 꾹꾸따와 빠와리까도 꾹꾸따 승원과 빠와리까 승원을 지어서 부처님이 꼬삼비에 머무실 때는 이 세 개의 승원을 돌아가면서 머무시도록 했다고 하니 꼬삼비 지역 사람들의 부처님 가르침에 대한 열성도 대단하였던 것 같다.

3) 불국기와 대당서역기에 나타난 꼬삼비의 고시따 승원

녹야원 정사에서 서북쪽으로 13유연[100]을 가면 구섬미국(꼬삼비)에 이르는데 한 정사의 이름이 구사라원(고시따 승원)이라 한다. 옛날 세존께서 주석하셨던 곳이다. 이곳에는 많은 승려들이 있어서 주로 소승을 공부한다.[101]

꼬삼비국은 토지는 비옥하기로 유명하고 지리는 풍요하다. 가람은 10여 군데 있으나 부서져 황폐해 있다. 승도는 3백여 명이 소승의 가르침을 학습하고 있다. … (꼬삼비) 성의 동남쪽 멀지 않은 곳에 낡은 가람이 있다.

---

99 율장 쭐라왁가 11장 12-14.

100 1유연은 소가 하루 동안 걷는 거리로 40리 혹은 30리에 해당한다. 김규현 역, 『불국기』, p. 143.

101 김규현 역, 『불국기』, p. 142.

고실라(고사까를 말함) 장자의 옛 정원(고시따 승원)으로 안에 탑이 있다. 아소까 왕이 세운 것으로 높이가 2백여 척이다. 여래가 여기서 수년 동안 설법했다.[102]

❖ 승원 4 ❖
까삘라왓투(Kapilavatthu)의 니그로다 승원(Nigrodhārāma)

1) 여러 자료에 나타난 니그로다 승원

한때 부처님은 까삘라왓투의 니그로다 승원에 계셨다. 그때에 부처님은 어떤 이유로 비구들을 나무라시고[103] 아침 일찍 까삘라왓투에서 탁발을 하셨다. 탁발에서 돌아와 공양 후에 낮 동안의 명상을 위해 큰 숲으로 가셨다. 저녁나절 부처님은 니그로다 승원으로 가셨다. 비구들은 기가 죽어서 부처님께 모여들었다. 부처님은 말씀하셨다. "그대들이 선택한 길은 왕이 강요해서도 아니며, 강도에게 쫓겨서도 아니며, 빚을 졌기 때문도 아니며, 생계를 유지하기 위함도 아니다. 그러면 무슨 이유 때문인가?"[104]

니그로다 숲은 사꺄족의 수도인 까삘라왓투 가까이에 있었다. 부처님이

---

102 권덕주 역, 『대당서역기』, p. 154.

103 상윳따니까야 주석서(Ⅱ.298)에 의하면, 부처님은 사왓티에서 여름 안거를 보낸 후에 많은 비구 승가와 함께 까삘라왓투로 가셨다. 이들이 도착하였을 때, 사꺄족들은 승가를 위해 많은 선물을 가지고 부처님을 친견하러 왔다. 이 선물을 나누는 동안 비구들 사이에서 시끄러운 소동이 일어났다. 그래서 부처님은 이들을 꾸짖으셨다. 위의 경전의 뒷부분에서 부처님은 '아주 중요한 명언'을 말씀하신다. 출가한 근본 이유가 무엇인가를 명쾌히 말씀하신다.

104 상윳따니까야 22:80.

깨달음을 얻은 후 첫 번째 해에 고향인 까삘라왓투를 방문하였을 때에, 부처님께 제공된 숲이다. 사꺄족의 니그로다는 그의 숲을 부처님과 승단에 보시하였다. (그리고 니그로다 숲에 승원을 지었다.)[105]

다양한 사꺄족들이 니그로다 승원으로 부처님을 찾아왔다. 그들은 마하나마, 고다, 사라까니, 난디야 그리고 왑빠이다.[106]

부처님은 니그로다 승원에 계실 때에는 오후를 보내기 위해 가끔 근처의 큰 숲으로 가곤 하셨다.[107]

아누룻다 존자의 요청으로 그의 여자 동생이 승가를 위해 2층으로 된 강당을 지었다.[108]

사꺄족인 깔라케마까(kāḷa-khemaka)는 니그로다 승원 땅의 한쪽 편에 특별한 승원을 지었다.[109]

사꺄족 마하나마는 말하기를, "부처님, 이 까삘라왓투는 부유하고, 번영하고, 인구가 많고, 길거리는 사람들로 붐빕니다. 가끔 제가 존경하올 부처님과 존자님들을 방문한 후 오후에 까삘라왓투에 들어서면, 통제할 수

---

105 맛지마니까야 주석서(Aluvihara Series: Ⅰ, p. 289).

106 상윳따니까야 Ⅴ. 369-78, 395-7, 403-4, 408; 앙굿따라니까야 Ⅱ. 196, Ⅲ, 284, Ⅳ, 220, Ⅴ. 83, 328, 332, 334.

107 상윳따니까야 Ⅲ. 91.

108 담마빠다 주석서 Ⅲ. 295.

109 맛지마니까야 주석서(Aluvihara Series: Ⅱ. 906).

없이 산란한 코끼리나 말, 마차, 수레 그리고 사람들과 마주칩니다."[110]

지금까지 제시한 자료로 살펴보았을 때, 까삘라왓투(Kapilavatthu)[111]라는 도시에는 니그로다 승원과 그 가까이에 큰 숲이 있었음을 알 수 있다. 니그로다 승원과 2층으로 된 강당 그리고 특별한 승원이 있었으니 많은 비구 대중이 머물 수 있는 곳이었다. 당시의 까삘라왓투는 사람들로 붐비는 아주 번성한 도시였음을 알 수 있다.

까삘라왓투는 사꺄국의 수도이다. 까삘라왓투 가까이에 부처님이 탄생하신 룸비니동산(Lumbinīvana)이 있다. 까삘라왓투 가까이에 사꺄국과 꼴리야국의 경계를 이루는 로히니(Lohiṇī)강이 흐른다.[112]

까삘라왓투는 라자가하에서 60리그(leagues)[113]의 거리이다. 부처님은 깨달음을 얻은 후 첫 번째 해에 고향을 방문하였을 때, 2개월이 걸렸다. 이때 부처님은 2,000여 명의 비구 승가를 대동하였다. 선발대로서 깔루다이(Kāludāyī) 존자를 미리 보내서 알렸다. 부처님과 제자들은 도시 가까이의 니그로다 승원(Nigrodhārāma)에 머물렀다.[114]

---

110 상윳따니까야 55:21.

111 까삘라왓투(Kapilavatthu)는 빠알리어 표기이고 까삘라바스뚜(Kapilavastu)는 산스끄리뜨어 표기이다. 인도에서 불교가 쇠퇴하자 브라흐민들은 그들의 언어인 산스끄리뜨어를 공용어로 만들었다. 그 영향으로 인도의 언어는 산스그리뜨어가 되었고 불교 유적지의 간판들도 산스끄리뜨어를 사용한다. 그러니 빠알리 경전의 표기인 까삘라왓투와 산스끄리뜨어의 표기인 까삘라바스뚜는 통일할 필요가 없다. 독자들은 이런 이해를 가지고 읽어야 할 것 같다.

112 담마빠다 주석서 Ⅲ. 254.

113 리그(legue)는 유럽과 남미에서 쓰였던 길이 단위로 나라마다, 시대마다 다른 값을 보인다. 리그의 최초의 정의는 '사람이 한 시간 동안 걸을 수 있는 거리'를 뜻한다. 성인은 1시간에 4km를 갈 수 있다.(Wikipedia 백과사전) 1리그는 약 4km라 할 수 있다. 따라서 60리그는 240km가 된다.

114 자따까 Ⅰ. 87.

까삘라바스투국은 주위가 4천여 리이다. 그 안의 궁성은 주위가 14~15 리나 된다. 벽돌을 쌓아 만들었는데 기초는 아직도 높고 견고하다. 가람터가 1천여 개 남아 있다. 궁성 가람 하나가 있는데 승도는 3천여 명으로 소승 정량부를 학습하고 있다. 성 동남쪽 귀퉁이에 하나의 정사가 있다. 안에는 태자가 백마를 타고 허공을 가르며 달리는 상이 있다. 유성(성을 나와 출가함)이다. 성 남쪽 멀지 않은 곳에 스투파가 있다. 여래가 깨달음을 얻은 다음 아버지를 만난 곳이다.[115]

(까삘라왓투) 성의 남쪽 3~4리에 니그로다 숲에 스투파가 있다. 아소까 왕이 세운 것이다. 석가여래가 정각을 얻고 나라에 돌아가 부왕에게 설법한 곳이다. 정반왕은 군신들과 성 밖 40여 리 되는 곳에서 수레를 멈추고 마중하였다. 이때 여래는 대중과 함께 나가는데 팔금강이 주위를 호위하고 사천왕이 선도하며, 제석천은 욕계의 제 천인과 왼쪽에 서고, 범천왕은 색계의 제 천인과 오른쪽에 섰으며, 제 비크슈(비구) 승은 여래의 뒤에 줄을 섰다. 부처님만은 대중 속에 있어, 마치 달이 별을 비추듯 그 위용은 삼계를 움직일 정도였고 그 광명은 칠요를 누르는 가운데 허공을 밟으면서 생국(生國)에 도착하였다. 왕과 종신이 부처님을 경배하자 부처님은 그들(비구 제자들)과 함께 니그로다 승가람에 머물렀다.

그 옆 멀지 않은 곳에 스투파가 있다. 여래가 큰 나무 아래서 동쪽으로 향하여 앉고서 이모(마하빠자빠띠 고따미)에게 금루의 가사를 받은 곳이다.[116]

---

115 권덕주 역,『대당서역기』, pp. 168-171.

116 권덕주 역,『대당서역기』, pp. 172-173.

2) 네팔 쪽에서 주장하는 까삘라왓투

(1) 니그로다 승원의 유적

까삘라왓투 1. 니그로다 승원 안내판

네팔 쪽에 있는 니그로다 승원 안내판의 내용은 다음과 같다.

현재의 꾸단(Kudan) 또는 로리 끼 꾸단(Lori-ki Kudan)으로 알려진 고대 니그로다 승원은 사꺄무니 붓다가 그의 아버지 숫도다나 왕을 처음으로 만난 역사적인 장소이다. 발굴된 중요한 유적들은 증명되었고 꾸단에 지금까지 보존되어 있다.

세 개의 스투파는 ①하나는[117] 가장 남쪽에 있는, 꼭대기에 8각형의 예불당이 있는 것으로 부처님의 아들, 라훌라(Rahula)가 부처님의 으뜸 제자인 사리뿟따에 의해 수계된 곳을 기념하기 위해 지어진 것으로 여겨진다. ②가운데(니그로다 승원을 말함)에 있는 것[118]은 사꺄무니 붓다가 깨달음을 얻은 후에 맛지마니까야의 다섯 개의 경에 있는 가르침을 설한 곳으

---

[117] 안내판 왼쪽 사진에서 맨 왼쪽 아래 건물.

[118] 안내판 왼쪽 사진에서 위쪽 왼편의 유적터.

로, 사꺄무니 붓다와 숫도다나 왕의 첫 번째 만남의 사건과 그 장소를 기념하기 위해 지어진 것이다. ③가장 북쪽에 있는 것[119]으로 마하빠자빠띠 고따미 왕비가 사꺄무니 붓다께 가사를 드리고, 야소다라가 사꺄무니께 왕궁에서의 공양을 청한 그 사건을 기념하기 위해 만든 것이다.

까삘라왓투 2. 니그로다 승원 유적터

이 사진은 니그로다 승원을 다른 방향에서 찍은 것이라 모양이 다르게 보인다. 부처님이 깨달음을 얻고 처음으로 까삘라왓투를 방문하여 부왕인 숫도다나 왕과 양모인 마하빠자빠띠 고따미를 방문하는 동안 부처님과 승가 대중은 이 니그로다 승원에 머물렀다.

119　안내판 왼쪽 사진에서 위쪽 오른편의 유적터.

까삘라왓투 3. 니그로다 승원 우물

까삘라왓투 4. 니그로다 승원 우물 자세히 보기

부처님과 비구 승가 대중이 니그로다 승원에 머무는 동안 사용한 우물이다. 벽돌로 견고하게 쌓아서 그 모양이 남아 있다.

까삘라왓투 5. 니그로다 승원 연못 안내판

다음은 니그로다 승원 연못(The Nyigrodharama Pond)의 안내판 내용이다.

니그로다 승원 연못은 부처님이 35세에 깨달음을 얻은 후에, 고대 까삘라왓투에 있는 니그로다 승원에 사꺄무니 부처님과 그의 승가가 첫 번째 방문을 하였을 때에 만들어진 것으로 믿어진다. 또한 사꺄무니 부처님과 그의 승가가 니그로다 승원에 머무는 동안 (여기서) 목욕을 한 것으로 믿어진다.

까삘라왓투 6. 니그로다 승원과 그 앞의 연못 유적

니그로다 승원 안내판 사진(까삘라왓투 1. 니그로다 승원 안내판)의 아래 오른쪽에서 볼 수 있으며, 사꺄족들은 니그로다 승원을 지으면서 연못을 만들어 연꽃을 심었음을 알 수 있다.

까삘라왓투 7. 부처님 양모가 가사를 지어 부처님께 공양한 곳

안내판 사진(까삘라왓투 1. 니그로다 승원 안내판)에서는 오른쪽 위에서 볼 수 있다. 이 유적은 니그로다 승원의 북쪽에 있으며 부처님의 양모를 기념하여 탑을 세운 곳이다.

까삘라왓투 8. 라훌라의 출가를 기념하여 세운 8각형의 탑

안내판 사진(까삘라왓투 1. 니그로다 승원 안내판)의 아래 왼쪽에 있다. 이 유적은 니그로다 승원 남쪽 모퉁이에 있다. 라훌라가 출가한 것을 기념하기 위하여 세운 8각형의 탑인데, 후대에 힌두가 꼭대기에 힌두식 지붕을 만들고 문을 만들어 힌두교 시바(Shiva) 신의 사당으로 사용하였다.

이곳(사왓티)에서 동쪽으로 1유연을 가면 가유라성(까삘라 성)에 이른다. 정반왕의 옛 궁전터에는 태자모(마야왕비)의 형상이 만들어져 있는데 태자가 흰 코끼리를 타고 어머니 태내에 들어갈 때의 형상이다.[120]

까삘라왓투 궁성은 벽돌로 쌓아 만들었는데 기초는 아직도 높고 견고하다. 황폐함이 오래되어 사람이 사는 곳도 드문드문하다. 가람터가 1천여 개 남아 있다. 궁성 옆에 가람 하나가 있는데 승도는 3천여 명이 있다. 왕의 상이 있고, 마야 왕비의 상이 있다.[121]

(2) 네팔 쪽에서 주장하는 까삘라왓투

고고학 부, 룸비니 개발 신탁과 영국의 두르함 대학 (Department of Archaeology, Lumbini Development Trust and Durham University of UK)에 의해 행해진 최근의 합동 발굴에서 그 장소(유적터)에 있는 나무 기둥 구멍은 기원전 8세기의 것임이 판명되었다. 현재 띨라우라꼬뜨가 까삘라왓투 궁성터이며 그 옆이 니그로다 승원이라고 주장하고 있다.

---

120 김규현 역, 『불국기』, p. 105.

121 권덕주 역, 『대당서역기』, pp. 168-174.

까삘라왓투 9. 까삘라왓투 안내판 지도

위의 사진(까삘라왓투 9. 까삘라왓투 안내판 지도)은 네팔 쪽의 입구에 세워진 안내판으로 고대 사꺄 왕국(The ancient Sakya Kingdom)의 유적지인 까삘라바스뚜(Ancient Kapilavastu)의 모습을 보여준다. 안내판의 왼쪽에 보이는 지도에서 하얀 테두리가 까삘라바스뚜, 즉 현재 딸라우라꼬뜨(Tilaurakot)이다. 1, 2, 3, 4라고 번호가 매겨져 있을 정도로 널리 분포되어 있다. 4번은 맨 위쪽에 있다.

까삘라왓투 10. 까삘라왓투 서쪽 궁성문 안내판

위의 사진은 까삘라왓투 서쪽에 있는 궁성문의 안내판이다. 유적지 지도(까삘라왓투 9. 까삘라왓투 안내판 지도)의 1번에 해당한다. 안내판의 내용은 다음과 같다.

서쪽 (성)문은 두 개의 벽돌 요새로 측면을 이루고 있다. 19피트의 넓은 벽돌로 포장된 길이 서쪽 문에서 요새로 이어져 있다. 서쪽 문 안의, 길의 양쪽 편에는 벽돌단이 있다. 약간의 구리 동전들, 쇠로 된 삽, 쇠로 된 끌, 그리고 다른 금속물들이 서쪽 문 부근에서 발견되었다.

까삘라왓투 11. 까삘라왓투 중앙 건축물 단지 유적

까삘라왓투 12. 까삘라왓투 동쪽 궁성문 안내판

사진은 까삘라왓투 동쪽 궁성 문 앞에 서 있는 안내판으로 유적지 지도(까삘
라왓투9. 까삘라왓투 안내판 지도)의 3번이다. 적혀 있는 내용은 다음과 같다.

동쪽 문은 부처님이 세속의 삶을 떠난 문이다. 이 (성)문 단지는 요새의
양쪽 편에 측면이 있는 19피트 폭의 넓은 길로 되어있다. 고고학 발굴에
서 발견된 물건들은 적갈색 토기의 사람과 동물 모양, 동전들, 염주들, 팔
찌들, 브라흐미 각문이 있는 인장, 회색으로 칠해진 사금파리 파편, 북쪽
의 검은 윤기 나는 도기류들을 포함한다.

까삘라왓투 13. 까삘라왓투 동쪽 궁성문 자세히 보기

부처님이 성을 나와 출가한 문이다.

까삘라왓투 14. 부처님 부모를 기념하는 쌍둥이 탑

안내판 지도(까삘라왓투 9. 까삘라왓투 안내판 지도)의 4번에 해당하는 위의 사진은 성의 북쪽에 있는 쌍둥이 탑이다. 부처님의 부모님인 숫도다나 왕과 마하데비 왕비를 기념하기 위하여 세운 탑이다.

까삘라왓투 15. 까삘라왓투 궁성 유적

까삘라왓투 16. 까삘라왓투 안내판

사진(까삘라왓투 16. 까삘라왓투 안내판)에서 보이는 안내판의 내용이다.

사꺄의 요새인 까삘라바스뚜 고대 유적은 여기에 증명되어졌다. 22피트 넓이의 해자(성 둘레에 판 도랑), 10피트 넓이의 요새를 둘러싼 방어벽, 발굴팀은 동쪽 문과 서쪽 문, 그리고 그 장소의 중앙에 있는 건축물 단지를 발굴하였다. 가장 최초의 도기인 기원전 7~8세기경의 회색으로 칠해진 도기, 그다음 시대에 나온 북방의 검정색 광택이 나는 빨간색 도기, 적갈색 토기의 사람, 동물 모양, 염주들, 팔찌들, 인장과 구멍을 뚫은 주조 동전 그리고 많은 다른 물건들이 여기서 발견되었다.

(3) 네팔 쪽 유적에 대한 결론

네팔 쪽의 발굴은 법현의 불국기와 현장의 대당서역기의 자료를 바탕으로 한다. 그만큼 신빙성이 있다고 볼 수 있다. 까삘라왓투 궁성터는 넓은 숲으로 되어있고 아직도 발굴이 덜 된 상태이다. 까삘라왓투 가까운 거리의 니그로다 승원은 잘 발굴되어 있다. 그런데 아쉬운 점은 니그로다 승원이라는 결정적인 어떤 문장이나 발굴물이 없다는 것이다. 까삘라왓투 궁성에서도 '까삘라왓투'라는 결정적인 어떤 증거물이 발굴되지는 않았다. 그러나 법현이나 현장은 네팔 쪽에 수많은 궁성 유적을 언급하고 있다. 니그로다 승원은 까삘라왓투 궁성의 위치에 대한 열쇠이다.

3) 인도 쪽에서 주장하는 까삘라왓투(Kapilavatthu) 궁성 유적

인도 쪽은 까삘라왓투는 네팔이 아니라 인도와 네팔의 국경에 인접한 지역인 인도의 삐쁘라호와(Piprahwa)라고 주장하고 있다. 문제는 까삘라왓투 사리탑에 있다. 이 사리탑(까삘라왓투 20. 사리가 발굴된 탑)[122]은 현재 인도와 네팔 국경 근처의 인도 쪽에 있다. 까삘라왓투 사리탑에서 발굴한 사리는 매우 중요한 가치를 지니는

---

122 이 사리탑은 허물어진 그 유적만 보관되고 있다. 윌리엄 페페가 보았을 1898년에는 커다란 스투파였는데, 그는 이 스투파를 발굴하였다. 그 과정에서 스투파는 더 허물어지고 소실되었다. 그는 고고학자가 아닌 단지 자기 소유의 땅에 있는 스투파를 파헤친 것이다. 인도의 스투파는 우리나라 모양의 탑이 아니고 경주 왕릉과 같은 커다란 능이라는 표현이 있다.

역사적 사실이며, 사리함과 함께 발견된 온갖 보석들은 부처님의 고국 사람들이 얼마나 같은 종족인 부처님을 그리워하는지를 간접적으로 말해 준다. 여기에 여러 정보로부터 도출한 그 자세한 발굴의 단계와 발굴한 내용들, 까삘라왓투 지역 논쟁 그리고 그 사진들을 싣는다.[123]

(1) 윌리엄 페페가 발굴한 것들

① 1898년 윌리엄 페페(William. C. Peppe)는 자신이 소유하고 있는 땅에서 커다란 스투파를 발굴하였다. (까삘라왓투 20. 사리가 발굴된 탑)

② 거기에는 1,500파운드의 커다란 돌로 된 함이 있었다. (까삘라왓투 28. 1,500 파운드의 돌로 된 함)

③ 이 함 속에는 다섯 개의 항아리와 단지가 있었다. (까삘라왓투 26. 다섯 개의 사리함과 단지들)

④ 이 다섯 개 중 맨 오른쪽 항아리에 사리가 들어있었고 브라흐미(Brahmi) 각문이 새겨져 있었다. (까삘라왓투 24. 각문이 새겨진 사리함)

⑤ 윌리엄 페페는 이 각문을 그려서 각문을 해독할 전문가에게 보냈다. (까삘라왓투 22. 사리를 넣었던 단지의 각문을 해독하기 전의 작업: 맨 위는 페페의 영어이고 각문 사이의 작은 글씨는 영어 번역이다. 중간에는 번역자의 번역이 쓰여 있다.)

---

123 중요 자료는 1898년 발굴자인 윌리엄 페페가 기록한 것들로서 그의 손자가 현재 보관하고 있는 기록과 내용, 사진들(www.piprahwajewels.co.uk)이다.

그 외 다음과 같은 자료들이 활용되었다.

- The Piprahwa Project
- www.photodharma.net/India/stupas
- Bharatkalyan97TheBuddha-PBSFilm
- Akshardhool home page 'Sand Prints'
- The Kapilavastu Controversy Part Ⅰ, Ⅱ, Ⅲ, Ⅳ
- "Piprahwa", Wikipedia
- 2013년 영국 BBC Documentary TV film(역사 기록 영화) 'Bones of the Buddha'

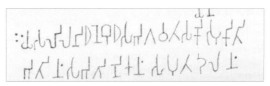

까삘라왓투 17. 까삘라왓투 사리탑 속의 단지에 새겨진 각문

이 각문을 번역하면 다음과 같다. '이것은 사까(족) 형제, 자매, 아들, 아내들이 봉헌한 부처님의 사리이다.'

⑥ 사리함 항아리에는 재와 불에 탄 뼛조각과 사리들이 들어있었다. (까삘라왓투 24. 각문이 새겨진 사리함)

⑦ 단지에는 여러 가지 금으로 된 조각들, 온갖 작은 보석류들이 1,600개나 들어 있었다. (까삘라왓투 27. 단지에 들어 있던 온갖 금은 보석류들)

⑧ 사리함의 각문은 기원전 3세기 아소까 왕 시기의 것이라고 밝혀졌다.

⑨ 이 발굴 기사가 나오자마자 태국 왕자와 태국 비구 승가에서 삐쁘라흐와로 방문하였다. 인도 정부는 태국 왕에게 이 사리를 기증하였다.[124]

(2) 스리바스따바(Srivastava)가 이끄는 인도 고고학 탐사(Archaeological Survey)팀이 발굴한 것들

① 이들은 아소까 왕이 원형의 사리탑을 열고 사리를 덜어서 다른 더 많은 사리탑을 세웠다는 역사적인 사실에 착안하여 재발굴을 시도하였다.

② 1971년 고고학 탐사팀은 페페가 발굴한 바로 그 스투파를 다시 발굴하였다. 페페가 발굴했던 그 바로 아래를 한참 더 파 내려갔다.

---

124 부처님의 진신 사리가 발굴된 그 자리에 사리탑을 세워 전 세계의 불자들이 순례하며 예경 드릴 수 있도록 하였더라면 좋았을 텐데, 인도에 남겨진 부처님의 보물을 지키지도 못하는 인도 불교의 현실이 안타깝다.

③ 거기에는 각각 가로 82cm, 세로 80cm, 높이 37cm인 두 개의 진흙 벽돌 방이 있었다. (까뻴라왓투 29. 1971년 발굴된 사리함)

④ 이 벽돌 방은 사리를 보호하기 위한 방이었다. 각 방에는 쏘웁스톤(soapstone: 비누 같이 부드러운 돌) 사리함과 몇 개의 단지들이 있었다. 사리함에는 불에 탄 뼛조각과 재가 들어있었다. 이 사리함과 그릇들은 기원전 5~6세기인 바로 부처님 시대의 것으로 밝혀졌다.

⑤ 여기에서 나온 사리는 뉴델리의 국립박물관에 보관되었다.

⑥ 이 삐쁘라흐와 스투파는 인도에서 발굴된 가장 고대의 스투파 중의 하나이다.

(3) 삐쁘라흐와 스투파의 건축 단계

① **첫 번째 단계:** 기원전 6~5세기에 사꺄족들은 부처님 사리를 8등분 한 것을 받아와서 그냥 흙더미의 사리탑을 만들었다.

② **두 번째 단계:** 기원전 3세기 아소까 왕[125] 시대에 두꺼운 점토로 바르고 크기도 크게 확장하였다.

③ **세 번째 단계:** 쿠산 왕조 시기에 스투파를 아주 크게 확장하여 높이는 6.35m가 되었다.

(4) 2013년 영국 BBC TV Documentary Film(사실 기록 영화) 'Bones of the Buddha(부처님의 사리)'의 내용

① 1893년 윌리엄 페페의 삐쁘라흐와 발굴의 전 과정을 보여준다.

② 이곳에서 발굴된 1,500파운드의 돌로 된 함을 비롯하여 이 돌 함에 담겨 있던 다섯 개의 사리함 항아리와 단지들, 1,600개의 작은 보석류들을 보여준다.

125　아소까 왕은 원형의 사리탑을 열어서 사리를 덜어내고, 다시 그 위에다 절대 깨질 일이 없는 돌 함 속에 사리와 온갖 금은 보석류를 넣고는 사리탑을 좀 더 견고하게 만들었다.

③ 페페가 촛불 아래서 사리 항아리의 각문을 하나하나 그려서 전문가에게 편지로 보내는 장면, 여러 관련된 문서들, 기록서들을 보여준다.

④ 그다음 장면은 1971년의 인도 고고학 탐사팀이 발굴한 내용들이다.

⑤ 다음으로 모국 까삘라왓투 왕궁에서 자란 붓다의 일생과 여정을 보여준다.

⑥ 사리가 담긴 항아리 각문에 관한 전문가(Dr. Harry Falk: 인도 고대 언어의 세계적인 권위자)와의 인터뷰를 통해 부처님의 사리가 틀림없다는 사실을 확인시킨다.

⑦ 부처님의 혈통인 사꺄족들이 부처님 사리를 사리 항아리에 담아서 뚜껑을 덮고 그 위에 꽃들을 장식하여 흙으로 묻는 장면이 나오고, 이어서 그 후 아소까 왕이 원래 사리를 묻었던 곳 바로 위에 덜어낸 사리와 온갖 보석류를 견고한 돌 사리함에 넣어 스투파를 좀 더 크게 확장하는 장면이 나온다.

⑧ 항아리에 새겨진 브라흐미 각문과 아소까 왕의 돌기둥 각문의 브라흐미 각문은 글자 모양이 똑같다. 그리고 아소까 왕이 건축한 산찌 탑을 보여준다. (아소까 왕은 이 산찌 탑에다 덜어온 부처님 사리를 묻었음이 분명하다.)

⑨ 다큐멘터리는 부처님 열반 후 사리를 8등분 하여 세운 사리탑 가운데 까삘라왓투의 탑에서 그 당시 사꺄족들이 묻은 부처님의 사리가 발굴되었다는 내용의 결론을 내린다.

4) 네팔 쪽인가, 인도 쪽인가? 까삘라왓투 지역에 관한 논쟁

현장의 대당서역기에 의한 까삘라왓투 지도

(1) 현장의 대당서역기를 근거해서 그린 까삘라왓투 지도

① 위의 지도를 보면 네팔 쪽에 아소까 돌기둥도 많고 불교 유적이 많다. 까삘라
　왓투 궁성이 있고 니그로다 승원이 옆에 있는 것이 현장 기록인데 역사적 근
　거가 된다고 본다.

② 아마 사꺄족들은 룸비니에서 더 가까운 곳인 삐쁘라흐와에 부처님 사리를 넣
　고, 사리탑을 세웠으리라 생각된다. 지금은 국경선이 있지만, 부처님 당시는
　이 지역 전체가 까삘라국이었으므로 이곳에 사리탑을 세운 것은 사꺄족들에
　게는 당연한 선택이었을 것이다.

(2) 인도 고고학 탐사(Archaeological Survey)팀의 발굴 결과 보고서

① 스리바스따바(Srivastava)가 이끄는 인도 고고학 탐사(Archaeological Survey)팀이
　삐쁘라흐와 간와리야 승원의 발굴 결과 보고서를 제출하였다.

② 1971~1973년 까삘라왓투가 네팔 쪽인가 인도 쪽인가의 논쟁을 종식시키고
　자 스리바스따바 탐사팀이 삐쁘라흐와 사리탑에서 동쪽 방향에 있는 승원의
　방들과 북쪽에 붙은 베란다를 발굴하는 동안 40여 개의 실링들(Sealings: 문장
　들)이 발견되었다. 이 인장에는 '대 까삘라왓투의 비구 승가의(Maha Kapilavastu
　Bhikkhusamghasa)'라고 새겨져 있었다. 따라서 승원 이름은 '까삘라왓투 승원'이
　었을 것이다.

③ 스리와스따바 탐사팀은 삐쁘라흐와의 발굴에서 부처님의 오리지날 사리가
　발견되었으며 간와리야 지역을 포함하여 승원 이외의 커다란 건축물들을 발
　굴한 결과, 이 지역은 오리지날 까삘라왓투로서 부처님이 성장한 바로 그곳이
　라고 결론내렸다.

④ 웃따르 쁘라데쉬(Uttar Pradesh) 주는 이 지역을 '까삘라바스뚜'라고 이름을 바
　꾸었다.

까삘라왓투 19. '까삘라바스뚜'라고 개명한 지역의 간판

KAPILAVASTU(까삘라바스뚜)라고 이 지역 이름을 바꾸고 세운 명칭 구조물이다.
까삘라왓투는 빠알리어 표기이고 까삘라바스뚜는 산스끄리뜨어 표기이다.

(3) 결론

디가니까야16은 이렇게 전한다.

"마가다의 아자따삿뚜 왕은 라자가하에, 릿차위족은 웨살리에, 사꺄족
은 까삘라왓투에, 꼴리야족은 라마가마에, 이렇게 하여 열 개의 탑이 세
워졌는데 여덟 개의 탑은 부처님의 사리를 넣은 탑이고, 아홉 번째 탑은
(사리를 나누었던) 단지를 넣은 탑이고, 열 번째 탑은 (화장터의) 숯을 넣은 탑
이 되었다. 이것이 바로 예전에 있었던 일이다."[126]

현장의 대당서역기에서 전하는 내용은 다음과 같다.

---

126 디가니까야 16:6, 27, 28.

274

여기서 (까삘라왓투) 동쪽으로 숲속을 2백여 리 가면 라마국[127]에 이른다. 옛 성 동남쪽에 높이 1백여 척 되는 벽돌 스투파가 있다. 옛날 여래가 적멸하였을 때 이 나라의 선왕이 사리를 분배받고 본국으로 가져가 정중하게 모신 곳이다.

옛날 아소까 왕이 스투파를 분할하여 세우려 하였을 때, 7개국이 세운 것을 모두 열어 불사리를 발굴할 수 있었다. 그런데 이 나라에 와서 작업을 하려 했을 때, 이 연못의 용은 사리를 뺏길 것을 염려하여 바라문으로 변신 왕 앞에 나아가 … 아소까 왕은 자기의 힘이 미칠 수 있는 것이 아님을 알고 (사리탑을) 발굴하지 않았다.[128]

위의 내용처럼 부처님 열반(기원전 480) 후 사리는 여덟 나라에 분배되었음을 알 수 있다. 아소까 왕은 원형의 사리를 분배받은 사리탑을 열어서 부처님 사리를 덜어낸 다음 산찌 탑 같이 거대한 많은 탑을 세웠던 것이다.

이런 역사적인 사실에서 다음과 같은 점이 분명해진다. 삐쁘라흐와 스투파의 경우, 원형의 사리는 단순하게 벽돌로 두 개의 방을 만들어 각 방에 사리함 항아리를 넣고 뚜껑을 덮은 후에 흙으로 돔 모양으로 덮었는데, 붓다 열반 후 150년이 지난 기원전 245년경 아소까 왕(기원전 270-230)이 오리지날 사리탑을 열어 사리를 덜어낸 후 일부는 그대로 묻고(1971년 발굴한 것), 바로 좀 더 위의 층에 그가 세운 돌기둥과 같은 사암으로 된 돌 함에 다섯 개의 사리함과 금, 은, 보석류를 넣어 (1893년 발굴한 것) 스투파를 더 크게 확장하였다.

다섯 개의 사리함 중에서 한 개의 사리함에 아소까 왕이 세운 돌기둥에 새긴 것과 똑같은 브라흐미 글자로 '이것은 부처님의 사리이다.'라고 새겼다는 점으로

127　여기의 라마국은 꼴리야족의 라마가마를 말한다.

128　권덕주 역, 『대당서역기』, pp. 175-176. 8등분 한 사리 중 일곱 곳의 사리탑을 모두 열어 덜어내어 다른 탑들을 세웠는데 오직 꼴리야의 라마가마의 것만 사리를 분할하여 덜어내지 않고 원형 그대로 두었다는 것이다.

모든 것은 확실해진다. 그러면 왜 다른 스투파에는 없는 금은 보석류가 1,600개
나 무더기로 들어있었을까? 사리함 항아리 각문에 새겨진 대로 '사꺄족 형제, 자
매, 아들, 아내들이 부처님께 봉헌한 사리탑이었기 때문이다. 같은 종족의 위대한
성자에 대한 존경과 경애, 흠모의 정을 가득 담아 넣었을 것이다.

　　사꺄족들이 묻은 부처님의 사리가 발견되었고, 더구나 1971~1973년에는
삐쁘라흐와 승원 지역과 다른 건축물들을 발굴하는 동안 승원에서 '까삘라왓투
의 비구 승가'라고 새겨진 인장이 출토되었다. 인도 측은 이 지역이 까삘라왓투라
고 주장한다. 룸비니 쪽도 또한 까삘라왓투 지역이 아니겠는가. 까삘라왓투는 주
위가 '4,000리'라는 현장의 기록으로 보아 한국보다 훨씬 큰 지역이다. 네팔 쪽과
인도 쪽 모두를 통틀어 불교 유적지역임은 틀림없다.

까삘라왓투 20. 사리가 발굴된 탑

276

까삘라왓투 21. 까삘라왓투 유적지

까삘리왓투 22. 사리를 넣었던 단지의 각문을 해독하기 전의 작업

윌리엄 페페가 소장하고 있는 각문을 그린 것으로 각문 위의 영어는 페페가 쓴 것이다. 가운데는 각문을 그가 직접 그린 것이고, 그 사이에는 번역자가 쓴 것이다.

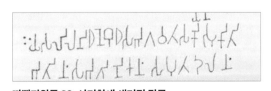

까삘라왓투 23. 사리함에 새겨진 각문

277

까삘라왓투 24. 각문이 새겨진 사리함

까삘라왓투 25. 발굴된 사리들

까삘라왓투 26. 다섯 개의 사리함과 단지들

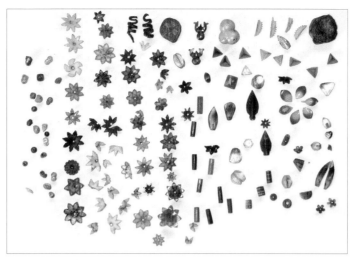

까삘라왓투 27. 단지에 들어 있던 온갖 금은 보석류들

까삘라왓투 28. 1,500 파운드의 돌로 된 함

위의 사진은 다섯 개의 항아리와 단지들을 안전하게 담기 위해 1,500파운드의 돌로 제작된 함이다. 이 견고한 함 덕분에 다섯 개의 사리함들이 2,500년의 세월이 지났음에도 손상을 입지 않고 원형에 가까운 상태를 유지하며 보관될 수 있었다. 이 함은 아소까 왕이 만든 돌기둥과 같은 재료인 사암으로 만들어진 것이다.

까삘라왓투 29. 1971년 발굴된 사리함

(4) 발굴 보고서 내용

다음은 발굴자의 보고서 내용을 요약한 것이다.

페페가 발굴한 것의 한참 아래에서 오리지날 사리함 항아리 두 개를 발굴하였다. 이 쏘웁스톤(비누 같이 부드러운 돌)으로 만든 사리함 항아리는 두 개의 벽돌로 만든 방에 하나씩 있었다. 방은 가로 82cm, 세로 80cm, 높이 37cm였다. 이 방들은 사리를 보호하기 위한 것이었다. 사진에 한 개의 사리함 항아리가 보인다. 이 사리함 항아리에는 불에 탄 뼛조각이 들어있었다. 한 개는 뚜껑이 깨졌다. 페페가 발굴한 사리함 항아리와 모양이 비슷하다. 붉은색 도자기 (우묵한) 접시도 깨져 있었고 흙에 덮여 있었다. 그래서 이 도자기에 무엇이 들어있었는지 모른다.

이 사리함 항아리와 깨진 접시의 연대는 기원전 5~6세기로 부처님이 사셨던 시기임이 밝혀졌다. 따라서 이 스투파는 붓다 열반 후 사꺄족들이 부처님 사리 중에서 8분의 일을 가지고 와서 탑을 세웠던 바로 그 스투파임이 분명해졌다.

5) 아누삐야(Anupiyā) 작은 도시

까삘라왓투 인근에는 부처님이 태자 시절 왕궁을 나와서 긴 머리를 자르고, 왕자의 옷을 바꿔 입은 지역인 아누삐야가 있다. 디가니까야에 나오는 총 24개의 다른 장소(도표 3-2: 디가니까야의 도표 3-1에 의한 빈도수 통계) 중에도 22번째로 아누삐야가 나온다. 아누삐야는 디가니까야에서 다루지 않고 여기로 옮겨서 까삘라왓투와 함께 조명하고자 한다.

(1) 자료에 나타난 아누삐야

> 부처님은 한때 말라에서 아누삐야(Anupiyā)라는 말라의 작은 도시에 머무셨다.[129]

> 사미가람 동쪽, 큰 숲속을 1백여 리 가면 큰 수토파에 이른다. 아소까 왕이 세운 것이다. 태자가 성을 넘어 이곳까지 와서는 왕자의 옷을 벗고 영락을 떼어낸 다음 종자(마부)에게 돌아가도록 명한 곳이다. 태자는 한밤에 성을 나와 새벽녘에 이곳까지 왔다. 태자는 사냥꾼과 옷을 바꾸어 입었다.[130]

> 아누삐야는 까삘라왓투의 동쪽에 있는 말라의 도시이다. 부처님은 말을 타고 왕궁을 나와 아노마(Anomā)강을 건너 그 강둑의 아누삐야로 가셨다. 아누삐야의 망고 숲에서 머리와 수염을 깎고, 수행자의 옷을 입고, 스스로 수계하고, 30리그나 떨어져 있는 라자가하로 가기 전에 출가한 후 첫 번째 주간을 보냈다.
> 부처님은 (성도 후 처음으로 까삘라왓투로 부모님을 방문한 후) 라자가하로 돌아가서 곧 그의 친척들을 만나기 위해 아누삐야(Anupiyā)로 가셨다. 이

---

129 디가니까야 24:1.1.

130 권덕주 역, 『대당서역기』, pp. 177-178.

때 많은 사꺄족 왕자들, 밧디야(Bhaddiya), 아누룻다(Anuruddha), 아난다 (Ānanda), 바구(Bhagu), 낌빌라(Kimbila), 데와닷따(Devadatta) 그리고 이발사 우빨리(Upāli)가 출가하였다.[131]

아누삐야에 말라 왕의 소유인 망고 숲에 부처님이 머무시도록 승원을 지었다.[132]

아노마(Anomā)는 까삘라왓투의 동쪽으로 30리그의 거리에 있는 작은 강으로 부처님이 출가하기 위해 왕궁을 나와서 간 곳이다. 아노마 강둑에는 아누삐야 망고 숲이 있었다. 부처님은 이곳에서 머리와 수염을 자르고 왕자의 옷을 고행자의 옷으로 갈아입으셨다.
아노마강에서 라자가하까지는 30리그의 거리이다.[133]

(2) 께사리야 탑묘를 건축한 아소까 왕

아누삐야의 께사리야 탑묘는 아소까 왕이 건축하였다. 왕은 부처님이 왕궁을 나와 이곳 아누삐야에서 세상의 부귀영화의 흔적을 모두 버리고 머리와 수염을 깎고 가사를 입고 수행자의 모습으로 태어난 것을 기념하기 위하여 이 께사리야 탑묘를 건축한 것이다. 이 거대한 탑묘 앞에는 틀림없이 아소까 석주도 세웠을 것이다.

두 개의 아소까 석주가 아노마강 동쪽 둑 근처에서 발견되었다. 아노마강은 아누삐야에서 가까운 거리에 있는데 하나는 현재의 개울 정도인 할보라(Harbora) 강가의 땅속에, 다른 하나는 늪 속에 있었다. 현재 돌기둥은 그 마을에서 보호하고 있다. 돌기둥 맨 위에 있던 황소는 현재 인도 대통령 궁의 아소까 홀 앞에, 사자

---

131 율장 Ⅱ.180.

132 디가니까야 주석서 Ⅲ.816.

133 자따까 64-65; 숫따니빠따 주석서 382.

캐피탈은 꼴까따(Kolkata) 박물관에 보관되어 있다.[134]

아노마 강둑 늪지에서 발굴된 두 개의 돌기둥 중에서 황소 캐피탈(돌기둥의 맨 위 장식)의 돌기둥이 '아노마 강둑의 아노삐야 망고 숲'에 세워진 돌기둥이라고 믿는 이유는 다음과 같다. 아소까 왕은 부처님과 관련된 중요한 장소마다 돌기둥을 세웠다. 그것도 장소에 맞는 캐피탈을 만들어 세웠다. 모친 마야 왕비와 관련된 상카샤에는 코끼리를, 부처님이 말을 타고 궁성을 나온 룸비니에는 말을, 부처님이 가장 많이 머물고 가르침을 설한 기원정사에는 법륜상과 황소상의 두 개의 돌기둥을, 첫 번째 법륜을 굴린 녹야원에는 사자후의 사자상을, 그것도 네 마리의 사자상을 각각 만들어 돌기둥을 세웠다. 돌기둥 모두 연꽃 좌대 위에 이런 상징물들이 있다.[135]

그러니 부처님의 종족을 상징하는 황소상을 아노마 강둑의 아누삐야 망고 숲에 세운 것은 어쩌면 자연스러운 일이었다.

---

134 관련된 내용은 다음의 자료를 통해서 확인할 수 있다. ① 일아 지음, 『아소까-각문과 역사적 연구』, p. 172. 람쁘르와 돌기둥(안타깝게도 이 돌기둥의 각문은 전형적인 내용만 있고 특정 내용은 없다), ② Nalanda-Insatiable in Offering 〈Rampurua Pillar〉, tripoto.com.

135 일아 지음, 『아소까-각문과 역사적 연구』, pp. 178-189.

까삘라왓투 30. 아노마 강둑에 버려진 황소상 돌기둥

까삘라왓투 31. 아노마 강둑에 버려진 사자상 돌기둥

까삘라왓투 32. 인도 대통령 궁전에 모셔진 황소상

까삘라왓투 33. 인도 박물관에 있는 사자상

까삘라왓투 34. 아노마 강의 마을에 잘 보관된 두 개의 돌기둥

(3) 세계에서 가장 큰 스투파

까삘라왓투 35. 아누삐야 망고 숲의 께사리야(Kesariya) 탑

위 사진(까삘라왓투 35. 아누삐야 망고 숲의 께사리야(Kesariya) 탑)은 아누삐야 유적이다. 웅장하고 장엄한 탑의 전체 모습을 다 볼 수 있다. 그러나 절반 정도만 발굴되어 있다. 아소까 왕이 만든 이 탑묘는 1958년 인도 고고학 탐사(Archeological Survey of India)의 고고학자 케이 케이 무하메드(K. K. Muhammed)에 의해 발굴되었다.

탑묘의 둘레는 1,400피트(ft)이고, 높이는 104피트(32m)[136]이다. 총 여섯 개 층으로 각 층마다 널찍한 회랑이 있어 빙빙 돌아 맨 꼭대기까지 올라갈 수 있고, 회랑의 안쪽에 죽 돌아가며 불상이 안치되어 있다. 불상들은 이슬람의 공격으로 모두 머리가 잘려져 있으며, 맨 꼭대기에는 둥근 만달라의 모양으로 마무리되어 있다. 유네스코(UNESCO)는 이 스투파를 세계에서 가장 큰 스투파라고 인정하였다. 스투파의 절반은 아직 손을 대지 않은 듯 나무가 우거져 있다.[137]

---

136 원래는 150피트였는데 침식으로 123피트의 높이로 낮아졌고 지진으로 더 작아졌다고 한다.

137 Indian Express: "Bihar's Nirvana country lost in the pages of time", tripoto.com.

까뻴라왓투 36. 층층이 불상이 안치된 께사리야 탑

까뻴라왓투 37. 께사리야 불상 자세히 보기

까뻴라왓투 38. 서로 닮은 자바의 보로부드르 불상

불상을 안치하기 위해 다섯 층의 벽돌을 쌓고 그 위에 좌대를 깔고 불상을 안치하였다. 공간을 널찍하게 만들어 불상이 더 여유로워 보인다. 불상의 모습(까삘라왓투 37. 께사리아 불상 자세히 보기)으로 보아 얼굴 모습은 얼마나 상호가 좋고, 훌륭한 부처님의 모습이었을지 가히 짐작할 수 있다. 붉은 기가 도는 아름다운 색조의 사암으로 만들었다. 광택이 나고 색깔도 아주 훌륭했을 것 같다. 얼굴 상호를 예측하기 위해 자바의 불상(까삘라왓투 38. 서로 닮은 자바의 보로부드르 불상)을 바로 아래에 배치해 놓았다. 께사리아 탑은 유명한 자바의 보로부드르(Borobudur) 탑에 영향을 주었다고 한다. 어쩐지 두 불상의 모습이 닮아 있는 것 같다. 께사리아 불상의 얼굴은 보로부드르 불상처럼 평화롭고 편안하고 모든 것을 초월한 모습이었을 것이다.

❖ 승원 5 ❖

웨살리 큰 숲의 중각강당(Kūtāgārasālā)

웨살리는 릿차위족의 나라인 왓지의 수도이다. 경전에 가장 많이 등장하는 종족 이름이 사꺄족과 릿차위족이다. 릿차위는 부처님을 향한 신심이 대단하였다. 웨살리를 대표하는 큰 승원은 큰 숲에 있는 중각강당이며, 다행히도 아주 넓게 분포되어 있는 웨살리 유적은 발굴되어 잘 보존되고 있다. 아래에 이 유적에 대한 경전의 내용과 유적 하나하나의 사진을 실었다.[138]

---

138 사진의 설명은 주로 안내판의 내용이다. 그 외에 '비하르 주의 매력: 무자화르뿌르 지역 (Bihar attractions: Muzaffarpur District)'의 기록이 있다.

1) 경전에 나타난 웨살리

그때 웨살리는 매우 번창하였고 사람들로 북적대고 먹을 것이 풍성하였다. 수많은 건물과 집들, 공원, 연못이 곳곳에 있었다. 더욱이 이곳에는 미모와 기예를 겸비한 유명한 기생 암바빨리가 있어 더 융성한 도시가 되었다.[139]

부처님은 아난다에게 말씀하셨다. "아난다, 웨살리는 아름답구나. 우데나 사당은 아름답구나. 고따마까 사당은 아름답구나."[140]

한때 부처님은 웨살리 큰 숲에서 여러 잘 알려진 장로 제자들과 함께 중각강당에 계셨다. 그때 잘 알려진 여러 명의 릿차위들이 시끄럽게 떠들면서 부처님을 뵈려고 큰 숲으로 들어오고 있었다. 그래서 장로 존자들은 고싱가 살라 숲으로 갔다. 그곳에서 그들은 소음에서 자유롭고 군중에 방해받지 않고 편안하게 머물렀다.[141]

한때 부처님은 웨살리에서 중각강당에 계셨다. 부처님은 웨살리에서 탁발을 하고 공양을 한 후에 아난다 존자에게 말씀하셨다.
"아난다, 깔개를 가지고 낮 동안 머물기 위해 짜빨라(Cāpāla) 사당으로 가자."
"예, 부처님."
부처님과 아난다 존자는 짜빨라 사당으로 가셨다.[142]

---

139 율장 마하왁가 8편 1 : 1-35.

140 디가니까야 16 : 3. 2.

141 앙굿따라니까야 10법수 72.

142 상윳따니까야 51 : 10.

한때 부처님은 웨살리에서 중각강당에 계셨다. 그때 500명의 릿차위들이 사란다다(Sārandada) 사당에 모여 이런 이야기를 하고 있었다. … 릿차위들은 부처님께 말씀드렸다.

"부처님, 저희들에 대한 자비로 사란다다 사당으로 와주시면 감사하겠습니다."

부처님은 사란다다 사당으로 가셔서 릿차위들에게 말씀하셨다.[143]

위의 경전들에서처럼 중각강당 주변에는 고요히 명상하기 좋은 고싱가 살라 숲, 아름다운 짜빨라 사당, 사란다다 사당, 우데나 사당, 고따마까 사당이 있는데 모두 아름답다고 부처님은 아난다에게 말씀하셨다. 그리고 웨살리는 아름답다고 하셨다. 웨살리의 주위 환경은 무척 아름다웠던 것 같다.

2) 웨살리의 유적

웨살리 1. 웨살리의 사리탑

---

143 앙굿따라니까야 5법수 143.

다음은 위 안내판의 중요 내용이다.

이것은 부처님의 유해를 넣고 세운 오리지날 여덟 개의 스투파 중 하나이다. 불교 전통에 따르면 부처님이 열반에 드신 후 부처님 육신은 전륜성왕의 예를 갖추어 꾸시나라의 말라에 의하여 화장되었다. 그리고 그 유해는 요청한 여덟 곳에 분배되었다.

이것은 원래 기원전 5세기에 건립된 지름이 8.07m의 작은 흙더미 스투파였다.

그 후 마우리야, 숭가, 쿠산 왕조 시기에 탑은 벽돌로 거죽을 감싸고, 지름이 12m로 확장되었다.

스투파의 발굴은 1958년 이루어졌다. 가장 괄목할만한 발견은 일부 재와 흙으로 채워진 사리가 든 사리함의 발견이었다.

웨살리 2. 웨살리의 안내판

다음은 위 사진에 보이는 안내판의 중요 내용이다.

인도의 고고학 탐사에 의해 이루어진 최근의 발굴은 중각강당

(Kutagarashala)의 유적이었다. 만자(Swastika)형 승원과 저수지, 여러 탑들, 그리고 작은 토굴들, 그리고 전에 부분적으로 발굴되었던 아소까 석주를 발굴했다. 이것은 원래 마우리야 왕조 때에 지어졌다. 그리고 쿠산 왕조 때에 높이를 높게 하고 (아래 기단에) 벽돌을 발라 (돌 수 있는) 난간을 만들어 확장하였다.

면적이 대략 가로 세로가 65×35m로 일곱 계단의 벽돌을 쌓은 이 저수지는 남쪽의 목욕 계단과 서쪽의 목욕 계단을 가지고 있다.

준보석으로 된 염주알과 토기로 만들어진 형상들, 인장과 인장표, 준보석을 박아 넣은 벽돌들, 문자가 새겨진 토기 그릇 파편들, 그리고 왕관을 쓴 원숭이 모습의 독특한 토기 형상들은, 이 장소를 발굴하는 동안에 발견된 주목할 만한 유물 가운데 일부이다.

웨살리 3. 웨살리의 사리를 넣었던 곳의 파진 유적

웨살리 4. 웨살리의 사리를 넣었던 곳을 보호하는 건물

　위의 사진은 '웨살리의 사리를 넣었던 곳을 보호하는 건물'을 찍은 것이다. 1957에서 1962년까지의 발굴에 의해 현재의 모습으로 유적을 정비하였다. 1972년 이후 이곳에서 꺼낸 부처님 사리는 빠트나(Patna) 박물관에 보관되었다. 하지만 사리를 넣었던 관의 모양이 남아 있다. 주위는 돌로 견고하게 지었고, 바로 이곳에 부처님의 진신 사리를 모신 탑이 있었다. 비록 빈 사리함의 터만 남았지만, 부처님의 사리탑을 느낄 수 있는 곳이다. 이 빈 사리함의 유적을 보호하기 위해 파란 지붕의 건물이 지어졌다.

웨살리 5. 웨살리의 아난다 사리탑

사진은 웨살리의 아난다 사리탑이다. 릿차위족들은 부처님을 향한 신심이 대단했던 것처럼 아난다 존자에 대한 신심도 대단하였던 것 같다. 아난다 존자가 열반한 후 그 사리 탑묘를 세웠다. 아난다 탑묘는 전체를 벽돌로 감싸고, 아래 기단에는 난간이 빙 둘려 있다. 우리나라 경주의 왕릉과 비슷한데 경주 왕릉은 잔디를 입혔지만, 인도의 사리탑은 처음에는 그냥 흙으로 쌓아 올리고 나중에 벽돌로 거죽을 발랐다.

3) 인도 사리탑묘의 특징

웨살리 6. 인도 사리탑의 특징 1

웨살리 7. 인도 사리탑의 특징 2

위의 두 개의 산찌 탑 스투파('웨살리 6. 인도 사리탑의 특징 1'과 '웨살리 7. 인도 사리탑의 특징 2')는 전형적인 고대 인도의 사리를 넣은 탑의 모양을 보여준다. 크기만 다를 뿐

이런 모양으로 흙을 쌓아 올리고 거죽은 견고하게 벽돌로 마무리되었다. 울타리도 전형적인 고대 인도의 울타리 모양이다. 안내판에 의하면 웨살리의 탑묘도 처음에는 흙으로만 둥그렇게 덮었다가 나중에 벽돌을 발랐다는 내용이다.

디가니까야 16장의 24에 나타난 내용을 보면 여덟 곳의 사리를 요청한 종족들은 모두 다음과 같이 말했다. "나는 부처님의 사리로 큰 탑(thūpa)을 만들 것입니다." 여기서 탑이란 우리가 생각하는 그런 탑이 아니다. 탑을 '투빠(thūpa)'라고 하였는데, 이는 '탑, 흙더미, 둥근 지붕(dome 모양)'이라는 뜻이다. 일반적으로 무덤을 말한다고 한다. 그러므로 '투빠(thūpa)'는 탑묘가 맞을 것이다. 경주의 왕릉은 잔디가 입혀져 있지만 인도의 탑묘는 벽돌을 입혀서 좀 더 견고하다. 탑의 다른 단어로는 '쩨띠야(cetiya)'가 있는데 이것은 '사당, 묘당, 무덤, 탑묘, 유골탑' 등의 뜻을 갖는다. 두 가지는 약간 다른 의미로 쓰이는 듯하다.

위의 두 개의 작은 사진은 산찌 탑의 돔 모양의 형태이다. 인도에서는 이런 돔 모양의 무덤에 사리를 넣고 흙을 쌓아 올린 후 마지막은 벽돌로 마무리했던 것 같다. 위쪽 사진에서 보이는 탑묘의 맨 꼭대기 장식은 전륜성왕의 위용을 상징한다. 산찌 탑은 기원전 250년경 아소까 왕이 건립한 가장 아름다운 탑이다. 아래쪽 탑묘는 꼭대기 장식이 없다. 모두 벽돌로 외벽을 감싸서 견고하게 지었다.

4) 아조까 석주와 저수지

웨살리 8. 웨살리 아소까 석주와 저수지

위 사진(웨살리 8. 웨살리 아소까 석주와 저수지)에서는 웨살리 탑과 중각강당 터와 저수지, 아소까 석주들을 한눈에 볼 수 있다. 저수지 그 너머로 승원터가 보인다. 그런데 그 규모가 상당히 컸던 것 같다. 이 모든 것들이 실제로 존재했을 당시에는 굉장히 장관이었을 것이다.

(1) 아소까 석주(Asoka Pillar)

아소까 왕이 세웠다. 붉은 사암의 반들반들한 광택을 지닌 통짜 기둥이다. 위에는 연꽃 모양의 좌대가 있고 그 위에 한 마리의 사자가 있다. 높이는 18.3m이며 이 돌기둥에는 각문이 없다. 사자는 북쪽을 향해 앉아 있는데 북쪽은 부처님이 열반 전에 마지막으로 유행하신 방향이다. 사자는 그곳을 보고 있다.

(2) 저수지(Ramkund Tank)

이 저수지는 아소까 석주의 남쪽에 있다. 저수지는 벽돌을 쌓아 만들었다. 길이가 200피트(ft), 넓이가 100피트이다. 서쪽의 강에서 저수지로 물이 흘러들어 온다.

저수지의 둑에는 남성(비구)과 여성(비구니)의 옷을 갈아입는 시설이 있었다. (스님들이 목욕한 후 옷을 갈아입는 작은 건물이 있었던 것 같다.)

5) 중각강당(Kutagarasala)

웨살리 9. 중각강당(Kutagarasala) 안내판

다음은 중각강당 안내판의 내용이다.

중각강당은 부처님이 우기 안거 동안 웨살리에 계실 때 머무셨던 장소를 나타낸다. 이 유적의 발굴에서 이 승원의 세 단계의 건축 양식을 발견하였다. 첫 단계[144]는 원래 숭가 왕조 시기, 쿠산 왕조 시기에 건립된 작은 예불당이었다. 그다음으로 둘째 단계는 굽타 왕조 때에 높이가 높은 승원으로 확장되었다. 마지막 단계는 굽타 왕조 후에 많은 칸을 막은 벽을

---

[144] 안내판이 간과한 점이 있는 것 같다. 원래는 경전에 자주 나오는 "부처님은 웨살리의 중각강당에 계셨다."에서처럼 첫 단계는 분명히 부처님 당시여야 한다. 부처님 당시에도 중각강당은 그 규모가 컸던 것으로 생각된다. 아마도 부처님 당시의 중각강당은 허물어 버리고 다시 지었을 가능성이 있다.

만듦으로 해서(많은 비구들이 사용하도록 벽을 막아 방사를 많이 만들었다는 것) (큰)

승원으로 되었다.

웨살리 10. 중각강당(Kutagarasala) 유적지

중각강당은 벽돌을 높고 길게 쌓아 올린 흔적으로 보아 매우 큰 승원이었던 것 같다.

6) 그 밖의 유적들

웨살리 11. 웨살리 만(卍)자 모양의 비구니 승원 안내판

안내판의 내용이다.

12개의 방이 있는 승원은 도면 위에 마치 만자(卍)형 같은 모습을 보이고 있다. 만자형(卍) 날개에는 각각 3개의 방이 있는데, 이 방들은 개방된 중앙 뜰 주위에 있는 공동 베란다에 붙어 있다. 동쪽 방향으로 입구가 있기 때문에 이 승원에는 화장실이 남쪽 벽에 붙어 있다. 굽타 왕조 때에 이 승원은 아마도 비구니용으로 건축되어진 듯하다.

웨살리 12. 웨살리 만자 모양의 비구니 승원 유적

사왓티의 기원정사 맞은편에 비구니 승원인 라자까라마 승원이 있었던 것처럼, 중각강당의 옆에도 만자 모양의 비구니 승원이 있었다는 것이다.

웨살리 13. 웨살리 유적지 전경

위의 사진(웨살리 13. 웨살리 유적지 전경)에서 보듯, 웨살리의 아난다 탑묘의 북쪽으로 살라나무가 죽 늘어서 있다. 아소까 석주가 탑묘 위로 보인다. 살라나무는 다듬어서 작은 것이지 자연적으로 두면 엄청 큰 나무일 것이다.

웨살리는 경전의 2차 결집 요인인 '10사 비법'의 10가지는 괜찮다고 주장한 왓지 비구와 관련이 있다. 이곳은 엄격한 계율에 대하여 시대의 변혁을 요구한 좀 더 진보적인 비구들이 살았던 것 같다.

> 큰 숲에 비구들을 위한 승원이 있었다. 이 승원의 일부는 기둥으로만 둘러싸인 강당을 가진 단층으로 되어있다. 그 강당은 동향이고 북쪽에서 남쪽으로 놓여 있다. 이 강당으로 인하여 전체 승원은 중각강당(Kūtāgārasālā)이라고 알려지게 되었다.[145]

이곳(꾸시나라)에서 5유연을 가서 바이샬리(웨살리)에 이르렀다. 웨살리 북

---

145 디가니까야 주석서 Ⅱ.119; 맛지마니까야 주석서(Aluvihara series: Ⅰ.450).

쪽에는 대림중각(大林重閣:큰 숲의 중각강당) 정사와 여래께서 머무셨던 곳이 있다.[146]

가람은 수백 개가 있으나 대개는 붕괴되었다. 웨살리 왕이 세운 불사리 탑이 있다. 불사리탑 서북쪽에 아소까 돌기둥이 있다. 높이가 50~60척인데 위에는 사자상이 있다. ⋯ 동쪽에 낡은 기초가 있고 그 위에 탑이 세워져 있다. 중각강당의 빈터이다.
여기에서 멀지 않은 곳에 수백 개의 탑이 있다. 그 수를 분명히 알고자 한 사람치고 그 수를 분명히 안 일이 없다. 웨살리 성 안팎에는 성적(유적)이 많은데 일일이 매거하기 어려울 정도이다.[147]

현장의 기록대로 웨살리는 불법이 매우 번창하였음을 알 수 있다.

---

146 김규현 역, 『불국기』, p. 113.
147 권덕주 역, 『대당서역기』, pp. 202-205.

라자가하의 죽림정사(Kalandakanivāpa)

1) 죽림정사의 모습

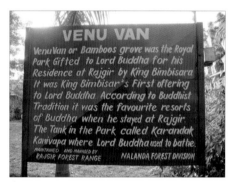

죽림정사 1. 죽림정사 안내판

죽림정사의 안내판의 내용이다.

> 대나무 숲(Venu Van 또는 Bamboos Grove)은 빔비사라 왕이 라즈기르(라자가
> 하)에 부처님의 거처로 드린 왕실 정원이었다. 이 정원은 빔비사라 왕이
> 부처님께 드린 첫 번째 공양이다. 불교 전통에 의하면, 이곳은 부처님이
> 라즈기르에 계실 때 즐겨 찾는 곳이었다. 깔란다까니와빠라 부르는 정원
> 에 있는 저수지(연못)는 거기서 부처님이 목욕하시곤 하였다.

죽림정사 2. 죽림정사의 매우 큰 연못

죽림정사에 있는 연못의 물이 맑다. 승원에는 연못이 꼭 있어서 목욕을 하거나 씻을 수 있는 곳으로 사용되었음을 알 수 있다. 죽림정사 연못은 그 규모가 크다.

죽림정사 3. 죽림정사 옥외에서 설법하시는 부처님

위의 그림은 대나무가 많이 우거진 죽림(竹林)정사에서 비구들에게 설법하는 부처님의 모습이다. 대나무가 많이 우거졌기 때문에 죽림정사라는 이름이 붙었다. 그림 속의 부처님처럼 앉아 계신 모습을 전혀 못 보았는데 대나무가 있는 그림이 적당한 것이 없어 그냥 실었다. 부처님은 가부좌를 항상 하셨다. 바로 명상할 때의 가부좌의 모습이어야 한다.

2) 경전과 자료에 나타난 죽림정사

빔비사라 왕은 부처님과 천 명의 제자들을 공양에 초대하였다. 왕은 손수 부처님께 시중들며 음식을 권하였다. 왕은 이런 생각을 하였다.
'어디에 부처님께서 머물면 좋을까? 마을에서 너무 멀지도 않고 가깝지도 않고, 오고 가기에 편리하고, 사람들이 방문하기 쉽고, 낮에 번잡하지 않고, 밤에 소음이 없고, 인적이 드물고, 방해받지 않고, 명상수행에 적합한 곳이 어딜까?'
그런데 나의 이 대나무 숲은 이 모든 조건을 갖추었다. 그러니 이 대나무 숲을 부처님과 승단에 기증해야겠다. 그래서 빔비사라 왕은 말씀드렸다.
"부처님, 저는 이 대나무 숲을 부처님과 승단에 기증합니다."
부처님은 숲을 받으시고, 왕을 위하여 가르침을 설하여 왕을 기쁘게 하였다.[148]

한때 부처님은 라자가하에서 대나무 숲의 다람쥐 먹이 주는 곳에 계셨다. 그때에는 비구들에게 숙소에서 사는 것이 허락되지 않았다. 그래서 비구들은 숲속 여기저기에서 살았다.

---

148 율장 마하왁가 1편 22 : 1-18.

그때 이른 아침, 라자가하의 대부호 상인이 대나무 숲에 가게 되었는데 비구들이 여기저기서 나오는 것을 보았다. 그래서 그는 비구들에게 물었다.

"제가 숙소를 지어드리면 거기에서 사시겠습니까?"

"장자여, 숙소에 사는 것은 부처님께서 허락하지 않으셨습니다."

"그러면 존자여, 부처님께 (허락해 주시도록) 여쭌 후에 저에게 알려주십시오."

부처님은 이를 허락하셨다.

그래서 장자는 하루 만에 60개의 거처를 지었다.

부처님이 숙소 짓는 것을 허락하셨다는 말이 퍼지자, 사람들은 앞다투어 숙소를 짓게 되었다. 그때 빔비사라 왕은 승가를 위하여 점토와 회반죽을 발라 기다란 숙소를 지었다.[149]

부처님은 두 번째, 세 번째, 네 번째 안거를 죽림정사에서 보내셨다. 죽림정사에서 가까운 곳에 유행자 승원[150]이 있었다.[151]

대나무 숲 승원(죽림정사) 큰 건물의 옆에 암발랏티까[152] 라는 건물이 있었다. 또한 비구들의 수행을 위해 지은 숙소가 있었다.[153]

어느 때 부처님은 죽림정사에 계셨다. 그때 라홀라 존자는 암발랏티까에 있었다. 저녁나절 부처님은 명상을 끝내고 암발랏티까의 라홀라가 있는

---

149 율장 쭐라왁가 6편 1 : 1 - 5, 3 : 11.

150 유행자 승원(paribbājakārāma)은 어느 교단의 수행자인가를 막론하고 수행자라면 누구든 머무는 곳이었다.

151 붓다왕사(Buddhavaṃsa) 주석서 3.

152 똑같은 이름의 라자가하와 날란다 사이의 암발랏티까 왕의 정원과는 다른 장소이다. 디가니까야 경 1 : 1 - 2.

153 맛지마니까야 주석서 Ⅱ. 635.

곳으로 가셨다.[154]

죽림정사가 있는데 지금도 존재해 있으며 대중들이 깨끗이 청소를 하고 있다.[155]

칼란다카 죽원에 이른다. 지금도 정사가 있고, 벽돌집은 동향으로 문을 열어놓고 있다. 지금은 여래의 몸과 같은 상이 서 있다. 죽림정사에서 2 백여 보 가면 칼란다카 연못에 이른다.[156]

❖ 승원 7 ❖
빠딸리뿟따의 꾹꾸따 승원(kukkuṭārāma)

마가다국의 구(舊)수도는 라자가하이고, 신(新)수도는 빠딸리뿟따이다. 부처님이 열반 전에 방문한 그때에는 신수도가 아직 아니고 그냥 '빠딸리뿟따'라는 마을이었다.

1) 꾹꾸따 승원에 있는 아말라까 탑

(꾹꾸따 승원) 가람 쪽에 큰 스투파가 있는데 아말라까 (탑)이라고 한다. 아 말라까란 인도의 약용 과일 이름이다. 아소까 왕이 병들어 여명이 얼마

---

154 맛지마니까야 61.

155 김규현 역, 『불국기』, p. 128.

156 권덕주 역, 『대당서역기』, p. 265, p. 269.

남지 않은 것을 알고 진귀한 보물을 공양하고자 하였다. 그러나 가신들의 만류로 뜻대로 할 수 없었다.

그래서 식사 때 나온 아말라까를 먹지 않고 측근에게 명하여 "이 과일을 가지고 꾹꾸따 승원으로 가서 중승(衆僧)에게 시주물로 내되, 옛날의 전잠부주의 주인이며 지금은 오직 반쪼가리 아말라까밖에 없는 왕이 대덕의 승도 앞에 예배드리면서 마지막 시주물을 받아주시도록 바라는 바입니다. 몸에 지닌 것은 이미 없고 이 반쪼가리 아말라까만이 겨우 자유로울 뿐입니다. 나의 궁핍함을 가긍히 여겨 복덕의 자량을 더하게 해 주시기를 바랍니다."라고 전하도록 일렀다.

신하가 가서 이와 같이 말하자 승도 중의 상좌승이 "아소까 대왕은 널리 천하를 제도하고자 했습니다만 질병[157]은 왕의 몸에 있고, 간신은 명령을 어기며 왕의 보배 또한 자유롭게 할 수 없어서 오직 반과만 시주하셨습니다. 왕께서 보내신 명령을 삼가 받잡고 널리 승도들에게 시주하겠습니다."라고 했다.

그래서 반쪽 과일을 국 속에 끈으로 묶어 넣어 삶은 다음 그 과핵(씨)은 수장하여 스투파를 세웠다.[158]

(바라나시의 녹야원)의 큰 담장 안에 높이 2백여 척 되는 정사가 있는데 위에는 황금으로 조각된 아말라까가 만들어져 있다.[159]

(붓다가야 대탑의) 보리수 동쪽에 정사가 있다. 정사 위에는 금동의 아말라까가 놓여 있다.[160]

---

157   아소까 왕은 특별한 질병의 기록이 없다. 여기의 질병은 늙음에서 오는 질병을 말한다.

158   권덕주 역, 『대당서역기』, pp. 222-223.

159   권덕주 역, 『대당서역기』, p. 189.

160   권덕주 역, 『대당서역기』, p. 237.

2) 경전과 주석서에 나타난 빠딸리뿟따의 꾹꾸따 승원

꾹꾸따 승원은 꾹꾸따(kukkuṭa)라는 재정관에 의해 건립되었다.[161]

한때 아난다 존자와 밧다(Bhadda) 존자는 빠딸리뿟따에서 꾹꾸따 승원에 있었다.[162]

한때 아난다 존자는 벨루와가마까(Beluvagāmaka)에 있었다. … 그때 다사마(Dasama) 장자는 빠딸리뿟따에 도착하였다. 그는 꾹꾸따 승원의 어떤 비구에게 가서 말하였다.
"존자님, 요즘 아난다 존자는 어디에 계십니까? 저는 아난다 존자를 뵙고 싶습니다."[163]

한때 나라다(Nārada) 존자는 빠딸리뿟따에서 꾹꾸따 승원에 있었다. … 나라다 존자는 문다(Muṇḍa) 왕에게 말하였다.[164]

또 소승의 사원도 있는데 모두 600~700명의 승려들이 살고 있으며, 그들의 행동거지는 가히 볼만하다. 사방의 덕 높은 사문이나 학문을 하고자 하는 사람들은 모두 이곳으로 온다. … 중인도에서는 이 나라의 도읍지인 빠딸리푸트라가 제일 크다.[165]

---

161 맛지마니까야 주석서 Ⅱ. p. 571 (Simon Hewavitarne Bequest Series), 앙굿따라니까야 주석서 Ⅱ. p. 866 (Aluvihara Series)

162 상윳따니까야 45 : 18.

163 앙굿따라니까야 11법수 17.

164 앙굿따라니까야 5법수 50.

165 김규현 역, 『불국기』, p. 117-122. 법현은 승원들을 언급하고 있지만 어느 것이 꾹꾸따 승원인지 언급이 없다.

(빠딸리뿟따) 성의 동남쪽에 쿠르쿠타아라마(꾹꾸따 승원) 승가람이 있다. 아소까 왕이 불법을 믿게 되자 법도에 따라 건립하고 1천 명의 비구 승가에 필요한 것을 남김없이 공급했다. 가람이 붕괴된 지 이미 오랬으나 기초는 지금도 남아 있다.[166]

위의 경전과 주석서에서 확실한 것은 빠딸리뿟따에 꾹꾸따 승원이 있었다는 것이다. 주석서는 꾹꾸따 상인(setthi)이 꾹꾸따 승원을 지었다고 언급한다. 그러나 현장의 대당서역기에는 꾹꾸따 승원은 아소까 왕이 지었다고 기록하고 있다.

3) 꾹꾸따 승원의 두 가지 문제점

(1) 꾹꾸따 승원이 두 장소에 있는 문제

꾹꾸따 승원은 꼬삼비에 있으며 꾹꾸따 재정관에 의해 건립된 것이다. 그의 친구인 고사까는 꼬삼비의 우다나 왕의 재정관이었고, 큰 규모의 고시따 승원을 지었다. 또 한 명의 친구인 빠와리까는 빠와리까 망고 숲에 빠와리까 승원을 지었다. 그래서 부처님은 꼬삼비에 계실 때는 고시따 승원, 꾹꾸따 승원, 빠와리까 승원을 번갈아 가며 머무셨다고 한다.

여기서 문제점이 하나 드러난다. 꼬삼비와 빠딸리뿟따는 상당히 먼 거리인데 꼬삼비의 꾹꾸따 재정관이 빠딸리뿟따에 승원을 지었을까? 무슨 이유로 그곳에 지었을까? 부처님 당시 빠딸리뿟따는 새로 생긴 수도로서 큰 도시가 아닌, 보통의 마을에 지나지 않았다. 이런 마을에 꾹꾸따 상인이 와서 승원을 지었을까? 꾹꾸따 장자가 어떤 인연으로 그곳에 지었을지도 모른다. 아니면 같은 이름의 다른 사람인가?

---

166 권덕주 역, 『대당서역기』, p. 222. 현장 때는 꾹꾸따 승원은 이미 붕괴되었다고 한다.

(2) 빠딸리뿟따의 꾹꾸따 승원은 누가 지었는가?

맛지마 주석서와 앙굿따라 주석서에는 꾹꾸따 승원은 꾹꾸따 상인이 지었다고 하고, 대당서역기에는 아소까 왕이 지었다고 한다. 이 모순적인 상황을 판단하기 위하여 먼저 두 가지 단서를 제시해야 할 것 같다.

① 부처님께서 열반하신 지 236년이 되었을 때, 아소까라마(Asokārāma) 승원에는 6만 명의 비구들이 살았다.[167]

② 아소까라마(아소까 승원)는 아소까 왕에 의해 꾹꾸따라마 승원의 자리에 지어졌다.[168]

이 두 가지 점으로 볼 때, 다음과 같은 추론이 가능하다.

① 아소까 왕은 빠딸리뿟따가 수도이기 때문에 꾹꾸따라마 자리에 아소까라마와 더 많은 건물을 크게 짓고 확장하였던 것 같다.

② 아소까가 지었기 때문에 아소까라마라고 불리었다.

③ 그러나 사람들은 꾹꾸따 승원과 아소까라마 승원을 다 알고 있기 때문에 두 명칭을 다 사용했던 것 같다. 아무리 과장이라고 해도 6만 명이라니 상상하기 쉽지 않다. 어마어마하게 큰 승원이었을 것이다.

---

167   디빠왕사(Dīpavaṃsa) 7장 37.

168   Malalasekera, Dictionary of Pāli Proper Names Ⅰ, p. 615.

왓지의 나디까(Nadika)의 벽돌집 승원(Ginjakavasathārāma)

부처님은 한때 나디까에서 벽돌집 승원에 계셨다. 그때에 아누룻다 존자, 난디야 존자, 낌빌라 존자가 고싱가 살라 숲에 머물고 있었다. 저녁나절에 부처님은 명상에서 일어나 고싱가 살라 숲으로 (세 명의 존자들을 찾아) 가셨다.[169]

한때 부처님은 여러 잘 알려진 장로 비구들과 함께 고싱가 살라 숲에 계셨다. … 사리뿟따 존자는 아난다 존자에게 말하였다.
"벗, 아난다여, 고싱가 살라 숲은 아름다워서 밤에는 달이 비추고, 살라 나무는 꽃이 만발하고, 하늘의 향기가 퍼지는 듯합니다."[170]

한때 부처님은 웨살리의 큰 숲의 중각강당에서 많은 잘 알려진 장로 제자들과 함께 계셨다. 그때에 잘 알려진 한 무리의 릿차위들이 멋진 마차를 타고 앞을 다투어 시끄럽게 떠들면서 부처님을 뵈려고 큰 숲으로 들어오고 있었다. 그래서 비구들은 고싱가 살라 숲으로 갔다. 거기서 그들은 군중이나 시끄러움 없이 편안하게 머물렀다.[171]

부처님이 나디까(Nadika)[172]의 벽돌집에 계시다가 저녁나절 고싱가 살라 숲으로 제자들을 찾아가신 점으로 보아 두 장소는 서로 인근에 있었을 것이다.

---

169 맛지마니까야 31 : 1-3.

170 맛지마니까야 32 : 1-4.

171 앙굿따라니까야 10법수 72.

172 나디까(Nadika)는 나띠까(Natika)라고 하기도 한다.

웨살리 큰 숲의 중각강당에서 시끄러움을 피하여 비구들이 한적한 고싱가
살라 숲으로 간 점으로 보아 고싱가 살라 숲은 중각강당에서 가까운 거리에 있었
던 것 같다. 그리고 한적하고 조용한 숲이었을 것이다. 또한, 살라 숲이라 살라 꽃
들이 만개할 때는 매우 아름답고 향기 또한 대단하였던 것 같다.

나디까의 벽돌집으로 알려질 정도였으니 꽤 의미가 있는 건물이었을 것이
다. 당시 보통 건물은 나무로 지었는데, 벽돌로 견고하게 지은 것으로 보아 나디
까의 벽돌집은 나무처럼 썩지 않고 오래도록 편리하게 사용하려는 뚜렷한 목적
이 있었을지도 모른다.

> 나디까의 벽돌집 승원은 웨살리와 꼬띠가마(koṭigamā) 사이의 큰 길가에
> 있는 왓지국에 있는 지역 이름이다. 부처님이 처음으로 나디까에 가셨을
> 때 주민들은 큰 감동을 받아, 부처님을 위하여 벽돌집 승원을 지었다. 이
> 승원은 차츰 훌륭한 승원이 되었다.[173]

❖ 승원 9 ❖
라자가하의 따뽀다 (온천) 승원(Tapodārāma)

> '따뽀다(tapoda)'는 온천을 의미한다. 그래서 온천 승원이라고 한다.
> 라자가하 외곽에 웨바라(Vebhāra) 산 아래에 큰 호수가 있는데 물은 차갑
> 다. 그러나 이 호수에서 흘러내려 오는 물은 뜨거운데 따뽀다라고 불린
> 다. 이곳 주변에 따뽀다 승원이 있다.[174]

---

173 맛지마니까야 주석서 Ⅰ. 424.
174 율장 Ⅲ 108, Ⅳ 116; 상윳따 주석서 Ⅰ 30.

한때 부처님은 라자가하의 온천 승원에 계셨다. 그때 거의 새벽이 되었을 때에 사밋디 존자는 온천으로 갔다. 목욕을 한 후에 물에서 나와 옷을 한 벌만 입고 몸을 말리고 있었다.[175]

한때 아난다 존자는 라자가하의 온천 승원에 머물고 있었다. 그때 아난다 존자는 밤이 지나고 새벽이 되었을 때 일어나서 온천으로 목욕하러 갔다. 목욕을 한 후에 물에서 나와 옷을 하나만 입고 몸을 말리고 있었다. 방랑수행자 꼬까나다도 또한 온천에 목욕하러 갔다. 그는 아난다 존자가 멀리서 오는 것을 보고 말하였다.

"누구십니까, 벗이여?"

"비구입니다, 벗이여."

"어느 비구 집단입니까?"

"사꺄의 아들을 따르는 비구 집단입니다."

"괜찮으시다면, 어떤 점에 대해 질문을 하고 싶습니다."[176]

앙굿따라니까야 10법수 96에 나오는 이 이야기 다음에는 부처님의 가르침에 해박한 아난다 존자의 설법이 이어진다. 위의 인용문에서 보듯이 따뽀다 온천은 모든 교단의 수행자들이 즐겨 찾는 목욕 장소였던 것 같다. 큰 규모는 아니었지만, 온천 승원에서는 이처럼 여러 교단에서 모여든 수행자들 간의 대화가 이루어졌을 것이다.

---

175 맛지마니까야 133.

176 앙굿따라니까야 10법수 96.

비구들과 고행자들이 목욕을 하기 위해 따뽀다 온천을 찾는 일은 일상적이었던 것으로 보인다. 목욕을 위해 즐겨 찾는 곳이었을 뿐 아니라 더구나 이곳이 독수리봉 아래에 위치해 있기 때문에 주변에 석굴이 많아서 상당히 많은 수행자들이 모여들었을 것이다.

영축산 산성 북문 서쪽에 비풀라 산이 있다. 이 고장 전설에 의하면 산 서남쪽 벼랑 북쪽에 옛날에는 500개의 온천이 있었다. 그러나 지금은 수십 개뿐인데 그것도 냉천도 있고 온천도 있어서 모수 온수인 것은 아니다. 우물의 흐름의 출구에는 모두 돌로 조각을 해 놓았다. 어떤 것은 사자나 흰 코끼리의 목으로 해 놓았고 어떤 것은 석관으로 흘러내리도록 해 놓은 다음 그 아래에다 돌을 쌓아 연못을 만들어 놓았다. 여러 고장 사람들이 이곳에 와서 멱을 감는다. 멱 감는 자는 질병이 낫는 자도 있다.
온천 좌우에는 탑과 정사의 많은 터가 있다. 이곳은 산과 물이 잇대어져 있어 어질고 지혜로운 사람들이 있기에 알맞은 곳이다. 온천 서쪽에 핍팔라의 석실이 있다.[177]

❖ 승원 10 ❖
라자까라마 (비구니) 승원(Rājakārāma)

1) 라자까라마(Rājakārāma)[178]에 관한 문헌상의 정보

---

177 권덕주 역,『대당서역기』, p. 263.
178 라자까라마 비구니 승원은 빠세나디 왕이 기원정사 맞은편에 지었다. 비구니들이 1,000명 이상 살았으니 상당히 큰 승원이었음에 틀림없다. 필자가 1990년 인도 순례를 하던 당시에 라자까라마 터를 본 기억이 난다. 우물터와 건물터가 있었는데 사람들이 거주하는 곳에 있어서 아마도

부처님은 기원정사에 계셨다. 그때 마하빠자빠띠 고따미 (Mahāpajāpatī Gotamī) (비구니)는 500명의 비구니들과 함께 부처님께로 갔다.
"부처님, 비구니들에게 가르침을 설하여 주십시오."
그래서 난다까 존자는 한 동료와 함께 비구니들에게 가르침을 설하러 라자까라마로 갔다.[179]

한때 부처님은 사왓티의 라자까라마 승원에 계셨다. 그때 천명의 비구니들이 부처님께로 갔다. 부처님은 비구니들에게 말씀하셨다.[180]

사왓티의 기원정사 인근에 빠세나디 왕이 세운 비구니 승원이 있다.[181]

라자까라마 비구니 승원은 기원정사의 맞은편에 있었다고 한다. 기원정사는 자세히 발굴되어 그 흔적을 선명히 볼 수 있다. 아나타삔디까 탑이나 앙굴리말라 탑은 발굴되었으나, 불행하게도 바로 기원정사 맞은편에 있었다는 라자까라마 승원의 터는 발굴되지 않아 자세한 정보는 알 수 없다.

2) 기원정사 주변의 승원들, 탑, 숲, 건물의 위치도

지금까지 취합한 모든 자료를 통해 기원정사 주변의 승원들과 탑, 숲, 건물의 위치도를 파악해보도록 하겠다. 법현기와 대당서역기는 기원정사 인근의 라자까라마 승원이나, 미가라마뚜 강당의 자세한 거리와 위치를 말하고 있어 경전에 나타

발굴하지 못한 것 같다.

179 맛지마니까야 146.

180 상윳따니까야 55: 2. 11.

181 자따가 II. 15.

난 자료, 기타 여러 자료와 함께 도면을 그렸다. 이 도면은 여러 신빙성이 있는 자료에 의한 것이기 때문에 어느 정도 사실에 근접해 있다고 말할 수 있다. 안다 숲은 상윳따니까야 장소 7번을 참조하면 자세한 정보를 알 수 있다.

(1) 위치도 확인을 위한 선행 자료

① 현장의 대당서역기의 내용: pp. 161-166.

② 법현의 불국기의 내용: pp. 95-101.

③ 빠알리 니까야 각 경전들과 그 주석서들

④ 알렉산더 커닝햄의 발굴 보고서와 그 사진들

⑤ 바르후뜨 탑과 산찌 탑의 조각 각문들

⑥ 말라라세께라의 빠알리 인명사전 Ⅰ권, Ⅱ권

주의해야 할 점은 현장은 당나라 때 사람이므로 당나라에서 1리는 323m라는 점을 고려해야 한다.

(2) 자료상에서 드러난 사실들

① (사왓티) 궁성 안에 건물터가 남아 있는데 승군(빠세나디) 왕의 어전이 있던 곳이다.

② 이곳에서 동쪽으로 멀지 않은 곳에 한 건물터가 있는데, 승군 왕이 여래를 위해 세운 대법당터이다.

③ 대법당터에서 멀지 않은 곳에 낡은 건물터 위로 탑이 있다. 부처님의 이모 프라자파티 비(마하빠자빠띠 왕비) 비구니의 정사(라자까라마 승원)로서 승군 왕이 세운 것이다.

④ 그 동쪽으로 이웃해 있는 탑은 수닷따의 본래의 집터이다.

⑤ 수닷따 장자 집터 옆에 큰 탑이 있다. 앙굴리말라가 사심을 버린 곳이다.

⑥ (사왓티) 성의 남쪽으로 5~6리 되는 곳에 기원정사가 있다.

⑦ 기원정사 동쪽으로 60~70보 되는 곳에 영복정사가 있다. 그 안에 동쪽을 향해 앉아 있는 불상이 있다. 영복정사 동쪽 옆에 크기가 같은 천사(이교도 사당)가 있다.

⑧ 영복정사 동쪽으로 3~4리 되는 곳에 탑이 있다. 그 옆의 정사(미가라마뚜 강당) 앞에 탑이 있다. 여기에서 비샤카(위사카) 어머니의 청이 받아들여졌다. (미가라 마뚜 강당을 말한다.)

⑨ 기원정사에서 서북쪽으로 3~4리 가면 득안림(Andhavana: 안다 숲, 일명 맹인의 숲) 에 이른다. 여래가 산책했던 곳과 성자들이 선정에 든 곳의 흔적이 있다. 모두 표를 해 놓고 탑을 세워 놓았다.

⑩ 기원정사 큰 동산에는 문이 둘이 있는데 하나의 문은 동쪽으로 다른 문은 북 쪽으로 향해 있다.

⑪ 목욕장에 관한 언급이 있다. 부처님은 미가라마뚜 강당에서 아난다에게 "아난 다, 목욕하러 뿝빠꼿타까로 가자."라고 하셨다.[182]

(3) 기원정사의 건물과 연못, 나무 위치

① 기원정사 대문가 앞에는 보리수가 있다.

② 기원정사 변두리에는 망고 숲이 있었다.

③ 기원정사에는 커다란 연못이 있었다.

④ 기원정사 뒤쪽에는 연못이 두 개 있었다.

⑤ 기원정사의 4개의 중요 건물은 살랄라가라, 간다꾸띠, 꼬삼바꾸띠, 까레리꾸 띠, 그리고 까레리만달라말라이다.

⑥ 간다꾸띠 북쪽에 살랄라가라가 있고, 꼬삼바꾸띠 북쪽에 간다꾸띠가 있다.

⑦ 까레리꾸띠 앞에 까레리만달라말라가 있다.

3) 위치도

다음은 위의 모든 자료를 통해 표시한 기원정사 주변의 승원들, 탑, 숲, 건물의 위치도이다.

---

182 맛지마니까야 경 26: 1-3.

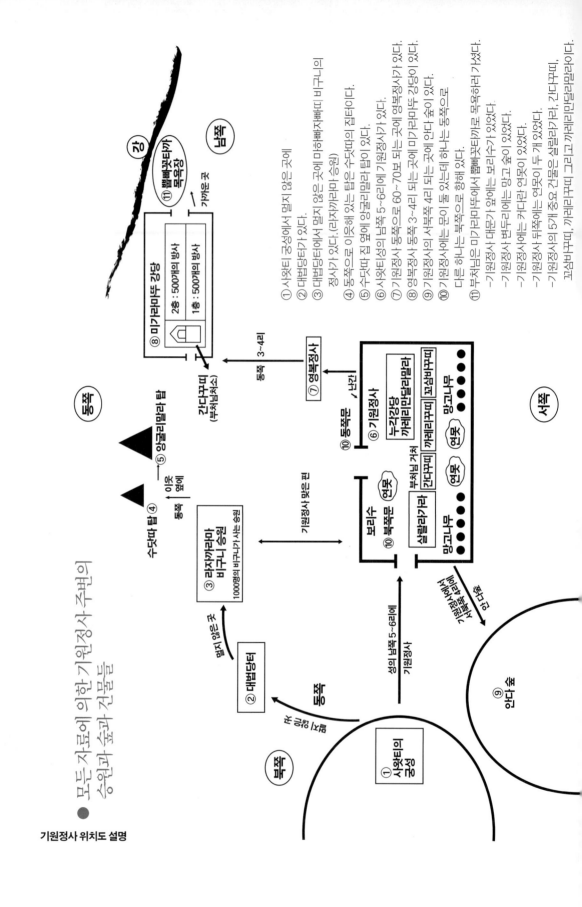

모든 자료에 의한 기원정사 주변의
승원과 숲과 건물들

● 기원정사 위치도 설명

① 사왓티 공성에서 멀지 않은 곳에
② 대벌당터가 있다.
③ 대벌당터에서 멀지 않은 곳에 마하빠자빠띠 비구니의 정사가 있다. (라자까라마 승원)
④ 동쪽으로 이웃에 있는 탑은 수닷따의 집터이다.
⑤ 수닷따 집 옆에 앙굴리말라 탑이 있다.
⑥ 사왓티성의 남쪽 5~6리에 기원정사가 있다.
⑦ 기원정사 동쪽으로 60~70보 되는 곳에 영복정사가 있다.
⑧ 영복정사 동쪽 3~4리 되는 곳에 미가라마뚜 강당이 있다.
⑨ 기원정사의 서북쪽 4리 되는 곳에 안다 숲이 있다.
⑩ 기원정사에는 문이 둘 있는데 하나는 동쪽으로 다른 하나는 북쪽으로 향해 있다.
⑪ 부처님은 미가라마뚜에서 뿔빼꽃타까로 목욕하러 가셨다.
- 기원정사 대문가 앞에는 보리수가 있었다.
- 기원정사 변두리에는 망고 숲이 있었다.
- 기원정사에는 커다란 연못이 있었다.
- 기원정사 뒤쪽에는 연못이 두 개 있었다.
- 기원정사의 5개 중요 건물을 살펴보라. 간다꾸띠,
  꼬삼바꾸띠, 까레리꾸띠 그리고 까레리만달라말라이다.

2장

네 개 니까야의 각 장소 설명

1. 상윳따니까야의 장소 설명: 총 77개의 다른 장소

지금까지 설법의 장소로 부처님이 가장 많이 머무셨던 중요한 승원 열 곳을 살펴보았다. 제2장에서는 이 열 개의 승원을 제외한 나머지 모든 장소를 각각의 니까야별로 모두 살펴보기로 하겠다. 각각의 장소를 설명할 때 '정보 없음'이라고 표기한 것은 그 장소에 대한 정보를 네 개 니까야뿐 아니라 주석서 등에서도 달리 발견할 수 없었음을 의미한다. 같은 장소가 다른 니까야에 반복해서 나타나는 경우, 그 장소에 대한 설명은 그 장소가 처음 나오는 니까야에서 한 번만 언급하기로 한다.

상윳따니까야에는 총 77개의 다른 장소가 나타난다. 이중 앞서 설명한 대표적 승원이 10개이다.

1) 상윳따니까야에 나오는 대표적 승원

아래 10개 승원에 관련된 자세한 정보는 '제2편의 제1장 네 개 니까야에서 가장 빈도수가 높은 10개의 승원' 편을 보면 된다.

⊙ 사왓티의 기원정사 (p.188)

ⓛ 라자가하의 죽림정사 (p.302)

ⓒ 웨살리 큰 숲의 중각강당 (p.288)

ⓔ 까삘라왓투의 니그로다 승원 (p.252)

ⓜ 꼬삼비의 고시따 승원 (p.247)

ⓗ 사왓티 동원의 미가라마뚜 강당 (p.242)

ⓢ 빠딸리뿟따의 꾹꾸따 승원 (p.306)

◎ 왓지의 나디까의 벽돌집 승원 (p.311)

㉛ 라자가하의 따뽀다 온천 승원 (p.312)

㉜ 사왓티의 라자까라마 승원 (p.314)

2) 상윳따니까야에 나오는 나머지 장소 종류: 67개

(1) 바라나시(Bārāṇasī)의 이시빠따나(Isipatana)의 녹야원

'Isi(이시)'는 선인, 성자, 성인이라는 뜻이고, 'patana(빠따나)'는 'patati(빠따띠: 떨어지다)'의 명사형이다. 선인들이 (히말라야 산에서) 공중으로 이곳에 내려왔기 때문에 이시빠따나라고 불렸다.[183] 이런 이유 때문에 이곳은 성자, 고행자, 유행자, 사상가 등 수행자들이 많이 모이는 곳이기도 하였다.

부처님은 붓다가야의 보리수 아래서 깨달음을 얻은 후에, 이시빠따나의 녹야원으로 전에 함께 수행했던 5명의 수행자들을 찾아가신다. 이시빠따나의 녹야원은 사슴들이 자유롭게 노니는 사슴 보호구역으로 초전법륜 조각에는 사슴과 법륜이 함께 있다. 즉 이곳은 초전법륜지인 사르나트로서, 불교 역사에서 가장 중요한 곳 중 하나로 부처님이 다섯 명의 비구들[184]에게 가르침을 여신 사슴동산이다. 가장 먼저 비구 승단이 출발한 곳이고 가장 처음으로 제자들에게 가르침을 여신 곳이다.

(부처님은 우루웰라의 보리수 아래서 깨달음을 성취한 후에 우루웰라를 떠나 바라나시로 향하였다.) 나는 행각을 계속하여 바라나시의 이시빠따나의 녹야원에 도

---

183 Malalasekera, Dictionary of Pāli Proper Names Ⅰ, p. 324.

184 다섯 명의 비구 이름은 안냐 꼰단냐(Aññā Koṇḍañña), 왑빠(Vappa), 밧디야(Bhaddiya), 앗사지(Assaji), 마하나마(Māhanāma)이다.

착하여 다섯 명[185]의 비구들에게로 갔다.[186]

부처님은 (우루웰라를 떠나 바라나시로 가는 도중에) 갠지스강을 건너야겠는데 뱃삯이 없어서 공중으로 날아 건넜다.[187] 빔비사라 왕은 이 이야기를 듣고는 수행자들에 대한 뱃삯을 폐지하였다.[188]

어느 때 부처님은 바라나시의 이시빠따나의 녹야원에 계셨다. 부처님은 다섯 명의 비구들에게 말씀하셨다. "출가한 사람은 두 가지 극단을 피하여야 한다. 무엇이 중도인가? 그것은 팔정도이다."[189]

부처님은 첫 번째 우안거를 이시빠따나 녹야원에서 보내셨다.[190]

이시빠따나는 현대의 사라나트(Saranath)이며 바라나시에서 6마일 거리이다. 알렉산더 커닝햄(Alexander Cunningham)은 약 반 마일의 숲이 뒤덮인 녹야원을 발견하였다.[191]

사르나트에 선인 녹야원 정사가 있다. 이 동산에는 들 사슴들이 서식하

---

185 다섯 명의 비구들은 부처님이 깨달음을 얻기 전에 함께 고행하던 수행자들이었다. 부처님이 고행을 포기하였을 때에 이들은 부처님을 떠나 이시빠따나로 갔다. 그래서 부처님은 깨달음을 성취한 후에, 이 다섯 명의 수행자들에게 당신이 깨달은 진리를 전해야겠다고 생각하고 이시빠따나로 찾아간 것이다.

186 맛지마니까야 경 26 : 26.

187 이 표현은 갠지스강을 건너는데 어려웠다는 표현으로 보아야 한다.

188 Malalasekera, Dictionary of Pāli Proper Names Ⅰ, p. 323, 주석 2번.

189 상윳따니까야 56 : 11.

190 붓다왕사 주석서, p. 3.

191 Alexander Cunninham, Acheological Report Ⅰ, p. 107.

고 있다. 북쪽으로 60보를 가면 세존께서 동향으로 앉아서 법륜을 굴리시어 다섯 명의 비구를 제도하신 곳이 있다.[192]

녹야 가람에 이른다. 여러 층의 처마, 여러 층의 각은 아름다운 구상이 더할 데 없다. 승도는 1천 5백 명, 모두 소승을 학습하고 있다. 큰 담장 안에 높이 2백여 척 되는 정사가 있는데 위에는 황금으로 암라과[193]가 만들어져 있다. 돌로써 기단과 계단이 만들어져 있고 그 계단은 1백을 헤아릴 정도인데 모두 황금 불상이 조각되었다.[194]

사르나트의 거대한 담메끄(Dhammek) 대탑은 부처님이 처음 가르침을 여신 곳에 세워진 부처님의 사리탑이다. 담메크 탑의 원래 이름은 담마 차끄라 스투빠(Dhamma Chakra Stupa: 법륜 탑)였다고 한다. 부처님이 처음으로 가르침을 여신 장소를 기념하기 위한 탑이다. 이곳에서 부처님은 다섯 명의 제자에게 당신이 깨달은 진리인 '네 가지 거룩한 진리(사성제)', '중도의 가르침', '무상의 가르침', '무아의 가르침'을 최초로 설하셨다.

---

192 김규현 역, 『불국기』, p. 139, p. 142.

193 암라과가 아니고 승원 위에 황금으로 만든 '아말라까'를 말한다. 아말라까란 인도의 약용 과일 이름이다. 권덕주 역, 『대당서역기』, p. 237.

194 권덕주 역, 『대당서역기』, p. 189.

이시빠따나 1. 사르나트의 담메크 탑 거죽의 조각들

이시빠따나 2. 담메크 탑에 예경하는 상좌불교 비구들

불교 경전에서는 부처님께 예경할 때 존경의 표시로 부처님의 발에 예배하
는 것이 보편화되어 있다. 상좌불교국도 마찬가지이다. 경전에는 빠세나디 왕조
차도 부처님 발에 예경하는 내용이 나온다. 이들이 가진 것은 가사와 수대(손가방)
하나가 전부이다. 양말도 없는 부처님의 맨발에 예경하는 모습은 그 옛날 부처님
제자들의 모습을 떠올리게 한다.

빠세나디 왕이 부처님 계신 곳에 도착하였을 때 그곳에는 많은 비구들이 밖에서 경행(천천히 걷는 명상)을 하고 있었다. 왕은 조용히 부처님 처소로 가서 문을 두드렸다. 왕은 부처님 발에 머리를 대어 인사를 드리고 발에 입을 맞추고 발을 어루만지면서 "존자님, 빠세나디 왕입니다."라고 말하였다. 이에 부처님은 그의 신심을 보고 이와 같이 물으셨다.

"대왕님, 나에게 그렇게 친애를 보이시고, 최상의 존경을 표시하는 이유는 무엇입니까?"

"존자님, 부처님은 온전히 깨달으신 분이고, 담마는 부처님에 의하여 잘 설해져 있고, 부처님 제자들의 승가는 훌륭한 길을 수행하고 있다고 생각합니다."[195]

이시빠따나 3. 부처님이 손으로 법륜을 굴리는 조각
처음으로 가르침을 굴리시는 모습이다. (출처:메트로폴리탄박물관)

---

195   맛지마니까야 89; 담마쩨띠야 경.

인도에서는 감히 불상을 만들 엄두도 못 낼 무렵인 기원전 2세기에 처음으로 간다라 인들이 불상을 만들었다. 기원전 2세기의 이 조각은 간다라 인들에게 깊은 감명을 주었을 뿐 아니라 '부처님이, 이시빠따나의, 사슴동산에서, 다섯 명의 비구들에게 가장 처음으로 가르침의 바퀴를 굴리셨다'는 내용을 정확히 담고 있다.

간다라 인들은 부처님이 직접 손으로 바퀴를 굴리는 모습을 조각하였다. 법륜은 부처님의 가르침이 수레바퀴가 굴러가듯이 끊임없이 퍼져나가는 것을 상징한다. 부처님이 직접 바퀴를 굴리는 사실적인 조각을 이것 말고는 보지 못하였다.

부처님 오른쪽 뒤의 인물은 부처님을 보호하는 신(약카: Yakka)으로 금강저를 들고 있다.

(2) 꼬살라의 어떤 숲 – 정보 없음

(3) 마가다(Magadha)의 날라까(Nālaka) 마을

날라까는 마가다의 브라흐민 마을로 라자가하에서 가까운 거리이다.[196]

한때 부처님은 사왓티의 기원정사에 계셨다. 그때 사리뿟따 존자는 마가다의 날라까 마을에 있었는데 병이 들어 괴로워하였다. 중병이 들었다. 그때 쭌다 사미가 시중을 들었다. 그런데 이 병으로 인하여 사리뿟따 존자는 열반에 들었다.[197]

날라까 마을은 사리뿟따 존자가 태어난 고향이다. 사리뿟따 존자는 중병이 들었을 때 (그의 친동생인 쭌다 사미를 시자로 데리고) 그의 (어머니가 계신) 고

---

196 Malalasekera, Dictionary of Pāli Proper Names Ⅱ, p. 55.
197 상윳따니까야 47: 13.

326

향 집으로 가서 그가 태어난 방에서 열반에 들었다.[198]

빔비사라 왕 영불 탑에서 20여 리 가면 칼라피나카(날라까) 읍에 이른다.
존자 사리뿟따가 태어난 곳이다. 우물이 지금도 있고 그 안에 탑이 있다.
존자는 여기서 적멸했다. 존자는 8세에 이미 명성을 사방으로 떨쳤다. 존
자의 성격은 순박하고 그 심기는 자비로웠으며, 번뇌를 깨고 진실한 이
법을 터득하는 힘을 갖추고 있었다.[199]

(4) 왓지의 욱까쩰라(Ukkacela) 마을

욱까쩰라는 갠지스 강둑에 있는 왓지의 마을이다. 라자가하에서 웨살리
로 가는 길가에 있었는데 웨살리 인근에 있었다.[200]

(5) 라자가하의 독수리봉(Gijjhakūṭā)

라자가하 1. 독수리 부리를 닮은 독수리봉

---

198   상윳따니까야 주석서 Ⅱ.172; 자따까(Fausboll: Ⅰ.391, Ⅴ.125).

199   권덕주 역, 『대당서역기』, p.276.

200   우다나 주석서 322.

'깃자(Gijjha)'는 독수리란 뜻이고, '꾸따(kūṭā)'는 (산의) 정상, 봉우리란 뜻으로 독수리 부리처럼 생긴 산의 봉우리를 뜻한다.

라자가하는 다섯 개의 산이 둘러싸고 있다.[201] 그중 하나가 유명한 독수리봉 산이다. 경전에는 다른 유명한 승원과 마찬가지로 독수리봉 산의 등장 빈도가 높다. 부처님과 제자들이 자주 찾았던 곳이기 때문이다. 특히 초창기 승원이 없었을 때 독수리봉은 많은 승가 대중을 거느리고 갈만한 최적의 장소였다.

데와닷따(Devadatta)가 부처님을 죽이려고 이 산 위에서 바위를 굴렸는데 다행히 그 바위는 중간에 걸렸다. 그러나 그 바위 파편에 부처님은 발을 심하게 다치셨다.

독수리봉은 독수리의 부리같이 생겼기 때문에 또는 많은 독수리들이 있기 때문에 붙여진 이름이다.[202]

한때 부처님은 라자가하의 독수리봉에 계셨다. 그때 부처님 계신 곳에서 멀지 않은 곳에 사리뿟따 존자가 많은 비구들과 함께 경행을 하고 있었다.[203]

한때 부처님은 라자가하의 독수리봉에 계셨는데 데와닷따가 떠난 지 오래지 않아서였다. 부처님은 데와닷따와 관련해서 비구들에게 말씀하셨다.[204]

독수리봉에는 부처님과 비구들을 위한 승원이 지어졌다.[205]

---

201 라자가하를 둘러싸고 있는 다섯 개의 산: 깃자꾸따(독수리봉) 산, 이시길리 산, 웨바라 산, 빤다와 산, 웨뿔라 산.

202 숫따니빠따 주석서 Ⅱ.417; 앙굿따라니까야 주석서 Ⅰ.412.

203 상윳따니까야 14:15.

204 상윳따니까야 17:35.

205 앙굿따라니까야 주석서(Simon Hewavitarne Bequest Series: Ⅰ.412).

(라자가하) 성을 나와 남쪽으로 4리를 가면 남쪽 골짜기로 다섯 산의 기슭에 이른다. 이 산들은 마치 성곽처럼 되어있다. (라자가하) 성의 동북쪽 굽이진 곳에 기구(지와까)가 암팔라(망고 숲)의 정원에 정사를 세워 여래와 1,250명의 비구를 청하여 공양한 곳이 있는데 지금도 그대로 남아 있다. 골짜기로 들어가 산을 끼고 동남쪽으로 15리를 올라가서 기사굴 산(독수리봉 산)에 이르렀다.

여래께서 석실(동굴)의 앞에 계시면서 동서로 거니시던 때 조달(데와닷따)이 험한 산길 사이에서 옆으로 돌을 굴려 떨어뜨려 여래의 발가락을 상하게 한 곳도 있는데 그 돌은 지금까지 남아 있다. 세존의 설법당은 이미 허물어져 버렸고, 벽돌로 쌓았던 터만이 아직도 남아 있다. 이 산은 봉우리가 수려하고, 단아하고, 장엄하고, 다섯 개의 산 중에서 가장 높다.[206]

(라자가하) 궁성에서 동북쪽으로 14~5리 가면 그리다라꾸따(깃자꾸따: 독수리봉) 산에 이른다. 영축산은 북쪽 산의 남쪽으로 접한 봉우리가 특히 높은데 형상이 독수리와 같다. 빔비사라 왕은 부처님의 설법을 듣기 위해, 사람을 많이 동원해서 산기슭에서 산꼭대기까지 골짜기를 넘고 바위를 건너 돌로써 계단을 만들었다. 넓이는 10여 보, 길이는 5~6리나 되었다. 그 길 도중에 두 개의 작은 스투파가 있다. 하나는 하승(下乘)이라 하는데, 빔비사라 왕이 여기까지 오면 그다음부터는 걸어서 간다는 뜻이다. 또 하나는 퇴범(退凡)이라 하여 범부를 구별하여 여기서부터 함께 오르지 못한다는 뜻이다.

이 산의 꼭대기는 동서가 길고 남북은 좁다. 벼랑 서쪽 가에 벽돌로 된 정사가 있는데 넓고 높으며 진귀하게 만들어졌고 동쪽으로 문을 열어 놓고 있다. 여래가 예전에 여기에 머무르면서 설법하는 일이 많았다. 지금은

---

206   김규현 역, 『불국기』, pp. 123-125.

설법의 상이 만들어져 있는데 그 크기가 여래와 같다.[207]

라자가하 2. 독수리봉 정상의 모습

빔비사라 왕은 독수리봉 산에 돌계단을 만들었다. 넓이는 10여 보, 길이는 5~6리나 되었다. 돌계단으로 인해 왕이 독수리봉으로 부처님을 뵈러 갈 때뿐만 아니라, 사람들이 이 산에 오를 때도 편리하게 되었다. 그 당시 인도의 가장 큰 대국이었던 마가다의 왕이 부처님을 뵙기 위해 독수리봉을 올라갔다는 것은 놀라운 사실이다. 부처님을 향한 빔비사라 왕의 공경심이 그만큼 지극했던 것이다. 이때는 부처님 교단의 매우 초창기에 속한다.

사진에서 맨 위의 바위 사이 네모반듯한 곳이 부처님이 설법하신 장소이다. 그 주변에 수백 명의 비구 제자들이 둘러앉아서 가르침을 들었을 것이다. 교단이 설립된 지 얼마 지나지 않은 초창기 시절 많은 승원이 지어지기 전, 부처님은 독수리봉에 자주 계셨다.

---

207 권덕주 역, 『대당서역기』, pp. 261-262.

(6) 사꺄족의 데와다하(Devadaha) 작은 도시

부처님이 태어난 룸비니(Lumbinī) 숲은 데와다하 근처에 있다.[208]

(7) 사왓티의 안다 숲(Andhavana: 맹인의 숲)

상윳따니까야의 다섯 번째 니까야인 비구니상윳따에는 총 10개의 경이 있는데, 10개의 경 모두 안다 숲에서 비구니가 명상하는 내용이 나온다. 옛적에 맹인들이 살았기 때문에 맹인의 숲이라 부른다.

한때 부처님은 기원정사에 계셨다. 아침에 사왓티에서 탁발을 하고 돌아와서 공양 후에 라훌라 존자에게 말씀하셨다.

"라훌라(Rāhula), 깔개를 가지고 낮 동안을 머물기 위해 안다 숲으로 가자."

"네, 부처님."

라훌라 존자는 깔개를 가지고 부처님을 뒤에서 따라갔다. 부처님은 안다 숲으로 들어가서 어떤 나무 아래에 앉으셨다. 부처님은 라훌라 존자에게 말씀하셨다.

"라훌라, 시각은 영원한가, 무상한가?"

"무상합니다. 부처님."

"무상한 것은 괴로움인가, 즐거움인가?"

"괴로움입니다. 부처님."[209]

부처님 모습에서 자비심을 볼 수 있다. 어린 라훌라가 깨달음을 얻을 수 있도

---

208 자따까 Ⅰ.52; 붓다왕사 주석서 226; 맛지마니까야 주석서 Ⅱ.924, 1021.

209 상윳따니까야 35.121.

록 기원정사에서 나와서, 좀 더 조용한 곳인 안다 숲에서 가르침을 주셨다. 또한, 이곳은 기원정사에서 가깝기 때문에 비구들이 쉽게 찾아와서 명상을 했던 곳이었음을 알 수 있다.

그때 아침에 비구니 소마(Soma)는 사왓티에서 탁발을 하고 돌아와서 공양 후에 낮 동안의 명상을 위해 안다 숲(Andhavana: 맹인의 숲)으로 갔다.[210]

한때 부처님은 기원정사에 계셨다. 그때에 케마(Khema) 존자와 수마나(Sumana) 존자는 사왓티에서 안다 숲에 머물렀다. 케마 존자와 수마나 존자는 부처님께로 갔다.[211]

기원정사에서 서북쪽으로 3~4리 가면 득안림(得眼林: 눈을 뜬 숲이란 의미로, 안다 숲을 말한다)에 이른다. 여래가 산책한 곳과 성자들이 선정에 든 곳의 흔적이 있다. 모두 표를 해 놓고 탑을 세워 놓았다. 500명의 도둑들은 … 본래대로 눈을 뜰 수 있게 되었다.[212]

기원정사의 서북쪽으로 4리(1,292m) 되는 곳에 득안림이라 불리는 잡목 숲이 있다. 본래 500명의 맹인들이 기원정사에 의지하여 이곳에 살고 있었는데, 여래께서 법을 설해 주시어 그들이 모두 눈을 뜰 수 있었다고 한다. 기원정사의 승려들 중에는 이 숲에 들어와 좌선하는 자가 많았다.[213]

---

210 상윳따니까야 5 비구니상윳따의 2.
211 앙굿따라니까야 6법수 49.
212 권덕주 역, 『대당서역기』, p. 168.
213 김규현 역, 『불국기』, pp. 100-101.

(8) 꼬삼비(Kosambī)의 싱사빠(Siṃsapa) 숲[214]

한때 부처님은 꼬삼비에서 싱사빠 숲에 계셨다. 부처님은 적은 양의 나뭇잎을 손에 집어 들고 비구들에게 말씀하셨다.

"비구들이여, 내가 집어 든 적은 양의 싱사빠 나뭇잎과 저 위의 싱사빠 숲에 있는 나뭇잎과 어느 것이 더 많은가?"

"부처님, 싱사빠 숲에 있는 나뭇잎이 더 많습니다."

"마찬가지로, 비구들이여, 내가 알고 나서 그대들에게 설한 것은 매우 적고, 설하지 않은 것은 매우 많다."[215]

이처럼 부처님은 그 장소의 여건에 따라 비유를 들어 가르침을 주셨다. 싱사빠 숲에서는 싱사빠 잎을 비유하셨고, 갠지스 강변에서는 갠지스강의 물거품을 통해 즉시 사라지는 무상함을 비유하셨으며, 불을 섬기던 깟사빠 삼형제가 제자가 되었을 때는 "모든 것은 불타고 있다. 탐욕의 불, 어리석음의 불, 성냄의 불이 타고 있다."와 같은 수많은 비유의 가르침을 설하셨다. 그때그때 경우에 따라서 비유를 달리하여 가르침을 주셨다.

(9) 맛치까산다(Macchikāsaṇḍa)의 야생 망고 숲

한때 많은 장로 비구들이 맛치까산다에서 야생 망고 숲에 머물고 있었다. 그때 장로 비구들은 탁발에서 돌아와 공양 후에 만달라말라에 모여서 함께 앉아 이런 이야기들을 하였다.[216]

214　경전에는 세 개의 싱사빠 숲이 나온다. 알라위(Āḷavi)의 싱사빠 숲, 꼬삼비(Kosambī)의 싱사빠 숲, 세따뱌(Setavyā)의 싱사빠 숲이 바로 그것들이다.

215　상윳따니까야 56 : 31-40.

216　상윳따니까야 41 : 1-10.

집회소는 만달라말라(Maṇḍalamāḷa)의 번역인데 maṇḍala(둥근)+māḷa(천막, 회관, 회당, 강당)의 뜻이다. 여기에서는 임시용 천막이 아니라 강당이나 집회소 또는 누각이란 뜻이다. 만달라말라의 사전적인 뜻은 '뾰족한 끝의 지붕을 가진 둥근 집회장, 누각, 또는 천막'이다.

이 건물은 까시(Kāsī)의 도시인 마치까산다에 사는 찟다 장자가 자신의 망고 숲에 부처님과 비구 승가를 위하여 지어드렸다.

(10) 우루웰라(Uruvelā)의 네란자라(Nerañjarā) 강가의 아자빨라(Ajapāla) 보리수 아래

부처님이 깨달음을 이루신 곳, 붓다가야(보드가야)의 보리수가 있는 곳을 나오면 네란자라강을 만난다. 이 네란자라 강가의 보리수 아래 계셨다는 이야기이다.

부처님은 깨달음을 이루신 후 아자빨라 보리수 아래 계셨는데 마라 (Māra: 악마)의 유혹을 받으셨다.[217]

(11) 날란다의 빠와리까(Pāvārika)의 망고 숲

한때 부처님은 날란다에서 빠와리까의 망고 숲에 머무셨다. 빠와리까는 자신의 망고 숲에 부처님과 비구들을 위해 승원을 지었다. 이 승원을 빠 와리까의 망고 숲(Pāvārikambavana)이라 한다.[218]

고사까는 꼬삼비의 우데나(Udena) 왕의 재정관이었다. 고사까에게는 두 명의 동료가 있었는데 그들은 꾹꾸따(Kukkuṭa)와 빠와리까(Pāvārika)이다.

---

217   상윳따니까야 4: 1-4.

218   디가니까야 주석서 Ⅲ. 873; 맛지마니까야 주석서(Aluvihara Series: Ⅱ. 594).

부처님이 이 세상에 오셨다는 이야기를 듣고 고사까, 꾹꾸따 그리고 빠와리까는 부처님을 찾아가서 부처님의 설법을 듣고 부처님을 꼬삼비로 초청하였다. 이후 고사까는 꼬삼비에 부처님과 비구 승가를 위해 승원을 지었는데 고시따 승원(Ghositārāma)이라고 불리었다.[219]

고사까의 친구 꾹꾸따(재정관)는 그의 정원에 부처님과 승가를 위하여 승원을 지었는데 꾹꾸따 승원(Kukkuṭārāma)[220]이라고 불리었다. 고사까의 친구 빠와리까(재정관)는 꼬삼비에 있는 자신의 망고 숲에 부처님과 비구 승가를 위하여 승원을 지었는데 빠와리까 승원(Pāvārikārāma) 그리고 빠와리까 망고 숲(Pāvārikambavana)이라고 불리었다. 부처님은 이 세 개의 승원을 돌아가면서 머무셨다.[221]

(12) 사께따(Sāketa)의 띠깐다끼(Tikaṇḍaki) 숲
깐따끼 숲과 띠깐다끼 숲은 동일한 숲이다. 사께따는 꼬살라의 도시이다.

아난다 존자는 부처님께 말씀드렸다.
"부처님 이렇게 초라하고, 작고, 볼품없는 도시(꾸시나라를 말함)에서 열반하지 마십시오. 짬빠, 라자가하, 사왓티, 사께따, 꼬삼비, 바라나시와 같은 큰 도시들이 있습니다."[222]

---

219   담마빠다 주석서 Ⅰ.203; 앙굿따라니까야 주석서(Simon Hewavitarne Bequest Series: Ⅰ.234).

220   이것은 꼬삼비의 꾹꾸따 승원이다. 그런데 경전에 많이 등장하는 곳은 빠딸리뿟따의 꾹꾸따 승원이다. 두 개는 이름이 같은데 장소가 다르다.

221   디가니까야 주석서 Ⅰ.318, 319; 맛지마니까야 주석서(Aluvihara Series: Ⅰ.541); 담마빠다 주석서 Ⅰ.203.

222   디가니까야 16장 5.17. 이곳의 6개의 도시는 부처님 당시의 6대 도시에 속한다.

한때 비구니 케마(Khemā)가 꼬살라에서 유행하다가 사왓티와 사께따 사이의 또라나왓투(Toraṇavatthu)에 거처를 잡았다. 그때 꼬살라의 왕 빠세나디는 사께따에서 사왓티로 여행하다가 사께따와 사왓티 사이에 있는 또라나왓투에서 하룻밤을 묵게 되었다.[223]

사왓티와 사께따 사이에는 오직 보트로만 건널 수 있는 폭이 넓은 강이 있었다.[224]

부처님은 사께따의 다른 장소들에도 머무셨다.

한때 부처님은 사께따의 안자나(Anjana) 숲의 녹야원에 머무셨다.[225]

한때 부처님은 사께따의 띠깐다끼(Tikaṇḍakī) 숲에 머무셨다.[226]

한때 부처님은 사께따의 깔라까(Kālaka) 승원에 머무셨다.[227]

(13) 알라위(Āḷavī)의 악갈라와(Aggālava) 사당

알라위는 사왓티에서 30요자나 그리고 베나레스에서 12요자나의 거리이다. 알라위는 사왓티와 라자가하 사이에 있는 작은 도시이다.

악갈라와 사당은 원래는 이교도의 예배 장소였는데 나중에 불교 승원으

---

223   44 상윳따. 1번 케마.
224   율장 Ⅳ. 65.
225   46상윳따. 6.
226   앙굿따라니까야 5법수 144.
227   앙굿따라니까야 4법수 24.

로 되었다. [228]

한때 부처님은 알라위에서 악갈라와 사당에 머무셨다. 그때 알라위의 핫
타까(Hatthaka: 재가자)는 500명의 재가자들을 데리고 부처님께로 갔다. …
부처님은 말씀하셨다.[229]

(14) 아완띠(Avanti)의 꾸라라가라(Kuraraghara) 산협

꾸라라가라는 아완띠의 작은 도시로서 마하깟짜나(Mahākaccāna) 존자의 고향이
다. 아완띠는 부처님 활동지역 중 가장 남쪽에 속한다고 할 수 있다. 부처님 시대
의 아완띠 왕은 빳조따(Pajjata)였는데, 지와까가 빳조따 왕에게서 얻은 가장 훌륭
한 천을 부처님께 드렸다는 내용이 율장 마하왁가 8편에 나온다.

　꾸라라가라 산협(Kuraraghara papāta pabbata)은 물수리가 다니는 곳의 험한 산
절벽이란 뜻이다. 이 산협은 험하고, 절벽도 있고, 큰 바위도 있는 산이었던 것 같
다. 그러나 이런 험한 산에도 재가자들이 마하깟짜나의 해박한 교리를 듣기 위해
꾸준히 방문하였다.

　경전에 나타난 면을 보자면, 꾸라라가라 산협은 마하깟짜나 존자가 즐겨 찾는
곳이었다. 꾸라라가라가 나오는 경전인 상윳따니까야 22: 3-4, 35: 130은 마하깟
짜나 존자가 할릿다까니(Hāliddakāni) 장자의 질문에 답하는 내용이고, 앙굿따라니
까야 10법수 26은 마하깟짜나 존자가 재가녀 깔리(Kālī)의 질문에 답하는 내용이다.

(15) 숨바(Sumbha)의 세다까(Sedaka) 작은 도시

228　숫따니빠따 주석서 I . 344.
229　앙굿따라니까야 8법수 23, 24.

한때 부처님은 세다까라고 부르는 숨바의 작은 도시에 계셨다.[230]

(16) 아욧자(Ayojjhā)의 갠지스 강둑

한때 부처님은 아욧자에서 갠지스 강둑에 계셨다.[231]

아욧자는 도시 이름이다. 아요다(Ayodhya)라고도 한다.

(17) 사께따(Sāketa)의 안자나(Añjana) 숲의 녹야원

그때에 비구니 케마(Khemā)는 꼬살라에서 유행하다가 사왓티와 사께따 사이에 있는 또라나왓투(Toraṇavatthu)에 머물렀다.[232]

한때 부처님은 사께따에서 안자나 숲의 녹야원에 머무셨다.[233]

(18) 웨살리의 암바빨리 숲(Ambapālīvana)
암바빨리는 웨살리의 유명한 기생이다.

암바빨리는 말하였다.
"부처님, 저는 이 정원을 부처님을 으뜸으로 한 비구 승가에 드립니다."
부처님은 정원을 받으셨다.[234]

---

230   상윳따니까야 46: 30, 47: 19와 20.

231   상윳따니까야 22: 95.

232   상윳따니까야 44: 1.

233   상윳따니까야 46: 6, 48: 43.

234   디가니까야 16장 2. 19.

(19) 말라(Mallā)의 우루웰라깝빠(Uruvelakappa)

말라는 16대국의 하나로 부처님 당시에는 빠와(Pāvā)와 꾸시나라(Kusinārā)를 수도로 한 두 지역으로 나누어져 있었다. 우루웰라깝빠는 말라의 작은 도시이다.[235]

(20) 라자가하의 지와까의 망고 숲(Jīvakambavana)

지와까는 부처님의 주치의였다.

지와까는 '흐름에 든 이(Sotāpana)'가 되었을 때, 하루에 두 번씩이나 부처님을 뵙기를 열망하였다. 그런데 죽림정사까지 가기에는 너무 멀었다. 그래서 그는 라자가하의 자신의 망고 숲에, 승원과 그 부속 건물을 지어서 부처님과 비구 승가에 드렸다.[236]

지와까의 망고 숲은 맛다꿋치(Maddakucchī)(녹야원) 가까이 있었기 때문에 데와닷다(Devadatta)가 굴린 돌의 파편에 부처님 발이 심하게 다쳤을 때 지와까 망고 숲으로 부처님을 들것에 실어 옮겼다.[237]

동북쪽 산성 골짜기에 탑이 있다. 지바까 대의(大醫)가 여기에 부처님을 위하여 설법당을 세우고 담을 둘러 꽃과 과실을 심었었다. 건물의 터와 나무의 그루터기 등이 지금도 유적으로 남아 있다. 여래는 재세 시에 이곳에 머무르는 일이 많았다. 그 곁에는 또 지바까의 집터가 있다. 기초 자국이 오랜 우물은 지금도 빈터나 여갱(餘坑:남은 구덩이)으로 남아 있다.[238]

---

235 Malalasekera, Dictionary of Pāli Proper Names Ⅰ, p. 432; Ⅱ, p. 453.

236 디가니까야 주석서 Ⅰ. 133.

237 담마빠다 주석서 Ⅱ. 164.

238 권덕주 역, 『대당서역기』, p. 261. 지와까 망고 숲은 라자가하와 독수리봉(영축산) 사이라고 추정된다.

지와까의 망고 숲 1. 지와까 망고 숲의 안내판

위의 사진 지와까 망고 숲에 있는 안내판의 내용은 다음과 같다.

지와까는 기원전 6~5세기 빔비사라 왕과 아자따사뚜 왕의 황실 궁중 의
사로 알려져 있다. 그는 부처님께 그의 드넓은 망고 숲을 드렸다. 그리고
승가를 위하여 승원을 지었다. 이 타원형의 건물은 지와까 망고 숲 승원
으로 밝혀졌다.

타원형이란 길쭉하게 둥근 모양이다. 그러니 경전에 나오는 만달라말라는
둥근 천막이 아니라 둥근 강당이라고 번역함이 맞다. 둥글지 않아도 만달라말라
라고 한 것 같다. 의사로 부유한 지와까는 천막을 친 것이 아니라 승원과 그 부속
건물, 즉 승원과 만다빠와 부처님의 처소인 간다꾸띠를 지었다. 유적터가 벽돌이
아닌 돌인 점으로 보아 돌로 지은 건물이라 더 탄탄했을 것이다. 그리고 승원 규
모가 꽤 컸을 것 같다.

지와까의 망고 숲 2. 지와까 망고 숲 승원 유적터

마가다의 아자따삿뚜 왕은 휘영청 달 밝은 밤에 그 아름다움에 이끌려 마음이 동하여 이런 밤에 어떤 사문이나 브라흐민을 만나면 자신의 마음이 좀 더 평온해질까를 신하들에게 물었다. 지와까 꼬마라밧짜가 부처님이 자신의 망고 숲에 계시니 부처님을 방문하면 좋다고 말하였다.

지와까가 말하였다.

"대왕님, 부처님께서 1,250명의 비구들과 함께 저의 망고 숲에 계십니다."

왕이 망고 숲에 가까이 갔을 때, 두려움과 공포로 머리카락이 쭈뼛 섰다.

왕이 말하였다.

"지와까, 그대가 나를 속이는 것은 아니겠지 1,250명이나 되는 비구들이 기침 소리도 없고, 재채기 소리도 없고, 아무런 인기척이 없지 않은가?"

"대왕님 두려워하지 마십시오. 저기 만달라-말라(maṇḍala-māḷa: 둥근 강당)에 불빛이 비치고 있습니다."

왕은 둥근 강당의 문가로 갔다.

"지와까, 부처님은 어디 계시지?"

"부처님은 동쪽을 향해서 가운데 기둥을 등지고 앉아 계십니다. 그 앞에
는 비구 승가 대중이 앉아 있습니다."[239]

위에서 제시한 내용을 바탕으로 지와까의 망고 숲을 정리하면 다음과 같다.

① 지와까가 시주한 '승원과 부속 건물'에는 승원에 딸린 만다빠(누각)와 부처님
을 위한 간다꾸띠가 있었을 것이다.

② 안내판에 '타원형의 건물'이라고 언급된 것으로 보아 '만달라–말라'는 둥근 타
원형의 강당이라고 추정할 수 있다.

③ 지와까의 망고 숲에는 1,250명이 앉을 만한 타원형의 강당이 있었다.

④ 물론 바닥을 깔고 깔개를 놓았을 것이다.

⑤ 등불을 여기저기에 켜 놓았음을 알 수 있다.

⑥ 부처님은 가운데 기둥 앞에 동쪽을 보고 앉아 있고, 비구들은 부처님 앞에 서
쪽을 보고 앉았다는 것이다.

⑦ 지와까 망고 숲 승원은 맛다꿋치 녹야원에서 가깝다.

⑧ 독수리봉에서도 멀지 않은 곳임을 알 수 있다.

아래는 위의 자료들에 의한 그림이다.

---

239   디가니까야 2장 8-11.

● 지와까 망고 숲 승원

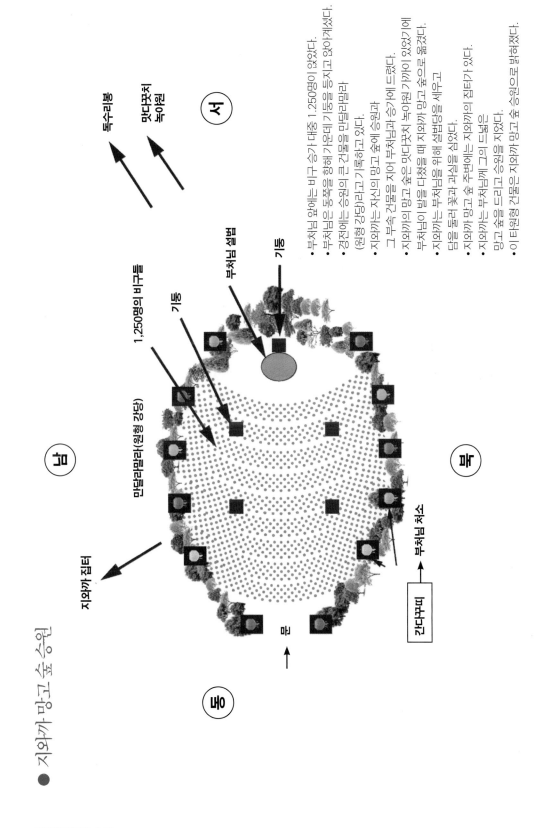

서

독수리봉 →

맛단찌 녹야원 →

남

지와까 집터 →

1,250명의 비구들

만달라맘라(원형 강당)

기둥

부처님 설법

기둥

동

문

북

← 간다꾸띠 → 부처님 처소

부처님 처소

• 부처님 앞에는 비구 승가 대중 1,250명이 앉았다.
• 부처님은 동쪽을 향해 가운데 기둥을 등지고 앉아계셨다.
• 경전에는 승원의 큰 건물을 만달라맘라(원형 강당)라고 기록하고 있다.
• 지와까는 자신의 망고 숲에 승원과 그 부속 건물을 지어 부처님과 승가에 드렸다.
• 지와까의 망고 숲은 맛단찌 녹야원 가까이에 있었기에 부처님이 발을 다쳤을 때 지와까 망고 숲으로 옮겼다.
• 지와까는 부처님을 위해 셀반당을 세우고 담을 둘러 꽃과 과실을 심었다.
• 지와까 망고 숲 주변에는 지와까의 집터가 접하기 있다.
• 지와까는 부처님께 그의 드넓은 망고 숲을 드리고 승원을 지었다.
• 이 터에 행 건물은 지와까 망고 숲 승원으로 밝혀졌다.

지와까 망고숲 승원

(21) 박가(Bhaggā)의 숭수마라기리(Suṃsumāragiri)의 베사깔라 숲
　　(Bhesakalāvana)의 녹야원

박가는 종족 이름이기도 하고 나라 이름이기도 하다. 수도는 숭수마라기
리이다. 꼬삼비의 왕 우데나(Udena)의 아들인 보디(Bodhi) 왕자는, 명백히
우데나 왕의 총독으로 박가국에 살았기에 박가국은 꼬삼비에 종속되어
있었다고 여겨진다. 박가국은 웨살리와 사왓티 사이에 있었다.[240]

숭수마라기리는 박가국의 수도로서 도시 이름이다. 부처님은 그 근처의
베사깔라 숲에서 여덟 번째 우안거를 보내셨다.[241]

박가국의 총독인 보디 왕자는 숭수마라기리에 살았음에 틀림없다. 보디
왕자는 그의 꼬까나다(Kokanada)라는 궁전을 지었는데 이 궁전을 지을
때 인근의 호수에서 악어가 소리를 내었기 때문에 이 도시는 '숭수마라
기리'라고 불리게 되었다.[242]

(22) 꾸루(Kuru)의 깜마사담마(Kammasādamma)
꾸루는 16대국 중의 하나이다. 부처님 활동지역 중에서 가장 북서쪽에 위치한 나
라이다. 깜마사담마는 꾸루의 작은 도시이다.

240　Malalasekera, Dictionary of Pāli Proper Names Ⅱ, p. 345.

241　Buddhavaṃsa 주석서 3.

242　맛지마니까야 주석서(Aluvihara Series: Ⅰ. 292); 상윳따니까야 주석서 Ⅱ. 181. Suṃsumāra는
악어 giri는 산 그래서 악어산이란 뜻이다.

(23) 라자가하의 맛다꿋치(Maddakucchi)의 녹야원

한때 부처님은 라자가하에서 맛다꿋치 녹야원에 계셨다. 그런데 그 당시 부처님의 발이 돌 조각으로 인해 상처를 입었다. 부처님은 몸이 고통스럽고, 쑤시고, 괴로운 격심한 고통을 겪으셨다. 그러나 부처님은 선명한 알아차림과 마음집중으로 고통 없이 참아내셨다.[243]

데와닷따(Devadatta)는 부처님을 죽이려고 독수리봉에서 바위를 굴렸다. 그런데 그 바위는 중간쯤에서 다른 바위에 걸려서 멈추었다. 그러나 그 바위의 파편이 깨지면서 부처님의 발에 떨어졌다. 그래서 발을 심각하게 다치셨다. 부처님은 피를 많이 흘려서[244] 괴로워하셨다. 비구들은 부처님을 들것에 싣고 맛다꿋치 녹야원으로 갔다. 다시 지와까(Jīvaka)의 망고 숲으로 갔다. 그곳에서 지와까는 부처님의 발을 치료하였다.[245]

(라자가하 성의) 동북쪽 굽이진 곳에 기구(지와까)가 암팔라(ambabana: 망고 숲)의 정원에 정사를 세워 여래와 1,250명의 비구들을 청하여 공양한 곳이 있는데 지금도 그대로 남아 있다.[246]

문헌상의 정보로 보아 독수리봉 아래에 맛다꿋치 녹야원이 있고, 그 인근에 지와까의 망고 숲이 있음을 알 수 있다. 사슴들이 안전하게 살 수 있도록 보호되었기

---

243 상윳따니까야 1:4.8과 4:2.3.

244 독수리봉에서 내려오는 데에도 무척 시간이 걸렸을 것이고, 거기서 또 맛다꿋치 녹야원으로, 또 지와까의 망고 숲으로 사람이 걸어서 들고 옮기는 데 무척 시간이 많이 걸렸을 것이다. 그러니 부처님은 피를 많이 흘렸을 것이다.

245 율장 Ⅱ 193; 담마빠다 주석서 Ⅱ 164.

246 김규현 역, 『불국기』, p.124.

에 맛다꿋치 녹야원이라고 불리었다.

맛다꿋치 1. 데와닷따가 부처님께 바위를 굴리는 그림

아래 위치도는 부처님이 데와닷따가 굴린 돌에 발을 다치신 상황과 다친 발을 치료하기 위해 독수리봉에서 맛다꿋치 녹야원으로 가서 다시 지와까의 망고 숲으로 이동하게 된 경로를 보여준다.

● 라자가하의 맛다꿋치 녹야원

부처님은 독수리봉에 계셨다.
부처님은 걷고 계셨다.
데와닷따가 굴린 바위가 깨지면서,
파편이 부처님 발에 떨어졌다.
발을 심하게 다쳐서서 비구들이 들것으로 산
아래까지 모시고 다시고 내려가 맛다꿋치 녹야원으로 갔다.
다시 지와까의 망고 숲으로 이동해서 지와까가
부처님 발을 치료하였다.

지와까의 집

지와까

지와까가 치료함

부처님 처소
간다꾸띠

지와까 망고 숲

(24) 꼬살라의 히말라야(Himalaya) 산기슭의 초막 - 정보 없음

(25) 사꺄의 실라와띠(Silāvati) 지역 - 정보 없음

(26) 왓지(Vajji)의 꼬띠가마(Koṭigāma) (마을)
디가니까야 16에는 부처님이 열반 전에 가신 경로의 지도가 있다. (p.113 참조)

(27) 까삘라왓투(kapilavatthu)의 큰 숲(Mahāvana)

까삘라왓투의 큰 숲은 원시림이었다. 이 숲은 까삘라왓투의 한쪽 모퉁이
에서 히말라야까지 뻗어 있었고 또 한쪽은 바다까지 걸쳐있었다.[247]

큰 숲으로는 까삘라왓투의 큰 숲, 웨살리(Vesāli)의 큰 숲, 우르웰라깝빠
(Uruvelakappa)의 큰 숲, 네란자라(Nerañjara) 강둑의 큰 숲이 있다.

(28) 꼬살라의 브라흐민 마을 에까살라(Ekasāla)

한때 부처님은 꼬살라의 브라흐민 마을 에까살라에 계셨다. 그때에 부처
님은 많은 무리의 재가자들에 둘러싸여 가르침을 설하고 계셨다.[248]

부처님이 위대한 점은 당신이 깨달은 진리를 중생을 위해 온전히 회향하셨다는
사실이다. 부처님은 자신만의 편안함에 머문 은둔자가 아니었다. 항상 중생의 괴
로움을 파악하시고, 괴로움에서 벗어나는 길을 가르치셨다. 모두가 행복하기를

---

247 Malalasekera, Dictionary of Pāli Proper Names Ⅱ, p. 555.
248 상윳따니까야 4: 2. 4.

바라셨다. 빠알리 니까야는 비구들뿐만 아니라 많은 재가자들에게 주셨던 부처님의 가르침 모음이다. 빠알리 경전에 나타난 부처님은 이처럼 많은 사람들이 가르침을 듣기 위해 몰려드는 성자의 모습이었다.

(29) 마가다의 브라흐민 마을 빤짜살라(Pañcasālā) – 정보 없음

(30) 사왓티에서 탁발 도중

그때 아침에 브라흐마데와(Brahmadeva) 존자는 사왓티로 탁발하러 들어갔다. 사왓티에서 탁발을 하면서 그는 자신의 어머니 집으로 갔다.[249]

(31) 라자가하(Rājagaha)의 삽삐니(Sappinī) 강둑

한때 부처님은 라자가하에서 독수리봉 산에 계셨다. 그때에 매우 잘 알려진 많은 방랑수행자들이 삽삐니 강둑에 있는 방랑수행자들 승원에 있었다. 그때에 오후에 부처님은 명상에서 일어나서 삽삐니 강둑의 방랑수행자들 승원으로 가셨다. 부처님은 마련된 자리에 앉아서 방랑수행자들에게 말씀하셨다.[250]

삽삐니강은 안다까윈다 마을과 라자가하 사이에 있었다. 깃자꾸따(독수리봉) 산에서 흐르는 강이다.[251]

---

249 상윳따니까야 6: 1. 3.

250 앙굿따라니까야 4법수 30과 185, 3법수 2. 64.

251 율장 Ⅰ. 254.

(32) 마가다의 안다까윈다(Andhakavinda) (마을)

안다까윈다는 마가다국의 마을인데 라자가하에서 3가우따(gāvuta)[252] 거리에 있다. 라자가하와 안다까윈다 마을 사이에는 독수리봉에서 흐르는 삽삐니(Sappini)강이 있다.[253]

한 재가자가 부처님을 위해서 안다까윈다에 간다꾸띠(Gandhakuṭi)를 지었다.[254]

(33) 꾸시나라(Kusinārā)의 말라들의 살라(Sāla) 숲의 한 쌍의 살라나무 사이

꾸시나라는 말라족의 수도이고 부처님이 열반하신 곳이다.

부처님은 아난다에게 말씀하셨다.
"아난다, 히란냐와띠(Hiraññavati)강 저쪽 편의 꾸시나라 근처에 있는 말라들의 살라 숲으로 가자."
"예, 부처님."
부처님은 많은 비구 승가와 함께 히란냐와띠강 저쪽 편의 꾸시나라 근처에 있는 말라들의 살라 숲으로 가셨다. 거기서 부처님은 아난다에게 말씀하셨다.
"아난다, 한 쌍의 살라나무 사이에 북쪽으로 머리를 둔 침상을 만들어라. 피곤하구나, 누워야겠다."
"예, 부처님."

---

252 1가우따는 2마일(mile)보다 약간 짧은 거리이다.(Pali English Dictionary, p. 250.) 1마일이 1.6km이고 2마일이 3.2km이니 1가우따는 3.2km보다 약간 짧은 거리이다.

253 율장 Ⅰ. 109.

254 위마나왓투(Bimānavatthu) 주석서 302-3.

아난다는 침상을 만들었다. 부처님은 발과 발을 포개고 마음챙김과 선명한 알아차림으로, 오른편으로 사자처럼 누우셨다.

그때에 한 쌍의 살라나무는 때아닌 때에 많은 꽃들이 활짝 피어서, 부처님에 대한 예경심에서 흩날리며 여래의 몸에 떨어졌다.[255]

그때 마하깟사빠 존자는 500명의 많은 비구 승가와 함께 빠와에서 꾸시나라로 가는 큰 길을 따라가고 있었다. … 어떤 아지와까는 꾸시나라에서 가져온 만다라와(Mandārava) 꽃을 들고 빠와로 가는 큰 길을 따라가고 있었다. … 고따마 사문은 1주일 전에 열반하셨습니다. 이 꽃은 그곳에서 가져온 것입니다.[256]

꾸시나라 성의 북쪽 사라쌍수 사이 희련선하(히련야와띠강) 강가에 세존께서 머리를 북쪽으로 하시고, 열반하신 곳이 있다.[257]

서쪽 기슭에서 조금 가면 살라 숲에 이른다. 그 나무는 떡갈나무 비슷한데 거죽이 푸르죽죽하고 잎은 윤기가 있다. 이곳에 특별히 네 개의 나무가 있는데 여래가 적멸한 곳이다. 그곳의 벽돌로 만든 큰 정사 안에 여래의 열반상이 있다.[258]

---

255 디가니까야 16: 5. 1-2.
256 디가니까야 16의 6. 19.
257 김규현 역, 『법현기』, p. 110.
258 권덕주 역, 『대당서역기』, p. 179.

꾸시나라 1. 꾸시나라의 부처님이 열반에 드신 살라나무들

　부처님이 꾸시나라의 두 그루 살라나무 사이에서 열반하셨기에 살라나무는
그만큼 신성한 나무이다. 여기는 웨살리의 살라나무이다. 그 꽃은 향기가 대단하
다고 한다. 바로 아래에 꽃이 있다.

꾸시나라 2. 꾸시나라의 부처님 존체에 떨어진 살라나무 꽃

　살라나무 꽃은 향기가 난다고 한다. 이런 살라나무 꽃이 부처님 존체 위에 흩
날리며 떨어졌다.

부처님께서 열반하시자 욕망을 벗어나지 못한 비구들과 말라들은 머리칼을 뜯으면서 울부짖고, 팔을 내 저으면서 울부짖고, 이리저리 뒹굴면서 "부처님은 너무 빨리 열반하셨다. 세상의 눈이 너무 빨리 사라지는구나"라고 하였다. 그러나 욕망을 벗어난 비구들은 마음챙김과 선명한 알아차림으로 참아내며, "형성된 것들은 무상하다. 그러니 (슬퍼한들) 무슨 소용이 있겠는가"라고 하였다.[259]

꾸시나라 3. 부처님 열반상과 슬퍼하는 사람들

위의 사진(꾸시나라 3. 부처님 열반상과 슬퍼하는 사람들)은 부처님이 열반하시자 슬퍼하는 사람들의 모습을 두 가지로 보여준다. 왼쪽 앞에 있는 비구의 모습은 매우 침착하다. 그는 아누룻다 존자이다. 오른쪽 앞의 비구는 슬퍼하는 비구를 달래고 있다. 다른 사람들은 팔을 내저으면서 슬퍼하고 있다. 부처님 열반상 침상 아래의 오른쪽 인물은 슬픔의 와중에도 마음챙김으로 명상에 들어있는 비구의 모습이며, 왼쪽 인물은 슬퍼하는 말라왕(수염과 머리 모양이 다르다)의 모습이다.

---

259 디가니까야 16: 5. 1-2.

꾸시나라 4. 꾸시나라의 부처님 열반상

사진(꾸시나라 4. 꾸시나라의 부처님 열반상)은 열반당 안에 모셔진 평온 그 자체인 부처님의 열반상이다. 이 불상은 '기원후 5세기에 비구 히리발라(Hiribala)가 제작하여 이 열반당에 기증하였다'라고 그 받침에 각문이 기록되어 있다. 붉은 기가 도는 하나의 통짜로 된 사암을 깎아서 제작한 것이다. 현장이 본 바로 그 불상이다. 좌대에 세 명의 인물이 있는데, 디가니까야 16: 6. 10에 기록된 것으로 부처님의 열반으로 인한 슬픔의 모습을 보인다. 맨 왼쪽은 슬픔에 울고 있는 사람이고, 중앙은 슬픔을 견디며 명상에 든 비구의 모습이며, 오른쪽 인물은 오른손을 머리에 대고 슬픔을 참아내는 모습이다.[260]

꾸시나라 5. 꾸시나라의 열반상의 평온한 부처님 모습

---

260 "Kushinagar", 웹페이지 Myanmarvihara.org. 미얀마 승원은 이미 1,900년에 미얀마 사야도에 의해 꾸시나라에 미얀마 승원을 건립하였고, 그 후로 미얀마 파고다(큰 탑)도 세우고 그 지역 아이들에게 무료로 교육과 부처님 가르침을 전파해 왔다. 현재 꾸시나라 열반당을 관리하고 있다.

한없이 평화롭고 평온한 이 불상은 현장이 본 바로 그 불상이다. 길이가 6.1m
이다.

벽돌로 만든 큰 정사 안에 여래의 열반의 상이 있다. 머리를 북쪽으로 하
고 누워 있다.[261]

꾸시나라 6. 꾸시나라의 부처님 화장터의 탑

그때 마하깟사빠 존자가 (500명의 비구들과 함께) 부처님의 화장용 장작더
미가 있는 말라의 사당인 마꾸따반다나(Makutābandhana)로 갔다.[262]

열반에 든 부처님의 존체를 마꾸따반다나 사당 옆에서 화장하였는데, 이곳
에서 화장하고 난 재를 가지고 말라들이 스투파를 만들었다. 화장을 한 바로 그
자리에 스투파를 세운 것이다. 위 사진(꾸시나라 6. 꾸시나라의 부처님 화장터의 탑)에서
보면 비구들이 탑을 돌고 있다. 열반당에서 2km가 안 되는 거리에 화장터의 스투
파가 있다. 높이가 15.4m이고, 직경이 34m인 거대한 스투파이다.

---

261 권덕주 역, 『대당서역기』, p. 179.
262 디가니까야 16 : 6. 22.

꾸시나라 7. 꾸시나라 화장터 탑의 회랑

화장터 스투파 맨 아래에는 사진(꾸시나라 7. 꾸시나라 화장터 탑의 회랑)에서처럼 행
랑이 죽 둘려 있다. 벽돌로 견고하게 행랑을 만들고 스투파 전체를 벽돌로 발랐다.

꾸시나라 8. 꾸시나라 화장터 탑에 예경하는 사람들

부처님의 화장터 스투파에 부처님 존체에 대한 공경으로 꽃을 공양하거나 금딱지를 붙이는 사람들이다. 벽돌로 견고하게 거죽을 발라서 오랜 세월을 견디는 것 같다.

꾸시나라는 라자가하에서 25요자나[263]이고, 알라까(Aḷḷaka)에서 라자가하로 가는 큰 길가에 있다. 이 길은 바와리(Bāvarī)의 제자들이 간 길이다.[264]

(34) 꼬살라의 순다리까(Sundarika) 강둑

한때 부처님은 꼬살라의 순다리까 강둑에 계셨다. 그때 브라흐민 순다리까 바라드와자는 불의 제사를 지내고 있었다. 제사를 지내고 나서 남은 음식을 주려고 사방을 둘러보았다. 그는 어떤 나무 아래 머리를 둘러쓰고 앉아 있는 수행자(부처님)를 보았다.[265]

위 인용문에서는 부처님의 진술한 모습을 엿볼 수 있다. 새벽이나 밤에는 춥다. 그러니 부처님은 머리에 가사를 둘러썼을 것이다. 때로는 겨울철 다 져서 떨어져 내린 나뭇잎 위에도 계셨고, 동굴이나 사당 등에도 계셨다. 물론 산이나 숲의 나무 아래에 가장 많이 계셨다.

부처님은 편안한 기원정사나 여러 승원들이 건립된 후에도 우기철이 끝나면 많은 비구들과 함께 유행을 떠나셨다. 결코 편안한 승원 생활에 안주하지 않으셨다. 부처님의 후반기 모습은 이처럼 철저했던 성인의 행장을 자세히 보여준다. 열반전에 나타난 마지막 유행 경로를 보면 승원도 아니고 사당이나 집도 아닌 살라

---

263 디가니까야 주석서 Ⅱ.609.

264 숫따니빠따 게송 1111-1113.

265 상윳따니까야 7:2.1; 숫따니빠따 3장 4.

나무 사이에서 열반에 드셨다.

　　부처님은 6년간의 치열한 고행을 하셨고, 극단적인 고행을 통하여 중도의 실상을 깨달으셨다. 무엇보다 중요한 사실은 부처님은 깨달음의 진리를 중생의 행복을 위해 온전히 회향하셨다는 점이다. 부처님은 결코 은둔자가 아니었다. 은둔은 수행의 어느 기간에만 필요하며, 일생을 은둔으로 보내는 것은 자신만을 위한 삶이라 할 수 있다.

(35) 마가다의 닥키나기리(Dakkhiṇāgiri)의 에까날라(Ekanāḷa) 마을

　　한때 부처님은 마가다의 닥키나기리에서 브라흐민 마을인 에까날라에 계셨다.[266]

　　부처님은 라자가하에 계시다가 닥키나기리로 가는 도중 마가다국의 들판을 지나게 되었다. 부처님은 닥키나기리에 얼마 동안 머문 후 라자가하로 다시 돌아가셨다.[267]

　　아난다 존자는 많은 비구 승가와 함께 닥키나기리에서 유행하고 있었다. 아난다 존자는 닥키나기리에서 원하는 만큼 유행하다가 다시 라자가하의 죽림정사로 돌아갔다.[268]

　　'닥키나(Dakkhiṇā)'는 '남부의'라는 뜻이고, '기리(giri)'는 산, 언덕이란 의미를 가지고 있으니 이 둘을 합하면 '남쪽의 언덕'이 된다. 라자가하를 둘러싸고 있는 산(언

266　상윳따니까야 7 : 2. 1.

267　율장 마하왁가 8편 2.

268　상윳따니까야 16 : 11.

덕)의 남쪽 지방을 뜻한다고 볼 수 있다. 닥키나기리에서 유행하다가 다시 죽림정
사로 돌아가기에 좋은 코스였던 것 같다.

(36) 사꺄족의 작은 도시 코마둣사(Khomadussa) - 정보 없음

(37) 짬빠(Campā)의 각가라(Gaggarā) 호수

짬빠는 강에 인접한 도시로 앙가국의 수도이다. 각가라 호수는 각가라
왕비가 만든 아름다운 호수이다. 호수의 강둑에는 짬빠까(Campaka)나무
의 숲이 있었는데, 놀라운 하얀 꽃의 향기로 잘 알려져 있었다. 부처님 당
시에는 유행하는 수행자들이 그곳에 머무는 것은 일상적인 일이었다.[269]

짬빠는 전체 지역이 커다란 짬빠까나무가 많았다고 해서 붙여진 이름이
다.[270]

갠지스강을 따라서 동쪽으로 18유연을 내려가면 그 남쪽 강변에 첨파(짬
빠) 대국이 있다. 여기에 여래의 정사와 거니시던 곳이 있다.[271]

첨파국(짬빠를 말함)은 주위가 4천 리이다. 나라의 대 도성은 그 북쪽으로
갠지스강을 두고 있으며, 주위가 40리이다. 동쪽 1백 4~50리 지점의 갠
지스강 남쪽은 강물이 성을 둘러쌌는데 벼랑은 험준하다. 꽃피는 숲의
진귀한 나무와 거대한 암석의 높은 봉우리는 인자지자(仁者智者)가 살기

---

269 율장 Ⅰ.312.

270 맛지마니까야 주석서 Ⅱ.565.

271 김규현 역, 『불국기』, p. 147.

에 알맞은 아름다운 경관을 하고 있어서, 유람하는 자가 돌아가기를 잊을 정도이다.[272]

(38) 라자가하의 이시길리 산의 검은 바위

부처님은 라자가하의 다섯 개 산을 언급하셨다. 이중에 하나가 이시길리 산이다.

부처님은 비구들에게 말씀하셨다.

"비구들이여, 그대들은 저 웨바라 산을 보고 있는가?"

"네, 부처님."

"비구들이여, 그대들은 저 빤다와 산을 …, 웨뿔라 산을 …, 깃짜꾸따 산을 …, 이시길리 산을 보고 있는가?"

"네, 부처님." [273]

이시길리 산에는 한쪽에 깔라실라(Kālasilā)라고 부르는 검은 바위가 있었다. 검은 바위가 있는 곳은 부처님과 비구들이 자주 가는 곳이었다.[274]

(39) 웨살리의 어떤 숲 - 정보 없음

(40) 라자가하의 인다꾸따(Kndajuta) 산에 약카(Yakkha) 인다까 (Indaka)가 있는 곳 - 정보 없음

---

272 권덕주 역,『대당서역기』, p. 286.

273 맛지마니까야 116. 웨바라(Vebhara) 산, 빤다와(Paṇḍava) 산, 웨뿔라(Vepulla) 산, 깃자꾸따 (Gijjhakuṭa) 산, 이시길리(Isigili) 산.

274 율장 Ⅱ, 76, Ⅲ, 41.

(41) 가야(Gayā)의 땅끼따만짜(ṭaṅkitamañca)[275] (약카가 있는 곳)

한때 부처님은 가야에서 약카(Yakkha) 수찔로마(Sūciloma)가 자주 다니는
곳인 땅끼따만짜에 계셨다.[276]

가야는 부처님이 깨달음을 이루신 붓다가야(보드가야)의 보리수와 최초로 설법을
여신 바라나시의 이시빠따나 녹야원 사이 길가에 있는 작은 도시이다.

(42) 마가다의 마니말라까(Maṇimālaka) 사당

한때 부처님은 마가다에서 약카 마니밧다(Maṇibhadda)가 자주 다니는 곳
인 마니말라까 사당에 계셨다.[277]

(43) 라자가하의 시따(Sīta) 숲

한때 부처님은 라자가하에서 독수리봉 산에 머무셨다. 그때에 소나
(Soṇa) 존자는 라자가하에서 시따 숲에 머물렀다.[278]

(44) 알라위(Āḷavi)의 약카가 있는 곳

---

275 '땅끼따만짜'는 네 개의 바위 위에 돌 판대기가 그 위에 놓여 있는 것을 말한다. 제단 같은
것으로 약카가 사는 곳이다. 아마도 약카에게 제사 지내던 제단이었을 듯하다. 수따니빠따 주석서
Ⅰ.301.

276 상윳따니까야 10:3.

277 상윳따니까야 10:4.

278 앙굿따라니까야 6법수 55. 소나 존자는 이곳에서 열심히 정진하였는데 부처님은 잘 알려
진 '위나(vīṇā) 악기에 대한 비유'로 가르침을 주셨다.

알라위는 사왓티에서 30요자나의 거리에 있다. 바라나시에서 (라자가하 쪽으로) 12요자나(Jojana)²⁷⁹의 거리에 알라위가 있다.²⁸⁰

(45) 가야(Gaya)의 가야시사(Gayāsīsa)

가야는 부처님이 깨달음을 얻은 보드가야 인근의 작은 도시이다. 가야시사는 가야 인근에 있는 언덕 능선이다. 불을 섬기던 깟사빠 삼형제의 귀의로 제자들이 모두 천명이 되었는데, 부처님은 불을 섬기던 이들을 위하여 불에 대한 가르침을 주셨다.

한때 부처님은 1,000명의 비구들과 함께 가야에서 가야시사에 머무셨다. 부처님은 비구들에게 말씀하셨다.
"비구들이여, 모든 것은 불타고 있다. … 무엇으로 불타고 있는가? 욕망으로 불타고, 증오로 불타고, 어리석음으로 불타고 있다."²⁸¹

언덕은 판판한 돌로 되어있었기 때문에 가야시사라고 불리었다. (판판한) 바위 위에는 1,000명이 앉을 자리가 있었다. 언덕은 가야의 남서쪽으로 1마일(1.6km)가량 되었다.²⁸²

(46) 라자가하의 시따(Sīta) 숲의 삽빠손디까(Sappasondika) 동굴

삽빠손디까 동굴은 뱀의 머리처럼 생겼기 때문에 붙은 이름이다. 삽빠손디까 동

---

279   1요자나는 약 7마일이다.

280   상윳따니까야 10 : 12; 율장 Ⅱ. 170-175.

281   상윳따니까야 35장 28. 이것은 매우 유명한 가장 초기의 가르침인 '불의 설법'이다. 불을 섬기던 타래머리의 깟사빠 삼형제가 그 제자들 1,000명을 데리고 개종하여 제자가 되었기에, 그들에게 적합한 '불'에 연관된 설법을 하신 것이다. 승원이 없었을 때이기에 1,000명을 데리고 앉을 만한 곳으로 가셨을 것이다. 이렇게 부처님 교단은 처음부터 놀랄만한 발전을 하게 된다.

282   상윳따니까야 주석서 Ⅲ. 4.

굴은 시따 숲에 있는 동굴인데 시따 숲은 그냥 평지만 있는 숲이 아닌 것 같다. 산과 이어진 산 아래 있는 숲이어서 시따 숲에서 동굴로 올라갈 수 있었을 것이다.

(47) 왓지(Vajjī)의 핫티가마(Hatthigāma) (마을)

마가다의 아자따삿뚜 왕은 왓지를 침략하려고 부처님께 그의 총리대신 왓사까라를 보내어 말씀을 듣게 하였다. 부처님은 일곱 가지로 왓지인들이 쇠퇴하지 않고 번영할 것이란 말씀을 하셨다. 그러나 부처님 열반 후에 왓지는 마가다에 병합되었다.[283]

(48) 아완띠(Avantī)의 막까라까따(Makkarakaṭa) (지역)의 숲속 초막

아완띠는 16대국 중의 하나이고 수도는 웃제니(Ujenī)이다. 막까라까따는 아완띠의 지역 이름으로 마하깟짜나(Mahā Kaccāna) 존자가 이 지역의 숲속 초막에 머물고 있었다.[284]

(49) 까만다(Kāmaṇḍā)의 브라흐민 또데이야(Todeyya)의 망고 숲

한때 우다이(Udāyī) 존자는 까만다에서 브라흐민 또데이야의 망고 숲에 있었다.[285]

까만다는 꼬살라의 마을 이름이다. 짠달라깝빠 마을의 또데이야의 망고 숲[286]도 그의 것이었다고 하니 또데이야는 두 개의 망고 숲을 가지고 있었다. 그러나 그는

---

283 디가니까야 16: 1. 1-5.

284 Malalasekera, Dictionary of Pāli Proper Names Ⅰ, p. 193; 상윳따니까야 35: 132.

285 상윳따니까야 35: 133.

286 맛지마니까야 경 100.

극도로 인색하였다고 한다.

(50) 꼬삼비(Kosambī)의 갠지스강 언덕

꼬삼비의 우데나 왕은 경전 여러 곳에 언급되어 있다. 아난다 존자에게 가사를 공양한 이야기는 유명하다. 꼬삼비는 디가니까야 16에서 언급된 6대 도시 중의 하나이다. 지도에 보면 가장 중심부에 있는 꼬삼비는 사방으로 통하는 교통의 요충지였다.

니까야에서 정정해야 할 내용이 있는 듯하다. 상윳따니까야 35: 241의 '꼬삼비의 갠지스강'은 오류라고 한다. 갠지스강이 아니라 야무나(Yamunā)강이 맞다.[287]

---

287 Malalasekera, Dictionary of Pāli Proper Names I, p. 694.

● 기원전 6세기 인도 다섯 개의 큰 강

● 동그라미는 도시 이름

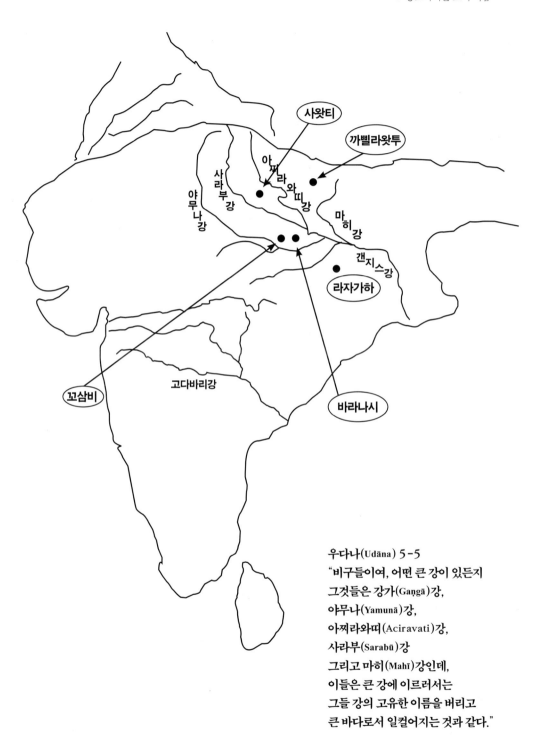

사왓티

까삘라왓투

아찌라와띠강

사라부강

야무나강

마히강

갠지스강

라자가하

고다바리강

꼬삼비

바라나시

우다나(Udāna) 5-5
"비구들이여, 어떤 큰 강이 있든지
그것들은 강가(Gaṅgā)강,
야무나(Yamunā)강,
아찌라와띠(Aciravati)강,
사라부(Sarabū)강
그리고 마히(Mahī)강인데,
이들은 큰 강에 이르러서는
그들 강의 고유한 이름을 버리고
큰 바다로서 일컬어지는 것과 같다."

지도. 부처님 활동지역의 중요한 다섯 개의 강

(51) 낌빌라(Kimbilā)의 갠지스강 언덕

낌빌라의 대나무 숲과 같은 지역으로, 갠지스 강둑에 있는 작은 도시 이름이다. 낌빌라는 상인의 아들인 낌빌라 존자의 고향이다. 까삘라왓투의 사꺄족의 낌빌라가 아니다.

갠지스강은 긴데, 어디가 정확히 낌빌라의 위치인지 언급된 자료가 없다.

(52) 꼴리야(Koliya)의 웃따라(Uttara) 작은 도시 – 정보 없음

(53) 사꺄(Sākya)의 삭까라(Sakkara) 작은 도시 – 정보 없음

(54) 꼴리야의 할릿다와사나(Haliddavasana) 작은 도시 –정보 없음

(55) 웨살리(Vesāli)의 벨루와가마까(Beluvagāmaka)

한때 아난다 존자는 웨살리 인근의 벨루와가마까에 머물고 있었다.[288]

벨루와는 웨살리 남쪽의 작은 마을이다. 벨루와는 웨살리 성문 밖에 있었다.[289]

(56) 왓지의 욱까쩰라(Ukkacela)의 갠지스 강변

욱까쩰라는 갠지스 강둑에 있는 왓지의 마을이다. 욱까쩰라는 라자가하

---

288 상윳따니까야 47: 9.

289 맛지마니까야 주석서(Aluvihara Series: Ⅱ. 571).

에서 웨살리로 가는 길가에 있었는데 웨살리 인근에 있다.[290]

(57) 사왓티(Sāvatthi)의 뿝빠꼿타까(Pubbakoṭṭhakā)

한때 부처님은 사왓티의 기원정사에 계셨다. 부처님은 아침 일찍 사왓티로 탁발하러 들어가셨다. 그때 많은 비구들이 아난다 존자에게 와서 이렇게 말하였다.

"아난다 존자여, 우리는 부처님으로부터 직접 설법을 들은 지 오래되었습니다. 부처님으로부터 직접 설법을 들었으면 좋겠습니다."

"그러면 존자들이여, 브라흐민 람마까(Rammaka)의 암자로 오십시오. 거기서 부처님의 설법을 직접 들을 수 있습니다."

"알았습니다. 존자여."

그때에 부처님은 탁발에서 돌아와서 공양 후에 아난다 존자에게 말씀하셨다.

"아난다, 낮 동안을 보내기 위해 동원의 미가라마뚜 강당으로 가자."

"예, 부처님."

그래서 부처님은 아난다 존자와 함께 동원의 미가라마뚜 강당으로 가셨다.

오후에 부처님은 명상에서 일어나서 아난다 존자에게 말씀하셨다.

"아난다, 뿝빠꼿타까로 목욕하러 가자."

"예, 부처님."

그래서 부처님은 아난다 존자와 함께 뿝빠꼿타까로 목욕하러 가셨다.

부처님은 목욕을 한 후 물에서 나와 가사 하나만 입고 몸을 말리셨다.

그때 아난다 존자는 부처님께 이렇게 말씀드렸다.

"부처님, 브라흐민 람마까의 암자가 가까이에 있습니다. 그곳은 아름답

---

290   우다나 주석서 322.

367

고 상쾌한 곳입니다. 부처님, 자비로 그곳으로 가시면 좋겠습니다."

그래서 부처님은 람마까의 암자로 가셨다. 부처님은 암자로 들어가서 비구들에게 말씀하셨다.[291]

맛지마니까야 경 26에서 발췌한 위의 인용문은 많은 정보를 준다.

① 부처님은 사왓티의 기원정사에 계시다가 낮 동안의 명상은 동원의 미가라마뚜 강당에서 하셨다. (그러나 항상 그렇지는 않다.)

② 미가라마뚜 강당은 기원정사의 동쪽에 있었다. (동원은 동쪽에 있는 승원을 말한다.)

③ 미가라마뚜 강당에서 명상을 마치고 오후에 뿝빠꼿타까로 목욕하러 가셨다.

④ 뿝빠꼿타까는 미가라마뚜 강당 가까이에 있었다.

⑤ 목욕장인 뿝빠꼿따까 가까이에 람마까 암자가 있었다. (여기서도 부처님은 비구들에게 설법하셨다.)

⑥ 목욕장은 사왓티에서 동쪽으로 흐르는 강인 아찌라와띠강에 있었다. 미가라마뚜 강당과 가까이 있어서 비구들이 목욕하기 좋은 장소였던 것 같다.

(58) 앙가(Aṅga)의 아빠나(Āpaṇa) (작은 도시)

아빠나 인근에 마히(Mahī)강이 있는데 마히강 언덕의 숲에 부처님은 머무셨다.[292]

앙굿따라빠의 아빠나와 동일한 도시이다. 앙가는 마가다의 동쪽에 있는 나라였다. 수도는 짬빠이다. 부처님 당시에는 마가다에 종속되었다.[293]

---

291 맛지마니까야 경 26.

292 Malalasekera, Dictionary of Pāli Proper Names Ⅰ, p. 277.

293 T. W. Rhys Davids, Buddhist India, 2009, p. 33.

(59) 꼬살라의 살라(Sālā) 브라흐민 마을

한때 부처님은 많은 비구 승가와 함께 꼬살라에서 유행하시다가 살라 브라흐민 마을에 도착하셨다.[294]

(60) 까삘라왓투

자세한 설명은 '제2편 제1장 네 개 니까야에서 가장 빈도수가 높은 10개의 승원 중【승원 4】까삘라왓투(Kapilavatthu)의 니그로다 승원(Nigrodhārāma)'을 보면 된다. (p.252 참조)

(61) 라자가하의 독수리봉의 수까라카따(Sūkarakhatā)[295] 동굴

하루는 돼지가 이 동굴을 가리고 있는 땅 주변의 흙을 파냈다. 그런데 비가 와서 그 흙을 씻어내 버렸고, 마침내 이 동굴이 발견되었다. 숲에 사는 사람이 이 굴을 발견하고는 흙을 치우고, 울타리를 하고, 청소를 하고, 침대와 의자를 놓고 아름답게 꾸며서 부처님께 드렸다.[296]

---

294 맛지마니까야 경 41.1.

295 수까라(Sūkara)의 뜻은 돼지이며 카따(khatā)는 khanati(파다)의 과거분사이다. 그러므로 수까라카따(Sūkara-khatā) 동굴이란 돼지가 파낸 동굴이란 뜻이다.

296 상윳따니까야 주석서 Ⅲ. 197.

수까라카따 1. 독수리봉의 수까라카따 동굴

수까라카따 동굴은 독수리봉 산 정상에서 가까운 곳에 있다. 안에 사람이 서 있는 것으로 보아 동굴의 천정이 꽤 높은 것 같다.

(62) 사왓티의 수따누(Sutanu) 강둑

한때 아누룻다 존자가 사왓티의 수따누 강둑에 있었다.[297]

(63) 사왓티의 살랄라가라(Salaḷāgāra)

살랄라가라는 기원정사에 있는 빠세나디 왕이 지은 큰 건물이다. 자세한 내용은 '제2편 제1장 네 개 니까야에서 가장 빈도수가 높은 10개의 승원 중【승원 1】사왓

297　상윳따니까야 52.3.

티의 기원정사(Jetavane Anāthapiṇḍikassa ārāma)'를 보면 된다. (p.188 참조)

(64) 낌빌라(Kimbilā)의 대나무 숲

낌빌라는 갠지스 강둑에 있는 작은 도시 이름이다. 낌빌라는 상인의 아들인 낌빌라 존자의 고향이다. 까삘라왓투의 사꺄족의 낌빌라가 아니다.

갠지스강은 긴데, 어디가 정확히 낌빌라의 위치인지 언급된 자료가 없다.

(65) 잇차낭갈라(Icchanangala)의 잇차낭갈라 숲

> 한때 부처님은 500명의 많은 비구 승가와 함께 유행하시다가, 잇차낭갈라라고 부르는 브라흐민 마을로 가셨다. 그리고 잇차낭갈라에서 울창한 정글에 머무셨다. 그때 브라흐민 뽁카라사띠는 욱깟타에 살고 있었는데, 그곳은 꼬살라의 빠세나디 왕이 하사한 곳으로 인구가 많고, 풀, 나무, 물, 옥수수가 많았다.
> 뽁카라사띠 브라흐민은 부처님을 뵙기 위해 욱깟타를 나가서 잇차낭갈라의 정글로 들어갔다. … 그리고 부처님을 공양에 초대하였다. 부처님은 비구 승가와 함께 뽁카라사띠의 집으로 가셨다.[298]

> 한때 부처님은 많은 비구 승가와 함께 꼬살라에서 유행하다가 꼬살라의 브라흐민 마을인 잇차낭갈라에 도착하셨다. 거기서 부처님은 잇차낭갈라의 울창한 숲에 머무셨다. [299]

> 한때 부처님은 잇차낭갈라에서 잇차낭갈라 숲에 머무셨다. 그때 명망 있

---

298 디가니까야 3. 1과 16-20.
299 앙굿따라니까야 5부수 30.

371

고 부유한 많은 브라흐민들이 잇차낭갈라에 살고 있었다. 브라흐민 짱끼, 브라흐민 따룩까, 브라흐민 뽁카라사띠, 브라흐민 자눗소니, 브라흐민 또데야 그리고 명망 있고 부유한 다른 브라흐민들이 있었다. 그때 브라흐민 젊은이 와셋타와 바라드와자는 이리저리 산책하면서 이런 대화를 하였다. "어떻게 브라흐민이 되는 걸까?"[300]

잇차낭갈라는 꼬살라의 브라흐민 마을로 욱깟타에 있음을 알 수 있다.

(66) 꼬살라의 웰루드와라(Veḷudvāra) 마을
마을 입구에 대나무 숲이 있었기 때문에 웰루(veḷu: 대나무) 드와라(dvāra: 입구, 대문)라는 이름이 붙었다.

(67) 쩨띠(Ceti)의 사하자띠(Sahajāti) (작은 도시)

한때 많은 장로 비구들이 쩨띠의 사하자띠에 있었다. 그때에 장로 비구들은 탁발에서 돌아와 공양을 마친 후에 만달라말라(원형 강당)에 함께 모여 앉아 이런 이야기를 하였다. "…."[301]

쩨띠는 인도의 16국 가운데 하나이고 사하자띠는 쩨띠의 도시 이름이다. 사하자띠에는 회당이나 회관처럼 많은 비구들이 모여 앉아 법담을 나누던 건물이 있었던 것 같다. '강당'은 '만달라말라(Mandalamala)'의 번역인데 '원형 회당, 강당, 누각, 회관, 천막'이란 뜻이 있다.

---

300 숫따니빠따 3장 9 와셋타 경.

301 상윳따니까야 56. 30.

2. 맛지마니까야의 장소 설명: 총 46개의 다른 장소

맛지마니까야는 대표적인 승원 8개와 그 나머지 장소가 38개로 합계 장소는 46개이다. 대표적인 승원은 이미 앞의 제2편 제1장에서 설명했으며, 나머지 장소들도 중복되는 경우 앞의 설명을 참조하면 된다.

1) 맛지마니까야에 나오는 대표적 승원

아래 8개 승원의 자세한 정보는 '제2편 제1장 네 개 니까야에서 가장 빈도수가 높은 10개의 승원' 편을 보면 된다.

    ㉠ 사왓티의 기원정사 (p.188)

    ㉡ 라자가하의 죽림정사 (p.302)

    ㉢ 사왓티 동원의 미가라마뚜 강당 (p.242)

    ㉣ 까삘라왓투의 니그로다 승원 (p.252)

    ㉤ 웨살리 큰 숲의 중각강당 (p.288)

    ㉥ 꼬삼비의 고시따 승원 (p.247)

    ㉦ 왓지의 나디까의 벽돌집 승원 (p.311)

    ㉧ 라자가하의 따뽀다 온천 승원 (p.312)

2) 맛지마니까야에 나오는 나머지 장소 종류: 38개

(1) 앙굿따라빠(Anṅguttarāpa)의 아빠나(Āpaṇa) 작은 도시

앙굿따라빠는 마히(Mahī)강 북쪽 지방으로 마히강의 다른 쪽에 있는 앙가(Aṅga)국에 속한 지역인 것은 확실하다.[302]

한때 부처님은 1,250명의 많은 비구 승가와 함께 앙굿다라빠에서 유행하다가 아빠나라고 하는 앙굿따라빠의 작은 도시에 도착하셨다. 타래머리를 한 고행자 께니야(keṇiya)는 말하였다.

"고따마 존자님은 비구 승가 대중과 함께 내일 저의 공양을 받아 주십시오."

부처님은 말씀하셨다.

"께니야, 비구 승가 대중은 많습니다. 1,250명이나 됩니다."[303]

위의 인용문에서 볼 때, 아빠나라는 작은 도시는 1천 명이 훨씬 넘는 비구가 탁발할 만한 여건이 되는, 즉 부처님을 향한 신심도 있고 물질적으로도 부유한 도시였던 것 같다.

(2) 박가(Bhaggā)의 숭수마라기리(Suṃsumāragiri)의 베사깔라 숲 (Bhesakalāvana)의 녹야원

숭수마라기리는 박가국의 수도로서 도시 이름이다. 부처님은 그 근처의 베사깔라 숲에서 여덟 번째 우안거를 보내셨다.[304]

자세한 내용은 '제2편 제2장의 1. 상윳따니까야의 장소 설명에서 2) 상윳따니까

---

302 숫따니빠따 주석서 Ⅱ. 437.

303 숫따니빠따 3장 7.

304 Buddhavaṃsa 주석서 3.

야에 나오는 나머지 장소 종류 중 (21) 박가(Bhaggā)의 숭수마라기리(Suṃsumāragiri)의 베사깔라 숲(Bhesakalāvana)의 녹야원'을 보면 된다. (p.344)

(3) 꾸루(Kuru)의 깜마사담마(Kammasādamma) 작은 도시
꾸루는 16대국 중의 하나이다. 부처님 활동지역 중에서 가장 북서쪽에 위치한 나라이다. 깜마사담마는 꾸루의 작은 도시이다.

(4) 앙가(Aṅga)의 앗사뿌라(Assapura) 작은 도시
앙가는 16대국 중 하나였으나 부처님 당시에는 마가다에 종속되었다. 마가다의 동쪽에 위치하고 수도는 짬빠이다. 앗사뿌라는 앙가의 작은 도시이다.

(5) 위데하(Videha)국의 미틸라(Mithilā)의 마카데와(Makhādava) 망고 숲
맛지마니까야 경 83에서 부처님은 아난다 존자에게 옛날이야기 속의 마카데와 왕의 이야기를 하신다. 마카데와 왕의 망고 숲은 마카데와 망고 숲이다. 마카데와 왕은 역사 속의 실제 인물은 아니다.

한때 부처님은 왓지(Vajji)의 욱까쩰라(Ukkācelā)에 있는 갠지스강 강둑에 계셨다. 부처님은 비구들에게 말씀하셨다.
"예전에 마가다의 어리석은 소치는 사람이 우기의 마지막 달 가을에, 갠지스강의 이쪽 언덕도 살펴보지 않고, 저쪽 언덕도 살펴보지 않고, 나루터도 없는 곳에서 수위데하(Suvideha)[305]의 저쪽 언덕으로 소들을 몰고 건넜다."[306]

---

305 '수위데하(Suvideha)'란 마가다의 반대편에 있던 위데하(Videha) 지역과 그 주민을 말한다.
306 맛지마니까야 경 34.2.

위데하국은 갠지스강을 경계로 하여 한쪽은 마가다, 또 한쪽은 위데하로 되어있음을 알 수 있다.

(6) 꼬살라의 살라(Sālā) 브라흐민 마을

한때 부처님은 많은 비구 승가와 함께 꼬살라에서 유행하시다가 살라 브라흐민 마을에 도착하셨다.[307]

(7) 라자가하의 독수리봉(Gijjhajūtā)

(라자가하) 궁성에서 동북쪽으로 14~5리 가면 그리다라꾸따(깃자꾸따) 산에 이른다. 영축산은 북쪽 산의 남쪽으로 접한 봉우리가 특히 높은데 형상이 독수리와 같다.[308]

자세한 내용은 '제2편 제2장의 1. 상윳따니까야의 장소 설명에서 2) 상윳따니까야에 나오는 나머지 장소 종류 중 (5) 라자가하의 독수리봉(Gijjhakūtā)'을 보면 된다. (p.327)

(8) 바라나시(Bārāṇasī)의 이시빠따나(Isipatana)의 녹야원

부처님이 깨달음을 얻고 전에 함께 수행하였던 5명의 수행자들에게 가장 처음으로 가르침을 설한 곳은 이시빠따나의 사슴동산이다. 현대의 사르나트이고, 불교 역사에서 가장 중요한 곳 중 하나이다.

자세한 설명은 '제2편 제2장의 1. 상윳따니까야의 장소 설명에서 2) 상윳

---

307 맛지마니까야 경 41.1.
308 권덕주 역, 『대당서역기』, p.261.

376

따니까야에 나오는 나머지 장소 종류 중 (1) 바라나시(Bārāṇasī)의 이시빠따나(Isipatana)의 녹야원'을 보면 된다. (p.321)

(9) 꼬살라의 욱깟타(Ukkaṭṭha) 도시의 수바가(Subhaga) 숲의 황제살라 나무 아래

욱깟타는 꼬살라 왕이 브라흐민 뽁카라사띠(Pokkharasati)에게 하사한 곳이다. 욱깟타는 인구가 많고, 녹지대이고, 나무와 옥수수가 많다. 욱깟타 이웃에 잇차낭갈라 숲이 있다. 욱깟타에는 세따뱌, 웨살리로 이어지는 길이 있었다.[309]

숲은 그 아름다움으로 인해 수바가 숲이라고 불리었다. 사람들은 자주 즐기기 위해 그곳으로 갔다.[310]

(10) 웨살리(Vesālī) 도시 밖의 서쪽 숲
웨살리 도시 바깥의 서쪽에 있는 숲을 말한다.

(11) 고싱가(Gosiṅga) 살라 숲

부처님은 한때 나디까에서 벽돌집 승원에 계셨다. 그때에 아누룻다 존자, 난디야 존자, 낌빌라 존자가 고싱가 살라 숲에 머물고 있었다. 저녁나절에 부처님은 명상에서 일어나 고싱가 살라 숲으로 (세 명의 존자들을 찾아)

---

309 디가니까야 주석서 Ⅰ. 245; 자따까 Ⅱ. 259.

310 맛지마니까야 주석서(Aluvihara Series: 1.10).

가셨다.[311]

한때 부처님은 여러 잘 알려진 장로 비구들과 함께 고싱가 살라 숲에 계셨다. … 사리뿟따 존자는 아난다 존자에게 말하였다.
"벗, 아난다여, 고싱가 살라 숲은 아름다워서 밤에는 달이 비추고, 살라 나무는 꽃이 만발하고, 하늘의 향기가 퍼지는 듯합니다."[312]

한때 부처님은 웨살리의 큰 숲의 중각강당에서 많은 잘 알려진 장로 제자들과 함께 계셨다. 그때에 잘 알려진 한 무리의 릿차위들이 멋진 마차를 타고 앞을 다투어 시끄럽게 떠들면서 부처님을 뵈려고 큰 숲으로 들어오고 있었다. … 그래서 비구들은 고싱가 살라 숲으로 갔다. 거기서 그들은 군중이나 시끄러움 없이 편안하게 머물렀다.[313]

부처님이 웨살리에 있는 나디까의 벽돌집에 계시다가 저녁나절 고싱가 살라 숲으로 제자들을 찾아가신 점으로 보아 두 장소는 서로 인근에 있었으며, 비구들이 시끄러움을 피하여 웨살리 큰 숲의 중각강당에서 한적한 고싱가 살라 숲으로 간 점으로 보아 고싱가 살라 숲은 한적하고 조용한 숲이었을 것이다. 살라 숲이라 살라 꽃들이 만개할 때는 매우 아름답고 향기 또한 대단하였던 것 같다. 중각강당, 나디까의 벽돌집 승원, 고싱가 살라 숲은 모두 서로 인접해 있는 곳이라 추측된다.

나디까의 벽돌집 승원은 웨살리와 꼬띠가마(koṭigamā) 사이의 큰 길가에 있는 지역이다. 부처님이 처음으로 나디까에 가셨을 때 주민들은 큰 감

---

311 맛지마니까야 31: 1-3.

312 맛지마니까야 32: 1-4.

313 앙굿따라니까야 10법수 72.

동을 받아, 부처님을 위하여 벽돌집 승원을 지었다. 이 승원은 훌륭한 승원이 되었다.[314]

(12) 욱까쩰라(Ukkacela)의 갠지스 강변

욱까쩰라는 갠지스 강둑에 있는 왓지의 마을이다. 라자가하에서 웨살리로 가는 길가에 있었는데 웨살리 인근에 있었다.[315]

(13) 짬빠(Campā)의 각가라(Gaggarā) 호수

짬빠는 갠지스강에 인접한 도시로 앙가국의 수도이다. 각가라 호수는 각가라 왕비가 만든 아름다운 호수이다. 호수의 강둑에는 짬빠까(Campaka) 나무의 숲이 있었는데, 놀라운 하얀 꽃의 향기로 잘 알려져 있었다. 부처님 당시에 유행하는 수행자들이 그곳에 머무는 것은 일상적인 일이었다.[316]

자세한 내용은 '제2편 제2장의 1. 상윳따니까야의 장소 설명에서 2) 상윳따니까야에 나오는 나머지 장소 종류 중 (37) 짬빠(Campā)의 각가라(Gaggarā) 호수'를 보면 된다. (p.359)

---

314   맛지마니까야 주석서 Ⅰ.424.
315   우다나 주석서 322.
316   율장 Ⅰ.312.

(14) 웨살리(Vesāli)의 벨루와가마까(Beluvagāmaka) 마을

한때 아난다 존자는 웨살리 인근의 벨루와가마까에 머물고 있었다.[317]

벨루와는 웨살리 남쪽의 작은 마을이다. 벨루와 마을은 웨살리 성문 밖에 있었다.[318]

(15) 라자가하의 지와까의 망고 숲(Jīvakambavana)

지와까는 '흐름에 든 이(Sotāpana)'가 되었을 때, 하루에 두 번씩이나 부처님을 뵙기를 열망하였다. 그런데 죽림정사까지 가기에는 너무 멀었다. 그래서 그는 라자가하의 자신의 망고 숲에, 승원과 그 부속 건물을 지어서 부처님과 비구 승가에 드렸다. [319]

자세한 내용은 '제2편 제2장의 1. 상윳따니까야의 장소 설명에서 2) 상윳따니까야에 나오는 나머지 장소 종류 중 (20) 라자가하의 지와까의 망고 숲(Jīvakambavana)'을 보면 된다. (p.339)

(16) 날란다의 빠와리까(Pāvārika)의 망고 숲

한때 부처님은 날란다에서 빠와리까의 망고 숲에 머무셨다. 빠와리까는 자신의 망고 숲에 부처님과 비구들을 위해 승원을 지었다. 이 승원은 빠

---

317 맛지마니까야 52.

318 맛지마니까야 주석서 Ⅱ. 571.

319 디가니까야 주석서 Ⅰ. 133.

와리까의 망고 숲(Pāvārikambavana)이라 한다.[320]

승원이라는 이름이 없어도 빠와리까의 망고 숲 승원이다.

(17) 꼴리야의 할릿다와사나(Haliddavasana) 작은 도시 -정보 없음

(18) 짜뚜마(Cātumā)의 아마라끼(Āmalakī) 숲

부처님은 짜뚜마에서 아마라끼 숲에 계셨다. 짜뚜마의 사꺄족들은 부처
님께로 갔다.[321]

그러므로 짜뚜마는 사꺄의 숲임을 알 수 있다.

(19) 꼬살라(Kosala)의 날라까빠나(Naḷakapāna)의 빨라사(Palāsa) 숲

한때 부처님은 많은 비구 승가와 함께 꼬살라에서 유행하다가, 꼬살라의
작은 도시인 날라까빠나에 도착하셨다. 부처님은 날라까빠나에서 빨라
사 숲에 머무셨다. 그 무렵에 우뽀사타(Upusatha: 포살) 날에 부처님은 비
구들의 승가에 둘러싸여 앉아계셨다.[322]

---

320 디가니까야 주석서 Ⅲ.873; 맛지마니까야 주석서 Ⅱ.594.

321 맛지마니까야 경 67.7.

322 앙굿따라니까야 10법수 67.

381

(20) 까시(Kāsi)의 끼따기리(Kitāgiri) 삭은 도시

까시는 16대국 중의 하나로 바라나시(Bārānasi)가 수도이다. 부처님 당시
에는 꼬살라국에 병합되었다. 까시는 가장 인기 있는 상품들의 산지였고
상업의 중심지였다. 까시에서 라자가하로 가는 큰 길이 있었고, 또한 까
시에서 사왓티로 가는 큰 길이 있었다.[323]

끼따기리는 까시의 마을로 까시에서 사왓티로 가는 길에 있었다.[324]

(21) 라자가하의 독수리봉의 수까라카따(Sūkarakhatā) 동굴

숲에 사는 사람이 이 굴을 발견하고는 흙을 치우고, 울타리를 하고, 청소
를 하고, 침대와 의자를 놓고 아름답게 꾸며서 부처님께 드렸다.[325]

자세한 내용은 '제2편 제2장의 1. 상윳따니까야의 장소 설명에서 2) 상윳따니
까야에 나오는 나머지 장소 종류 중 (61) 라자가하의 독수리봉의 수까라카따
(Sūkarakhatā) 동굴'을 보면 된다. (p.369)

(22) 꾸루의 깜마사담마(Kammāsadhamma))의 바라드와자 가문의 브라
흐민의 불을 섬기는 사당

한때 부처님은 꾸루의 깜마사담마라는 작은 도시에서 바라드와자 가문

---

323   율장 I . 212, II , 10.

324   Malalasekera, Dictionary of Pāli Proper Names I , p. 597.

325   상윳따니까야 주석서 III . 197.

의 브라흐민의 불을 섬기는 사당의 펼쳐진 풀 위에 계셨다. … 부처님은
아침 일찍 깜마사담마에서 탁발을 하고, 탁발에서 돌아와 공양 후에 낮
동안을 보내기 위해 어떤 숲으로 가셨다.[326]

맛지마니까야 경 75에 나오는 위의 인용 구절에서 보듯이, 부처님은 깜마사담마
라는 작은 도시에서 탁발을 하고, 낮 동안에는 숲에서 명상하시고, 밤에는 브라
흐민의 불을 섬기는 사당에서 머무셨다. 부처님은 이 사당에서 방랑수행자 마간
디야(Māgandiya)를 만나 그의 그릇된 생각을 깨우치고 가르침을 주셨다. 부처님은
어디를 가시건 그곳에서 사람들과의 만남이 이루어졌으며 만나는 사람이 누구
이건 고귀한 가르침을 베푸셨음을 알 수 있다. 부처님은 진정 중생의 행복을 위한
전법사였다.

(23) 꼬살라국에서 유행 중에 – 정보 없음

(24) 꾸루(Kuru)의 툴라꼿티따(Thullakoṭṭhita)라는 작은 도시
툴라꼿티따는 깜마사담마의 바로 아래에 위치한 지역으로, 이 두 지역 모두 부처
님 활동지역 중에서 가장 북쪽에 속한다. 랏타빨라(Raṭṭhapāla) 존자의 고향이다.

(25) 마두라(Madhurā)의 군다(Gundā) 숲

마두라는 수라세나국의 수도이다. 야무나강이 지나간다.[327]

---

326 맛지마니까야 경 75. 1-2.
327 T. W. Rhys Davids, Buddhist India, 2009, p. 45.

(26) 사꺄족의 작은 도시 메달룸빠(Meḍalumpa)

한때 부처님은 메달룸빠에 계셨다. 빠세나디 왕은 낭가라까(Naṅgaraka)에
있었는데, 한 정원을 산책하다가 명상하기 좋은 나무 밑을 보고는 부처
님을 뵙고 싶다는 생각이 들어 메달룸빠까지 3요자나[328] 거리를 마다 않
고 수레를 타고 달려갔다. [329]

이 경전(맛지마니까야 89)의 내용은 그의 마지막이 된 사연을 가지고 있다. 이 경전
의 내용과 상황을 자세히 보려면 '제4편 중요인물 및 대화상대자에서 빈도수가
가장 높은 사람들에서 5. 대화상대자로 부처님 승단에서 큰 역할을 한 재가자 6명
중 3) 빠세나디(Pasenadi) 왕'을 보면 된다. (p.562)

(27) 우준냐(Ujunñña)의 깐나깟탈라(Kaṇṇakatthala)의 녹야원

우준냐는 꼬살라국의 지역 이름이며, 도시 이름이기도 하다. 깐나깟탈라
는 우준냐 도시에 있는 녹야원이다.[330]

(28) 바라나시(Bārāṇasi)의 케미야(Khemiya) 망고 숲 – 정보 없음

(29) 꼬살라의 오빠사다(Opāsada) 마을의 살라 숲인 데와(deva) 숲

한때 부처님은 많은 비구 승가와 함께 꼬살라에서 유행하시다가 오빠사

---

328 1요자나는 7마일이다. 3요자나는 21마일이다. 21마일은 32km, 약 80리이다.

329 맛지마니까야 89.

330 Malalasekera, Dictionary of Pāli Proper Names Ⅰ, p. 342.

다라는 브라흐민 마을에 도착하셨다. 거기서 부처님은 오빠사다의 북쪽의 살라 숲인 데와 숲에 머무셨다. 그때에 브라흐민 짱끼(Cankī)가 오빠사다를 다스리고 있었다.[331]

이 살라 숲은 여러 신들에게 제물을 올렸기 때문에 데와(deva: 신) 숲이라고 하였다.[332]

(30) 잇차낭갈라(Icchanangala의 잇차낭갈라 숲

한때 부처님은 많은 비구 승가와 함께 꼬살라에서 유행하다가 꼬살라의 브라흐민 마을인 잇차낭갈라에 도착하셨다.[333]

한때 부처님은 500명의 많은 비구 승가와 함께 유행하다가, 잇차낭갈라라고 부르는 브라흐민 마을로 가셨다. 그리고 잇차낭갈라에서 울창한 정글에 머무셨다. 뽁카라사띠 브라흐민은 부처님을 뵙기 위해 욱깟타를 나가서 잇차낭갈라의 정글로 들어갔다.[334]

자세한 내용은 '제2편 제2장의 1. 상윳따니까야의 장소 설명에서 2) 상윳따니까야에 나오는 나머지 장소 종류 중 (65) 잇차낭갈라(Icchanangala)의 잇차낭갈라 숲'을 보면 된다. (p.371)

---

331 맛지마니까야 경 95. 1-2.

332 Malalasekera, Dictionary of Pāli Proper Names Ⅰ, p. 405.

333 앙굿따라니까야 5법수 30.

334 디가니까야 3. 1과 16-20.

(31) 꼬살라의 짠달라깝빠(Caṇḍalakappa) 마을의 또데이아의 망고 숲
　　 정보 없음

(32) 사꺄족의 데와다하(Devadaha) 작은 도시

　　부처님이 태어난 룸비니(Lumbinī) 숲은 데와다하 근처에 있다.[335]

(33) 꾸시나라의 발리하라나(Baliharaṇa) 숲
꾸시나라는 말라의 수도로 부처님이 열반에 드신 곳이다. 발리하라나 숲은 꾸시
나라 인근의 숲이다.

(34) 사꺄(Sākya)의 사마가마(Sāmagāma) (마을)

　　부처님은 웨단냐 가문의 망고 숲의 높은 노대가 있는 건물에 계셨다. 그
　　때 쭌다 사미가 사마가마로 아난다 존자를 찾아갔다. 그래서 쭌다 사미
　　와 아난다 존자는 부처님께로 갔다.[336]

부처님은 시자인 아난다 존자와 함께 계셨는데 그 마을이 사마가마라 한다. 그러
므로 웨단냐 가문의 망고 숲이 있는 곳은 사꺄족의 사마가마 마을임을 알 수 있다.

335　자따까 Ⅰ.52; 붓다왕사 주석서 226; 맛지마니까야 주석서 Ⅱ.924, 1021.
336　디가니까야 29.1-2.

(35) 라자가하의 이시길리(Isigili) 산

한때 부처님은 라자가하의 이시길리 산에 계셨다. 부처님은 말씀하셨다.

"비구들이여, 그대들은 이 웨바라(Vebhāra) 산을 보고 있는가?"

"예, 부처님."

"비구들이여, 그대들은 이 빤다와(Pandṇdva) 산을 보고 있는가?"

"예, 부처님."

"비구들이여, 그대들은 이 웨뿔라(Vepulla) 산을 보고 있는가?"

"예, 부처님."

"비구들이여, 그대들은 이 깃자꾸따(Gijjhakuṭa) 산을 보고 있는가?"

"예, 부처님."

"비구들이여, 그대들은 이 이시길리(Isigili) 산을 보고 있는가?"

"예, 부처님."[337]

부처님은 라자가하의 다섯 개의 산을 언급하셨다. 이 중에서 가장 많이 경에 등장하는 산은 단연 깃자꾸따(독수리봉: 영축) 산이다. 그 다음이 이시길리 산이다.

이시길리 산은 한쪽에 깔라실라(Kālasilā)라고 부르는 검은 바위가 있었다. 검은 바위가 있는 곳은 부처님과 비구들이 자주 가는 곳이었다.[338]

(36) 라자가하의 도공 박가와(Bhaggava)의 작업실

한때 부처님은 마가다국에서 유행하시다가 라자가하에 도착하셨다. 부

---

337 맛지마니까야 116.

338 율장 II. 76, III. 41.

처님은 도공 박가와에게로 가서 말씀하셨다.

"그대가 불편하지 않다면 박가와, 그대의 작업장에서 하룻밤을 머물고 싶소."[339]

(37) 꼬살라의 나가라윈다(Nagaravinda) 마을

한때 부처님은 많은 비구 승가와 함께 꼬살라에서 유행하다가 나가라윈다라는 꼬살라 마을에 도착하셨다. 나가라윈다의 브라흐민 장자들은 부처님께로 갔다.[340]

(38) 까장갈라(Kajangalā)의 무켈루(Mukhelu) 숲

한때 부처님은 까장갈라에서 무켈루 숲에 머무셨다. 그때 브라흐민 학인 웃따라(Uttara)가 부처님께로 갔다.[341]

까장갈라는 바라나시와 같은 곳이라는 설도 있다. 숲은 무켈루나무로 이루어져 있기 때문에 무켈루 숲이라 한다.[342]

---

339 맛지마니까야 경 140: 1-2.

340 맛지마니까야 경 150: 1.

341 맛지마니까야 경 152: 1-2.

342 Malalasekera, Dictionary of Pāli Proper Names Ⅰ, p. 481.

3. 디가니까야의 장소 설명: 총 24개의 다른 장소

디가니까야는 네 개 니까야 중에서 가장 적은 숫자의 경을 가지고 있지만, 대신 경의 길이는 매우 길다. 그래서 중요 승원도 여섯 개뿐이고 나머지 장소도 18곳뿐이다. 여섯 개 승원은 이미 앞에서 중요 승원 편에서 다루었으니 그것을 참조하고, 그 나머지 장소 중에서도 이미 앞에서 나온 장소는 그곳의 페이지를 참조하면 된다.

1) 디가니까야에 나오는 대표적 승원

아래 6개의 승원의 자세한 정보는 '제2편 제1장 네 개 니까야에서 가장 빈도수가 높은 10개의 승원' 편을 보면 된다.

- ㉠ 사왓티의 기원정사(까레리꾸띠 포함) (p.188)
- ㉡ 웨살리 큰 숲의 중각강당 (p.288)
- ㉢ 꼬삼비의 고시따 승원 (p.247)
- ㉣ 사왓티 동원의 미가라마뚜 강당 (p.242)
- ㉤ 라자가하의 죽림정사 (p.302)
- ㉥ 왓지의 나디까의 벽돌집 승원 (p.311)

2) 디가니까야에 나오는 나머지 장소 종류: 18개

(1) 라자가하의 독수리봉(Gijjhakūṭa)

자세한 설명은 '제2편 제2장의 1. 상윳따니까야의 장소 설명에서 2) 상윳따니까야에 나오는 나머지 장소 종류 중 (5) 라자가하의 독수리봉(Gijjhakūṭā)'을 보면 된다. (p.327)

(2) 꾸루의 깜마사담마 작은 도시

자세한 설명은 '제2편 제2장의 1. 상윳따니까야의 장소 설명에서 2) 상윳따니까야에 나오는 나머지 장소 종류 중 (22) 꾸루(Kuru)의 깜마사담마(Kammasādamma)'를 보면 된다. (p.344)

(3) 짬빠(Campā)의 각가라(Gaggarā) 호수

자세한 내용은 '제2편 제2장의 1. 상윳따니까야의 장소 설명에서 2) 상윳따니까야에 나오는 나머지 장소 종류 중 (37) 짬빠(Campā)의 각가라(Gaggarā) 호수'를 보면 된다. (p.359)

(4) 마가다 카누마따(Khānumata)의 암발랏티까(Ambalaṭṭhika) 정원 왕의 휴게소

암발랏티까는 카누마따의 브라흐민 마을에 있는 왕의 정원이다. 정원은 나무가 많아 그늘지고, 물도 충분히 주어 나무나 풀도 잘 자라고, 울타리로 둘러싸여 잘 보호되고, 휴게소는 왕의 즐거움을 위해 그림으로 장식되어 있었다.[343]

한때 부처님은 500명의 많은 비구 승가와 함께 라자가하와 날란다 사이의 큰 길을 따라가고 계셨다. … 그때 부처님은 비구들과 함께 암발랏티

---

343 디가니까야 주석서 I. 41, 42. 이 경을 보면, 왕이 쉬기도 하는 휴게소에 그림으로 아름답게 장식하고, 정원도 잘 가꾸어졌는데 여기에 커다란 원형 천막(또는, 원형 집회소)이 있었다는 것이다.

까 정원의 왕의 휴게소에서 하룻밤을 묵으셨다. ⋯ 이른 아침, 많은 비구들은 일어나서 '만달라말라'에 모여 앉아 이런 이야기를 하였다.[344]

위의 '만달라-말라(Maṇḍala-māḷa)'는 '누각'을 말한다. 만달라는 '둥근', 말라는 '회당, 회관, 집회소, 누각, 정자, 천막'을 의미한다. '만달라말라'는 '뾰족한 끝의 지붕을 가진 둥근 회당, 누각, 천막'이라는 뜻이다. 그런데 위 인용문에서는 왕의 정원은 아주 잘 가꾸어지고, 휴게소는 그림으로 장식되었다고 하였다. 이런 곳에 천막일 리는 없다. 이곳은 '뾰족한 끝의 지붕을 가진 둥근 누각 강당'이라 함이 적합하다.

위 인용문에서 언급한 암발랏티까 정원은 마가다의 브라흐민 마을인 카누마따에 있는 정원이다. 같은 이름의 장소로 혼동되기 쉬운 것은 맛지마니까야 경 61에 나오는 암발랏티까이다. 이 경은 부처님이 죽림정사에 계시다가 오후에 명상을 끝내고 암발랏티까의 라훌라 존자에게로 가서서 가르침을 주시는 내용이다. (라훌라가 있었던) 암발랏티까의 건물은 죽림정사 곁에 지었는데 조용히 명상하고자 하는 비구들을 위해 지은 건물이라 한다.[345]

(5) 날란다의 빠와리까(Pāvārika)의 망고 숲

한때 부처님은 날란다에서 빠와리까의 망고 숲에 머무셨다. 빠와리까는 자신의 망고 숲에 부처님과 비구들을 위해 승원을 지었다. 이 승원은 빠와리까 망고 숲(Pāvārikambavana)이라 한다.[346]

---

344 디가니까야 경 1:1.1-2.

345 Malalasekera, Dictionary of Pāli Proper Names Ⅰ, p.159.

346 디가니까야 주석서 Ⅲ.873; 맛지마니까야 주석서(Aluvihara Series: Ⅱ.594).

(6) 라자가하의 지와까 꼬마라밧자의 망고 숲

자세한 내용은 '제2편 제2장의 1. 상윳따니까야의 장소 설명에서 2) 상윳따니까야
에 나오는 나머지 장소 종류 중 (20) 라자가하의 지와까의 망고 숲(Jīvakambavana)'
을 보면 된다. (p.339)

(7) 꼬살라의 잇차낭갈라(Icchanangala)의 잇차낭갈라 숲

　　한때 부처님은 많은 비구 승가와 함께 꼬살라에서 유행하다가 꼬살라의
　　브라흐민 마을인 잇차낭갈라에 도착하셨다. 거기서 부처님은 잇차낭갈
　　라의 울창한 숲에 머무셨다.[347]

자세한 내용은 '제2편 제2장의 1. 상윳따니까야의 장소 설명에서 2) 상윳따니까
야에 나오는 나머지 장소 종류 중 (65) 잇차낭갈라(Icchanangala)의 잇차낭갈라 숲'
을 보면 된다. (p.371)

(8) 꾸시나라 말라족의 살라 숲의 한 쌍의 살라나무 사이

자세한 내용은 '제2편 제2장의 1. 상윳따니까야의 장소 설명에서 2) 상윳따니까
야에 나오는 나머지 장소 종류 중 (33) 꾸시나라(Kusinārā)의 말라들의 살라(Sāla)
숲의 한 쌍의 살라나무 사이'을 보면 된다. (p.350)

(9) 우준냐(Ujunñña)의 깐나깟탈라(Kaṇṇakatthala)의 녹야원

　　우준냐는 꼬살라국의 지역 이름이며, 도시 이름이기도 하다. 깐나깟탈라

347　앙굿따라니까야 5법수 30.

392

는 우준냐 도시에 있는 녹야원이다.[348]

(10) 꼬살라(Kosala)의 살라와띠까(Salavatika) 마을

한때 부처님은 500명 정도의 많은 비구 승가와 함께 꼬살라 지역에서 유행하시다가 살라와띠까에 도착하셨다.[349]

(11) 꼬살라의 마나사까따(Manasākaṭa) 마을의 아찌라와띠(Aciravati)강 언덕의 망고 숲

한때 부처님은 500명 정도의 많은 비구 승가와 함께 꼬살라를 유행하시다가 마나사까따라는 브라흐민 마을에 도착하셨다. 그리고 마을의 북쪽에 있는 아찌라와띠강 언덕에서 망고 숲에 머무셨다.[350]

(12) 빠와(Pāvā)의 쭌다(Cunda)의 망고 숲

부처님은 말씀하셨다.
"아난다, 빠와로 가자."
부처님은 많은 비구 승가와 함께 빠와로 가셨다. 그리고 대장장이 아들 쭌다의 망고 숲에 머무셨다. 대장장이 아들 쭌다는 부처님과 비구 승가를 공양에 초대하였다. … 쭌다가 공양 올린 음식을 드신 후에 부처님은 혹독한 병에 걸리셨다. [351]

---

348 Malalasekera, Dictionary of Pāli Proper Names Ⅰ, p. 342.

349 디가니까야 경 12. 1.

350 디가니까야 경 13. 1.

351 디가니까야 경 16 : 4. 12-20. 결국 이로 인해 열반에 드셨다.

쭌다는 그의 망고 숲에 부처님을 위하여 승원을 지었다. 그의 공양을 드시고 부처님은 병을 얻어 결국 열반에 드셨다.[352]

(13) 까삘라왓투(kapilavatthu)의 큰 숲(Mahāvana)

까삘라왓투의 큰 숲은 원시림이었다. 이 숲은 까삘라왓투의 한쪽 모퉁이에서 히말라야까지 뻗어 있었고 또 한쪽은 바다까지 걸쳐있었다.[353]

경에는 까삘라왓투의 큰 숲, 웨살리(Vesāli)의 큰 숲, 우르웰라깝빠(Uruvelakappa)의 큰 숲, 네란자라(Nerañjara) 강둑의 큰 숲 등의 큰 숲이 나온다.

(14) 라자가하(Rajagaha)의 웨디야(Vediya) 산의 인다살라(Indasāla) 동굴(Guha)

한때 부처님은 마가다에서 라자가하의 동쪽에 있는 암바산다(Ambasanda)라는 브라흐민 마을에서, 마을의 북쪽에 있는 웨디야 산의 인다살라 동굴에 계셨다.[354]

빤짜시카(Pañcasikha)는 인다살라 동굴 가까이에서 (부처님이 들으시도록) 노란색의 벨루와 나무 위나 악기를 연주하면서 삼보에 대한 찬탄을 노래하였다.
신들의 왕 삭까(Sakka)는 인다살라 동굴로 들어가서 부처님께 인사를 드

---

352 디가니까야 주석서 Ⅱ. 568.

353 Malalasekera, Dictionary of Pāli Proper Names Ⅱ, p. 555.

354 디가니까야 경 21:1. 1.

394

리고 한 곁에 섰다. 33천신들도, 빤짜시카도 인다살라 동굴로 들어가서 부처님께 인사를 드리고 한 곁에 섰다. 그 당시에 인다살라 동굴 바닥은 평평하지 못했는데 신들의 힘에 의해 평평하게 되었고, 좁았는데 넓게 되었고, 어두웠는데 밝게 되었다.

… 신들의 왕 삭까는 부처님께 첫 번째 질문을 하였다. … 두 번째, … 세 번째, …(질문을 세분하면 42가지가 될 것이다) 질문을 하였다.[355]

법현과 현장은 디가니까야 경 21의 내용과 똑같은 이야기를 하고 있다. 인다살라 동굴(Inda-sāla-guha)의 인다(Inda)는 베다의 인드라(Indra)의 빠알리어 표기이다. 빠알리 니까야를 작성할 즈음에는, 인드라의 인기는 퇴색하여 삭까(Sakka)로 변신하게 된다. 그래서 빠알리 니까야에는 인다(Inda)는 거의 나타나지 않고, 대신 삭까 신이 많이 등장한다. 신들의 왕인 삭까는 제석천으로 잘 알려져 있다.

살라(sāla)는 동굴 입구에 커다란 살라나무가 있어서 붙은 이름이다. 빤짜시카는 악기를 연주하는 신(건달바)이다.

외톨이 석산에 이른다. 산 위에는 석실이 있는데 석실은 남쪽으로 향해 있다. 일찍이 여래께서 좌선에 들어계시고 제석천이 천악반차를 가지고 연주를 하여 여래를 기쁘게 해드렸던 곳이다. 그때 제석은 42가지 질문을 하였는데 그때 여래께서는 일일이 손가락으로 탑을 그리셨으며, 그 자국이 아직도 남아 있다.

이곳에서 1유연을 가면 나라(날라까를 말한다)라는 마을에 이른다. 바로 사리불 존자가 태어난 곳으로 이곳으로 돌아와 열반에 들었고 그리하여 탑이 세워졌는데 지금도 남아 있다.[356]

---

355 디가니까야 경 21: 1. 4-9, 2. 1-7.

356 김규현 역, 『불국기』, p. 122.

사리뿟따 탑에서 동으로 30여 리 가면 인드라샤일라구하(Indasālaguha를 말한다) 산에 이른다. 그 산은 바위가 많고, 골짜기도 어두컴컴하며, 꽃핀 숲이 울창한데 산정에는 두 개의 봉우리가 우뚝 솟아 있다. 서쪽 봉우리 와 남쪽에 있는 바위 사이에 큰 석실이 있는데 넓기는 하지만 높지는 않 다. 그 옛날 여래가 이곳에 머무른 일이 있는데, 그때 제석천(Sakka)이 42 조의 질문을 돌에 썼으며 부처님이 설명을 하였다. 그 글자를 쓴 돌의 자 국이 아직도 남아 있다. 지금은 그 상을 만들어서 옛날에 있었던 일의 모 습을 나타내고 있다. 안에 들어가 경배드리는 사람으로서 숙연해지며, 경외를 일으키지 않는 자가 없다.[357]

동굴은 두 개의 위쪽에 걸린 바위 사이에 있으며 그 입구에는 커다란 살 라(Sāla)나무가 있다. 마을 사람들은 벽을 만들고, 출입문과 창문을 달고, 회반죽을 발라 잘 꾸며서 부처님께 드렸다.[358]

사리뿟따 존자의 고향 날라까 마을에서 30여 리에 인다살라 동굴이 있음을 알 수 있다.

디가니까야 경 21을 간추리면 다음과 같다. 신들의 왕 삭까(Sakka)는 33천의 신들과 빤짜시카를 대동하고 부처님을 뵙기 위해 인다살라 동굴로 간다. 부처님 의 주의를 끌기 위해 빤짜시카는 악기를 연주하며 부처님을 찬탄하는 노래를 부 른다. 삭까 신은 부처님을 뵙고 수행에 대한 여러 가지를 조목조목 질문하고 부처 님이 대답하신다.

이 경(디가니까야21)은 삭까 신을 등장시켜 아주 중요한 수행의 요체를 질문하 고 부처님이 답을 하시는 내용이다. 예를 들면 첫 번째 질문은 이렇게 진행된다.

---

357   권덕주 역,『대당서역기』, p. 278.

358   디가니까야 주석서 Ⅲ. 697.

"어떤 존재든지 남을 미워하지 않고, 서로 남을 해치지 않고, 증오하지 않고 평화롭게 머물고 싶지만, 그렇지만 이들은 서로 미워하고, 남을 해치고, 증오합니다. 부처님, 이것은 무슨 속박에 얽매여 있기 때문입니까?"

"그것은 시기와 이기주의에 속박되어있기 때문이다."

이처럼 부처님의 대답은 어떻게 수행을 하여야 하는지를 명료하게 제시하고 있다.

아래는 이 경의 내용을 묘사한 산찌 탑의 조각이다.

인다살라 1. 인다살라 동굴을 묘사한 산찌 조각

위 사진(인다살라 1. 인다살라 동굴을 묘사한 산찌 조각)은 '인다살라 동굴을 묘사한' 산찌 탑의 조각으로 기원전 약 250년경에 아소까 왕이 건축한 가장 아름다운 탑이다. 산찌 탑은 불상이 만들어지기 전의 조각이기 때문에, 부처님은 입구의 돌판의 빈자리로 되어있다. 왼쪽에는 산에 사는 동물들이 있고 오른쪽에는 아마도 빤짜시카와 삭까 신일 것 같다. 동굴의 문은 이런 모양이었을 듯하다. 바위가 많은 산이었으므로 각양각색의 바위에 둘러싸인 동굴의 문이 있다.

인다살라 2. 인다살라 동굴에서 명상하는 부처님상

기원후 2세기의 조각이다. '인다살라 동굴에서 명상하는 부처님'을 묘사하고 있다. 숲속 동물들이 노닐고 있고 빤짜시카, 삭까 신 그리고 33천의 많은 신들이 부처님을 찬탄하고 있다.

(15) 꼬살라의 세따뱌(Setavya)의 싱사빠 숲(Siṃsapavana)

한때 꾸마라깟사빠(Kumāra Kassapa) 존자는 500명 정도의 많은 비구 승가와 함께 꼬살라에서 유행하다가, 세따뱌라는 꼬살라의 도시에 도착하였다. 거기서 꾸마라깟사빠 존자는 세따뱌의 북쪽에 있는 싱사빠 숲에 머물렀다. [359]

(16) 말라(Malla)의 작은 도시 아누삐야(Anupiya)

아누삐야는 까삘라왓투(Kapilavatthu)의 동쪽에 있는 말라의 작은 도시이다. 부처님은 처음 출가하셨을 때 이곳 아누삐야 망고 숲에서 첫 번째 한 주간을 보내셨다.
부처님은 성도 후 처음으로 까삘라왓투를 방문하셨을 때, 또한 아누삐야를 다시 방문하셨다.[360]

자세한 내용은 '제2편 제1장 네 개 니까야에서 가장 빈도수가 높은 10개의 승원 중【승원 4】까삘라왓투(Kapilavatthu)의 니그로다 승원(Nigrodhārāma)에서 5) 아누삐야(Anupiyā) 작은 도시'를 보면 된다. (p.280)

(17) 마가다의 마뚤라(Mātulā) 마을 – 정보 없음

(18) 사꺄족의 웨단냐(Vedhañña) 가문의 망고 숲의 높은 노대의 건물[361]

---

359 디가니까야 경 23. 1.

360 자따까(Fausboll: Ⅰ. 65-66); 율장 Ⅱ. 180; 담마빠다 주석서 Ⅰ. 133, Ⅳ. 127.

361 '높은 노대의 건물'이라고 번역한 '빠사다(pāsāda)'의 뜻은 '높은 단상, 높은 기초 위의 건물, 노대, 발코니, 테라스'이다. 활을 쏘기 위해서는 높은 노대(발코니)가 있어야 하고 여러 명이 활을 쏘

웨단냐 가문은 궁술에 능하였기 때문에 '궁술가'라는 이름이 붙었다. 그
들은 망고 숲에 지은 기술학교에서 그들의 (궁술의) 기술을 가르쳤다. 이
기술학교는 높은 건물에 발코니(노대)가 있는 기다란 건물이었다.[362]

디가니까야 경 29에는 사꺄(Sākya)의 사마가마(Sāmagāma) (마을)에 관하여 다음과
같은 내용이 있다. "부처님은 웨단냐 가문의 망고 숲의 높은 노대가 있는 건물에
계셨는데, 그때 쭌다 사미가 사마가마로 아난다 존자를 찾아갔다. 그래서 쭌다 사
미와 아난다 존자는 부처님께로 갔다." 여기서 부처님은 시자인 아난다 존자와 함
께 계셨는데 그 마을이 사마가마라 한다. 그러므로 웨단냐 가문의 망고 숲이 있는
곳은 사마가마임을 알 수 있다.

4. 앙굿따라니까야의 장소 설명: 총 60개의 다른 장소

앙굿따라니까야의 경들은 한 문장도 안 되는 길이의 것들도 경이라는 이름이 붙기
때문에 경의 숫자가 많다. 그러나 이처럼 많은 경의 숫자에 비해서 장소는 그렇게 많
지 않다. 아래의 승원 9개는 앞에서 살펴본 승원 편을 참조할 수 있도록 하였으며, 잘
알려지지 않은 두 개의 승원은 별도로 여기에서 설명하였다. 나머지 장소 49개도 이
미 앞에서 나온 장소들은 그곳을 참조하고 여기서는 중복해서 설명하지 않는다.

려면 기다란 노대가 있어야 한다. 그러니 이 건물은 높고 기다란 노대가 있는 건물이었을 것이다.
여기서 궁술에 관한 것을 배웠을 것이다.

362 디가니까야 주석서 Ⅲ. 905.

1) 앙굿따라니까야에 나오는 승원

앙굿따라니까야에 나오는 승원은 11개이다. 이 중에서 9개의 승원에 관한 자세한 사항은 '제2편 제1장 네 개 니까야에서 가장 빈도수가 높은 10개의 승원' 편을 보면 된다. 여기에 포함되지 않은 승원 2개는 앙굿따라니까야에만 있는 것으로 알려지지 않은 승원이다. 이 두 개의 승원은 ⓩⓚ으로 번호를 붙여서 바로 아래에 간단히 설명하였다.

  ㉠ 사왓티의 기원정사 (p.188)
  ㉡ 웨살리 큰 숲의 중각강당 (p.288)
  ㉢ 꼬삼비의 고시따 승원 (p.247)
  ㉣ 까삘라왓투의 니그로다 승원 (p.252)
  ㉤ 라자가하의 죽림정사 (p.302)
  ㉥ 사왓티 동원의 미가라마뚜 강당 (p.242)
  ㉦ 왓지의 나디까의 벽돌집 승원 (p.311)
  ㉧ 빠달리뿟따의 꾹꾸따 승원 (p.306)
  ㉨ 라자가하의 따뽀다 온천 승원 (p.312)

  ⓩ과 ⓚ은 중요 승원에는 끼지 못하고 오직 앙굿따라니까야에만 있는 것이라 나머지 장소들을 설명하기 전에 먼저 간단히 설명하고자 한다.

  ⓩ 마히사왓투(Mahisavatthu)의 다와잘리까(Dhavajālika) (승원)

한때 웃따라(Uttara) 존자는 마히사왓투(Mahisavatthu)에서 상케야까(Saṅkheyyaka) 산의 다와잘리까(Dhavajālikā)에 머물렀다. 거기서 웃따라 존

자는 비구들에게 말하였다.[363]

다와잘리까는 마히사왓투의 상케야까 산에 있는 승원 이름이다. 다와잘리까 승원은 다와(Dhava) 숲에 둘러싸여 있기 때문에 붙여진 이름이다.[364]

마히사왓투 지역이 어디인지 어디에도 언급이 없다.

㉠ 사께따의 깔라까(Kāḷakā) 승원

한때 부처님은 사께따(Sāketa)에서 깔라까 승원에 머무셨다.[365]

재가자 깔라까가 자신의 숲에 승원을 지어 부처님께 드린 곳이다.[366]

2) 앙굿따라니까야에 나오는 나머지 장소 종류: 18개

(1) 라자가하의 독수리봉(Gijjhajūtā)

라자가하를 둘러싸고 있는 다섯 개의 산 중에서 가장 높은 산으로 경전에 가장 많이 등장하는 유명한 곳이다. 독수리의 부리같이 생긴 봉우리기에 독수리봉이다. 영축산이라 한역되었다.

자세한 내용은 '제2편 제2장의 1. 상윷따니까야의 장소 설명에서 2) 상윷따니까야에 나오는 나머지 장소 종류 중 (5) 라자가하의 독수리봉(Gijjhakūṭā)'을 보면

---

363 앙굿따라니까야 8법수 8.

364 앙굿따라니까야 주석서(Simon Hewavitarne Bequest Series: Ⅱ. 739).

365 앙굿따라니까야 4법수 24.

366 앙굿따라니까야 주석서(Simon Hewavitarne Bequest Series: Ⅱ. 482).

된다. (p.327)

(2) 바라나시(Bāraṇasi)의 이시빠따나(Isipatana)의 녹야원
부처님이 깨달음을 얻고 전에 함께 수행하였던 5명의 수행자들에게 처음으로 가르침을 설한 곳, 즉 초전법륜지인 사르나트이다. 불교 역사에서 가장 중요한 곳 중 하나이며, 부처님이 다섯 명의 비구들에게 최초로 가르침을 여신 곳이다.

　자세한 설명은 '제2편 제2장의 1. 상윳따니까야의 장소 설명에서 2) 상윳따니까야에 나오는 나머지 장소 종류 중 (1) 바라나시(Bārāṇasī)의 이시빠따나(Isipatana)의 녹야원'을 보면 된다. (p.321)

(3) 와라나(Varaṇā) 도시의 깟다마(Kaddama) 호숫가 강둑

　한때 마하깟짜나 존자는 와라나에 있는 깟다마 호숫가 강둑에 있었다.[367]

(4) 마두라(Madhurā)의 군다(Gundā) 숲

　마두라는 수라세나국의 수도이다. 야무나강이 지나간다.[368]

(5) 알라위(Āḷavī)의 싱사빠 숲에 있는 소가 다니는 길의 나뭇잎 더미 위

　한때 부처님은 알라위의 싱사빠 숲에 있는 소가 다니는 길의 나뭇잎 더미 위에 계셨다. 그때 알라위의 핫타까(Hatthaka) 왕자가 이리저리 산책하

367　앙굿따라니까야 2법수: 4. 6.

368　T. W. Rhys Davids, Buddhist India, 2009, p. 45.

다가 거기에 앉아계신 부처님을 보고 부처님께 다가갔다.[369]

알라위는 사왓티에서 30요자나의 거리에 있다.[370]

알라위는 사왓티와 라자가하 사이에 있다.[371]

(6) 꼬살라의 웨나가뿌라(브라흐민 마을)

한때 부처님은 많은 비구 승가와 함께 꼬살라에서 유행하시다가 웨나가
뿌라라는 브라흐민 마을에 도착하셨다.[372]

(7) 꼬살라의 께사뿟따(kesaputta)라는 깔라마(kālāma)들의 작은 도시
깔라마는 꼬살라의 께사뿟따에 사는 사람들을 말한다.

(8) 꼬살라의 빵까다(Paṅkadhā) 지역 - 정보 없음

(9) 꾸시나라의 발리하라나(Baliharaṇa) 숲

한때 부처님은 꾸시나라의 발리하라나 숲에 계셨다.[373]

꾸시나라는 말라의 수도로 부처님이 열반에 드신 곳이다. 발리하라나 숲은 꾸시

---

369 앙굿따라니까야 3법수 34.

370 수따니빠따 주석서 Ⅰ. 220.

371 율장 Ⅱ. 170-175.

372 앙굿따라니까야 3법수 63.

373 앙굿따라니까야 3법수 121.

나라 인근의 숲이다.

(10) 웨살리의 고따마까(Gotamaka) 사당

부처님은 말씀하셨다.

"아난다, 웨살리는 참 쾌적하구나. 우데나(Udena) 사당도 아름답고, 고따마까(Gotamaka) 사당도 아름답고, 삿땀바까(Sattambaka) 사당도 아름답고, 바후뿟따(Bahuputta) 사당도 아름답고, 사란다다(Sārandada) 사당도 아름답고, 짜빨라(Cāpāla) 사당도 아름답구나."[374]

(11) 꼬살라의 까뻴라왓투(Kapilavatthu)

사꺄국의 수도이다. 부처님 모국으로 그 당시 번성하였던 도시이다. 까뻴라왓투에는 니그로다 승원이 있고, 큰 숲이 있다.

자세한 설명은 '제2편 제1장 네 개 니까야에서 가장 빈도수가 높은 10개의 승원 중【승원 4】까뻴라왓투(Kapilavatthu)의 니그로다 승원(Nigrodhārāma)'을 보면 된다. (p.252)

(12) 라자가하의 공작 먹이 주는 곳(moranivāpa)[375]의 방랑수행자들 승원[376]

한때 부처님은 라자가하의 독수리봉에 계셨다. 그때 방랑수행자 니그로다는 3천 명의 많은 방랑수행자 무리와 함께, 우둠바리까(Udumbarika) 왕

---

374 디가니까야 16. 3. 2. 이처럼 웨살리에는 여러 개의 사당이 있었는데 이 사당은 약카(yakkha) 신을 섬기는 곳이었다고 한다.

375 모라(mora)는 공작이란 뜻이고, 니와빠(nivapa)는 먹이라는 뜻으로 공작에게 먹이를 주는 곳, 즉 공작 보호구역을 말한다.

376 방랑수행자 승원(paribbājakārāma)은 여기에서는 모든 수행자에게 제공된 승원이다.

비가 희사한 방랑수행자 승원에 있었다. … 부처님은 독수리봉에서 내려오셔서 수마가다[377]의 둑의 공작 먹이 주는 곳으로 가셨다. 그리고 그곳 노지에서 경행을 하셨다. 니그로다는 부처님이 걷고 있는 것을 보고 무리들에게 조용하라고 말했다. 부처님은 니그로다가 있는 곳으로 가셨다. 니그로다는 말했다. "부처님, 어서 오십시오."[378]

한때 부처님은 라자가하의 공작 먹이 주는 곳에서 방랑수행자들의 승원에 머무셨다.
부처님은 비구들에게 이렇게 말씀하셨다. "비구들이여, …."[379]

공작 먹이 주는 곳(moranivāpa)에는 다양한 교파(종파)의 수행자, 사문, 고행자들이 모이는 곳인 방랑수행자 승원(paribbājakārāma)이 있다.[380]

'공작 먹이 주는 곳'은 우둠바리까 왕비의 숲 안에 있고, 그 옆에는 수마가다 연못이 있었음을 알 수 있다. 우둠바리까 왕비는 그녀의 숲에 승원을 지어 모든 수행자들이 사용할 수 있게 하였다. 부처님도 이곳에 비구들과 함께 머무셨음을 알 수 있다. 공작 먹이 주는 곳의 방랑수행자들 승원은 부처님 교단뿐만 아니라, 어느 교단의 누구라도 수행자들이 머물 수 있는 곳이었음을 알 수 있다.

---

377 수마가다(sumāgadhā)는 라자가하의 연못을 말한다. 가까운 거리에 유행자 승원이 있다.

378 디가니까야 25:1-7.

379 앙굿따라니까야 3법수 140, 11법수 11.

380 Malalasekera, Dictionary of Pāli Proper Names Ⅰ, p. 671.

● 라자가하의 우둠바리까(Udumbarika) 왕비가 기증한
방랑수행자 승원 (디가니까야 25:1-7)

독수리봉

수마가다 연못

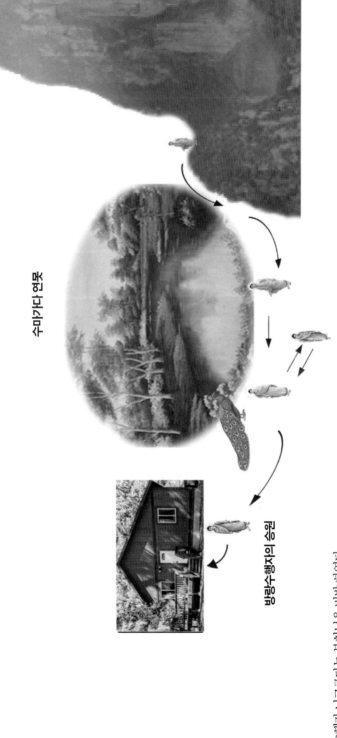

방랑수행자의 승원

라자가하의 우둠바리까(Udumbarika) 왕비가 기증한 방랑수행자 승원

방랑수행자 니그로다는 부처님을 비방하였다.

부처님은 독수리봉에서 내려오셔서 수마가다 연못 둑에서 경행을 하셨다.

부처님은 니그로다가 있는 방랑 수행자 승원으로 가셨다.

방랑수행자 니그로다는 3,000명의 방랑수행자들과 함께 방랑수행자 승원에 있었다.

부처님은 방랑수행자 니그로다의 그릇된 견해에 고행만을 위한 고행의 하잠을 지적하시고 사자후를 하셨다.

(13) 왓지의 반다가마(Bhaṇḍagāma) (마을)

왓지는 16대국 중의 하나로 왓지의 수도는 웨살리이다. 릿차위족의 나라이다.

> 부처님은 웨살리에서 탁발을 하셨다. … "아난다, 반다가마로 가자." [381]

> 반다가마 마을은 웨살리 인근에 있고, 웨살리와 핫티가마 (마을) 사이에 있는 마을이다. [382]

(14) 욱깟타(Ukkaṭṭha)와 세따뱌(Setavya) 사이의 큰 길

> 한때 부처님은 500명의 많은 비구 승가와 함께 유행하시다가, 잇차낭갈라라고 부르는 브라흐민 마을로 가셨다. 그리고 잇차낭갈라에서 울창한 정글에 머무셨다. 그때 브라흐민 뽁카라사띠는 욱깟타에 살고 있었는데, 그곳은 꼬살라의 빠세나디 왕이 하사한 곳으로 인구가 많고 풀, 나무, 물, 옥수수가 많았다.
> 뽁카라사띠 브라흐민은 부처님을 뵙기 위해 욱깟타를 나가서 잇차낭갈라의 정글로 들어갔다. … 그리고 부처님을 공양에 초대하였다. 부처님은 비구 승가와 함께 뽁카라사띠의 집으로 가셨다. [383]

> 한때 부처님은 욱깟타에 있는 수바가(Subhaga) 숲에서 황제살라나무 아래 계셨다. 부처님은 비구들에게 말씀하셨다. [384]

---

381 디가니까야 16 : 4. 1

382 디가니까야 경 16 : 4. 1-6.

383 디가니까야 3. 1과 16-20.

384 맛지마니까야 1. 1.

욱깟타에서 세따뱌, 그리고 웨살리로 이어져 있는 큰 길이 있었다.[385]

다음은 세따뱌를 지나가는 바와리의 브라흐민 제자들이 부처님을 찾아간 경로이다.

한 브라흐민(바와리: Bāvarī)이 고다와리 강변에서 살았다. 바와리는 브라흐민 학인들에게 말하였다. … 사왓티로 어서 가서 인간 가운데 으뜸인 그분을 뵈어라. 타래머리를 하고 사슴 가죽옷을 입은 그들은 바와리에게 인사를 하고 북쪽을 향하여 떠났다.

알라까국의 빠띳타나로, 그리고 마힛사띠로, 웃제니로, 고낫다, 웨디사, 와나사라는 곳으로, 또한 꼬삼비, 사께따, 가장 훌륭한 도시인 사왓티, 세따뱌, 까삘라왓투, 그리고 꾸시나라 도시로 들어갔다. 그리고 빠와, 보가 도시, 마가다의 도시 웨살리로, 아름답고 마음에 드는 빠사나까 탑에 이르렀다. 그들은 서둘러 산으로 올라갔다. 부처님은 가르침을 설하고 계셨다.[386]

---

385 자따까 Ⅱ. 259.
386 숫따니빠따 게송 976-1149.

● 바와리의 제자들이 부처님을 찾아서 걸어간 길
(숫따니빠따 5장 1)

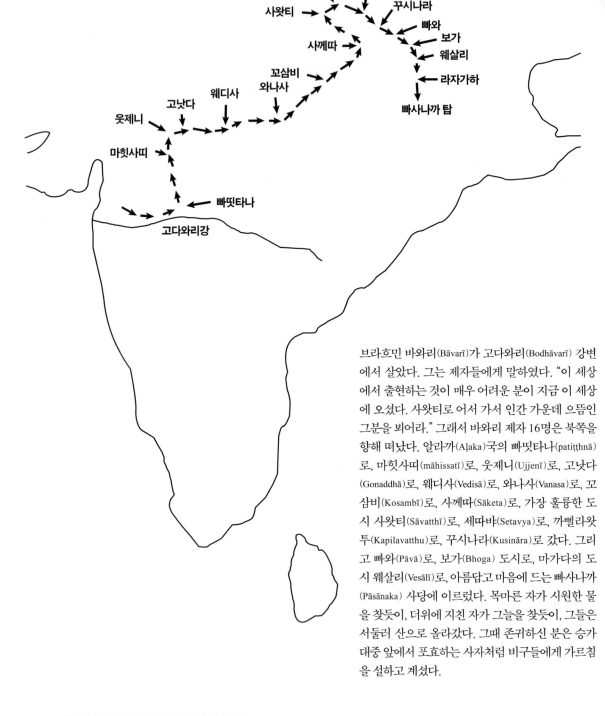

브라흐민 바와리(Bāvarī)가 고다와리(Bodhāvarī) 강변에서 살았다. 그는 제자들에게 말하였다. "이 세상에서 출현하는 것이 매우 어려운 분이 지금 이 세상에 오셨다. 사왓티로 어서 가서 인간 가운데 으뜸인 그분을 뵈어라." 그래서 바와리 제자 16명은 북쪽을 향해 떠났다. 알라까(Aḷaka)국의 빠띳타나(patiṭṭhnā)로, 마힛사띠(māhissatī)로, 웃제니(Ujjenī)로, 고낫다(Gonaddhā)로, 웨디사(Vedisā)로, 와나사(Vanasa)로, 꼬삼비(Kosambī)로, 사께따(Sāketa)로, 가장 훌륭한 도시 사왓티(Sāvatthī)로, 세따뱌(Setavya)로, 까삘라왓투(Kapilavatthu)로, 꾸시나라(Kusinārā)로 갔다. 그리고 빠와(Pāvā)로, 보가(Bhoga) 도시로, 마가다의 도시 웨살리(Vesālī)로, 아름답고 마음에 드는 빠사나까(Pāsānaka) 사당에 이르렀다. 목마른 자가 시원한 물을 찾듯이, 더위에 지친 자가 그늘을 찾듯이, 그들은 서둘러 산으로 올라갔다. 그때 존귀하신 분은 승가대중 앞에서 포효하는 사자처럼 비구들에게 가르침을 설하고 계셨다.

비와리의 제자들이 부처님을 찾아서 걸어간 길

위 지도에서 볼 수 있듯, 숫따니빠따에 나타난 바와리의 제자들이 부처님을 찾아간 경로는 부처님 당시의 지명을 아는 데에 아주 중요한 자료이다. 고대의 중요한 지명이 열거되었기 때문에 다른 지리적인 장소도 추정할 수 있게 한다.

브라흐민 바와리의 제자 16명은 질문을 가지고 부처님을 찾아간다. 지도에서처럼 오직 부처님을 뵙겠다는 일념으로 고생을 무릅쓰고 머나먼 길을 걸어서 갔다. 부처님을 뵙고 그들은 각자 질문하였고, 부처님의 확실하고도 시원한 대답을 듣고 기뻐하였다.

> 한때 꾸마라깟사빠(Kumārakassapa) 존자는 500명의 많은 비구 승가와 함께 꼬살라를 유행하다가 세따뱌라고 부르는 작은 도시로 갔다. 그는 세따뱌의 북쪽에 있는 싱사빠 숲에 머물렀다.[387]

욱깟타는 히말라야에 인접해 있는 꼬살라의 작은 도시임을 알 수 있고, 욱깟타에는 잇차낭갈라 숲과 수바가 숲이 있음을 알 수 있다. 또한 세따뱌는 욱깟타에서 가까운 꼬살라의 작은 도시임을 알 수 있다.

숫따니빠따에 여러 도시가 나타나 있듯이 바와리는 중부지방에 있는 고다와리 강변의 서쪽에 살았을 것이다. 그래서 웃제니로 올라가서 꼬삼비, 사께따를 거쳐 사왓티, 세따뱌, 까삘라왓투를 거쳐 죽 내려갔음을 알 수 있다.

세따뱌의 북쪽에는 싱사빠 숲이 있었음을 알 수 있다.

(15) 마두라(Madhurā)와 웨란자(Verañja) 사이의 큰 길
마두라는 수라세나국의 수도이며 야무나(Yamunā)강에 인접해 있다. 유명한 마두라 불상을 볼 때, 마두라는 불교 미술이나 조각이 뛰어났던 큰 도시였음을 알 수 있다.

---

387 디가니까야 경 2.

마두라 1. 마두라의 아름다운 불상

마두라 불상은 굽타(Gupta) 왕조(320-55 CE) 때의 불상이다. 이 불상은 불상 중에서 가장 잘 조각되고 가장 아름다운 불상이다. 불상 아래는 가운데에 법륜이 있고, 그 양쪽에 사슴이 있고, 최초의 다섯 명의 제자가 있다. 인물 하나는 부처님을 보호하는 약카 신이다.

마두라 2. 마두라의 아름다운 불상

마두라 2의 불상은 마두라 1의 불상과 똑같은 불상이고 그 옆에는 입불상이 있다. 간다라 불상은 서구인을 많이 닮았으나, 이에 비하여 마두라 불상은 인도

412

토착의 동양적인 수려하고 온화한 모습을 보여준다.

한때 마하깟짜나(Mahākaccāna) 존자는 마두라에서 군다(Gundā) 숲에 머물고 있었다. 마두라의 왕 아완띠뿟따(Avantiputta)는 마하깟짜나 존자에 대한 훌륭한 정보를 들었다. … 그래서 왕은 마하깟짜나 존자를 방문하였다.[388]

웨란자는 사왓티와 마두라 사이에 있는 도시로 부처님이 웨란자의 한 브라흐민의 초청으로 12번째 우안거를 보낸 도시이다.[389]

한때 부처님은 웨란자의 날래루[390]에서 님바나무 아래 계셨다. 그때 웨란자의 한 브라흐민이 부처님께로 갔다.[391]

이곳에서 동남쪽으로 80유연을 좀 못 가는 동안에 대단히 많은 가람을 지나게 되었는데 승려들이 대략 만 명에 이르렀다. 이런 여러 곳을 지나 한 나라에 도착했으니 이름이 마두라국이라 하였다. 또한 야무나강을 지났는데 강 언덕 좌우에는 30여 개의 가람이 있고, 거의 3천 명이나 되며, 불법이 매우 흥성했다. 대중이 모여 사는 방이나 침상과 이불과 음식, 의복이 모자라는 일이 없다. 대중 승려들은 공덕 짓는 것을 일과로 하여 항상 독경과 좌선을 행하고 있다.[392]

---

388 맛지마니까야 84 Madhura Sutta.

389 앙굿따라니까야 주석서 Ⅱ. 758.

390 날래루(Naḷeru)는 약카(Yakkha) 이름이다.

391 앙굿따라니까야 8법수 11. 1.

392 김규현 역, 『법현기』, pp. 81-84.

마투라(마두라)국은 주위가 5천여 리나 된다. 암라과(망고)는 집집마다 심어 숲을 이루고 있다. 가람은 20여 군데, 승도는 2천여 명이다. 석가여래의 거룩한 제자의 수많은 탑들이 있다. 이날이 되면 많은 탑을 다투어 공양하고, 향의 연기는 구름 같고, 해와 달도 뒤덮을만한 인파로 골짜기가 떠날 정도로 붐빈다. 국왕이나 대신도 선행하기에 노력하고 있다. [393]

인용문에서 보는 바와 같이 마두라국은 불교가 매우 성행하였음을 알 수 있다.

(16) 박가(Bhaggā)의 숭수마라기리(Suṃsumāragiri)의 베사깔라 숲 (Bhesakalāvana)의 녹야원

박가는 종족 이름이기도 하고 나라 이름이기도 하다. 수도는 숭수마라기리이다. 박가국은 웨살리와 사왓티 사이에 있었다. [394]

자세한 내용은 '제2편 제2장의 1. 상윳따니까야의 장소 설명에서 2) 상윳따니까야에 나오는 나머지 장소 종류 중 (21) 박가(Bhaggā)의 숭수마라기리(Suṃsumāragiri)의 베사깔라 숲(Bhesakalāvana)의 녹야원'을 보면 된다. (p.344)

(17) 꼴리야(Koliya)의 삿자넬라(Sajjanela)라는 작은 도시
꼴리야는 부처님 시대에 공화국 중의 하나이다. 중요 도시는 라마가마(Ramagāma)와 데와다하(Devadaha)이다. 꼴리야는 사꺄와 로히니(Rohini)강을 사이에 두고 인접해 있다. 삿자넬라는 꼴리야의 작은 도시이다.

393　권덕주 역,『대당서역기』, pp. 118-119.

394　Malalasekera, Dictionary of Pāli Proper Names Ⅱ, p. 345.

(18) 꾸시나라의 말라들의 살라 숲의 한 쌍의 살라나무 사이

꾸시나라는 라자가하에서 25요자나[395]이고, 알라까(Aḷḷaka)에서 라자가
하로 가는 큰 길가에 있었다. 이 길은 바와리(Bāvarī)의 제자들이 간 길이
다.[396]

꾸시나라는 말라족의 수도이고 부처님이 열반하신 곳이다. 자세한 내용은 '제2편
제2장의 1. 상윳따니까야의 장소 설명에서 2) 상윳따니까야에 나오는 나머지 장
소 종류 중 (33) 꾸시나라(Kusinārā)의 말라들의 살라(Sāla) 숲의 한 쌍의 살라나무
사이'을 보면 된다. (p.350)

(19) 보가나가라(Bhoganagara)의 아난다 사당
보가나가라는 부처님이 열반하시기 전에 머물렀던 장소이다. 보가나가라는 웨살
리와 빠와 사이에 있다.

… 웨살리, … 잠부가마(Jambugāma), … 아난다, 보가나가라로 가자. 보가
나가라에서 부처님은 아난다 사당에 머무셨다. … 아난다, 빠와(Pāvā)로 가
자.[397]

(20) 꼴리야의 사뿌가(Sāpūga)라는 작은 도시 - 정보 없음

---

395 디가니까야 주석서 Ⅱ. 609.

396 숫따니빠따 게송 1111-1113.

397 부처님의 마지막 유행지 중의 하나인데, 보가나가라는 웨살리와 빠와 사이에 있었다.

(21) 꼬살라의 브라흐민 마을 잇차낭갈라(Icchanangala)의 잇차낭갈라 숲

한때 부처님은 많은 비구 승가와 함께 꼬살라에서 유행하시다가 꼬살라
의 브라흐민 마을인 잇차낭갈라에 도착하셨다. 거기서 부처님은 잇차낭
갈라의 울창한 숲에 머무셨다.[398]

자세한 내용은 '제2편 제2장의 1. 상윳따니까야의 장소 설명에서 2) 상윳따니까
야에 나오는 나머지 장소 종류 중 (65) 잇차낭갈라(Icchanangala)의 잇차낭갈라 숲'
을 보면 된다. (p.371)

(22) 밧디야(Bhaddiya)의 자띠야(Jatiya) 숲

밧디야는 앙가국의 도시이다.[399]

(23) 마가다의 안다까윈다(Andhakavinda) (마을)

안다까윈다는 마가다국의 마을인데 라자가하에서 3가우따(gāvuta)[400] 거
리에 있다. 라자가하와 안다까윈다 마을 사이에는 독수리봉에서 흐르는
삽삐니(Sappini)강이 흐른다.[401]

한 재가자가 부처님을 위해서 안다까윈다에 간다꾸띠(Gandhakuṭi)를 지

---

398   앙굿따라니까야 5부수 30.

399   담마빠다 주석서 Ⅰ. 384.

400   1가우따는 2마일(mile)보다 약간 짧은 거리이다.(Pali English Dictionary, p. 250.) 1마일이 1.6km
이고 2마일이 3.2km이니 3.2km보다 약간 짧은 거리이다. 가까운 거리이다.

401   율장 Ⅰ. 109.

었다.[402]

(24) 사께따(Sāketa)의 띠깐다끼(Tikaṇḍaki) 숲

아난다 존자는 부처님께 말씀드렸다.
"부처님 이렇게 초라하고, 작고, 볼품없는 도시에서 열반하지 마십시오.
짬빠, 라자가하, 사왓티, 사께따, 꼬삼비, 와라나시와 같은 큰 도시들이 있
습니다."[403]

사께따는 꼬살라의 도시로 6대 도시 중의 하나이다. 번성한 도시이다. 자세한 설
명은 '제2편 제2장의 1. 상윳따니까야의 장소 설명에서 2) 상윳따니까야에 나오
는 나머지 장소 종류 중 (12) 사께따(Sāketa)의 띠깐다끼(Tikaṇḍaki) 숲'을 보면 된다.
(p.335)

(25) 꼬살라의 살라 숲

한때 부처님은 많은 비구 승가와 함께 꼬살라에서 유행하고 계셨다. 그
때 부처님은 큰 길을 따라 유행하다가 어떤 곳에서 큰 살라 숲을 보시고,
큰 길을 벗어나 살라 숲으로 들어가서 어떤 장소에 이르러 미소를 지으
셨다.[404]

그러므로 이 장소는 꼬살라의 길가 살라 숲으로 알면 될 것 같다.

---

402 위마나왓투(Bimānavatthu) 주석서 302-3.

403 디가니까야 16장 5. 17. 이곳의 6개의 도시는 부처님 당시의 6대 도시에 속한다.

404 앙굿따라니까야 5법수 180.

417

(26) 낌빌라(Kimbilā)의 대나무 숲

한때 부처님은 낌빌라에서 대나무 숲에 계셨다. 그때 낌빌라 존자는 부처님께로 갔다.[405]

낌빌라는 갠지스 강둑에 있는 작은 도시 이름이다. 낌빌라는 상인의 아들인 낌빌라 존자의 고향이다. 까삘라왓투의 사꺄족의 낌빌라가 아니다.
갠지스강은 긴데, 어디가 정확히 낌빌라의 위치인지 어디에도 언급이 없다.

(27) 꼬살라에서 유행 중 길가 나무 아래

한때 부처님은 많은 비구 승가와 함께 꼬살라에서 유행하고 계셨다. 그때 부처님은 큰 길을 따라가다가, 어떤 곳에서 어부가 물고기를 잡아서 팔고 있는 것을 보셨다. 부처님은 큰 길을 벗어나서 나무 아래 앉아서 비구들에게 말씀하셨다.[406]

(28) 사꺄(Sākya)의 사마가마까(Sāmagāmaka)

한때 부처님은 사꺄에서 사마가마까의 연못 근처에서 머무셨다.[407]

(29) 쩨띠(Ceti)의 사하자띠(Sahajāti)
쩨띠는 인도의 16국 가운데 하나이고 사하자띠는 쩨띠의 도시 이름이다.

---

405 앙굿따라니까야 5법수 201.

406 앙굿따라니까야 6법수 18.

407 앙굿따라니까야 6법수 21.

(30) 꼬살라의 단다깝빠까(Daṇḍakappaka) (작은 도시)

꼬살라의 작은 도시로 아찌라와띠(Aciravatī)강 근처에 있다. [408]

(31) 웨살리(Vesāli)의 사란다다(Sārandada) 사당

부처님은 아난다에게 말씀하셨다.

"아난다, 웨살리는 아름답구나,[409] 우데나(Udena) 사당은 아름답구나, 고따마까(Gotamaka) 사당은 아름답구나, 삿땀바까(Sattambaka) 사당은 아름답구나, 바후뿟따(Bahuputta) 사당은 아름답구나, 사란다다(Sārandada) 사당은 아름답구나, 짜빨라(Cāpāla) 사당은 아름답구나."[410]

그때 깐다라마수까(Kandaramasuka)라는 나체고행자가 웨살리에 살고 있었는데 그는 서원을 세웠다. 나는 살아있는 한, 우데나 사당을 넘어 웨살리의 동쪽으로 가지 않겠다. 나는 살아있는 한, 고따마까 사당을 넘어 웨살리의 남쪽으로 가지 않겠다. 나는 살아있는 한, 삿땀바 사당을 넘어 웨살리의 서쪽으로 가지 않겠다. 나는 살아있는 한, 바후뿟따 사당을 넘어 웨살리의 북쪽으로 가지 않겠다.[411]

그러니까 이 나체고행자는 오로지 웨살리를 벗어나 살지 않겠다는 서원을 세웠다. 웨살리에는 우데나 사당(웨살리의 동쪽 사당), 고따마까 사당(웨살리의 남쪽 사당), 삿땀바

408　Malalasekera, Dictionary of Pāli Proper Names Ⅰ, p. 1052.

409　아름답구나(ramaṇīyā)로 번역한 것은 단지 아름다운 것뿐만이 아니라, 쾌적하고, 상쾌하고, 기분 좋고, 매력적이라는 모든 수식어를 내포하고 있다.

410　디가니까야 16장 3. 2.

411　디가니까야 24장 1. 11.

사당(웨살리의 서쪽 사당), 바후뿟따 사당(웨살리의 북쪽 사당)이 있었다. 웨살리에는 물론 지역 자체도 아름다웠지만, 그에 못지않게 아름다운 사당이 많았던 것 같다.

사란다다 사당은 웨살리에 있는 불교 이전부터의 사당으로, 약카(Yakkha) 사란다다를 모시는 사당이었다. 그러나 나중에 부처님과 승가를 위해 그곳에 승원이 건립되었다.[412]

(32) 짬빠(Campā)의 각가라(Gaggarā) 호수

짬빠는 강에 인접한 도시로 앙가국의 수도이다. 각가라 호수는 각가라 왕비가 만든 아름다운 호수이다. 호수의 강둑에는 짬빠까(Campaka) 나무의 숲이 있었는데, 놀라운 하얀 꽃의 향기로 잘 알려져 있었다.[413]

자세한 내용은 '제2편 제2장의 1. 상윳따니까야의 장소 설명에서 2) 상윳따니까야에 나오는 나머지 장소 종류 중 (37) 짬빠(Campā)의 각가라(Gaggarā) 호수'를 보면 된다. (p.359)

(33) 닥키나기리(Dakkhiṇāgiri) 지방

닥키나기리는 웃제니를 수도로 한 지역 이름이다. 아소까가 (왕자일 때) 총독으로 다스린 지역이다.[414]

---

412 디가니까야 주석서 Ⅱ. 521; 앙굿따라니까야 주석서 Ⅱ. 701.

413 율장 Ⅰ. 312.

414 율장 주석서 Ⅰ. 70; 마하왕사(Mahāvaṃsa) XIII, 5.

(34) 웨살리의 암바빨리 숲(Ambapālīvana)

암바빨리는 웨살리의 유명한 기생이다.

암바빨리는 말하였다.
"부처님, 저는 이 정원을 부처님을 으뜸으로 한 비구 승가에 드립니다."
부처님은 정원을 받으셨다.[415]

(35) 웨란자(Verañja)의 날래루의 님바나무(Naḷerupucimanda) 아래

날래루뿌찌만다(Naḷerupucimanda)는 웨란자에 있는 숲이다. 이곳(숲)에 있는 대부분의 나무들은 님바나무(pucimanda)이다. 그 나무 아래에는 날래루라는 약카(Yakha)를 섬기는 사당이 있었다. 님바나무는 그늘을 만들고 보기에 아름다웠다. (웨란자에서) 북쪽으로 가는 길은 이 나무를 지나간다.[416]

웨란자는 사왓티와 마두라 사이에 있는 작은 도시 이름이다. 부처님은 브라흐민 웨란자(Verañja)의 초청으로 12번째 우기철을 웨란자에서 보냈다.[417]

한때 부처님은 마두라와 웨란자 사이의 큰 길을 따라가고 계셨다. 많은 장자들과 장자들의 부인들도 또한 같은 큰 길을 따라가고 있었다.[418]

---

415   디가니까야 16장 2. 19.

416   율장 Ⅲ. 1, 율장 주석서 Ⅰ. 108.

417   앙굿따라니까야 주석서(Simon Hewavitarne Bequest Series: Ⅱ. 758).

418   앙굿따라니까야 4법수 53.

(36) 왓지(Vajjī)의 핫티가마(Hatthigama)

부처님이 열반 전에 들른 왓지의 마을 이름이다.

(37) 알라위(Āḷavī)의 악갈라와(Aggālava) 사당

알라위는 사왓티에서 30요자나 그리고 베나레스에서 12요자나 정도의 거리이다.

알라위는 사왓티와 라자가하 사이에 있는 작은 도시이다.

　　자세한 설명은 '제2편 제2장의 1. 상윳따니까야의 장소 설명에서 2) 상윳따
니까야에 나오는 나머지 장소 종류 중 (13) 알라위(Āḷavī)의 악갈라와(Aggālava) 사
당'을 보면 된다. (p.336)

(38) 라자가하의 지와까의 망고 숲(Jīvakambavana)

지와까는 부처님의 주치의였다.

　　지와까는 '흐름에 든 이(Sotāpana)'가 되었을 때, 하루에 두 번씩이나 부처
　　님을 뵙기를 열망하였다. 그런데 죽림정사까지 가기에는 너무 멀었다.
　　그래서 그는 라자가하의 자신의 망고 숲에, 승원과 그 부속 건물을 지어
　　서 부처님과 비구 승가에 드렸다.[419]

　　자세한 내용은 '제2편 제2장의 1. 상윳따니까야의 장소 설명에서 2) 상
윳따니까야에 나오는 나머지 장소 종류 중 (20) 라자가하의 지와까의 망고 숲
(Jīvakambavana)'을 보면 된다. (p.391)

(39) 꼴리야(Koliya)의 깍까라빳따(Kakkarapatta)라는 작은 도시 - 정보
　　없음

419　디가니까야 주석서 Ⅰ.133.

(40) 가야(Gaya)의 가야시사(Gayāsīsa)

언덕은 판판한 돌로 되어있었기 때문에 가야시사라고 불리었다. (판판한) 바위 위에는 1,000명이 앉을 자리가 있었다. 언덕은 가야의 남서쪽으로 1마일(1.6km)가량 되었다.[420]

가야는 부처님이 깨달음을 얻은 보드가야 인근의 작은 도시이다. 가야시사는 가야 인근에 있는 언덕 능선이다.

자세한 내용은 '제2편 제2장의 1. 상윳따니까야의 장소 설명에서 2) 상윳따니까야에 나오는 나머지 장소 종류 중 (45) 가야(Gaya)의 가야시사(Gayāsīsa)'을 보면 된다. (p.362)

(41) 짤리까(Cālikā)의 짤리까 산(Cālikapabbata)

한때 부처님은 짤리까에서 짤리까 산에 계셨다. 그때 메기야(Meghiya) 존자가 부처님의 시자였다. 메기야 존자는 부처님께 말하였다.

"부처님, 저는 잔뚜 마을로 탁발을 가고 싶습니다."

"그렇게 하여라, 메기야."

탁발에서 돌아와서 그는 끼미깔라(Kimikālā)강의 강둑으로 갔다. 강둑에서 이리저리 걷다가 그는 아름다운 망고 숲을 보았다.[421]

짤리까 산은 짤리까 도시 인근의 언덕[422]이다. 이 언덕은 아주 하얀색이

---

420 상윳따니까야 주석서 Ⅲ. 4.

421 앙굿따라니까야 9법수 3.

422 Malalasekera, Dictionary of Pāli Proper Names은 짤리까 산을 언덕이라고 표현하였는데, 짤리까 산은 언덕처럼 낮은 산인 듯하다.

없는데 어두운 밤에는 마치 보름밤처럼 밝았다. 그래서 산이 이리저리 움직이는 것 같았기에 '짤리까'라고 하였다.[423]

부처님은 깨달음을 얻은 후, 짤리까 마을에서 13번째, 18번째, 19번째 우기 안거를 보내셨다.[424]

짤리까 산에는 큰 승원이 있었으며 부처님은 이곳에 머무셨다.[425]

(42) 말라(Mallā)의 우루웰라깝빠(Uruvelakappa)

말라는 16대국의 하나로 부처님 당시에는 빠와(Pāvā)와 꾸시나라(Kusinārā)를 수도로 한 두 지역으로 나누어져 있었다. 우루웰라깝빠는 말라의 작은 도시이다.[426]

(43) 꾸루(Kuru)의 깜마사담마(Kammasādamma)

꾸루는 16대국 중의 하나이다. 부처님 활동지역 중에서 가장 북서쪽에 위치한 나라이다. 깜마사담마는 꾸루의 작은 도시이다.

(44) 아완띠(Avantī)의 꾸라라가라(Kuraraghara)의 산 절벽

한때 마하깟짜나(Mahakaccana) 존자는 아완띠에서 꾸라라가라 산 절벽에

---

423 앙굿따라니까야 주석서 Ⅱ. 793. 이 (짤리까) 도시의 성문 바깥과 온 도시는 습지대로 둘러싸여 있었는데, 그래서 도시가 움직이는 것 같았기에 '짤리까'라는 이름이 붙었다.

424 앙굿따라니까야 주석서 Ⅱ. 124.

425 앙굿따라니까야 주석서 Ⅳ. 164.

426 Malalasekera, Dictionary of Pāli Proper Names Ⅰ, p. 432; Ⅱ, p. 453,

머물고 있었다.[427]

아완띠는 16대국 중에 하나로 부처님 활동지역 중에서 가장 남서쪽에 위치한다. 수도는 웃제니이다. 꾸라라가라는 아완띠의 작은 도시이다.

(45) 까장갈라(Kajangalā)의 대나무 숲

한때 부처님은 까장갈라에서 대나무 숲에 머무셨다. 그때 까장갈라의 많은 남성 재가자들이 까장갈라의 비구니에게로 갔다.[428]

까장갈라는 인도 중부지방의 동쪽 경계에 있는 작은 도시이다.[429]

까장갈라는 '베나레스'와 동일한 것 같다.[430]

(46) 마가다(Magadha)의 날라까가마까(Nālakagāmaka)

날라까는 마가다의 브라흐민 마을로 라자가하에서 가까운 거리이다.[431]

빔비사라 왕 영불 탑에서 20여 리 가면 칼라피나카(날라까) 읍에 이른다. 존자 사리뿟따가 태어난 곳이다. 우물이 지금도 있고 그 안에 탑이 있다.

---

427 앙굿따라니까야 10법수 26. (Gradual Sayings: Woodward, P. T. S 10법수 26에 매가 출몰하는 험한 산 절벽이라고 하였다.)

428 앙굿따라니까야 10법수 28.

429 앙굿따라니까야 주석서 Ⅰ.55.

430 자따까 Ⅲ.226-227.

431 Malalasekera, Dictionary of Pāli Proper Names Ⅱ, p.55.

존자는 여기서 적멸했다. ⋯ 존자는 8세에 이미 명성이 사방으로 떨쳤다. 존자의 성격은 순박하고 그 심기는 자비로웠으며, 번뇌를 깨고 진실한 이법을 터득하는 힘을 갖추고 있었다.[432]

(47) 꼬살라(Kosala)의 날라까빠나(Naḷakapāna)의 빨라사(Palāsa) 숲

한때 부처님은 많은 비구 승가와 함께 꼬살라에서 유행하시다가, 꼬살라의 작은 도시인 날라까빠나에 도착하셨다. 부처님은 날라까빠나에서 빨라사 숲에 머무셨다. 그 무렵의 우뽀사타(Upusatha: 포살) 날에 부처님은 비구들의 승가에 둘러싸여 앉아계셨다.[433]

(48) 빠와(Pāvā)의 쭌다(Cunda)의 망고 숲

부처님은 말씀하셨다.
"아난다, 빠와로 가자."
부처님은 많은 비구 승가와 함께 빠와로 가셨다. 그리고 대장장이 아들 쭌다의 망고 숲에 머무셨다. 대장장이 아들 쭌다는 부처님과 비구 승가를 공양에 초대하였다. ⋯ 쭌다가 공양 올린 음식을 드신 후에 부처님은 혹독한 병에 걸리셨다.[434]

쭌다는 그의 망고 숲에 부처님을 위하여 승원을 지었다.[435]

---

432 권덕주 역, 『대당서역기』, p. 276.

433 앙굿따라니까야: 10법수 67.

434 디가니까야: 16장 4. 12-20.

435 디가니까야 주석서 Ⅱ. 568.

(49) 웨살리(Vesāli)의 벨루와가마까(Beluvagāmaka)

한때 아난다 존자는 웨살리 인근의 벨루와가마까에 머물고 있었다.[436]

벨루와는 웨살리 남쪽의 작은 마을이다. 벨루와는 웨살리 성문 밖에 있었다.[437]

---

436 앙굿따라니까야 11법수의 17.

437 맛지마니까야 주석서(Aluvihara Series: Ⅱ. 571).

제 3 편

네 개 니까야
각각의 장소에 대한 지도와 그 통계

(1) 제3편은 어떤 내용을 담고 있는가?

제3편에서는 통계를 바탕으로 각 니까야별로 나타난 장소를 인도 지도에 표기하였다. 지도에 어떤 도시나 장소가 많이 표기되었는지를 비교하여 부처님이 어느 장소에 가장 많이 머무셨는지를 밝혀낸 것이다. 또한, 지도에 나타난 네 개 니까야 상위 빈도수를 비교하여 각 니까야의 장소적 특징을 살펴보았다. 끝으로 네 개 니까야의 전체 장소를 지도상에서 비교하였다. 이것은 지금까지 살펴본 여러 장소에 관한 통계의 결과물이며 결론이라 할 수 있다.

(2) 네 개 니까야의 지도를 그리기 위한 단계

네 개 니까야의 장소를 공통적으로 지도에 표기하기 위한 단계는 다음과 같다.

① **첫 번째 단계:** 네 개 니까야 모두 전체 장소의 이름에 대한 도표를 그렸다.

- 상윳따니까야에는 총 77개의 다른 장소가 있다. 이를 도표로 그렸다.
- 맛지마니까야에는 총 46개의 다른 장소가 있다. 이를 도표로 그렸다.
- 디가마니까야에는 총 24개의 다른 장소가 있다. 이를 도표로 그렸다.
- 앙굿따라니까야에는 총 60개의 다른 장소가 있다. 이를 도표로 그렸다.

② **두 번째 단계:** 첫 번째 단계 도표의 모든 지명에는 번호가 있다. 좁은 지면상 지도에 모든 장소의 이름을 넣는 것은 불가능하기에, 그 장소에 속한 도시나 나라에 장소의 번호를 넣어 표시하였다.

③ **세 번째 단계:** 나라나 도시에 작고 둥근 원을 그려서 다른 도시와 구분하였다. 예를 들어, 상윳따니까야 지도의 라자가하에는 11개의 번호가 동그라미 안에 들어있다. 이는 라자가하라는 도시에 속한 다른 이름의 장소들이 모두 11개란 의미이다. 라자가하 11개의 각기 다른 장소들은 아래 표와 같다.

㉡ 라자가하의 죽림정사	㉣ 라자가하의 따뽀다 온천 승원	5. 라자가하의 독수리봉
20. 라자가하의 지와까 망고 숲	23. 라자가하의 맛다꿋치 녹야원	31. 라자가하의 삽삐니 강둑
38. 라자가하의 이시길리 산의 검은 바위	40. 라자가하의 인다꾸따 산	43. 라자가하의 시따 숲

430

46. 라자가하의 삽빠손디까 동굴	61. 라자가하의 수까라까따 동굴	

④ **네 번째 단계:** 네 개 니까야 각각의 지도를 바탕으로 가장 많은 번호를 가진 도시의 빈도수 표를 만들었다. 어느 도시의 원 안에 얼마나 많은 번호가 있는지를 확인하고 이를 순서로 나타낸 도표이다. 어떤 도시에 얼마나 많은 번호가 있는지를 나타내는 빈도수에서 부처님은 어느 도시, 어느 지역에 가장 많이 머무셨는지를 알 수 있다.

(3) 기원전 6세기 부처님의 활동지역을 보여 주는 지도

아래에 보이는 지도에는 기원전 6세기 인도의 여러 나라들과 도시와 강을 표시하였다. 이 지도는 당시 부처님의 활동지역을 선명하게 보여 준다. 지도의 양 옆으로 도시나 지역에 대한 정보를 넣어 그 도시를 파악하는 데에 도움이 되도록 하였다. 아래의 네 개 니까야 지도는 해당 지역과 도시를 바탕으로 그려진 것이다.

● 기원전 6세기 인도

부처님의 활동 지역
- ● 큰 글씨는 나라 이름
- ● 작은 글씨는 도시 이름
- ● 동그란 테두리는 부처님이 주로 활동한 지역

깜보자
까쉬미르
간다라
딱쉴라
빤즈쉬르강
고로반드강
꾸니르강
세뚜마드(벨미드)강
바따스띠강
꾸루우강
고마띠강
꾸루
깜마사담마
툴라꽃티따
꼴리야족
히마와뜨(히말라야)
브라흐마뿌뜨라강
신두강
수라세나
꼬살라
까삘라왓투
사꺄족
위데하
말라
룸비니(룸민데이)
꾸시나라
빠와
마두라
아유나강
사왓티
아찌라와띠강
사께따
사라유강
히란냐와띠강
웨살리(릿차위족)
바이라트
빠딸리뿟따
왓지
마가다
사르나트
아욧자
날란다
라자가하
짜르만바띠강
꼬삼비
바라나시
보드가야
독수리봉 산
앙가
짬빠
갠지스강
베뜨라바띠강
아빠란따
웨디사
산찌
까시
째띠
웃제니 아완띠
나르마다강
뿔린다
아잔따
고다바리강
까링가
안드라
꽁까나
드라비다
똥가바드라강
땅바빵니
말라꾸따
까베리강

4성지
- 룸비니 (Lumbinī)
- 보드가야 (Bodhgayā)
- 사르나트 (Sarnāth)
- 꾸시나라 (Kusinārā)

- 독수리봉(Gijjhajūta): 라자가하의 산으로 부처님 설법지로 유명. 산의 이곳저곳에 수행처 동굴이 많음. 데와닷따가 바위를 굴려 부처님을 해치려 했던 장소.
- 꼬삼비(Kosambi): 부처님을 괴롭힌 제자들 있었던 곳. 고시따 승원 소재.
- 바라나시(Bārāṇasi): 부처님은 보드가야에서 깨달음을 얻은 후 다섯 비구가 있던 이곳의 이시빠따나의 녹야원(사르나트임)으로 오셔서 이들을 가르침. 부처님 교단의 출발지.
- 빠딸리뿟따(PatalTputta): 꾹꾸따 승원 소재. 나중에 마가다의 신수도가 됨.
- 날란다(Nalandā): 빠와리까의 망고 숲 승원 소재.
- 빠와(Pāva): 대장장이 아들 쭌다의 공양을 드신 곳. 부처님은 식중독으로 결국 꾸시나라에서 열반에 드심.
- 마두라(Madhurā): 불교 미술과 조각이 뛰어난 곳.
- 까시국: 가장 훌륭한 물건들을 생산.
- 짬빠(Campā): 앙가의 수도로 아름다운 각가라 호수 소재.
- 산찌(Sanci): 가장 훌륭한 석조 조각의 산찌탑.
- 아완띠(Avantī): 부처님 활동 지역 중 가장 남쪽.
- 딱쉴라: 지와까 의술 배움.
- 간다라: 최초의 불상이 만들어진 곳.
- 갠지스(Gaga)강: 부처님 활동 지역을 지나는 가장 중요한 강으로 경전에 빈번히 등장함.

- 사꺄(Sakyā)족: 부처님 종족의 이름. 이들은 까삘라왓투를 수도로 작은 왕국 사꺄국을 이루고 있었다. 사꺄국은 꼬살라국에 의해 멸망함.
- 까삘라왓투(Kapilavatthu): 부처님 모국의 수도. 룸비니, 니그로다 승원이 있음.
- 사왓티(Sāvatthī): 꼬살라국의 수도. 부처님이 가장 많이 계신 가장 훌륭한 승원인 기원정사와 미가라마뚜 강당, 라자까라마 비구니 승원 소재.
- 라자가하(Rājagaha): 당시 인도에서 가장 강대한 나라 마가다국의 수도. 최초의 승원 죽림정사, 독수리봉 산, 따뽀다 온천 승원 소재.
- 웨살리(Vesāli): 왓지의 수도. 중각강당, 고싱가살라 숲, 암바빨리 숲 소재. 릿차위족들이 사는 곳. 왓지 비구 2차 결집분열.

1장

네 개 니까야의 각 장소 설명

1. 상윳따니까야 각 장소의 지도

1) 상윳따니까야 총 77개의 다른 장소

(1) 승원의 종류와 그 외의 장소
① 승원 종류: ㉠-㉺까지 10개의 장소
② 그 외 장소 종류: 1-67까지 67개의 장소

(2) 상윳따니까야 총 77개 다른 장소의 도표

•지도에는 ①②③과 같이 원문자로 되어있으나 도표에는 편의상 1, 2, 3으로 표기하였다.

㉠ 사왓티의 기원정사	㉡ 라자가하의 죽림정사	㉢ 웨살리 큰 숲의 중각강당
㉣ 까삘라왓투 니그로다 승원	㉤ 꼬삼비의 고시따 승원	㉥ 사왓티의 미가라마뚜 강당
㉦ 빠딸리뿟따의 꾹꾸따 승원	㉧ 왓지의 나디까 벽돌집 승원	㉨ 라자가하의 따뽀다 온천 승원
㉩ 사왓티의 라자까라마 승원		
1. 바라나시 이시빠따나 녹야원	2. 꼬살라의 어떤 숲	3. 마가다의 날라까 마을
4. 왓지의 욱까쩰라 마을	5. 라자가하의 독수리봉	6. 사꺄족의 데와다하 작은 도시
7. 사왓티의 안다 숲	8. 꼬삼비의 싱사빠 숲	9. 까시의 맛치까산다 망고 숲
10. 보드가야의 보리수 아래	11. 날란다의 빠와리까 망고 숲	12. 사께따의 띠깐다끼 숲
13. 알라위의 악갈라와 사당	14. 아완띠의 꾸라라가라 산협	15. 숨바의 세다까 작은 도시
16. 아욧자의 갠지스 강둑	17. 사께따의 안자나 숲 녹야원	18. 웨살리의 암바빨리 숲
19. 말라의 우루웰라갑빠	20. 라자가하 지와까 망고 숲	21. 베사깔라 숲의 녹야원
22. 꾸루의 깜마사담마	23. 라자가하 맛다꿋치 녹야원	24. 꼬살라의 히말라야 산기슭의 초막
25. 사꺄의 실라와띠 지역	26. 왓지의 꼬띠가마	27. 까삘라왓투의 큰 숲

434

28. 꼬살라 에까살라 마을	29. 마가다의 빤짜살라 마을	30. 사왓티에서 탁발 도중
31. 라자가하의 삽삐니 강둑	32. 마가다의 안다까윈다	33. 꾸시나라의 　한 쌍의 살라나무 아래
34.꼬살라의 순다리까 강둑	35. 마가다의 에까날라 마을	36. 사꺄족의 코마둣사 　작은 도시
37. 짬빠의 각가라 호수	38. 라자가하의 이시길리 　산의 검은 바위	39. 웨살리의 어떤 숲
40. 라자가하 인다꾸따 산	41. 가야의 땅끼따만짜	42. 마가다의 마니말라까 사당
43. 라자가하의 시따 숲	44. 알라위의 약카가 있는 곳	45. 가야의 가야시사
46. 라자가하의 　삽빠손디까 동굴	47. 왓지의 핫티가마	48. 아완띠의 막까라까따 　숲속 초막
49. 꼬살라 또데이야 망고 숲	50. 꼬삼비의 갠지스강 언덕	51. 낌빌라의 갠지스강 언덕
52. 꼴리야 웃따라 작은 도시	53. 사꺄의 삭까라 작은 도시	54. 꼴리야의 할릿다와사나
55. 웨살리의 벨루와가마까	56. 왓지의 욱까쩰라 　갠지스 강변	57. 사왓티의 뿝빠꼿타까
58. 앙가의 아빠나	59. 꼬살라의 　살라브라흐민 마을	60. 까삘라왓투
61. 라자가하의 수까라까따 동굴	62. 사왓티의 수다누 강둑	63. 사왓티의 살랄라가라
64. 낌빌라의 대나무 숲	65. 꼬살라의 잇차낭갈라 숲	66. 꼬살라의 웰루드와라 마을
67.쩨띠의 사하자띠		

2) 상윳따니까야 총 77개 다른 장소의 지도

(1) 지도 보는 방법

① **승원 찾아보기 ㉠에서 ㉛까지:** 위의 도표에 나타난 각 승원의 번호와 이름을 찾아본다.

② **그 외의 장소 찾아보기 1에서 67까지:** 위의 도표에 나타난 각 장소의 번호와 이름을 찾아본다.

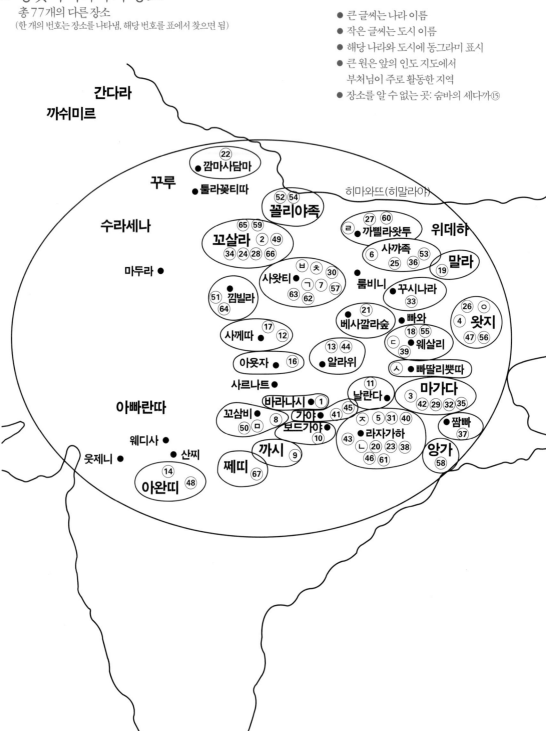

● 상윳따니까야의 장소
총 77개의 다른 장소
(한 개의 번호는 장소를 나타냄, 해당 번호를 표에서 찾으면 됨)

● 큰 글씨는 나라 이름
● 작은 글씨는 도시 이름
● 해당 나라와 도시에 동그라미 표시
● 큰 원은 앞의 인도 지도에서
  부처님이 주로 활동한 지역
● 장소를 알 수 없는 곳: 숨바의 세다까⑮

간다라
까쉬미르

꾸루

수라세나

마두라 ●

아빠란따

웨디사 ●
웃제니 ●   ● 산찌

깜마사담마 ㉒
● 툴라꽃티따

히마와뜨(히말라야)

꼴리야족 ㊾㊿
⑤⑤

꼬살라 ㉖㊾ ② ㊾
㉞㉔㉘㊻

사왓티 ⓑ ⓒ ㉚
ⓖ ⑦ ㊆
⑥③ ㊅

깜벨라왓투 ㉗ ㊿
ㄹ ●
사까족 ⑥
㉕ ㊱ ㊾
룸비니 ●   꾸시나라
          ㉝

위데하

말라
⑲

왓지 ㉖ ㅇ
④
㊼ ㊻

베사깔라숲 ㉑
● 빠와
㊃ ⑤⑤
ⓓ ● 웨살리
㊴

● 빠딸리뿟따 Ⓟ

마가다
③
㊷㉙㉜㉟

날란다 ⑪
㊺

꼬삼비 ●   가야ⓐ ㊶
⑧ ⓜ   보드가야 ●
⑩

까시
쩨띠 ㊼

아완띠 ⑭ ㊽

바라나시 ● ①

짬빠 ㊲

라자가하 ●
⑤ ㉛ ㊵
ㄴ ㉓ ㊳
㊻ ㊿

앙가
㊾

사르나트 ●

아웃자 ● ⑯

사께따 ● ⑰ ⑫

끼빌라 ⑤① ●
㊿

알라위 ● ㊵ ㊹

3) 상윳따니까야에 분포된 장소의 빈도수 통계

(1) 빈도수 통계

다음은 앞서 제시한 지도에서도 보이듯 상윳따니가야에 나타난 나라와 도시에 분포된 장소의 빈도수를 통계낸 표이다.

빈도수에 따른 순서	그 지역에 분포된 장소 빈도수	나라 및 도시 이름
1	11	라자가하 지역
2	8	꼬살라 지역
	8	사왓티 지역
3	5	마가다 지역
	5	왓지 지역
4	4	사꺄족 지역
	4	웨살리
5	3	까삘라왓투
	3	꼬삼비 지역
6	2	꼴리야족 지역
	2	낌빌라 지역
	2	사께따 지역
	2	알라위 지역
	2	가야 지역
	2	아완띠 지역
7	1	깜마사담마
	1	말라
	1	꾸시나라
	1	베사깔라 숲
	1	아욧자
	1	빠딸리뿟따
	1	바라나시
	1	날란다
	1	보드가야
	1	짬빠
	1	앙가
	1	까시
	1	쩨띠

(2) 빈도수 통계에 관한 설명

① 빈도수 11은 라자가하 지역에 11개의 다른 장소가 있다는 뜻이며, 상윳따니까 야에서는 라자가하에 부처님이 가장 많이 머무셨다는 의미가 된다.

② 라자가하 지역의 죽림정사를 비롯하여 독수리봉 산, 그 산의 동굴들, 온천 승원 등을 비롯한 여러 장소가 부처님 전법 활동의 초기 무대인 셈이다. 따라서 부처 님 초기에는 라자가하에서 가장 많은 전법 활동이 이루어졌다고 볼 수 있다.

③ 그다음이 꼬살라와 사왓티 지역이다. 유명한 승원인 기원정사, 미가라마뚜 강 당, 라자까라마 승원이 있기에 부처님과 비구들은 이 지역에 많이 머무셨다.

2. 맛지마니까야 각 장소의 지도

1) 맛지마니까야 총 46개의 다른 장소

(1) 승원의 종류와 그 외의 장소
① 승원 종류: ㉠-㉛까지 8개의 장소
② 그 외 장소 종류: 1-38까지 38개의 장소

(2) 맛지마니까야 총 46개 다른 장소의 도표

•지도에는 ①②③과 같이 원문자로 되어있으나 도표에는 편의상 1, 2, 3으로 표기하였다.

㉠ 사왓티의 기원정사	㉡ 라자가하의 죽림정사	㉢ 사왓티의 미가라마뚜 강당
㉣ 까삘라왓투의 니그로다 승원	㉤ 웨살리 큰 숲의 중각강당	㉥ 꼬삼비의 고시따 승원
㉦ 왓지의 나디까의 벽돌집	㉧ 라자가하의 따뽀다 온천 승원	
1. 앙가의 앙굿따라빠의 아빠나	2. 박가의 베사깔라 숲의 녹야원	3. 꾸루의 깜마사담마

4. 앙가의 앗사뿌라	5. 위데하의 마카데와 망고 숲	6. 꼬살라의 살라 브라흐민 마을
7. 라자가하의 독수리봉	8. 바라나시의 이시빠따나의 녹야원	9. 꼬살라의 수바가 살라나무 아래
10. 웨살리 도시 밖의 서쪽 숲	11. 웨살리의 고싱가 살라 숲	12. 왓지의 욱까쩰라 갠지스 강변
13. 짬빠의 각가라 호수	14. 웨살리의 벨루와가마까	15. 라자가하의 지와까 망고 숲
16. 날란다의 빠와리까 망고 숲	17. 꼴리야의 할릿다와사나	18. 사꺄의 짜뚜마의 아마라끼 숲
19. 꼬살라의 빨라사 숲	20. 까시의 끼따기리	21. 라자가하의 독수리봉 산의 수까라카따 동굴
22. 꾸루의 깜마사담마	23. 꼬살라국에서 유행 중에	24. 꾸루의 툴라꼿티따
25. 마두라의 군다 숲	26. 사꺄족의 메달룸빠	27. 꼬살라의 깐나깟탈라 녹야원
28. 바라나시의 케미야 망고 숲	29. 꼬살라 오빠사다의 데와 숲	30. 꼬살라의 잇차낭갈라 숲
31. 꼬살라의 또데이야의 망고 숲	32. 사꺄족의 데와다하	33. 꾸시나라의 발리하라나
34. 사꺄의 사마가마	35. 라자가하의 이시길리 산	36. 라자가하의 박가와 작업실
37. 꼬살라의 나가라윈다	38. 까장갈라의 무켈루 숲	

2) 맛지마니까야 총 46개 다른 장소의 지도

(1) 지도 보는 방법

① **승원 찾아보기 ㉠에서 ◎까지:** 위의 도표에 나타난 각 승원의 번호와 이름을 찾아본다.

② **그 외의 장소 찾아보기 1에서 38까지:** 위의 도표에 나타난 각 장소의 번호와 이름을 찾아본다.

● 맛지마니까야의 장소

총 46개의 다른 장소
(한 개의 번호는 장소를 나타냄, 해당 번호를 표에서 찾으면 됨)

● 큰 글씨는 나라 이름
● 작은 글씨는 도시 이름
● 해당 나라와 도시에 동그라미 표시
● 큰 원은 앞의 인도 지도에서
  부처님이 주로 활동한 지역

간다라

까쉬미르

꾸루

수라세나

● 깜마사담마 ③ ㉒

● 툴라꽃티따 ㉔

꼴리야족 ⑰

히마와뜨(히말라야)

ㄹ ● 까삘라왓투

위데하 ⑤

사꺄족 ㉜ ㉞ ㉖ ⑱

말라

③⑦ ㉚㉙㉓

꼬살라 ⑥

㉛ ㉗ ⑲ ⑨

마두라 ●
㉕

사왓티 ● ㄱ
ㄷ

룸비니 ●

꾸시나라 ●
㉝

왓지 ⑫ ㅅ

베사깔라숲 ② ●

빠와 ●
⑩ ⑪ ⑭
ㅁ ● 웨살리

● 빠딸리뿟따

사께따 ●

아웃자 ●

마가다

아빠란따

사르나트 ● 날란다 ⑯

바라나시 ● ⑧ ㉘

꼬삼비 ● 보드가야 ●
ㅂ

웨디사 ● ● 산찌

웃제니 ●

까시 ⑳

째띠

⑦ ⑮

ㅇ ● 라자가하

ㄴ ㉑ ㉟ ㊱

짬빠 ●
⑬

앙가 ①④

아완띠

*장소를 알 수 없는 곳
㊳ 까장갈라의 무켈루 숲

맛지마니까야의 장소

3) 맛지마니까야에 분포된 장소의 빈도수 통계

(1) 빈도수 통계

다음은 앞서 제시한 지도에서도 보이듯 맛지마니까야에 나타난 나라와 도시에 분포된 장소의 빈도수를 통계낸 표이다.

빈도수에 따른 순서	그 지역에 분포된 장소 빈도수	나라 및 도시 이름
1	9	꼬살라 지역
2	7	라자가하 지역
3	4	사꺄족 지역
	4	웨살리 지역
4	2	바라나시 지역
	2	깜마사담마 지역
	2	사왓티지역
	2	왓지 지역
	2	앙가 지역
5	1	툴라꼿티따
	1	꼴리야족
	1	위데하
	1	까삘라왓투
	1	마두라
	1	꾸시나라
	1	베사깔라 숲
	1	날란다
	1	꼬삼비
	1	까시
	1	짬빠

441

(2) 빈도수 통계에 관한 설명

① 가장 높은 빈도수는 꼬살라 지역이다. 부처님은 꼬살라 지역의 여러 종류의
숲들과 마을에 많이 머무셨음을 알 수 있다. 꼬살라가 가장 높은 이유는 이 지
역에 사왓티의 가장 훌륭한 승원인 기원정사, 미가라마뚜 강당, 라자까라마 비
구니 승원 등이 있었기 때문인데, 부처님과 제자들은 이들 승원에 머물다가
자연스럽게 그 주변 지역인 꼬살라 숲과 마을에도 흩어져 수행을 하거나 불법
을 전하기 위해 기거했던 것 같다.

② 그다음이 라자가하 지역이다. 불교 전법 활동의 초기 무대인 라자가하의 죽림
정사를 비롯하여 독수리봉 산, 그 산의 여러 동굴들, 온천 승원, 지와까의 망고
숲 승원 등 부처님과 비구들은 이런 곳에 많이 머물렀다.

③ 세 번째 빈도는 사꺄족 지역과 웨살리 지역이다. 사꺄족 지역에는 부처님 모
국의 수도인 까삘라왓투의 니그로다 승원과 큰 숲, 그 외 작은 승원들이 있었
다. 웨살리 지역에는 중각강당과 나디까 벽돌집 승원과 고싱가 살라 숲이 있
어 부처님과 그 제자들이 많이 머문 장소였다.

3. 디가니까야 각 장소의 지도

1) 디가니까야 총 24개의 다른 장소

(1) 승원의 종류와 그 외의 장소
① 승원 종류: ㉠-㉡까지 6개의 장소
② 그 외 장소 종류: 1-18까지 18개의 장소

(2) 디가니까야 총 24개 다른 장소의 도표

㉠ 사왓티의 기원정사	㉡ 웨살리 큰 숲의 중각강당	㉢ 꼬삼비의 고시따 승원
㉣ 사왓티의 미가라마뚜 강당	㉤ 라자가하의 죽림정사	㉥ 왓지의 나디까의 벽돌집 승원
1. 라자가하의 독수리봉	2. 꾸루의 깜마사담다	3. 짬빠의 각가라 호수
4. 마가다의 카누마따의 암발랏티까 정원의 왕의 휴게소	5. 날란다의 빠와리까 망고 숲	6. 라자가하의 지와까 망고 숲
7. 꼬살라의 잇차낭갈라 숲	8. 꾸시나라 말라족의 살라 숲의 한 쌍의 살라나무 사이	9. 꼬살라의 우준냐의 깐나깟탈라의 녹야원
10. 꼬살라의 살라와띠까 마을	11. 꼬살라의 마나사까따 마을의 아찌라와띠강 언덕 망고 숲	12. 빠와의 쭌다의 망고 숲
13. 까삘라왓투의 큰 숲	14. 라자가하의 웨디야 산의 인다살라 동굴	15. 꼬살라의 세따뱌의 싱사빠 숲
16. 말라의 아누삐야	17. 마가다의 마뚤라 마을	18. 사꺄족의 웨단냐 가문의 망고 숲의 높은 노대의 건물

2) 디가니까야 총 24개 다른 장소의 지도

(1) 지도 보는 방법

① **승원 찾아보기 ㉠에서 ㉥까지:** 위의 도표에 나타난 각 승원의 번호와 이름을 찾아본다.

② **그 외의 장소 찾아보기 1에서 18까지:** 위의 도표에 나타난 각 장소의 번호와 이름을 찾아본다.

● 디가니까야의 장소
총 24개의 다른 장소
(한 개의 번호는 장소를 나타냄, 해당 번호를 표에서 찾으면 됨)

● 큰 글씨는 나라 이름
● 작은 글씨는 도시 이름
● 해당 나라와 도시에 동그라미 표시
● 큰 원은 앞의 인도 지도에서
  부처님이 주로 활동한 지역

간다라
까쉬미르

꾸루

수라세나

꼴리야족

히마와뜨(히말라야)

② ● 깜마사담마
● 툴라꽂티따

꼬살라 ⑮
⑦
⑪ ⑩ ⑨

마두라 ●

사왓티 ●
ㄱ ㄹ

⑬ ● 까삘라왓투
⑱ 사까족

룸비니 ●

위데하

말라
⑯

⑧ ● 꾸시나라

⑫ ● 빠와

베사깔라숲 ●

ㄴ ● 웨살리

왓지
ㅂ

사께따 ●

아웃자 ●

사르나트 ●
바라나시 ●

꼬삼비
ㄷ

보드가야 ●

까시

쩨띠

● 빠딸리뿟따

날란다 ⑤
●

마가다
④ ⑰

ㅁ ① ⑥
● 라자가하
⑭

● 짬빠
③

앙가

아빠란따

웨디사 ●
● 산찌

웃제니 ●

아완띠

디가니까야의 장소

3) 디가니까야에 분포된 장소의 빈도수 통계

(1) 빈도수 통계

다음은 앞서 제시한 지도에서도 보이듯 디가니까야에 나타난 나라와 도시에 분포된 장소의 빈도수를 통계낸 표이다.

빈도수에 따른 순서	그 지역에 분포된 장소 빈도수	나라 및 도시 이름
1	5	꼬살라 지역
2	4	라자가하 지역
3	2	마가다 지역
	2	사왓티 지역
4	1	깜마사담마
	1	까삘라왓투
	1	사꺄족
	1	말라
	1	꾸시나라
	1	빠와
	1	웨살리
	1	왓지
	1	날란다
	1	꼬삼비
	1	짬빠

(2) 빈도수 통계에 관한 설명

① 역시 꼬살라 지역이 가장 높다. 그 이유는 사왓티에 가장 훌륭한 기원정사와 1,000개의 방사를 가진 미가라마뚜 강당, 1,000명이 넘는 비구니 도량 라자까

라마 비구니 승원이 있었기 때문이다. 많은 비구들이 사왓티 승원에 거주하다
가 그 주변의 안다 숲이나 꼬살라의 숲과 마을에 흩어져서 수행했던 것 같다.

② 라자가하가 그다음으로 높은 빈도를 차지하는 이유도 초창기 부처님 교단의
활동지역에 죽림정사와 더불어 수행에 적합한 독수리봉, 기타 동굴이나 온천
승원 등이 있었기 때문이다.

4. 앙굿따라니까야 각 장소의 지도

1) 앙굿따라니까야 총 60개의 다른 장소

(1) 승원의 종류와 그 외의 장소
① 승원 종류: ㉠-㉣까지 11개의 장소
② 그 외 장소 종류: 1-49까지 49개의 장소

(2) 앙굿따라니까야 총 60개 다른 장소의 도표

•지도에는 ①②③과 같이 원문자로 되어있으나 도표에는 편의상 1, 2, 3으로 표기하였다.

㉠ 사왓티의 기원정사	㉡ 웨살리 큰 숲의 중각강당	㉢ 꼬삼비의 고시따 승원
㉣ 까삘라왓투의 니그로다 승원	㉤ 라자가하의 죽림정사	㉥ 사왓티의 미가라마뚜 강당
㉦ 왓지의 나디까의 벽돌집	㉧ 빠딸리뿟따의 꾹꾸따 승원	㉨ 라자가하의 따뽀다 승원
㉩ 마히사왓투의 다와잘리까 승원	㉪ 사께따의 깔라까 승원	
1. 라자가하의 독수리봉	2. 바라나시의 이시빠따나의 녹야원	3. 와라나의 깟다마 호수가 강둑
4. 마두라의 군다 숲	5. 알라위의 싱사빠 숲의 나뭇잎 더미 위	6. 꼬살라의 웨나가뿌라

7. 꼬살라의 께사뿟따	8. 꼬살라의 빵까다 지역	9. 꾸시나라의 발리하라나 숲
10. 웨살리의 고따마까 사당	11. 꼬살라의 까삘라왓투	12. 라자가하의 공작 먹이 주는 곳의 방랑수행자 승원
13. 왓지의 반다가마	14. 꼬살라의 욱깟타와 세따뱌 사이의 큰 길	15. 마두라와 웨란자 사이의 큰 길
16. 박가의 베사깔라 숲의 녹야원	17. 꼴리야의 삿자넬라	18. 꾸시나라의 한 쌍의 살라 나무 사이
19. 보가나가라의 아난다 사당	20. 꼴리야의 사뿌가	21. 꼬살라의 잇차낭갈라 숲
22. 앙가의 밧디야의 자띠야 숲	23. 마가다의 안다까윈다	24. 사께따의 띠깐다끼 숲
25. 꼬살라의 살라 숲	26. 낌빌라의 대나무 숲	27. 꼬살라에서 유행 중에
28. 사꺄의 사마가마까	29. 쩨띠의 사하자띠	30. 꼬살라의 단다깝빠까
31. 웨살리의 사란다다 사당	32. 짬빠의 각가라 호수	33. 닥키나기리 지방
34. 웨살리의 암바빨리 숲	35. 웨란자의 날래루의 님바나무 아래	36. 왓지의 핫티가마
37. 알라위의 악갈라와 사당	38. 라자가하의 지와까 망고 숲	39. 꼴리야의 깍까라빳따
40. 가야의 가야시사	41. 짤리까의 짤리까 산	42. 말라의 우루웰라깝빠
43. 꾸루의 깜마사담마	44. 아완띠의 꾸라라가라의 산 절벽	45. 까장갈라의 대나무 숲
46. 마가다의 날라까가마까	47. 꼬살라의 날라까빠나의 빨라사 숲	48. 빠와의 쭌다의 망고 숲
49. 웨살리의 벨루와가마까		

2) 앙굿따라니까야 총 60개 다른 장소의 지도

(1) 지도 보는 방법

① **승원 찾아보기 ㉠에서 ㉣까지**: 위의 도표에 나타난 각 승원의 번호와 이름을 찾아본다.

② **그 외의 장소 찾아보기 1에서 49까지**: 위의 도표에 나타난 각 장소의 번호와 이름을 찾아본다.

● 앙굿따라니까야의 장소

총 60개의 다른 장소
(한 개의 번호는 장소를 나타냄, 해당 번호를 표에서 찾으면 됨)

● 큰 글씨는 나라 이름
● 작은 글씨는 도시 이름
● 해당 나라와 도시에 동그라미 표시
● 큰 원은 앞의 인도 지도에서 부처님이
　주로 활동한 지역

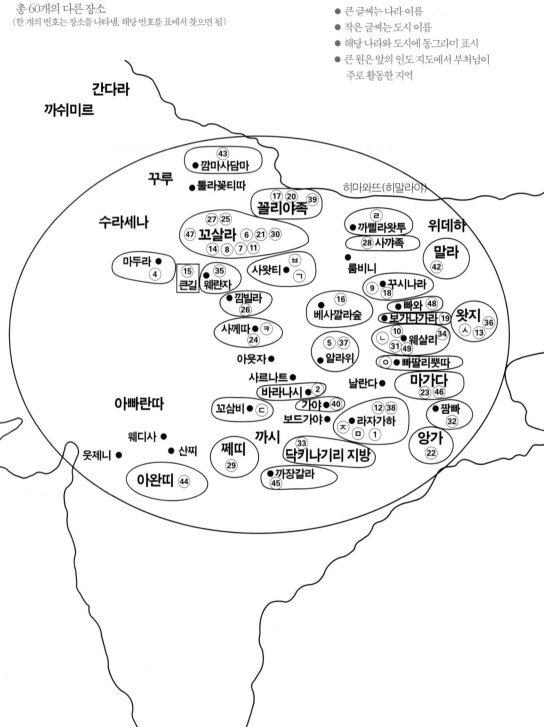

앙굿따라니까야의 장소

3) 앙굿따라니까야에 분포된 장소의 빈도수 통계

(1) 빈도수 통계

다음은 앞서 제시한 지도에서도 보이듯 앙굿따라니가야에 나타난 나라와 도시에 분포된 장소의 빈도수를 통계낸 표이다.

빈도수에 따른 순서	그 지역에 분포된 장소 빈도수	나라 및 도시 이름
1	10	꼬살라 지역
2	5	라자가하 지역
3	5	웨살리 지역
4	3	꼴리야족 지역
	3	왓지 지역
5	2	사왓티 지역
	2	꾸시나라 지역
	2	알라위 지역
	2	마가다 지역
6	1	깜마사담마
	1	까삘라왓투
	1	사꺄족
	1	마두라 지역
	1	웨란자
	1	낌빌라
	1	베사깔라 숲
	1	말라
	1	빠와
	1	보가나가라
	1	사께따
	1	빠딸리뿟따
	1	바라나시
	1	꼬삼비
	1	가야
	1	짬빠
	1	앙가
	1	닥키나기리 지방
	1	까장갈라
	1	쩨띠
	1	아완띠

(2) 빈도수 통계에 관한 설명

① 꼬살라 지역이 라자가하보다 거의 2배 정도 높다. 이유는 역시 사왓티에 있는 훌륭한 승원 기원정사와 미가라마뚜 강당의 영향인 것 같다. 우선 거주하기에 편리한 승원이 있고, 탁발 걱정을 안 해도 되는 신심 깊은 재가자들이 있어서 꼬살라 주변의 숲과 마을에 많이 거주한 것이다.

② 라자가하가 그다음 빈도인데 이 또한 훌륭한 대나무 숲의 죽림정사와 독수리봉 산 등 좋은 수행조건이 갖추어져 있었기 때문인 것으로 보인다.

③ 세 번째 빈도는 웨살리 지역으로 이 지역 역시 훌륭한 중각강당과 나디까의 벽돌집 승원, 고싱가 살라 숲 등이 있으며 특히 신심 깊은 릿차위족들이 인근 거리에 있어서 수행에 집중할 수 있는 분위기가 형성될 수 있었던 것 같다.

2장

네 개 니까야의 지역 분포도 비교

1. 네 개 니까야 상위 빈도수 10개 지역 비교

1) 10개 지역 비교표

이 표는 상윳따·맛지마·디가·앙굿따라니까야의 순서대로 상위 10개의 지역을 한 자리에 모아 비교한 표이다.

상윳따 빈도수	나라 도시 이름	맛지마 빈도수	나라 도시 이름	디가 빈도수	나라 도시 이름	앙굿따라 빈도수	나라 도시 이름
11	라자가하	9	꼬살라	5	꼬살라	10	꼬살라
8	꼬살라	7	라자가하	4	라자가하	5	라자가하
8	사왓티	4	사꺄족	2	마가다	5	웨살리
5	마가다	4	웨살리	2	사왓티	3	꼴리야족
5	왓지	2	바라나시	1	깜마사담마	3	왓지
4	사꺄족	2	깜마사담마	1	까삘라왓투	2	사왓티
4	웨살리	2	사왓티	1	사꺄족	2	꾸시나라
3	까삘라왓투	2	왓지	1	말라	2	알라위
3	꼬삼비	2	앙가	1	꾸시나라	2	마가다
2	꼴리야족	1	툴라꼿티따	1	빠와	1	마두라

2) 10개 지역 비교표의 특징

(1) 꼬살라는 세 개 니까야에서 월등히 높은 빈도수이다. 부처님은 꼬살라의 여러 지역에서 가장 자주 계셨음을 알 수 있다. 물론 빠세나디 왕의 후원이 많이 작용하였을 것이다.

452

(2) 라자가하는 네 개 니까야에서 (물론, 상윳따는 첫 번째에 속하지만) 두 번째 빈도수에 속하는 도시이다. 부처님은 초창기부터 마가다의 빔비사라 왕의 후원으로 마가다 여러 지역에 계셨음을 알 수 있다.

(3) 세 번째, 네 번째 빈도수를 살펴보면 마가다, 사왓티, 웨살리, 사꺄족, 꼴리야족, 왓지와 같은 지역이 포함된다. [438]

(4) 무엇보다 부처님은 당시 가장 막강한 나라였던 마가다국의 수도 라자가하와 꼬살라국의 수도 사왓티 지역 주변에 가장 많이 머무셨다는 점에서 주목된다.

(5) 상윳따니까야에는 라자가하 지역이 11회로 가장 많은 빈도수이다. 대체로 이 지역이 부처님의 초기 활동지역이었다는 점을 고려할 때, 상윳따니까야는 부처님의 초기 가르침을 비교적 많이 담고 있다는 사실을 확인할 수 있다.

2. 네 개 니까야 전체 장소의 지역 분포도 비교

1) 네 개 니까야 장소의 총합계

아래는 네 개 니까야 각각의 빈도수를 합계하여, 합계한 수가 많은 것부터 배열한

---

[438] 왓지나 다른 지역도 순서대로 세면 안 되고 똑같은 빈도수이지만 순서는 아래로 간 것을 눈여겨보아야 한다.

두 표이다. 꼬살라 지역에 네 개 니까야에서 가장 많은 32개의 장소가 있고, 그다음이 라자가하로 총 29개의 장소가 이 지역에 포함된다.

나라 또는 도시 이름	상윳따니까야 빈도수	맛지마니까야 빈도수	디가니까야 빈도수	앙굿따라니까야 빈도수	네 개 니까야 합계 빈도수
꼬살라 지역	8	9	5	10	*32
라자가하 지역	11	8	4	5	*28
사왓티 지역	8	2	2	2	*14
웨살리 지역	4	4	1	5	*14
왓지 지역	5	2	1	3	11
사꺄족 지역	4	4	1	1	10
마가다 지역	5	0	2	2	9
까삘라왓투	3	1	1	1	6
꼬삼비	3	1	1	1	6
꼴리야족	2	1	0	3	6
깜마사담마	1	2	1	1	5
꾸시나라	1	1	1	2	5
바라나시	1	2	0	1	4
짬빠	1	1	1	1	4
앙가	1	2	0	1	4
알라위	2	0	0	2	4
낌빌라	2	0	0	1	3
사께따	2	0	0	1	3
가야	2	0	0	1	3
아완띠	2	0	0	1	3
말라	1	0	1	1	3
베사깔라 숲	1	1	0	1	3
날란다	1	1	1	0	3

마두라	0	1	0	1	2
빠딸리뿟따	1	0	0	1	2
까시	1	1	0	0	2
쩨띠	1	0	0	1	2
아욧자	1				1
보드가야	1				1
위데하		1			1
툴라꼿티따		1			1
빠와			1		1
웨란자				1	1
보가나가라				1	1
다키나기리				1	1
까장갈라				1	1

2) 네 개 니까야 장소에 관한 결론

(1) 첫 번째 높은 빈도수는 꼬살라 지역이다.

꼬살라 지역은 빈도수 32로 두 번째 빈도수 28보다 월등히 높다. 상윳따니까야를 제한 세 개 니까야에서 가장 빈도수가 높다. 부처님과 그 제자들은 꼬살라 지역의 여기저기에 흩어져서 가장 자주 머문 것으로 나타났다.

① 꼬살라가 가장 빈도수가 높은 첫 번째 이유는 사왓티에 훌륭한 세 개의 승원이 있기 때문이다.

사왓티 지역은 세 번째 빈도로 나타났는데, 이 지역엔 가장 훌륭한 승원인 사왓티의 기원정사, 2층으로 된 1,000개의 방사를 갖춘 미가라마뚜 강당, 1,000명이 넘는 비구니를 수용할 수 있는 비구니 승원 라자까라마 승원 등이 있다. 많은 비구와 비구니를 수용할 수 있는 승원 시설이 사왓티에 집중되어 있었기 때문에 이들 승원에 머물던 부처님과 많은 비구·비구니들은 그 주변 꼬살라의 숲이나 마을 등에 흩어져 수행과 전법 활동을 적극적으로 전개할 수 있었다.

사실 꼬살라의 수도인 사왓티는 크게 보면 한 지역이라 할 수도 있다. 꼬살라 지역과 사왓티 지역을 합한다면 46개의 장소로 급격히 늘어나는데 이것은 부처님이 가장 많이, 그리고 가장 자주 꼬살라 지역과 사왓티 지역의 승원에 머물며 전법 활동을 하셨음을 증명한다.

② 꼬살라가 가장 빈도수가 높은 두 번째 이유는 세 명의 위대한 재가자들의 후원 때문이다. 이들 세 명은 바로 빠세나디 왕, 아나타삔디까 장자, 재가녀 위사카이다.

- **빠세나디 왕:** 그는 부처님의 가장 큰 후원자로 기원정사의 살랄라가라 강당을 짓고, 기원정사 맞은편의 라자까라마 비구니 승원을 지었다. 왕은 비구들에게 공양을 정기적으로 베풀었다. 1,000명이 넘는 비구 승가와 1,000명이 넘는 비구니 승가의 두 승가 대중으로 인하여 사왓티는 명실공히 출가자로 넘쳐나게 되었고 이들은 우기철이 지나면 가까운 꼬살라의 여기저기로 흩어져서 유행하며 정진하였다고 믿어진다.

- **아나타삔디까 장자:** 아나타삔디까 장자는 가장 훌륭하고 편리한 기원정사를 짓기 위해 황금을 땅에 깔 정도로 신심이 지극하였다. 아나타삔디까는 '가난한 이들에게 음식을 주는 사람'이란 뜻이다. 이름에서처럼 그는 가난한 자에게 먹을 것을 공양하였다. 그의 집에서는 매일 수백 명의 비구들에게 공양이 베풀어졌기에 비구들은 탁발 걱정을 안 해도 될 정도가 되었다.

- **재가녀 위사카:** 그녀는 1층에 500개, 2층에 500개의 개인 방사를 갖춘 미가라마뚜 강당을 기원정사 맞은편에 지었다. 그러니 비구들이 선호하는 승원이 된 것은 물론이다. 위사카는 부처님께 여덟 가지 청을 드렸다. 그녀는 일생 동안 비구와 비구니 승가에 비옷을 공양하고, 다른 곳에서 오는 비구, 다른 곳으로

떠나는 비구, 병든 비구를 간호하는 비구에게 음식을 공양하고, 병든 비구에게 약품을 보시하고, 일생 동안 죽을 보시하겠다고 부처님께 말씀드렸다. 이렇게 위사카는 비구들에게 필수인 음식과 의약품, 목욕옷을 공양함으로써 한량없는 은덕을 승단에 제공하였다.

이 세 사람의 위대한 후원자로 인하여 탁발이 어려운 비구나 비구니들조차도 탁발 걱정을 안 해도 될 정도가 되었고, 의약품이나 기타 필수품을 넉넉히 조달받을 수 있었다. 사왓티를 포함하여 꼬살라가 첫 번째 빈도수를 자랑하게 된 이유는 어찌 보면 당연하다. 부처님을 비롯하여 비구와 비구니 승가 대중이 큰 어려움 없이 수행 정진하고 머물 수 있는 조건이 갖추어진 지역이었기 때문이다.

(2) 두 번째 높은 빈도수는 라자가하이다.

① 라자가하 역시 네 개 니까야에서 월등히 높은 빈도수를 나타낸다. 특히 상윳따니까야에서는 라자가하가 가장 높은 빈도를 보인다. 라자가하에는 최초의 승원인 죽림정사를 비롯하여 지와까의 망고 숲 승원, 초기 많은 비구 승가를 이끌고 자주 머무신 독수리봉 산과 그 주변의 동굴들, 수행자들이 따뜻한 물에 목욕할 수 있는 독수리봉 산 아래의 따뽀다 온천 승원 등이 있기 때문이다. 라자가하에는 산이 많은데, 독수리봉 산 주변에 많이 계셨다.

② 라자가하의 빈도가 높은 이유 중 하나는 부처님과 승단에 대한 빔비사라 왕의 커다란 지원 때문이다. 승단이 가장 어려운 초창기 시절에 빔비사라 왕은 대나무 숲을 보시하고 거기에 최초의 승원인 죽림정사를 지었다. 그래서 초창기의 비구들이 수행하는 데 많은 도움이 되었다. 또한, 빔비사라 왕은 부처님께 향한 열정으로 독수리봉 산으로 올라가는 돌계단을 만들었다. 넓이는 10여 보, 길이는 5~6리의 긴 길이이다. 이로 인해 부처님이 1,000여 명이 넘는 제자들을 이끌고 독수리봉 산에 자주 오르는 데에 편리하게 되었음은 물론이다.

(3) 그다음 높은 빈도수를 나타내는 지역은 사왓티, 웨살리, 마가다, 사꺄 족 순이다.

① 사왓티에는 기원정사, 미가라마뚜 강당, 라자까라마 승원 등이 있기에 당연히 빈도가 높을 수밖에 없다.

② 웨살리는 부처님께 신심이 지극했던 릿차위족들의 터전이다. 웨살리에는 훌륭한 중각강당과 아름다운 살라 향기가 가득한 고싱가 살라 숲이 있고, 인근에 벽돌로 튼튼히 지은 훌륭한 나디까의 벽돌집 승원이 있었기에 빈도수가 높은 것이다.

③ 마가다국의 수도는 라자가하이다. 라자가하의 죽림정사나 독수리봉에 머물다가 마가다의 넓은 지역에 흩어져서 수행하는 일은 어찌 보면 자연스러운 현상일 것이다. 특히 마가다에는 사리뿟따의 고향 집인 날라까 마을이 있어서 사리뿟따를 비롯한 비구들이 머물렀던 곳이다.

④ 사꺄족의 수도가 까삘라왓투였다. 만약 니그로다 승원이 있는 까삘라왓투와 함께 계산한다면, 훨씬 상위의 빈도를 차지할 것이다.

(4) 이처럼 빈도수가 높은 곳에는 유명한 승원이 있음을 알 수 있다.

① **꼬살라의 사왓티:** 기원정사, 미가라마뚜 강당, 라자까라마 승원, 안다 숲

② **마가다의 라자가하:** 죽림정사, 독수리봉, 지와까의 망고 숲 승원, 따뽀다 온천 승원

③ **왓지의 웨살리:** 중각강당, 벽돌집 승원, 고싱가 살라 숲

④ **사꺄의 까삘라왓투:** 니그로다 승원, 까삘라왓투의 큰 숲

⑤ **왐사의 꼬삼비:** 고시따 승원, 꾹꾸따 승원, 빠와리까 승원

제 4 편

중요인물 및 대화상대자에서
빈도수가 가장 높은 사람들

(1) 제4편은 어떤 내용을 담고 있는가?

제4편에서는 네 개 니까야의 중요인물 빈도수에 따른 상위 6명과 대화상대자 빈도수에 따른 상위 6명을 선별하여 그 면모를 살펴보았다.

　이를 위한 사전 작업으로 네 개 니까야에 등장하는 중요인물을 한 자리에 모아서 빈도수를 비교하는 표를 만들었으며 네 개 니까야에 공통적으로 등장하는 인물을 가려내었다. 같은 방법으로 네 개 니까야에서 중요시되는 대화상대자를 한 자리에 모아서 빈도수를 비교하는 표를 만들고 네 개 니까야에 공통적으로 등장하는 인물을 살펴보았다.

1장

네 개 니까야의 중요인물과
대화상대자 빈도수

1. 네 개 니까야에 나타난 중요인물 빈도수

1) 네 개 니까야의 중요인물 빈도수 도표

이 도표는 네 개 니까야 각각의 중요인물을 빈도수 순서대로 배열한 표이다.

빈도 순서	상윳따니까야	빈도	맛지마니까야	빈도	디가니까야	빈도	앙굿따라니까야	빈도
1	붓다	2,719	붓다	135	붓다	30	붓다	2,283
2	사리뿟따	69	사리뿟따	6	사리뿟따	2	사리뿟따	26
3	아누룻다	26	아난다	4	아난다	1	아난다	18
4	아난다	14	마하목갈라나	2	꾸마라깟사빠	1	마하깟짜나	3
5	마하목갈라나	14	비구니 담마딘나	1			마하목갈라나	3
6	어떤 비구	8	마하깟짜나	1			마하쭌다	3
7	(장로) 비구들	8	우데나	1			마하꼿티따	2
8	왕기사	4	박꿀라	1			난디까	1
9	마하깟짜나	4	아누룻다	1			우빠와나	1
10	찟따 장자	3					장로 비구들	1
11	비구니 숙까	2					웃따라	1
12	마하깟사빠	2					까장갈라의 비구니	1
13	우다이	2					마하깟사빠	1

2) 네 개 니까야의 중요인물 합계 빈도수 도표

(1) 중요인물 합계 빈도수

이 도표는 위의 네 개 니까야에서 인물별로 합계를 낸 도표이다.

중요인물	합계 빈도수	중요인물	합계빈도수	중요인물	합계 빈도수
붓다	5,167	마하깟사빠	4	웃따라	1
사리뿟따	103	왕기사	4	까장갈라의 비구니	1
아난다	37	마하쭌다	3	우데나	1
아누룻다	27	찟따 장자	3	박꿀라	1
마하목갈라나	19	비구니 숙까	2	꾸마라깟사빠	1
장로 비구들	9	우다이	2	난디까	1
마하깟짜나	8	마하꽂티따	2	우빠와나	1
어떤 비구	8	비구니 담마딘나	1		

(2) 합계 빈도수 도표에 의한 중요인물 결론

① 모든 경전에는 대부분 부처님이 설법주, 즉 경전의 주인공으로 등장한다.

② 때로 비구들이 설법주로 경의 주인공이 되는데 사리뿟따 존자는 네 개 니까야 모두에서 비교가 안 될 만큼 월등히 높은 빈도를 보인다.

③ 네 개 니까야에 가장 많이 등장하는 중요인물 순서는 사리뿟따, 아난다, 아누룻다, 마하목갈라나, 마하깟짜나, 마하깟사빠 순이다.

④ 개인 이름의 상윳따를 가진 인물이 여섯이다. 아래 표는 중요인물 합계 빈도수 도표에 나타난 존자 중에서 개인 이름의 상윳따를 가진 사람들이다.

상윳따 번호와 존자 이름	경전의 숫자	상윳따 번호와 존자 이름	경전의 숫자
8왕기사상윳따	12	40목갈라나상윳따	11
16깟사빠상윳따	13	41찟따상윳따	10
28사리뿟따상윳따	10	52아누룻따상윳따	24

⑤ 위 표에서 보이는 여섯 사람은 개인 이름의 상윳따에서 중요인물로 등장한다.

아누룻다 존자의 경우, 52상윳따의 24개의 경에서 모두 중요인물인 설법주이다. 아누룻다 존자의 빈도가 높은 이유이다. 경전에서 그는 거의 기원정사에서 비구들에게 설법을 하고 있다. 아마 부처님 열반 후의 가르침들이 아닌가 추측된다. 왜냐하면, 그가 비구들에게 설법하는 경전은 거의 없기 때문이다.

⑥ 찟따 장자를 제외하면 모두 비구나 비구니가 중요인물이다. 그의 이름을 딴 41 찟따상윳따에서 알 수 있듯, 유일하게 재가자 찟따 장자가 주인공으로 등장한다. 부처님 교리에 해박한 지식을 가지고 있었으므로 그는 장로 비구들에게도 설법할 정도였다.

⑦ 마하깟사빠 존자는 그의 상윳따가 있으나 거의 숲에서 고행하며 은둔자처럼 살았기에 빈도수는 낮다.

⑧ 아난다 존자나 마하깟짜나 존자는 자신의 이름으로 된 상윳따가 없다. 그런데도 빈도수가 높다.

⑨ 중요인물로 비구니가 세 명(비구니 숙까, 비구니 담마딘나, 까장갈라의 비구니)이나 포함된 것으로 보아 비구니들의 수행과 정진, 깨달은 비구니들의 위상을 알 수 있다.

3) 네 개 니까야 중요인물 도표에 의한 빈도수 순서

니까야 종류	니까야 이름	존자 이름
네 개 니까야에 모두 나타난 사람	상윳따니까야, 맛지마니까야, 디가니까야, 앙굿따라니까야	사리뿟따 존자, 아난다 존자
세 개 니까야에 모두 나타난 사람	상윳따니까야, 맛지마니까야, 앙굿따라니까야	마하목갈라나 존자, 마하깟짜나 존자
두 개 니까야에 모두 나타난 사람	상윳따니까야, 앙굿따라니까야	아누룻다 존자
	상윳따니까야, 맛지마니까야	마하깟사빠 존자

2. 네 개 니까야에 나타난 대화상대자 빈도수

1) 네 개 니까야의 대화상대자 빈도수 도표

(1) 빈도수 도표

빈도 순서	상윳따니까야	빈도	맛지마니까야	빈도	디가니까야	빈도	앙굿따라니까야	빈도
1	비구들	1,911	비구들	66	비구들(집단)	11	비구들	2,106
2	어떤 비구	311	아난다 존자	20	아난다 존자	5	아난다 존자	41
3	데와 신들	88	사리뿟따 존자	9	삭까 신	3	사리뿟따 존자	20
4	방랑수행자 왓차곳따	60	빠세나디 왕	5	아자따삿뚜 왕	2	아나타삔디까 장자	17
5	아난다 존자	50	브라흐민 장자들	4	브라흐민들	2	어떤 비구	13
6	라다 존자	49	마하목갈라나 존자	3	많은 릿차위들	2	브라흐민 자눗소니	9
7	마하목갈라나 존자	37	마하깟짜나 존자	3	사리뿟따 존자	2	어떤 브라흐민	6
8	악마 빠삐만	35	아누룻다 존자	3	쭌다까 존자 (쭌다 사미)	2	마하목갈라나 존자	6
9	사리뿟따 존자	26	우다인 존자	3	빤짜시카 신	2	사꺄족 마하나마	6
10	아누룻다 존자	26	라훌라 존자	3	여러 신들	2	방랑수행자들	6
11	라훌라 존자	24	방랑수행자 왓차곳따	3	약카 신들	2	브라흐민 상가라와	4
12	빠세나디 왕	23	목수 빤짜깡가	3	청년 브라흐민	1	우다이 존자	4
13	락카나 존자	21	마하쭌다 존자	3	방랑수행자 뽓타빠다	1	우빨리 존자	4

(2) 빈도수 도표에 관한 설명

① 위의 대화상대자 중에서 네 개 니까야와 세 개 니까야에서 모두 나타나는 사람은 없다. 두 개 니까야에 나타나는 사람이 빠세나디 왕과 방랑수행자 왓차곳따이다. 그리고 모두 한 개 니까야에 나타나는 사람들이다.

② 신 이름의 상윳따가 있기 때문에 신들이 대화상대자로 나온다. 디가니까야에서는 신들을 등장시켜 부처님의 가르침을 전하고 있다. 그들은 데와 신, 악마 빠삐만, 삭까 신, 빤짜시카 신, 약카 신 등이다. 신들을 중요시하는 인도 민속 전통의 영향이라고 할 수 있다.

③ 비구 대화상대자로는 비구들, 어떤 비구, 아난다, 라다, 마하목갈라나, 사리뿟따, 아누룻다, 라훌라, 락카나, 마하깟짜나, 우다인, 마하쭌다, 우다이, 우빨리 존자이다. 이들은 부처님께 질문도 하고 가르침을 들은 비구들로 부처님 주위에 머문 존자들이라 할 수 있다.

④ 비구 이외의 대화상대자들은 아나타삔디까 장자, 방랑수행자 왓차곳따, 빠세나디 왕, 브라흐민 자눗소니, 사꺄족 마하나마, 방랑수행자들, 브라흐민들, 많은 릿차위들, 목수 빤짜깡가, 브라흐민 장자들, 아자따삿뚜 왕, 어떤 브라흐민, 방랑수행자들이다. 이들은 두 부류로 나뉠 것 같다. 우선 신심 깊어서 자발적으로 불교에 귀의한 왕이나 재가자들, 사꺄족, 릿차위족이 있다. 그다음으로는 종교적 수행 집단으로서 비슷한 부류에 속한다고 볼 수 있는 브라흐민과 방랑수행자들을 들 수 있는데 이들도 부처님과 대화를 많이 한 사람들이다.

2) 네 개 니까야의 대화상대자 합계 빈도수 도표

(1) 합계 빈도수 도표

존자들과 존자 이외의 인물들의 두 그룹으로 나누어 살펴보았다.

빈도수 순서	존자들 이름	빈도수	빈도수 순서	존자 이외의 인물들	빈도수
1	비구들	4,094	1	데와 신들	88
2	어떤 비구	311	2	방랑수행자 왓차곳따	63
3	아난다	116	3	악마 빠삐만	35
4	사리뿟따	57	4	빠세나디 왕	28
5	라다	49	5	아나타삔디까 장자	17
6	마하목갈라나	46	6	라흐민 자눗소니	9
7	아누룻다	29	7	어떤 브라흐민	6
8	라훌라	27	8	사꺄족 마하나마	6
9	락카나	21	9	방랑수행자들	6
10	마하쭌다	5	10	브라흐민 장자들	4
11	우다이	4	11	브라흐민 상가라와	4
12	우빨리	4	12	목수 빤짜깡가	3
13	마하깟짜나	3	13	삭까 신	3
14	우다인	3	14		

(2) 존자들 도표 설명

① 부처님은 주로 승가 대중 전체에게 설법하셨기에 설법 대상인 대화상대자는 대부분 비구들이다.

② 대화상대자로서 '어떤 비구'가 311회나 되는 이유는 네 개의 상윳따에서(29상 윳따-32상윳따) 어떤 비구가 질문하는 형식이 반복적으로 나오기 때문이다.

③ 아난다, 사리뿟따, 마하목갈라나 존자의 빈도가 높은 것은 당연하다.

④ 라다 존자는 23라다상윳따 46개의 경에서 한꺼번에 여러 차례 등장하며, 19 락카나상윳따 21개 경에서는 락카나가 21번이나 나오기 때문에 이들도 비교 적 높은 빈도를 나타낸다.

(3) 존자 이외의 인물 도표 설명

① 데와 신들의 빈도수가 88회나 되는 이유는 1 상윳따 71개의 경에서 반복적으로 나오기 때문이다.

② 방랑수행자 왓타곳따가 63인 이유는 33상윳따 55개의 경에 반복적으로 나오기 때문이다.

③ 악마 빠삐만이 35인 이유는 4악마상윳따 25개의 경에 반복적으로 나오기 때문이다.

④ 빠세나디 왕과 아나타삔디까 장자는 당연한 빈도수이다.

⑤ 브라흐민 자눗소니는 부처님께 큰 신심을 가지고 있었다.

⑥ 사꺄족 마하나마는 부처님의 사촌으로 여러 경전에서 많은 질문을 하고 있다.

⑦ 브라흐민들과 방랑수행자들은 같은 종교적 수행 집단이기에 이들과의 대화가 많다.

⑧ 존자 이외의 인물들이 대화상대자로 나온 빈도는 데와 신들, 방랑수행자 왓타곳따, 악마 빠삐만, 빠세나디 왕, 아나타삔디까 장자, 브라흐민 자눗소니의 순이다.

⑨ 신들이나 악마, 방랑수행자 왓차곳따가 상위 빈도인 이유는 위에서 살펴본 것처럼 신들이나 악마, 왓차곳따를 주제로 한 상윳따가 반복된 결과이다.

⑩ 빠세나디 왕과 아나타삔디까 장자는 부처님과 대화를 가장 많이 한 재가자로 나타났다.

3) 네 개 니까야 대화상대자 도표에 의한 빈도수 순서

니까야 종류	니까야 이름	존자 이름
네 개 니까야에 모두 나타난 사람	상윳따니까야, 맛지마니까야, 디가니까야, 앙굿따라니까야	사리뿟따 존자, 아난다 존자
세 개 니까야에 모두 나타난 사람	상윳따니까야, 맛지마니까야, 앙굿따라니까야	마하목갈라나 존자
두 개 니까야에 모두 나타난 사람	상윳따니까야, 맛지마니까야	아누룻다 존자, 라훌라 존자
	맛지마니까야, 디가니까야	마하쭌다 존자

2장

중요인물 8명과 중요재가자
6명에 대한 설명

1. 중요인물과 대화상대자 선별

1) 중요인물 선별

도표 '네 개 니까야 중요인물 도표에 의한 빈도수 순서'에 의하여 선별하였다. 빈도수에 따라 존자 6명을 중요인물로 하고, 가장 자주 등장했으며 중요하다고 여겨지는 비구니 2명을 선별하여 한 명씩 그 면모를 살펴보기로 하겠다. 이들은 부처님 승단에서 중요한 위치에 있는 인물이었음을 알 수 있다.

2) 대화상대자 선별

도표 '네 개 니까야의 대화상대자 빈도수 도표'에 의하여 선별하였다. 네 개 니까야에 공통적으로 등장하는 재가자는 없고, 두 개 니까야에서 빠세나디 왕과 방랑수행자 왓차곳따가 등장한다. 중요인물로 이미 선택된 존자들의 중복을 피하기 위해 대화상대자로는 재가자들만 선택하였다. 대화상대자로 특별히 많은 빈도수를 차지한 재가자는 빠세나디 왕과 아나타삔디까 장자이다. 나머지 인물은 부처님 교단에서 가장 중요한 역할을 한 재가자 4명을 가려내어 한 명씩 그 면모를 살펴보기로 하겠다.

순서	중요인물인 존자 6명과 비구니 2명	대화상대자인 재가자 6명
1	사리뿟따 존자	아나타삔디까 장자
2	아난다 존자	위사카 재가녀
3	마하목갈라나 존자	빠세나디 왕
4	마하깟짜나 존자	빔비사라 왕

5	아누룻다 존자	찟다 장자
6	마하깟사빠 존자	지와까 꼬마라밧짜
7	마하빠자빠띠 고따미 비구니	
8	케마 비구니	

2. 중요인물 빈도수에 따른 존자 6명과 비구니 2명

1) 사리뿟따(Sāriputta) 존자

한국은 대승불교 국가이다 보니 불상의 양쪽에 관세음보살이나 지장보살상이 대부분이다. 그러나 상좌불교국(특히, 스리랑카)은 불상의 양쪽에 사리뿟따 존자와 목갈라나 존자가 합장하고 서 있다. 이들 두 명은 부처님의 으뜸가는 제자이다. 산찌 탑에서는 사리뿟따 존자와 마하목갈라나 존자의 사리가 발견되었다.

(1) 사리뿟따의 부모, 가정, 어린 시절

라자가하에서 멀지 않은 곳에 우빠띳사(Upatissa)라는 브라흐민 마을이 있다. 이마을에서 사리뿟따가 태어났다. 사리뿟따의 부친은 브라흐민인 왕간따(Vaṅganta)이고 모친의 이름은 루빠사리(Rūpasārī)인데 사리뿟따라는 이름은 어머니 이름에서 따온 것이다.

사리뿟따를 이야기할 때는 마하목갈라나를 함께 이야기하게 된다. 마하목갈라나는 우빠띳사 인근 브라흐민 마을인 꼴리따(Kolita)에서 태어났다. 사리뿟따의모친과 마하목갈라나의 모친은 일곱 세대 동안 가까운 친구였다. 사리뿟따의 부모는 아들을 우빠띳사라고 이름 지었고, 마하목갈라나의 부모는 아들을 꼴리따라고 이름 지었다. 이들 둘은 함께 자라면서 브라흐민 교육을 받았고 모든 학문을 통달하였다. 둘에게는 각각 500명의 브라흐민 제자들이 있었다.

(2) 사리뿟따의 형제자매들

주석서에 사리뿟따의 어머니 이야기는 있으나 아버지는 나타나지 않는 것으로 보아 아마도 아버지는 사리뿟따가 청년이었을 때 이미 죽은 것 같다. 사리뿟따는 장남으로 태어났다. 사리뿟따에게는 3명의 남동생과 3명의 여동생이 있었다. 3명의 남동생은 쭌다(Cunda), 우빠세나(Upasena), 레와따(Revata)였고, 3명의 여동생은 짤라(Cālā), 우빠짤라(Upacālā), 시수빠짤라(Sisupacālā)였다. 이들 여섯 명의 동생들은 모두 출가하여 훌륭한 아라한이 되었다.

① **쭌다:** 비구가 된 뒤에도 쭌다 사미라고 불렸다.

② **우빠세나:** 상윳따니까야 35: 69에 의하면 우빠세나는 사리뿟따와 함께 라자가하 시따 숲의 삽빠손디까(Sappasoṇḍika) 동굴에서 정진하였다. 주석서에 따르면 당시 우빠세나는 공양 후에 산들바람이 부는 동굴의 그늘에 앉아서 가사를 손질하고 있었다. 그때 두 마리의 어린 독사가 동굴의 덩굴에서 놀고 있었다. 하나가 우빠세나의 어깨에 떨어졌는데, 우빠세나가 뱀에 물렸다. 죽음을 맞이하는 우빠세나의 담담한 마음을 경전은 자세하게 전하고 있다.

③ **레와따:** 사리뿟따의 막내동생인데 어머니는 레와따의 출가를 막기 위해 아주 어린 소년이었을 때 결혼시켰다. 그런데 결혼식 날 레와따는 미래의 아내가 쭈그렁망탱이가 된 120살의 할머니를 보았다. 그는 세속의 삶에 염증이 났다. 그래서 도망쳐서 승원으로 가서 출가하였다.

④ **짤라, 우빠짤라, 시수빠짤라:** 오빠들의 모범을 따라 결혼한 후에라도 비구니가 되었다. 그들에게는 각자 아들이 한 명씩 있었는데 이 아이들도 모두 사미로 출가하여 계를 받았다. 테리가타(Therīgāthā)와 상윳따니까야 5: 6-8에 여동생인 이들 세 명의 비구니 각각의 게송이 있다.

(3) 사리뿟따의 어머니

여섯 명의 자녀를 모두 출가시켰고 그들 모두가 아라한이 되었지만, 정작 이들의 어머니는 부처님의 가르침을 받아들이지 않고 그냥 충실한 브라흐민 여인으로 살았다.

【담마빠다 주석서 V.400】

한때 사리뿟따 존자는 많은 비구들과 함께 그의 고향인 날라까(Nālaka)에 있었다. 탁발을 하면서 그의 어머니 집으로 갔다. 그의 어머니는 자리를 권하고 음식을 주었다. 그러나 그녀는 욕을 하면서 비구들을 멸시하였다. 사리뿟따는 아무 말도 하지 않고 묵묵히 승원으로 돌아왔다.

사리뿟따가 어머니를 제도한 이야기는 사리뿟따의 열반을 보면 된다.

(4) 사리뿟따와 목갈라나의 출가 동기

그때 라자가하에서 큰 축제가 열렸다. 첫 번째 날과 두 번째 날 그들은 축제를 즐겼다. 그러나 세 번째 날 '여기 있는 모든 사람들이 100년도 되기 전에 모두 죽고 만다. 해탈의 길을 찾아야 하지 않을까?'라는 마침내는 죽고 마는 인간의 영상이 떠올랐다. 그래서 꼴리따는 우빠띳사에게 물었다.

"오늘 너는 행복해 보이지도 않고, 즐기지도 않는데 무슨 일이지?"

"꼴리따, 이 공허한 쇼를 즐기는 것은 전혀 이익이 없다고 생각하고 있었어. 이 축제에서 시간을 낭비하는 대신, 내가 정말로 해야 할 일은 윤회에서 벗어나는 길을 찾는 것이야."

꼴리따가 대답하였다.

"내 생각도 너의 생각과 똑같아."

이들 둘은 출가하여 수행하기로 결심하였다.

(5) 출가하여 산자야(Sañjaya)의 제자가 되다

그 당시 라자가하에 많은 제자를 거느린 산자야라는 방랑수행자(Paribbājaka)가 있었는데 이들 둘은 각각 500명의 제자를 데리고 산자야의 제자가 되었다. 이들은 곧 산자야의 모든 가르침을 숙달하였다. 이제는 이들의 질문에 답을 줄 사람이 없었다. 그래서 죽음이 없는 경지를 발견하면 서로 알려주기로 약속하였다.

이즈음에 깨달음을 얻은 부처님은 바라나시의 이시빠따나의 녹야원에서 첫 번째 우기 안거를 보내고, 유행과 가르침을 위해 마가다의 수도인 라자가하로 가셨다. 그 후 빔비사라 왕을 만나게 되었고 빔비사라 왕은 부처님께 죽림정사를 기증하였다.

(6) 최초 다섯 제자 중 한 명인 앗사지(Assaji) 비구를 만나다

【율장 마하왁가 1편 23-24】

어느 날 사리뿟따는 탁발하고 있는 한 비구(앗사지)를 보았는데, 그의 수행자다운 행동거지에 이끌려 따라가서 물었다.

"존자여, 그대의 얼굴은 아주 맑고 빛납니다. 그대의 스승은 누구입니까? 누구의 가르침을 따르고 있습니까?"

"사꺄족에서 출가하신 위대한 사문이 계시는데 그분은 깨달은 성자이십니다. 나는 그분께 출가하였고 그분의 가르침을 따르고 있습니다."

"그대 스승의 가르침은 무엇입니까?"

"나는 출가한 지 얼마 안 되어 가르침과 계율의 초년생입니다. 그대에게 온전히 말할 수는 없지만, 그 뜻을 간단히 말할 수는 있습니다."

"존자여, 많든 적든 저에게 말해 주십시오. 그 뜻만 말해 주십시오. 많은 수식보다는 그 의미를 듣고 싶습니다." 이에 앗사지 존자는 말하였다.

"모든 것은 원인으로부터 생긴다고 여래는 그 원인을 말씀하시고, 그리고 그 소멸을 말씀하셨습니다. 위대한 사문은 이런 가르침을 주셨습니다."

"이것이 참으로 담마라면, 우리들이 무수한 겁 동안 보지 못하고 지나쳤던 슬픔 없는 길을 그대는 꿰뚫었습니다."

사리뿟따는 이런 간결한 표현의 담마를 들었을 때, 티 없는 진리의 눈이 열렸다.

그리고 목갈라나를 찾아갔다. 목갈라나는 말하였다.

"벗이여, 그대의 안색은 맑고 빛납니다. 불사의 경지라도 얻었습니까?"

"그렇습니다. 나는 불사의 경지를 얻었습니다."

그래서 사리뿟따는 앗사지 존자와의 만남과 그가 들려준 깨달은 성자의 가르침을 말해 주었다. 이에 목갈라나는 말하였다.

"벗이여, 깨달은 성자에게로 갑시다. 그분이 우리의 스승이십니다."

그래서 사리뿟따와 목갈라나는 250명의 제자를 데리고 죽림정사의 부처님께 갔다. 그리고 부처님께 출가하여 계를 받았다. 이들이 부처님의 제자가 된 뒤에 우빠띳사는 사리뿟따로, 꼴리따는 마하목갈라나로 불리었다.

(7) 출가 후 정진의 기간

사리뿟따와 목갈라나는 이미 부처님을 만나기 전 8년 정도 고행과 수행을 하였다. 부처님이 6년 동안 고행을 하고 깨달음을 얻은 후 사리뿟따를 만났을 당시만 해도 전법 활동이 1년은 지났을 때이므로 이 기간을 7년으로 잡으면, 사리뿟따가 1년 먼저 출가 수행을 시작한 셈이 된다. 수행한 기간이 그러하니 사리뿟따와 목갈라나는 수행의 기본 핵심들을 이미 다 숙달한 상태였고, 당시 갓 출가한 부처님 제자들과는 비교가 안 될 정도로 높은 수준의 수행 단계에 있었음을 알 수 있다.

부처님께 출가한 후 목갈라나는 마가다 인근 마을로 가서 용맹정진하였다. 수계 후 7일째 용맹정진을 하고 있을 때 피곤과 무기력감이 몰려 왔다. 그렇지만 부처님의 자극과 격려, 이끎으로 인해 그는 피로를 몰아냈다. 부처님의 간곡한 가르침을 듣는 동안 그는 으뜸 제자들의 성취의 절정에 도달하였다.

그러나 사리뿟따는 독수리봉의 수까라카따 동굴의 부처님 곁에 계속 머물렀다.[439] 그가 수계를 받은 다음 보름 후에 부처님은 그의 조카인 디가나카(Dīghanakha)에게 가르침을 주셨다. 그때에 사리뿟따는 부처님 뒤에서 부채질을 하고 있었다. 부처님 가르침을 마음을 기울여 듣는 동안 사리뿟따는 제자의 성취의 지혜의 절정에 도달하였다. 그리고 지혜와 함께 아라한과를 성취하였다.

사리뿟따와 목갈라나는 이미 그들 앞에 최초 다섯 비구와 60명의 아라한이 있었음에도 부처님의 으뜸 제자가 되었다.

【앙굿따라니까야 4법수 173】

사리뿟따 존자는 비구들에게 이렇게 말하였다.

"비구들이여, 나는 구족계를 받은 지 보름 후에 가르침의 의미를 분석하는 것을 파악하였습니다. 그래서 나는 여러 면으로 가르치고, 설명하고, 천명하고, 세우고, 드러내고, 분석하고, 분명하게 하였습니다. 누구든지 혼동과 의문이 있는 사람은 나에게 질문하십시오. 나는 충분한 대답을 드리겠습니다.[440] 가르침에서 최상으로 훌륭하신 스승님께서 우리 앞에 계십니다."

(8) 으뜸 제자 사리뿟따, 담마의 대장군

지혜의 탁월함에 의해 구별되는 제자는 사리뿟따 존자이다. 사리뿟따의 특별한 임무는 부처님 가르침의 체계화와 가르침 내용의 분석이었다. 최상의 진리에 대한 그의 깊은 통찰력에 의해, 다양한 현상의 영역에 대한 날카로운 알아차림에 의

---

439 처음부터 사리뿟따 존자는 늘 부처님 가까이에 머물며 부처님 가르침을 듣고, 부처님 가르침을 통달하였다. 그는 부처님 곁에 머물며, 부처님을 방문하는 사람들에게 주시는 부처님의 가르침을 귀담아 듣고 많은 가르침을 익히게 되었다.

440 사리뿟따 존자는 출가하고 바로 계속 부처님 곁에 머물면서 가르침을 배우고, 이해하여, 보름 후에는 벌써 부처님 가르침을 분석하고, 남에게 가르칠 정도로 부처님 가르침을 통달하였고, 누구든지 의문 있는 사람이 있으면 자신 있게 답하겠다고 천명하고 있다.

해, 담마의 미묘한 함축을 이끌어낼 책임이 있었다. 디가니까야 33과 34는 사리뿟따의 탁월한 논서라고도 할 수 있다. 이와 같이 그는 부처님 교리를 분석하고, 체계적으로 분류하고, 정리하고, 풍요롭게 하였다.

이처럼 빼어난 부처님 가르침에 대한 예리한 통찰력에 의해 그는 부처님으로부터 '담마의 대장군(Dhammasenāpati)'이라는 칭호를 얻었다. 부처님의 훌륭한 교리는 사리뿟따 같은 지혜로운 통찰력을 갖춘 제자에 의하여 정리된 것이다. 부처님에게 그는 진정 '담마의 대장군'이었다. 부처님은 이런 빼어난 사리뿟따를 후계자로 지목하였다. 그는 후계자가 되기에 지혜와 덕성에서 모자람이 없었다.

빠알리 경전은 경장, 율장, 논장의 셋으로 나누어진다. 이 중에서 논장은 사리뿟따에게서 내려오는 전통적인 논서이다. 사리뿟따는 모든 논장의 원조이고 원형이라 할 수 있다. 이런 논서를 볼 때, 사리뿟따는 세속의 여러 분야의 학문에도 통달해 있었음을 알 수 있다. 또한, 그는 모든 교단의 교리와 전승, 전통 등에도 통달해 있었음을 알 수 있다. 사리뿟따의 엄청난 지식의 축적과 함축 위에서 부처님 교리는 화사하게 꽃을 피웠음을 알 수 있다.

(9) 제자들의 모범이고 표준인 사리뿟따와 목갈라나

【맛지마니까야 67】

비구 승가는 내가 이끌거나 또는 사리뿟따와 목갈라나가 이끌 것이다.

사리뿟따와 목갈라나, 이 두 명 으뜸 제자의 역할은 비구들의 모범과 멘토(Mentor)로서 승가의 운영과 관리를 돕는 것이었다. 사리뿟따와 목갈라나는 부처님 아래에서 승가의 일을 감독할 책임이 있었다. 그리고 부처님 부재 시에 승가의 일을 담당하는 것이 예상되는 사람들이었다.

【앙굿따라니까야 2법수 130】

비구들이여, 신심 있는 비구가 바르게 원한다면 이렇게 원해야 한다. '나도 사리뿟따와 목갈라나처럼 되기를.' 이들은 내 비구 제자들의 모범이고 표준이니 바로 사리뿟따와 목갈라나이다.

【맛지마니까야 141】

부처님은 비구들에게 '네 가지 거룩한 가르침'[441]을 간단히 말씀하시고 이어서 말씀하셨다.

"비구들이여, 사리뿟따와 목갈라나를 따르라. 사리뿟따와 목갈라나와 친하게 지내라. 이들은 지혜롭고 청정한 삶을 사는 비구들에게 도움을 준다. 사리뿟따는 어머니와 같고, 목갈라나는 유모와 같다. … 사리뿟따는 '네 가지 거룩한 진리'를 천명하고, 가르치고, 묘사하고, 세우고, 드러내 보이고, 소상하게 설명할 수 있다." (부처님이 처소로 들어가신 후에 사리뿟따는 '네 가지 거룩한 진리'를 아주 자세하게 분석하여 설명하고 있다.)

【상윳따니까야 22:2】

부처님은 사꺄의 데와다하 마을에 계셨다. 그때 서쪽 지방으로 유행을 하던 많은 비구들이 부처님을 찾아 왔다.

"부처님, 우리는 서쪽 지방으로 가서 거기서 머물려고 합니다."[442]

"비구들이여, 사리뿟따에게 떠난다고 말하였는가?"

"아닙니다. 부처님."

"사리뿟따에게 떠난다고 말을 하도록 하여라. 사리뿟따는 지혜롭다. 그는 청정한 삶에서 비구들을 돕는 사람이다."

---

441 4성제를 말한다.
442 3개월의 여름 안거를 말한다.

그때 사리뿟따 존자는 가까운 거리의 숲에 앉아 있었다. 비구들은 사리뿟따에게로 갔다.

사리뿟따에게 이야기를 하고 가라는 것은 사리뿟따의 가르침을 듣고 가라는 뜻에서이다. 사리뿟따는 비구들에게 언제 어떤 왕족이나 브라흐민이나 수행자나 사상가나 누구에게서라도 "부처님 가르침이 무엇인가?"라고 질문을 받으면 이렇게 답해야 한다고 가르침을 주었다. 부처님 가르침을 바로 알고 말할 수 있어야 하기 때문에 사리뿟따에게 말하라고 하신 것이다.

(10) 여래가 굴린 법륜을 사리뿟따가 굴린다

【앙굿따라니까야 5법수 132】

"이와 같이 비구들이여, 다섯 가지 자질을 가진 사리뿟따는 여래가 굴린 위 없는 가르침의 바퀴를 계속해서 굴린다. 그 바퀴는 어떤 사문이나 신이나 악마나 브라흐마 신이나 또는 어느 누구에 의해서도 되돌릴 수 없는 것이다."

【숫따니빠따 3장 7 (게송 556, 557)】

브라흐민 셀라는 부처님께 말하였다.

"당신은 온전히 깨달은 자라고 선언하십니다. 당신은 위 없는 담마의 왕, 담마로써 바퀴를 굴린다고 말씀하십니다. 그러면 누가 존자님의 장군입니까? 누가 제자입니까? 누가 계승자입니까? 누가 당신에 의해 굴려진 담마의 바퀴를 당신의 모범을 따라 계속 굴립니까?"

"셀라여, 내가 굴린 위 없는 담마의 바퀴를 여래의 뒤를 이어 사리뿟따가 굴릴 것입니다."라고 부처님은 말씀하셨다.

【맛지마니까야 111】

비구들이여, 만일 어떤 사람이 "그는 계행과 선정, 지혜, 해탈에서 최상의 성취와 통달을 얻었다."라고 바르게 말한다면, 그는 바로 사리뿟따를 두고 하는 말이다.

비구들이여, 만일 어떤 사람이 "그는 부처님의 아들이고, 그의 가슴에서 태어났고, 그의 입에서 태어났고, 담마에서 태어났고, 담마에 의해 만들어졌고, 물질적인 상속자가 아닌 담마의 상속자이다."라고 바르게 말한다면, 그는 바로 사리뿟따를 두고 하는 말이다.

비구들이여, 여래가 굴린 위 없는 담마의 바퀴를 사리뿟따는 바르게 굴리고 있다.

(11) 사리뿟따 존자는 승가를 어떻게 도왔나?

① 승원을 돌면서 정리정돈을 점검하였다.

부처님 말씀처럼 사리뿟따는 비구들의 모범이었다. 사리뿟따는 이른 아침 다른 비구들이 탁발을 나갔을 때 가지 않고, 비구들이 모두 탁발을 나가고 난 뒤에 승원 구석구석을 돌면서 청소가 안 된 곳이 있으면 청소를 하였다. 쓰레기가 있으면 다 치우고, 침상이나 의자, 그릇 등이 잘 정돈되지 않았으면 그것들을 정돈하였다. 다른 교단의 고행자들이 승원을 방문했을 때, 그들의 눈에 띄지 않게 그리고 비구들을 멸시하지 않도록 하기 위함이었다.

② 아픈 비구를 방문하고 약을 구해주었다.

그리고 나서 아픈 비구들의 방을 방문하였다. 아픈 비구들을 위로하고, 무엇이 필요한지를 물었다. 환자들이 원하는 것을 구하기 위해 일상적인 탁발 시에 구하던지, 아니면 사미를 데리고 가서 약을 구하였다. 약을 구하였을 때 사미에게 약을 주면서 이렇게 말하였다. "병든 자를 돌보는 것을 부처님은 찬탄하셨다. 이 약을 환자에게 가져다주어라." 그리고 나서 탁발을 하거나 지원자의 집에서

482

음식을 얻어서 공양하였다.

위의 이런 일들은 사리뿟따가 승원에 머물 때의 일상적인 일이었다.

③ 부처님과 함께 유행할 때

사리뿟따는 다른 비구들이 생각하듯이 '나는 으뜸 제자이다'라고 생각지도 않았고 앞장서지도 않았다. 오히려 그는 젊은 사미에게 그의 가사와 발우를 주고 자신은 나이든 비구나 아주 어린 사미, 건강이 안 좋은 비구를 돌보고 상처가 있으면 기름을 발라 주었다. 그리고 그다음 날도 이들과 함께 유행하며 돌보아 주었다.

이렇게 다른 사람을 돌보다 보니 어떤 때는 다른 비구들은 다 도착하여 숙소에서 쉬고 있는데, 사리뿟따는 늦게 그 장소에 도착하였다. 그래서 그는 바깥에서 밤을 보내야만 하였다. 다음날 부처님은 이것을 보시고 비구들을 모으고 이와 관련하여 말씀하셨다.[443]

"코끼리, 원숭이 그리고 꿩은 그들 중에 누가 제일 연장자인지 결정한 후에 가장 연장자를 존경하면서 함께 살았다."라는 이야기를 말씀하셨다. 그리고 부처님은 말씀하시기를 "숙소는 연장자에 따라서 배당되어야 한다."라고 정하셨다.[444]

(12) 사리뿟따의 성품

① 인내와 참을성

담마빠다 주석서[445]는 사리뿟따의 인내와 참을성에 대한 일화를 소개하고 있다. 부처님이 계시는 기원정사의 이웃에 사리뿟따의 고아한 자질을 칭찬하는 그룹의 사람들이 있었다.

"우리의 사리뿟따 테라[446]는 큰 인내심을 가지고 있어요. 사람들이 그를 욕하고

---

443 Tittira Jātaka(자따까 37).

444 율장 Ⅱ: 160-161.

445 담마빠다 주석서 Ⅳ. 146.

446 테라(Thera): 훌륭한 승단의 존자를 일컫는 말로 장로라고 번역된다.

때려도 그는 성냄의 자취가 없어요."

"결코 성냄이 없는 사람이 누구요?"라고 그릇된 견해를 가진 한 브라흐민이 물었다.

"그분은 우리의 사리뿟따 테라입니다."

브라흐민은 말하였다.

"그것은 아무도 그를 성나게 하지 않아서 그럼이 틀림없어요."

"브라흐민이여, 그렇지 않습니다."

"그러면 좋아요, 내가 그를 성나게 만들겠소."

그때 사리뿟따 존자는 탁발을 나갔다. 그 브라흐민은 사리뿟따 존자의 뒤로 접근하여 세게 때렸다.

사리뿟따 존자는 "이게 뭐지?"라고 말하면서 뒤를 돌아보지 않고 가던 길을 계속 갔다. 브라흐민에게 양심의 자책이 일어났다. 그는 사리뿟따 존자의 발아래 엎드려 용서를 빌었다.

"당신의 인내심을 시험하고자 존자님을 때렸습니다."

"그래요? 나는 당신을 용서합니다."

"존자님, 저를 기꺼이 용서하시니, 저의 집에서 음식을 드시면 감사하겠습니다."

그 브라흐민은 장로의 발우를 받아 들고 그의 집으로 가서 음식을 대접하였다. 한편 사리뿟따 테라를 때리는 것을 본 사람들은 격분하여 몽둥이와 돌로 무장을 하고, 함께 모여서 브라흐민의 집으로 갔다. 그런데 사리뿟따 존자가 발우를 든 브라흐민과 함께 나오자 이들은 울부짖으면서 말했다.

"이 자는 존자님을 때렸습니다. 그래서 우리는 그에게 대가를 치르게 하려고 합니다."

"재가자들이여, 그가 때린 사람이 나입니까? 당신들입니까?"

"존자님입니다."

"그렇다면, 그는 나에게 용서를 구했어요. 그러니 돌아가도록 하십시오."

위대한 사리뿟따 테라는 조용히 승원으로 돌아갔다.

② 겸손

사리뿟따 존자의 겸손은 인내만큼이나 훌륭한 성품이었다. 그는 어느 누구든지 지적해 주는 것은 유순함과 감사함으로 기꺼이 받아들였다. 그는 으뜸 제자라는 명성과는 달리 전혀 잘난 체하지 않았고 남을 무시하지 않았으며 승원의 궂은일은 도맡아 하고 도움이 필요한 노약자, 병자들의 간호사 역할도 하였다.

③ 감사하는 마음, 친절함, 남을 돕는 마음, 인내

이런 성품은 많은 깊은 우정을 만들었다. 어렸을 적부터의 친구이자 동료인 마하목갈라나는 죽음이 그들을 갈라놓을 때까지 친한 친구로 지냈다.

사리뿟따와 아난다 사이에는 상호 친애의 유대관계가 있었다. 아난다는 그가 가사나 다른 필수품을 받았을 때 사리뿟따에게 주곤 하였다. 마찬가지로 사리뿟따가 어떤 특별한 공양을 받았을 때는 아난다에게 주었다. 한번은 아난다가 어떤 브라흐민으로부터 매우 값진 가사를 받았는데, 사리뿟따에게 주려고 부처님의 허락을 받아 사리뿟따가 돌아올 때까지 10일 동안을 간직하고 있었다.[447]

(13) 누구나 좋아하는 사리뿟따의 성품

【상윳따니까야 2.29】

부처님은 아난다에게 말씀하셨다.

"아난다, 사리뿟따가 마음에 드는가?"

"예, 부처님, 어리석지 않고, 증오로 가득하지 않고, 타락한 사람이 아니라면, 누가 사리뿟따를 마음에 들어 하지 않겠습니까? 사리뿟따는 큰 지혜, 날카롭고 꿰뚫는 지혜를 가지고 있습니다. 그는 적게 원하고, 적은 것에 만족하고, 홀로 떨어져서 정진하고, 고아하고, 활동적입니다. 그는 충

447　가사는 정해진 숫자 이상을 가지고 있으면 안 되기 때문이다.

고를 받아들일 줄 알고, 악을 질책합니다. 이런 사리뿟따를 누가 마음에 들어 하지 않겠습니까?"

(14) 사리뿟따와 목갈라나의 열반

사리뿟따는 그가 죽기 전에 어머니를 제도할 목적으로 날라까로 가기로 결정하였다. 시자인 동생, 쭌다 존자에게 500명의 비구들에게 날라까로 가는 것을 알리라고 말하고 부처님께 허락을 받았다. 500명의 비구들과 함께 그의 어머니의 집으로 가서 자신이 태어난 방으로 갔다. 사리뿟따 존자는 심각한 중병에 걸려서 설사를 하고 격심한 고통을 느꼈다.

사리뿟따의 가르침을 듣고 어머니는 마음의 문이 열려 부처님의 훌륭하심을 알게 되었다. 병이 깊어지자 사리뿟따는 쭌다에게 비구들을 모으라고 말하고 비구들에게 이렇게 말하였다.

"44년 동안 나는 그대들과 함께 살고 유행하였다. 만일 그대들에게 언짢은 말이나 행동을 했다면, 나를 용서해 주오."

"장로님은 저희에게 결코 언짢은 말이나 행동을 한 적이 없습니다. 비록 저희들이 마치 그림자처럼 장로님을 따랐다 하더라도 저희들을 용서해 주십시오."

사리뿟따 존자는 가사를 감싸고 오른쪽으로 누웠다. 그리고 열반에 들었다. 존자의 어머니가 와서 아들의 다리를 마사지하였고 그제야 그녀는 장로가 열반에 든 것을 알았다. 그녀는 장로에게서 더 많은 법문을 듣지 못한 것을 원통해 하면서 동이 틀 때까지 울부짖었다. 그녀는 귀금속을 대장장이에게 주어 장례에 필요한 것들을 만들게 하고 마을 한가운데에서 화장하였다.

마하쭌다 존자는 사리뿟따의 사리와 발우와 가사를 가지고 사왓티 기원정사로 갔다. 부처님은 사리뿟따의 덕성을 칭찬하시고 사리를 넣고 탑을 세우도록 당부하셨다. 그런 후 부처님은 많은 비구 승가와 함께 라자가하로 떠나셨다. 라자가하에 도착하였을 때 이미 마하목갈라나는 열반에 든 후였다. 부처님은 목갈라나의 사리를 넣고 탑을 세우라고 말씀하셨다. 그리고 나서 라자가하를 떠나 갠지스

강 쪽의 욱까쩰라에 도착하셔서 사리뿟따와 목갈라나에 대한 부처님의 진솔한 마음을 아래와 같이 다음 경전에서 말씀하셨다.

【상윳따니까야 47.14】

한때 부처님은 많은 비구 승가와 함께 왓지의 욱까쩰라에 계셨다. 그때는 사리뿟따와 목갈라나가 열반에 든 지 얼마 되지 않아서였다. 부처님은 묵묵히 앉아 있는 비구 승가를 둘러보시고 말씀하셨다.

"비구들이여, 사리뿟따와 목갈라나가 열반에 든 지금, 이 모임이 내게는 텅 빈 것 같구나. 전에는 사리뿟따와 목갈라나가 어디에 있든 상관없이 이 모임이 텅 빈 것 같지 않았다. 그들은 으뜸가는 한 쌍의 제자였다. 제자로서 그들이 얼마나 스승의 가르침을 실천했는지, 얼마나 스승의 충고에 순응했는지, 얼마나 사부대중의 사랑을 받고 기쁨을 주었는지, 얼마나 존경을 받았는지 참으로 놀라운 일이다. 이와 같은 한 쌍의 제자가 열반에 들었는데도 여래에게 슬픔과 비통이 없으니 그것 또한 놀라운 일이구나. 어떻게 그럴 수 있는가? 생겨나고 존재하고 조건 지어진 것은 붕괴하고 만다. 붕괴하지 않는다는 것은 있을 수 없다. 마치 탄탄한 큰 나무의 가장 큰 가지가 부러진 것처럼 승가의 탄탄한 큰 비구인 사리뿟따와 목갈라나는 마지막 열반에 들었다."

【상윳따니까야 47.13】

그때 사리뿟따 존자는 마가다의 날라까가마(Nālakagāma)[448]에 있었는데 병이 들어 괴로워하였다. 중병이 들었다. 그때 쭌다(Cunda) 사미가 시자였다. 그런데 이 병으로 해서 사리뿟따 존자는 열반에 들었다.

---

448 날라까가마(Nālakagāma)는 사리뿟따 존자의 고향 집이 있는 마을 이름이다. 그는 어머니를 제도하고, 자신이 태어난 방에서 열반에 들었다.

쭌다 사미는 사리뿟따의 발우와 가사를 가지고 기원정사의 부처님을 찾아갔다. 먼저 아난다 존자에게 소식을 전하고 함께 부처님께로 갔다. 아난다는 이렇게 말하였다.

"부처님, 사리뿟따 존자가 열반에 들었다는 소식을 듣고, 저의 몸은 약에 취한 것 같았고, 정신은 혼란스럽고, 가르침도 선명하지 않았습니다." …

"사리뿟따 존자는 저에게 가르침을 주었고, 격려하였고, 분발시키고, 기쁘게 한 저의 조언자였고, 상담자였습니다. 사리뿟따 존자는 청정한 삶을 사는 비구들에게 도움을 주었습니다. 담마를 풍요롭게 하고, 담마에 생기를 불어넣고, 담마에 이익을 준 그를 기억하고 있습니다."

부처님이 말씀하셨다. "아난다, 우리는 언젠가는 헤어져야 하고, 사랑하는 사람들과 떠나야 한다고 내가 이미 말하지 않았느냐?"

이처럼 젊은 시절부터 부처님의 으뜸 제자가 되고 모든 이가 친애하는 담마의 대장군이었던 사리뿟따의 이야기들은 부처님 열반 때까지 깊은 감동의 울림을 주었다. 사리뿟따가 열반하고 보름 후에 마하목갈라나가 열반에 들었다. 그 후 6개월 후, 부처님이 열반에 드셨다.

부처님을 위시하여 두 명의 으뜸 제자가 모두 한 해에 열반에 들자, 의지처를 잃은 승단은 흔들렸고 젊은 비구들은 속퇴하는 경우까지 생겼다고 경전은 전한다. 그래서 아난다는 지주를 잃은 승단을 추슬러야 한다는 절박한 심정으로 젊은 이들의 흩어짐을 막기 위해 닥키나기리에서 젊은이들과 함께 유행을 하였는데, 마하깟사빠 존자는 이 일을 두고 아난다를 크게 나무라며 '애숭이'라고 비난한다.(아난다 부분 참조)

(15) 사리뿟따 존자를 마무리하며

사리뿟따 존자는 지혜와 덕성에 있어서 참으로 부처님의 후계자가 되고도 남을 인물이었다. 그는 진정 담마의 대장군이었다.

경전에서 유일하게 여러 번 부처님이 후계자로 지목하신 사리뿟따 존자가, 부처님 열반 후에도 살아있었다면 불교의 경전 결집의 모양은 달라졌을 것이다. 경전의 내용을 그렇게 엉성하게 전하지도 않았을 것이고 편집도 달라졌을 것이다. 물론 불교의 모습도 좀 달라졌을 것이다.

그는 부처님을 이어 부처님 식대로, 부처님의 바른 견해대로 승단을 운영하였을 것이고, 젊은 비구들, 비구니들이 속퇴하는 일도 없었을 것이다. 또한, 부처님 가르침을 제대로 알지도 못하고 은둔승처럼 자신만을 위해 살다가, 부처님이 열반하시자 갑자기 나타나 아라한이라고 목소리를 높이는, 전법의 개념과 중생에 대한 자비심이 전혀 없는 장로 비구들이 득세하지도 않았을 것이다.

사리뿟따 존자는 참으로 부처님의 모습에 가까이 간, 지혜와 덕성을 겸비한 부처님의 계승자이자 담마의 대장군이었다.

2) 아난다(Ānanda) 존자

(1) 아난다 존자의 가계
아난다 존자의 아버지인 아미또다나(Amitodana) 왕자는 부처님의 아버지인 숫도다나(Suddhodana) 왕의 동생이었다. 따라서 아난다 존자는 부처님과 사촌 간이다. 아난다 존자는 부처님과 같은 날 태어났고, 나이가 부처님과 동갑이다. 하지만 아난다 존자가 부처님보다 훨씬 어리다는 전승도 있다. 이들은 사꺄족의 수도인 까삘라왓투에서 함께 뛰놀고, 함께 성장하였다.

아난다 존자는 아누룻다 존자와 아미또다나 왕자를 아버지로 하는 배다른 형제인 듯하다.

(2) 아난다 존자의 출가
아난다 존자는 부처님이 깨달음(35세)을 얻은 후 2년째(37세)에 다른 사꺄족 왕자들, 즉 밧디야(Bhaddiya), 아누룻다(Anuruddha), 바구(Bhagu), 낌빌라(Kimbila), 데와닷따(Devadatta)와 함께 출가하였다. 그러니 부처님과 동갑이라면 그의 나이 37세 때에 출가한 것이다. 그러나 나이가 훨씬 적다는 전승도 있다.

(3) 아난다 존자의 스승
아난다 존자의 스승은 아라한인 벨랏타시사(Belaṭṭhasisa) 장로였다. 아난다 존자는 스승의 인도에 따라 부지런히 수행하였다.

(4) 아난다 존자의 출가 후의 초기 수행
출가한 초기에 아난다 존자는 뿐나 만따니뿟따(Puṇṇa Mantāniputta) 존자의 가르침을 듣고 소따빤나(Sotāpanna)[449]를 성취하였다.

【상윳따니까야 22.83】
> 아난다 존자는 비구들에게 말하였다. "벗들이여, 우리가 새로 계를 받았을 때, 뿐나 만따니뿟따 존자는 많은 도움이 되었습니다. 그는 우리들에게 다음과 같이 가르쳤습니다."

아난다 존자는 뿐나 만따니뿟따의 가르침을 듣고 더 깊이 무상·괴로움·무아·5온을 통찰하게 되었고, 통찰력이 무르익어 감에 따라 '흐름에 든 이'가 되었다. 아난다 존자는 출가하여 비구로 사는 것이 항상 만족스러웠다. 그는 출가의 축복을 이해하였고 해탈의 길에 들어섰다. 그래서 비구가 되어 첫 번째 해 동안 그의 마음속이 온전히 청정함으로 가득 찼다.

---

449 깨달음으로 나아가는 네 가지 단계 중, 첫 번째 단계로 '흐름에 든 이'를 말한다.

(5) 아난다 존자가 시자가 된 이야기

부처님이 깨달음을 얻은 후 20년 동안 여덟 명의 시자가 있었다. 나가사말라 (Nāgasamāla) 존자, 나기따(Nāgita), 우빠와나(Upavāna), 수낙캇따(Sunakkhatta), 쭌다 (Cunda) 사미, 사가따(Sāgata), 라다(Rādha), 메기야(Meghiya) 존자였다. 성도 후 21년째 되던 해부터 아난다 존자가 25년간 부처님 열반 때까지 지극정성으로 부처님을 모셨다.

【앙굿따라니까야 9법수 3】

그때 메기야(Meghiya) 존자가 부처님의 시자로 있었다. 그는 이른 아침 탁발을 하여 공양한 후 돌아오는 길에 강변을 따라 산책을 하다가 아름답고 상쾌한 망고 숲을 보았다. 그는 '이 망고 숲은 참으로 아름답고 상쾌해서 열심히 정진하려는 사람에게 딱 맞는 곳이다. 그러니 부처님이 허락하시면 이 망고 숲으로 정진하러 와야겠구나'라고 생각하고 부처님께 망고 숲으로 정진하러 가고 싶다고 말씀드렸다.

부처님은 대답하셨다. "메기야여, 다른 비구가 올 때까지 기다려라."

두 번째에도 메기야는 가겠다고 청을 하였고, 부처님은 기다리라고 하셨다.

세 번째 메기야가 가겠다고 청을 하자 부처님은 말씀하셨다.

"정진하겠다고 하는데 메기야여, 내가 무슨 말을 하겠느냐."

그래서 메기야는 망고 숲으로 가서 나무 아래 앉아서 명상에 들었다. 그런데 좋지 못한 생각들이 그에게 엄습해왔다. 그래서 부처님께 돌아가서 이런 나쁜 생각들이 일어났다고 말씀드렸다. 그러자 부처님은 기초적이고 필수적인 수행의 지침을 주셨다.

"여기의 비구는 좋은 친구, 좋은 동료를 가졌다. 이것이 성숙하지 않은 마음의 해탈을 성숙하게 이끄는 첫 번째 조건이다. … 두 번째 조건, 세 번째 조건, …."

위의 경에서 보듯이, 초기 20년간 부처님 시자는 비구가 된 지 오래지 않은 젊은 비구들이었음을 알 수 있다. 시자가 되었으면 자신이 하고 싶은 대로 하기 전에 부처님 말씀을 들어야 하는데, 메기야는 시자 소임을 망각하고 기어이 망고 숲으로 간 것이다. 명상하려고 앉았으나 명상이 익지 않았으니 온갖 잡념과 나쁜 생각들이 일어난 것은 당연한 일이었다.

부처님은 이렇게 마음대로 하는 시자도 야단치지 않고, 쉽고 간곡한 가르침을 주셨다. 부처님의 무한한 자비를 볼 수 있는 대목이다. 천여 명이 넘는 비구들과 수많은 재가 신자들을 만나야 하는 승단의 수장인 부처님은, 시자가 제대로 보좌를 하지 못하던 초기 20년간 무척 힘드셨을 것이다. 이런 상황에서 부처님은, 부처님 곁에서 항상 머무르며, 부처님을 잘 보좌할 부처님 마음에 드는 시자를 찾게 된 것이다.

부처님이 55세가 되었을 때, 승가 대중을 모으시고 말씀하셨다.

"나는 지난 20년 동안 승가의 수장으로써 여러 명의 시자가 있었다. 그러나 아무도 시자의 직책을 잘 행하는 사람이 없었다. 그러므로 앞으로도 이처럼 반복될 것이 분명하다. 그러니 나에게는 믿음직하고 확실한 시자가 필요하다."

부처님이 이렇게 말씀하시자 곧 많은 훌륭한 제자들이 시자를 자청하였다. 그러나 부처님은 이들을 선택하지 않으셨다. 그런데 어떤 장로 비구가 겸손하게 앉아 있는 아난다를 보고 시자를 자원하라고 말하였다. 그러나 아난다는 시자를 자원하지 않고 조용히 앉아 있었다. 아난다 존자는 비구로서 나무랄 데 없는 행동에 의해 시자의 직책에 정해진 사람처럼 보였다.

아난다 존자에게 왜 부처님의 시자를 자청하지 않았는지를 물었을 때, 그는 "부처님은 시자로 누가 가장 적합한지를 아신다."라고 대답하였다. 그는 부처님을 너무나 신뢰하고 있었기 때문에 부처님의 시자가 되는 것을 좋아한다 하더라도 자신의 의사를 표현하지 않았다.

그때 부처님은 아난다가 적합할 듯하고, 아난다는 시자 직으로 가장 최상의 선택이라고 생각한다고 하셨다. 부처님이 아난다를 선택한 것이다. 그러나 아난다 존자는 부처님이 수많은 제자 중에서 자신을 선택하셨다는 자만심을 갖지 않았다.

아난다 존자는 이때부터 25년 동안 부처님의 변함없는 동료이자, 최고의 시자였다. 부처님은 당신의 뜻에 맞는, 당신의 성향에 맞는, 당신의 마음에 맞는 사람을 선택하셨다. 그러니 아난다 존자는 부처님의 성품을 닮았다고 할 수 있다.

(6) 아난다 존자의 명성

【맛지마니까야88】

빠세나디 왕은 아난다 존자의 쉽고도 중요한 가르침을 듣고는 감복하여, 아난다 존자에게 무엇이든지 주고 싶어서, 가사 세 개를 만들 수 있는 엄청 크고 넓은 코트를 보시하였는데, 아난다 존자는 이것을 부처님께 드렸다.

【상윳따니까야116】

부처님은 비구들에게 설법하신 후 처소로 가셨는데, 비구들은 부처님이 말씀하신 자세한 뜻을 알기 위하여 누구에게 갈까를 생각하였다. '아난다 존자는 부처님이 칭찬하셨고, 청정한 삶으로 지혜로운 비구들에 의해 존경을 받고 있다. 그는 이 가르침의 상세한 뜻을 설명할 수 있다.' 그래서 그들은 아난다 존자에게 가서 가르침의 상세한 뜻을 듣고는 다시 부처님께 가서 아난다 존자의 답변 내용을 여쭈었다. 이에 부처님은 말씀하셨다. "아난다는 지혜롭다. 아난다는 큰 지혜를 가지고 있다. 만일 그대들이 나에게 질문을 했다 해도 나는 아난다가 말한 것과 같이 대답했을 것이다."

【앙굿따라니까야3법수78】

부처님은 아난다 존자와 가르침의 대화를 하신 후에 아난다 존자가 물러

간 지 오래지 않아서 비구들에게 말씀하셨다. "아난다는 배우는 단계이지만, 그러나 지혜에 있어서 그와 대등한 사람을 찾기란 쉽지 않다."

【앙굿따라니까야 1법수 14장】

"비구들이여, 많이 들은 나의 비구 제자 가운데서 아난다가 으뜸이다. 총명한 자들 가운데서 아난다가 으뜸이다. 활력을 가진 자들 가운데서 아난다가 으뜸이다. 시자들 가운데서 아난다가 으뜸이다."

【맛지마니까야 52】

다사마(Dasama) 장자는 일이 있어 빠딸리뿟따에 왔다가 꾹꾸따 승원에 가서 아난다 존자를 뵙고 싶다고 말하였다. 아난다 장자는 웨살리의 벨루와가마까에 계신다기에 그는 먼 길을 달려 아난다 존자를 찾아갔다.

그는 아난다 존자를 뵙고 간곡한 가르침을 듣고는 감격하여 빠딸리뿟따와 웨살리의 비구들을 모두 초청하여 훌륭한 음식을 대접하였다. 장자는 각각의 비구들에게 한 쌍의 법복을 공양하고, 아난다에게는 세 벌의 법복을 보시하고, 아난다 존자를 위해서 500의 가치가 있는 승원을 지어 보시하였다.

【율장 마하왁가 8편 2】

부처님은 닥키나기리로 가는 도중 마가다의 들판을 지나게 되었다. 논들은 줄이 질서 정연하고, 논둑이 질서 정연하게 네모나게 잘 배열되어 있었다. 부처님은 아난다에게 네모나게 잘 배열된 들판처럼 가사를 만들수 있겠느냐고 물으셨다. 그래서 아난다는 몇 벌의 가사를 만들어 보여드렸다.

부처님은 비구들에게 이렇게 말씀하셨다. "비구들이여, 아난다는 참 총명하다. 내가 간단하게 말하였는데도 자세하게 이해할 정도로 뛰어난 지혜

494

를 가지고 있다. 여기저기 조각을 잇고 솔기를 만들어 훌륭히 만들었다."

이 외에도 아난다에 대한 수많은 경전이 있다. 부처님은 경전 여러 곳에서 아난다를 극구 칭찬하시고 아난다의 총명함과 지혜로움을 항시 격찬하셨다.

(7) 적이 없는 사람, 아난다 존자

신기하게도, 이 연구서를 쓰기 위하여 또다시 네 개 니까야를 통독한 필자가 보기에, 온 빠알리 경전을 통틀어서 부처님이나 비구들이 아난다 존자를 못마땅하게 여기는 내용은 하나도 없었다. 시자로서 항상 부처님과 동행하였고 천여 명이 넘는 비구들을 대하는 직책에 있었기에 불만이 있을 법도 한데, 한 사람도 아난다를 험담하는 내용이 없었다는 것은 그만큼 아난다 존자의 성품이 지혜롭고 원만했음을 말해준다.

아난다는 부처님과 비구들 사이에서 발생하는 수많은 일을 원만히 처리하였고, 부처님이 신경 쓰지 않도록 최선을 다했던 것 같다. 그뿐 아니라 그를 향한 칭찬이나 찬탄, 인정 등이 시기와 질투를 불러올 법도 한데 아난다를 시기하거나 질투해서 모함하는 사람은 전혀 없었다. 왜냐하면, 아난다는 적이 없는 사람이었기 때문이다. 이런 보기 드문 행운을 가진 사람을 시자로 두신 부처님의 안목 또한 놀랍다. 아난다는 담마에 그의 삶을 완벽하게 묶어 놓았기 때문에 그의 명성은 그를 움직일 수 없었고 그를 교만하게 하지 못하였다. 교만하지 않으면 적이 없다.

아난다는 부처님과 수많은 열성적인 신도들 사이의 중간에 있었다. 그래서 그는 트집을 잡으려는 악의적인 사람들에게 노출되어 있었다. 그러나 그는 적이 없이 살았고, 경쟁자 없이, 갈등 없이, 긴장 없이 살았다. 어찌 보면 기적이라 할 수 있다. 이러한 자질이야말로 아난다의 특이한 성품이라 할 수 있다.

【상윳따니까야 45.17】
아난다 존자와 밧다(Bhadda) 존자는 꾹꾸따 승원에 있었다. 밧다 존자는 아난다 존자에게 이렇게 물었다.

"벗이여, 아난다여, '청정하지 못한 삶, 청정하지 못한 삶'이라고 말하는데 무엇이 청정하지 못한 삶입니까?"

"잘 말했어요, 벗, 밧다여, 그대의 꿰뚫어 봄도 훌륭하고, 현명함도 훌륭하고, 질문도 또한 훌륭합니다. 청정치 못한 삶이 무엇이냐고 질문했지요?"

"예, 벗이여."

"여덟 가지 그릇된 길[450]이 청정하지 못한 삶입니다. 즉 그릇된 견해, 그릇된 말, 그릇된 행동, …."

위의 경전에서 드러난 것처럼, 아난다 존자가 비구들을 대하는 태도는 한결같이 부드럽고 친절하다. 그리고 항상 남을 칭찬한다. 아난다는 부처님처럼 쉽게 담마를 설명하였다. 이런 성품으로 인하여 그는 모든 비구들과 재가자들의 사랑과 존경을 한 몸에 받았다.

(8) 부처님의 시자 아난다 존자

아난다가 명성을 쌓게 된 원인은 그의 덕성과 부처님 시자로서의 태도 때문이었다. 아난다 존자가 부처님께 시자로서 한 일들은 다음과 같다.

① 세수할 물 준비, 치목(치아 닦는 것) 준비

② 앉는 의자 준비, 발을 씻기고, 등을 맞사지하고, 부채를 부치고,

③ 방을 청소하고, 가사를 수선하고,

④ 항상 필요시에 부처님을 도울 수 있도록 밤에는 가까이서 잠을 자고,

⑤ 부처님이 아프면 약을 구하고,

⑥ 부처님이 승원을 순방할 때 항상 동반하고,

⑦ 부처님의 메시지를 비구들이나 재가자들에게 전달해야 한다.

---

450 팔정도를 말함.

아난다 존자는 이와 같은 많은 매일매일의 일과를 성실히 해 나갔다. 부처님의 건강을 위해 마치 훌륭한 어머니처럼, 또는 지혜롭고 착실한 아내처럼 부처님을 정성껏 보필하였다. 그는 또한 부처님과 비구들 사이에서 부드럽게 소통할 수 있도록 훌륭한 비서로서의 임무를 다하였다. 아난다는 사리뿟따와 마하목갈라나와 함께 승가를 해치는 인간관계의 다양한 문제들을 골라내고, 주의를 기울이고, 최선의 해결책을 모색하였다.

아난다 존자는 어머니 역할과 아버지의 역할을 겸한 사려 깊은 비구의 모습을 보여주었다. 그는 일을 체계화하는 능력이 있었고, 절충적인 협상의 능력이 있었고, 문제를 해결하는 능력이 있었다.

【자따까 533】

데와닷따가 부처님을 죽이려고 술 취한 코끼리를 풀어 놓았을 때, 코끼리가 부처님을 향해 돌진해 올 때, 아난다는 부처님 앞에 자신의 몸을 던졌다. 부처님이 다치거나 죽게 되기보다는 자신이 죽을 작정이었다. 부처님은 세 번이나 아난다에게 뒤로 물러나라고 말씀하셨지만 그는 듣지 않았다. 부처님이 초인적인 힘으로 아난다를 부드럽게 옮겨 놓아서야 자신을 희생하려는 의도를 말릴 수 있었다.

【앙굿따라니까야 3법수 73】

부처님은 니그로다 승원에 계셨는데 바로 병에서 회복된 직후였다. 그때 사꺄족 마하나마가 부처님께 와서 심오한 질문을 드렸다. 아난다는 부처님의 건강이 아직 좋지 않은 점을 알고, 마하나마를 밖으로 데리고 나가서 그에게 심오한 부처님의 가르침을 부처님처럼 걸림 없이 말해주었다.

【상윳따니까야 48.41】

부처님은 사왓티의 동원의 미가라마뚜 강당에 계셨다. 그때 부처님은 명상을 끝내고 일어나 양지에 앉아 서쪽 햇볕에 등을 따뜻하게 하고 계셨다. 아난다 존자는 부처님께 와서 손과 발을 문질러 드리면서 말하였다.

"부처님의 안색은 전처럼 빛나지 않고 사지는 주름지고 물렁해졌습니다. 등도 앞으로 굽고 감각기관의 변화가 눈에 보입니다."

"그렇다, 아난다, 젊은 사람은 늙게 마련이고, 건강한 사람은 병들게 마련이고, 살아있는 사람은 죽게 마련이다."

(9) 담마반다가리까(Dhammabhaṇḍagārika: 담마의 지킴이), 아난다 존자

부처님은 아난다 존자를 담마반다가리까(담마의 지킴이)라고 말씀하셨다. 부처님은 당신의 제자 중에서 아난다는 다섯 영역에서 으뜸이라고 말씀하셨다.

① 부처님의 가르침을 많이 들은 사람

② 부처님의 가르침을 잘 기억하는 사람

③ 부처님 가르침의 순서적인 체계를 숙달한 사람

④ 담마 탐구에 확고부동한 사람

⑤ 부처님의 시자

아난다의 기억력은 천재적인 수준이었다. 그는 오직 한번 들은 것을 모두 즉시 기억해내었다. 아난다는 차원 높은 수련을 하였기 때문에 수많은 쓸데없는 것들이 그의 기억에 자리 잡지 못하였다. 그래서 들은 것에 완벽하게 집중할 수 있었다. 또한, 그는 자신을 위해 어떤 것도 바라는 것이 없었다. 즉 어떤 것에도 집착하지 않았기 때문에 부처님 가르침을 저항 없이, 왜곡 없이 그대로 흡수할 수 있었다. 이러한 모든 요인으로 인하여 부처님 가르침을 완벽하게 기억하는 능력이 형성된 것이다.

사리뿟따 조차도 아난다의 설법을 듣는 경우가 있었다.

【앙굿따라니까야6법수51】

아난다는 사리뿟따에게 가르침에 대하여 질문하였더니 사리뿟따는 오

히려 이렇게 말하였다. "아난다 존자는 많이 배운 분입니다. 그러니 존자님이 밝혀주십시오."

그래서 아난다는 사리뿟따에게 가르침을 설하였다.

(10) 여성에 대한 아난다의 태도

천성적인 온유함과 자비로움으로 아난다 존자는 비구, 비구니, 남녀 재가자 누구에게든지 부드럽게 대하였다. 그는 이들 모두의 복지와 행복을 바랐다.

또한, 아난다는 비구니 승가 설립의 가교 역할을 하였다.

【앙굿따라니까야 4법수 159】

아난다 존자가 고시따 승원에 있을 때 어떤 비구니가 사람을 시켜서 아난다 존자에게 가서 어떤 비구니가 중병이 들어 고통에 시달리고 있으니 방문해 주십사고 말하라고 보냈다. 그래서 아난다 존자는 그 비구니의 처소로 갔다. 그 비구니는 아픈 척하며 침상에 누워 있었다. 아난다 존자는 집착과 갈애를 버려야 한다고 역설하였다. 이 비구니는 침상에서 일어나 아난다 존자의 발 앞에 엎드려 참회를 하였다.

【상윳따니까야 47.10】

부처님은 기원정사에 계셨다. 아난다 존자는 비구니 승원으로 갔다. 아난다는 많은 비구니들에게 가르침을 주고, 권고하고, 고무시키고, 기쁘게 하였다.

【자따까 92】

빠세나디 왕의 왕비들은 부처님의 가르침을 듣고 싶었지만 승원으로 갈 수가 없었다. 그래서 왕에게 담마를 설할 비구를 보내 주십사고 부처님께 말씀드리도록 청하였다. 왕은 그녀들에게 어떤 비구가 왔으면 좋겠느냐고 물었다. 그녀들은 이구동성으로 아난다 존자가 왔으면 좋겠다고 하였다. 아난다 존자가 정기적으로 궁성에 들어가서 가르침을 설하게 되었다. 그러던 어느 날 왕관의 보석 중 하나가 없어졌다. 모든 것을 조사하게 되었고, 훔친 여인은 이런 상황에 매우 괴로워하였다. 평상시처럼 가르침을 들으러 모이지도 않았다. 아난다 존자는 그 이유를 듣고 자비심에서 왕에게 가서 의심을 받고 있는 여인들에게 남의 눈에 띄지 않게 그 보석을 돌려줄 기회를 주자고 말하였다. 궁전 안뜰에 텐트를 치고 항아리에 물을 담아 놓았다. 그리고 모든 여인이 혼자서 그 텐트에 들어가도록 하였다. 보석을 훔친 여인은 텐트 속의 항아리에 그 보석을 넣었다. 왕은 잃어버린 보석을 다시 찾았으며, 물론 훔친 여인도 처벌받지 않았다.

이런 사건의 해결로 인해 아난다 존자의 인기는 더욱 치솟았다. 비구들 또한 아난다 존자의 부드럽고 지혜로운 방법으로 평화를 되찾게 되었다며 칭찬하였다.

아난다 존자는 비구니나 많은 여인들이 선호하는 존자였음이 틀림없다. 그는 틀림없이 부처님처럼 외모도 빼어나고, 한번 보는 것만으로도, 또다시 보고 싶은 매력적인 성품의 소유자였을 것이다.

(11) 아난다 존자의 가장 친한 동료이자 조언자

모든 비구들 중에서 사리뿟따 존자는 아난다 존자의 가장 친한 친구이자 조언자였다. 사리뿟따 존자는 가장 부처님의 모습에 가까이 간 부처님을 닮은 제자였다. 아난다 존자 역시 가장 부처님의 모습에 가까이 간 부처님을 닮은 제자였다. 그러니 자연스럽게 이들은 서로 뜻과 마음이 통하는 사이가 되었다.

한번은 어떤 브라흐민이 아난다에게 아주 비싼 가사를 공양하였는데, 아난다는 즉시 이 좋은 가사를 사리뿟따에게 주고 싶었다. 그래서 부처님께 여분의 가사를 사리뿟따가 돌아올 때까지 보관하도록 허락을 받고, 사리뿟따가 먼 곳에서 돌아온 후에 그에게 주었다.

모든 비구들 중에서 사리뿟따와 아난다가 부처님으로부터 명예의 명칭을 받은 것은 어쩌면 당연한 일이다. 사리뿟따는 '담마세나빠띠(Dhammasenāpati)'라고 불리었고, 아난다는 '담마반다가리까(Dhammabhaṇḍagārika)'라고 불리었다. 세나빠띠는 '육군 원수'라는 뜻이므로 담마세나빠띠는 '담마의 대장군'이란 의미가 되며, 반다가리까는 '지키는 사람'이란 뜻이므로 담마반다가리까는 '담마의 지킴이'란 의미가 된다.

사리뿟따는 물론 열심히 정진도 하였으나, 많은 경우, 기원정사나 다른 승원 등 부처님 계신 곳에 함께 머물며 부처님의 일을 도왔다. 승원의 일을 아난다, 목갈라나와 함께 처리하였고 부처님을 대신하여 부처님 가르침을 비구들에게 설하였다. 그러니 사리뿟따는 아난다와 더욱 가깝게 지낼 수밖에 없었다. 부처님을 대신하여 어떤 경우에는 마하목갈라나가, 어떤 경우에는 아난다가 비구들에게 설법하였다. 사리뿟따, 마하목갈라나, 아난다는 부처님의 큰 버팀목이었고 부처님의 가장 큰 도우미였다.

【상윳따니까야 47.13】

사리뿟따가 열반에 들었을 때, 아난다는 부처님께 이렇게 말하였다.

"부처님, 저는 이 소식을 듣고 약에 취한 것처럼 정신이 멍하니 혼미하고, 가르침도 분명하지 않았습니다. 사리뿟따 존자는 제게 조언자였고, 상담자였고, 저를 가르쳐 주었고, 분발케 하고, 격려하고 기쁨을 주었습니다. 그는 담마를 가르치는 데 지칠 줄 몰랐습니다. 그는 함께 사는 동료들에게 많은 도움이 되었습니다."

(12) 부처님이 열반 전에 말씀하신 아난다 존자에 대한 최고의 찬사

【디가니까야 16.5:14-15】

부처님은 아난다에게 말씀하셨다.

"아난다여, 울지 말라. 슬퍼하지 말라. 모든 사랑스럽고 마음에 드는 것은 변하게 마련이고, 헤어지게 마련이라고 내가 전에 말하지 않았더냐. 태어난 것은 무엇이든지, 존재하는 것은 무엇이든지, 형성되어진 것은 무엇이든지 부서지게 마련이다. 오랜 세월 동안 그대는 나의 가까이 있으면서 나를 유익하게 하였고, 온 마음을 다해 무조건 여래에게 몸과 마음과 말로 자애롭게 대하였다. 그대는 많은 공덕을 지었다."

그런 후에 부처님은 비구들에게 말씀하셨다.

"과거세에 모든 깨달은 부처님은 아난다와 같은 으뜸 시자가 있었다. 비구들이여, 아난다는 지혜로워서 비구들이 여래를 친견할 적당한 때를 안다. 또는 비구니들, 남녀 재가자들, 왕들, 왕실 대신들, 다른 교단의 지도자들과 그의 제자들이 여래를 친견할 적당한 때를 안다."

【디가니까야 5 : 16】

아난다는 네 가지 놀랍고 경이로운 자질을 가지고 있다. 무엇이 넷인가?

① 만일 비구들의 무리가 아난다를 만나러 오면, 그들은 아난다를 보는 것만으로도 즐거워한다. 그리고 아난다가 그들에게 담마를 설법하면 그들은 기뻐하고, 아난다가 묵묵히 있으면 실망한다.

② 만일 비구니들의 무리가 아난다를 만나러 오면, 그들은 아난다를 보는 것만으로도 즐거워한다. 그리고 아난다가 그들에게 담마를 설법하면 그들은 기뻐하고, 아난다가 묵묵히 있으면 실망한다.

③ 만일 남성 재가자들의 무리가 아난다를 만나러 오면, 그들은 아난다를 보는 것만으로도 즐거워한다. 그리고 아난다가 그들에게 담마를 설법하면 그들은 기뻐하고, 아난다가 묵묵히 있으면 실망한다.

④ 만일 여성 재가자들의 무리가 아난다를 만나러 오면, 그들은 아난다를 보는 것만으로도 즐거워한다. 그리고 아난다가 그들에게 담마를 설법하면 그들은 기뻐하고, 아난다가 묵묵히 있으면 실망한다.

이것이 아난다의 네 가지 놀랍고 경이로운 자질이다.

(13) 아난다 존자의 부처님 열반 후의 일들

【디가니까야 주석서 서문】

(부처님의 장례식 후에) 아난다 존자는 부처님이 열반하시기 전처럼 열반하신 후에도 부처님의 가사와 발우를 지니고, 500명의 비구들과 함께 사왓티로 유행을 떠났다. 사왓티에 도착하자 아난다 장로가 오셨다는 소식을 듣고 수많은 사람들이 모여들어 슬퍼하였다. 아난다 존자는 이들에게 무상함에 대한 법문으로 위로하였다.

그는 부처님의 간다꾸띠 처소로 가서 청소를 하고 시든 꽃을 버리고 침상과 의자를 정돈하고 부처님이 계시던 때와 똑같이 그의 할 일을 하였다. 그는 부처님의 말씀을 기억하며 슬픔에 젖었으나 다시 마음을 챙겼다. 아난다 장로는 소화제를 먹고 승원에서 쉬었다.

부처님 열반 후부터 과로와 피로와 슬픔에 심신이 지친 아난다는 소화가 안 되어서 소화제라고 하는 약을 먹었던 것 같다. 바로 아래 인용한 경전의 내용에서 확인할 수 있다.

【디가니까야 10】

부처님이 열반하신 지 오래되지 않아서 아난다 존자는 사왓티의 기원정사에 머물고 있었다. 그때 또데야 브라흐민의 아들 수바 청년은 사람을 시켜 그의 집을 방문해 주십사고 아난다 존자에게 여쭈었다. 아난다 존자는 대답하였다.

"지금은 적당한 때가 아니에요, 젊은이. 오늘 나는 약을 먹었어요. 내일 적당한 때에 가도록 하지요."

그래서 이튿날 아난다 존자는 수바 청년의 집으로 갔다. … 수바 청년은 말하였다.

"아난다 존자님은 오랫동안 부처님의 시자로서 항상 곁에 모시고 사셨습니다. …."

(14) 방문객으로 북적이는 아난다 거처

부처님의 장례식 후에 아난다는 부처님이 그에게 말씀하신 오직 완전한 해탈을 얻는 것이 그가 해야 할 일이라고 알았다. 깟사빠 존자는 그에게 말라와 사꺄족들의 인근인 꼬살라 지방에 있는 숲에서 살도록 충고하였다. 그러나 부처님의 시자인 아난다가 인근의 숲에 홀로 살고 있다는 소문이 퍼지자 그는 방문객들로 북적이게 되었다.

(15) 부처님과 세 분의 거목이 모두 한 해에 열반하다

재가자들은 부처님의 열반에 대해 위로받고자 했다. 또한, 사리뿟따와 마하목갈라나 그리고 그들이 경애하는 빠세나디 왕의 죽음에 대해 위로받고자 했다. 이 네 분이 모두 같은 해에 열반에 든 것이다. 그도 그럴 것이 1년 사이에 승단의 거목이었던 사리뿟따와 목갈라나 그리고 부처님을 향한 신심이 빼어났던 빠세나디 왕, 더구나 그들의 의지처였던 부처님마저 열반하셨으니 정신적인 슬픔이 실로 대단하였을 것이다. 아난다 존자는 이들을 나 몰라라 하면서 자신의 수행에만 몰두할 수 없었다. 이것이 바로 수행도 중요하지만 자비심이 항상 앞선 부처님의 모습인 것이다.

(16) 아난다 존자와 마하깟사빠 존자
① 비구니의 힐난을 받은 마하깟사빠 존자

【상윳따니까야 16:10】

(부처님이 열반하신 지 오래지 않았을 때) 마하깟사빠 존자는 아난다 존자와 함께 어떤 비구니 승원으로 갔다. 마하깟사빠 존자는 비구니들에게 설법을

한 후 나가려고 하는데 비구니 툴라띳사(Thullatissā)가 이렇게 말하였다.

"마하깟사빠 존자님은 위데하의 성자인 아난다 존자님 앞에서 가르침을 설해야 한다고 생각합니까? 마치 바늘 장사가 바늘을 만드는 사람 앞에서 바늘을 팔아야 한다고 생각하듯이 이와 같이 마하깟사빠 존자는 위데하의 성자 앞에서 가르침을 설해야 한다고 생각합니까?"

이 말을 듣고 마하깟사빠 존자는 아난다 존자에게 말하였다.

"벗 아난다여, 그러면 내가 바늘 장사고 그대가 바늘 만드는 사람이란 말인가? 아니면 내가 바늘 만드는 사람이고 그대가 바늘 장사란 말인가?"

아난다는 25년간을 시자를 살면서 부처님 가르침을 통달하였으니, 그의 법문은 부처님처럼 유창하고 명법문이었을 것이다. 반면에 숲에서 고행과 수행에만 몰두하던 마하깟사빠 존자의 법문은 아난다를 따라갈 수가 없었을 것이다.

마하깟사빠 존자의 교만한 언사는 계속 이어진다.

"벗 아난다여, 그대는 어떻게 생각하는가? 부처님은 비구 승가 앞에서 "비구들이여, 나는 내가 원하는 대로 감각적 욕망을 떠나고, … 첫 번째 선정에 든다. 아난다도 또한 그가 원하는 대로 감각적 욕망을 떠나고, … 첫 번째 선정에 든다."라고 말씀하셨는가?"

"아닙니다, 존자님."

"벗이여, 부처님이 비구 승가 앞에서 "비구들이여, 나는 (위의 내용과 동일하다) … 첫 번째 선정에 든다. 깟사빠도 또한 첫 번째 선정에 든다"라고 말씀하셨다."

계속 이어지는 내용을 간추리면 다음과 같다. 나(마하깟사빠)는 부처님이 승가 대중 앞에서 두 번째 선정에 든다고 말씀하셨지만 아난다는 아니다. 나(마하깟사빠)는 부처님이 승가 대중 앞에서 세 번째 선정에 든다고 말씀하셨지만 아난다는 아니나. 나(마하깟사빠)는 부처님이 승가 대중 앞에서 네 번째 선정에 든다고 말씀하셨지만 아난다는 아니다. 나(마하깟사빠)는 부처님이 승가 대중 앞에서 (네 가지 명상의 형태를 각각 거론한 후) 네 가지 명상에 든다고 말씀하셨지만 아난다는 아니다. 나(마하깟사빠)는 부처님이 승가 대중 앞에서 (여섯 가지 신통을 하나하나 나열한 후) 여섯 가지 신통을 부릴 수 있다고 말씀하셨지만 아난다는 아니다. ….

(마하깟사빠 존자의 장황한 자기 자랑의 연설이 끝난 후, 맨 끝에) 비구니 툴라띳사(Thullatissā)는 청정한 삶을 그만두었다. 마하깟사빠는 이처럼 부처님이 아난다 존자는 인정하지 않으셨지만, 자신은 인정하셨다고 누누이 나열하고 있다. 잘 수행이 된 진정한 아라한의 경지에 오른 사람이라면, 겸손할 줄 알고 남을 낮추어보지도 않고 자신이 잘났다고 하지 않을 것이다. 숲에서 고행하며 정진하여도 아상이 이렇게 높은 사람이 어찌 바른 수행을 하였다고 할 수 있겠는가. 중요한 건, 경전에 '부처님의 계승자는 사리뿟따 존자'라는 내용은 있어도 사리뿟따 이후 부처님은 열반 시까지 어떤 누구도 계승자로 내세우지 않았다는 사실이다.

② 젊은 비구를 포용 못 하는 마하깟사빠 존자

【상윳따니까야 16:11】

(부처님이 열반하신 지 오래지 않았을 때) 그때 아난다 존자는 닥키나기리(Dakkhiṇāgiri)에서 많은 비구 승가와 함께 유행하고 있었다. 그때에 아난다를 따르던 대부분 젊은이 30명이 수련을 포기하고 환속하였다. 아난다 존자는 죽림정사로 가서 마하깟사빠 존자에게로 갔다. … 마하깟사빠는 아난다에게 말하였다.

"벗 아난다여, 그대는 왜 감각기관을 지키지도 못하고, 먹는 데 적당량도 모르고, 깨어있지도 못한 젊은 비구들과 함께 유행을 하는가? 사람들은 '그대는 곡식을 짓밟고 유행하고, 가정을 파괴하면서 유행하고 있다'라고 생각할 것이다. 벗 아난다여, 그대의 젊은이 비구들은 해산되었다.

그대의 젊은이 비구들은 떨어져 나가버렸다. 이 젊은 애숭이들은 분수를 모른다."

이에 아난다 존자는 이렇게 말하였다.

"내 머리에 흰 머리가 났습니다. 그런데 오늘 마하깟사빠 존자는 우리들을 애숭이라고 부르고 있습니다."

그때 비구니 툴라띳사는 마하깟사빠 존자가 위데하의 성자 아난다 존자에게 '애숭이'라고 말하는 것을 들었다. 그녀는 기분이 언짢아서 이렇게 말했다.

"전에 이교도였던 마하깟사빠 존자가 어떻게 위데하의 성자인 아난다 존자를 '애숭이'란 말로 헐뜯어야 한다고 생각하십니까?"

그때 마하깟사빠 존자는 비구니 툴라난다(Thullanandā)[451]가 이렇게 말하는 것을 듣고 이렇게 말하였다.

"벗 아난다여, 비구니 툴라난다는 생각 없이 무모하게 말했다. ···."

(깟사빠 존자의 장황한 연설이 끝난 후, 맨 끝에) 비구니 툴라난다는 청정한 삶을 그만두었다.[452]

③ 상윳따니까야 16 : 11에 이어지는 마하깟사빠 존자의 장황한 연설의 요점

마하깟사빠 존자는 자신이 어떻게 해서 출가하게 되었는지에서부터 부처님의 제자가 된 이야기, 부처님을 만나서 수행한 것에 관한 이야기, 그리고 부처님이 그에게 하신 여러 가지 말씀과 자신은 4선정, 6신통을 얻었다는 이야기 등을 장황하게 말하고 있다.

---

451 툴라난다 비구니는 여동생 셋이 모두 비구니가 될 만큼 신심 있는 가정에 태어났다. 그녀는 부처님 교리를 설하는데 능하였고 영특한 설법자였다. 빠세나디 왕조차도 그녀의 설법을 들었다고 한다.(Malalasekera, Dictionary of Pāli Proper Names Ⅰ, p. 1040.) 앞에 나온 툴라띳사와는 다른 사람이다.

452 '그만두었다'는 cavati의 과거 cavittha의 번역인데 fall away의 뜻으로 '떨어져 나가다'의 뜻이다.

부처님 열반 후부터 이렇게 숲에서 은둔자처럼 살다가 갑자기 나타나 아라한 이라고 목소리를 높인 비구들이 많다. 특히 비구니 아라한 등 수백 명의 깨달은 비구니를 비롯하여 자신들보다 훨씬 아는 것도 많고 수행의 경지가 높은 비구니들을 굴종시키려 했는데, 이렇게 해서 만들어진 것이 바로 팔경계이다. 상황이 이렇다 보니 부처님 열반 이후부터는 많은 비구니와 젊은 비구들이 떨어져 나갈 수밖에 없었던 것 같다.

사실 부처님은 갓 출가한 비구들을 위하여 특별한 배려와 이해심을 발휘했음을 경전에서 자주 볼 수 있다. 또한, 부처님은 비구니 승원에도 정기적으로 비구 강사를 보내어 교리를 가르치도록 하셨다. 아난다 존자는 부처님의 이런 성향을 이어받아 젊은이들의 수행이 성숙하도록 적극적으로 도왔다. 그러나 마하깟사빠는 아난다 존자가 하는 일을 돕지는 못할망정 오히려 그 반대로 찬물을 끼얹는 식이었던 것이다. 사사건건 아난다 존자의 '부처님 방향'이 제지되었음을 충분히 알 수 있다.

위의 내용을 통하여 마하깟사빠 존자의 성향을 알 수 있다. 그는 아난다 존자의 젊은이들에 대한 배려와 전법을 위한 행동을 '분수도 모르는 애송이'라고 맹렬히 비난하였다. 뿐만 아니라 뿌라나 존자처럼 전법과 포교, 설법이 빼어난 비구들은 결집에 뽑지도 않았다. 그래서 뿌라나 존자는 이처럼 한쪽으로 기울어져서 (은둔 명상 위주로 선발된) 결집을 받아들이지 않고 급기야는 따로 결집을 하기에 이른다.

이런 관행은 불교 발전을 저해하는 요소로 2,000년이 넘게 내려왔다. 지금도 어떤 선객은 전법에 매진하는 학승이나 포교승을 낮추어보며, 선객이라는 자부심과 아만으로 가득 차 있다. 이러한 사람들이 있음은 예전이나 지금이나 똑같은 것 같다.

전법은 부처님이 일생을 걸쳐 거르지 않으셨던 자비의 나타남이다. 부처님은 어느 누구도 거절하지 않고 가르침을 주셔서 깨달음으로 이끌고 고뇌를 덜어 주셨다. 부처님은 결코 자기 수행에만 안주하는 은둔승이 아니었다. 사람들에게 이익과 행복을 주는 종교가 아니라면 그런 종교는 도태하게 마련이고 존재의 의미가 없다.

(17) 부처님이 계실 때 젊은 비구들의 수련은 어떻게 하였을까?

【맛지마니까야 118】

한때 부처님은 매우 잘 알려진 장로 비구들과 함께 미가라마뚜 강당에 계셨다. 그때 장로 비구들은 새로 계를 받은 새내기 비구들을 열심히 권고하고, 가르쳤다. 어떤 장로는 10명, 어떤 장로는 20명, 어떤 장로는 30명, 어떤 장로는 40명의 새내기 비구들을 가르쳤다. 그리고 장로들로부터 가르침을 받은 새내기 비구들은 계속해서 높은 탁월한 경지를 성취하였다.

【상윳따니까야 22.84】

부처님은 띳사(Tissa) 비구가 몸과 마음이 권태롭고, 출가 생활이 즐겁지 않고, 가르침에 안주하지 못한다는 말을 전해 들었다. 부처님은 띳사 비구를 부르시고 간곡한 가르침을 주셔서 그는 다시 힘을 내어 정진하였다.

(18) 결집
① 1차 결집에 아난다를 뽑지 않은 마하깟사빠

【율장 쭐라왁가 XI】

마하깟사빠 존자는 499명의 아라한을 뽑았다. 그런데 비구들은 마하깟사빠 존자에게 이렇게 말하였다.

"아난다 존자는 부처님 아래에서 많은 가르침과 계율을 숙달하였습니다. 그러니 아난다 존자를 뽑아야 합니다."

그래서 마하깟사빠 존자는 아난다 존자를 뽑았다.

마하깟사빠 존자는 아난다 존자를 뽑지 않았다. 그는 의도적으로 아난다 존자를 추종하는 많은 비구들에게, 아난다는 500명 중에는 끼지도 못할 인물이라고 공포한 격이 되었다. 사람들의 경애와 존경을 받던 아난다 존자의 커다란 위상을 경계하는 마하깟사빠 존자는 '나는 숲에서 오로지 정진만 했지만 아난다는 25년간 시자나 산 비구가 무얼 수행을 했겠는가?'라며 멸시했던 것 같다.

그러나 아난다 존자는 25년 시자를 사는 동안 부처님을 그림자처럼 따라다니며 수많은 가르침을 직접 들었다. 부처님이 명상할 때 그도 저만치 떨어져서 명상하였고, 부처님이 정진할 때 그도 꾸준히 정진하였다. 이러한 그가 어찌 다른 아라한 비구들만 못하다고 할 수 있겠는가? 선승이든, 학승이든, 포교승이든, 이들이 어디에 있든지 바로 그 자리가 수행의 도량이 아니겠는가?

② 1차 결집을 하는 도중에 아난다를 힐책하는 어떤 장로 아라한의 발언들

【율장 쭐라왁가 XI】

- 부처님이 작고 사소한 계율은 부처님 열반 후에 폐지해도 된다고 말씀하셨다고 아난다 존자가 말하니, 부처님께 사소한 계율이 무엇인지 여쭈어보지 않았다고 잘못하여 위반하였으니 자백하라고 하였다.
- 부처님 가사를 폐매기 전에 그것을 밟은 후에[453] 가사를 만들었으니(부처님 가사를 밟았으니) 잘못하여 위반하였으니 자백하라고 하였다.
- 부처님 열반 후에 부처님 존체에 여성들도 공경하도록 하였기 때문에, 그들의 눈물이 부처님 존체를 더럽혔으니 잘못하여 위반했다고 자백하라고 하였다.
- 부처님이 충분한 암시를 주었지만 아난다 존자는 부처님께 온전한 생애 기간 동안 사시도록 말씀드리지 않았으니, 잘못하여 위반했으니 자백하라고 하였다.

---

453 보통 천은 모두 구겨지므로 물을 축여서 밟으면 주름이 펴지기 때문에 아난다 존자는 물을 축여서 밟은 후에 부처님 가사를 만들었던 것 같다. 그런데 거룩한 부처님 가사를 밟았다고 위반했다고 한다.

● 여래에 의해 천명된 담마와 율에 여성들도 출가하도록 부처님께 말씀드렸으니, 잘못하여 위반했으니 자백하라고 하였다.

특히 여성들의 눈물이 부처님 존체를 더럽혔다는 아라한의 발언은, 브라흐민(제관)이 노예나 천민이 만졌던 것은 오염되어서 더럽다고 하는 사상과 완전히 똑같은 남성 우월사상이다. 이런 브라흐민적인 발상은 4성계급을 완전히 깨뜨리고 모든 인간의 평등을 천명하셨던 부처님의 사상과는 완전히 상반된 견해이다. 그리고도 자신은 아라한과를 얻었노라고 큰소리를 치고 다닌다.

아난다를 제외하고 뽑은 499명의 아라한 중 어떤 장로의 발언은, 바르지도 못하고 부처님의 가르침과는 너무도 거리가 먼 상식 밖의 이야기다. 이런 분들이 아라한이라고 목소리를 높였음이 틀림없다.

③ 결집에 참여하지 못한 뿌라나(Purāna) 존자

뿌라나 존자는 부처님 10대 제자인 포교의 달인, 설법제일 부루나 존자를 말한다.[454]

【율장 쭐라왁가 XI】

뿌라나 존자는 500명의 비구 승가와 함께 닥키나기리에서 유행을 하다가 1차 결집이 끝난 후에 죽림정사의 장로 비구들에게 갔다. 장로 비구들은 말하였다.

"뿌라나 존자여, 담마와 계율이 장로들에 의해 합송되었으니, 이 합송을 받아들이시오."

---

454 뿌라나 존자는 설법이 으뜸이고 전법에서 으뜸이라고 경전에서 부처님은 칭찬하셨다. 이런 포교나 전법에 뛰어난 비구들은 1차 결집에 뽑지 않고, 숲이나 산에서 은둔하며 수행만 하는 비구들을 뽑은 것 같다. 그러니 불교는 부처님 뜻과는 달리 전법에 눈을 뜨지 못하고 활성화되지 못하였으며, 중생을 외면하니 쇠퇴하여 부파불교로 여러 갈래 분열하게 된 것이다.

뿌라나 존자는 말하였다.

"존자들이여, 장로에 의해 담마와 계율이 잘 합송되었다 해도, 나는 부처
님 앞에서 내가 들은 바대로 가르침을 간직하겠습니다."

(19) 아난다 존자의 열반과 사리탑

마하깟사빠 존자는 승단의 제1대 으뜸 장로가 되었다. 그 후 아난다 존자는 제2대
으뜸 장로가 되었다. 아난다 존자는 으뜸 아라한이 되었다. 그는 120세까지 살았
다. 아난다 장로는 120세가 되었을 때, 그의 임종이 가까웠음을 알고 마치 부처님
이 열반 전에 가신 것처럼 라자가하에서 웨살리로 유행을 떠났다. 아난다 장로가
마가다와 웨살리 사이에서 열반에 들자 마가다와 웨살리에서 큰 사리탑을 세웠다.

아난다 존자 1. 웨살리에 세워진 아난다 탑묘
웨살리에 세워진 아난다 장로 사리탑. 무척 큰 사리탑이다.

3) 마하목갈라나(Mahāmoggallāna) 존자

(1) 유년기

마하목갈라나 존자는 라자가하 인근의 꼴리따 마을에서 태어났다. 목갈라나 가문은 그 당시 가장 이름난 브라흐민 가문 중의 하나였다. 꼴리따 마을은 전체 주민이 브라흐민이었고, 종교적인 태도나 사회적 관습에 있어서 상당히 보수적이었다. 그의 부친은 가장 명망 높은 가정에서 태어났고 그 도시의 장이었다. 그 마을에서 가장 존경받는 가정이었기에 그의 부친은 거의 작은 도시의 왕이나 마찬가지였다. 그의 모친 이름은 목갈리(Moggalī)였는데 출가 후에 모친의 이름을 따서 목갈라나라고 부르게 되었다.

목갈라나는 이런 부유하고 명망 높은 가문에서 성장하여 온전히 브라흐민 전통으로 교육되었다. 사리뿟따와는 동갑으로 절친한 친구였다. 이 두 친구는 공부할 때에도, 놀 때에도, 즐길 때에도, 일할 때에도 늘 함께였다. 이들의 우정은 죽을 때까지 지속되었다. 그런데 이들의 성격은 아주 달랐다. 우빠띳사(사리뿟따)가 모험을 좋아하고 도전적이며 진취적인 성격이라면 꼴리따(목갈라나)는 침착하고 세련된 성품을 가졌다. 앞서 언급했듯이, 우빠띳사는 장남이면서 3명의 남동생과 3명의 여동생이 있었으나 꼴리따는 외동아들이었다. 이처럼 다른 성품에도 불구하고 이들은 다투거나 갈등을 일으킨 적이 없었다.

(2) 마하목갈라나의 출가 동기

매년 라자가하에는 인기 있는 쇼와 오락을 보여주는 '언덕꼭대기 축제'가 열렸다. 꼴리따는 우빠띳사와 함께 축제를 즐겼다. 첫째 날, 둘째 날은 축제를 즐겼지만 셋째 날에는 무언가 마음 깊이 편안치 않은 느낌을 받았다. 이런 상념으로 밤잠을 이루지 못하였다. 그다음 날 두 친구는 똑같은 느낌을 서로 이야기하였다. 우빠띳사가 말하였다.

"눈과 귀의 쾌락의 추구가 우리에게 무슨 소용이 있니? 그것들은 추구할 가치가 없는 것이야. 그러니 삶의 허망함에서 벗어나는 길을 찾아야 하지 않겠니? 이런 생각들이 내 마음에 가득 차 있어."

꼴리따가 말하였다.

"나도 너와 똑같은 생각을 했어. 우리는 해탈의 길을 찾아야 해."

우빠띳사가 말하였다.

"그러기 위해서는 집과 소유물을 포기해야 해. 가진 것 없이 마치 날개 하나만 가지고 나는 새처럼."

그래서 이들은 브라흐민 최고 가문의 영예와 부를 버리고, 머리와 수염을 깎고 수행자의 옷을 입고, 그들을 따라 출가한 동료들과 함께 산자야 벨랏타뿟따(Sañjaya Belaṭṭhaputta)에게 출가하여 계를 받았다.[455] 산자야는 회의주의자였다. 그는 정확한 답이나 해결책을 내놓지 않고 미꾸라지처럼 회피하였다.

오래지 않아 이들은 산자야에게서 더 이상 배울 게 없음을 알고 여러 해 동안 인도 전역을 떠돌며 유행하였다. 이런 고행의 기간 동안 이들은 수많은 고행자와 수행자, 지혜로운 브라흐민들을 만났다. 만나는 그들과 함께 삶의 의미, 바른 수행, 해탈, 열반의 길 등을 토론하였다.그러나 아무도 우빠띳사와 꼴리따의 의문을 시원히 해결해 주지 못하였다.

인도 전역을 떠돌던 이 두 친구는 방랑고행자의 삶을 포기하고 그들의 고향

455　이들이 출가할 당시 싯닷타 왕자는 결혼하게 되었다고 한다. Hellmuth Hecker, Great Disciples of the Buddha, p. 71.
부처님은 결혼하여 1년 후에 라훌라가 태어났을 때 출가하였으므로, 부처님보다 사리뿟따와 목갈라나는 1년여를 먼저 수행하였다고 할 수 있다. 부처님이 6년을 고행하는 동안 이들은 인도 각지를 유행하며 고행과 수행을 하였다. 이들이 부처님을 만났을 당시, 이들은 이미 7~8년 정도를 여러 교단의 수행자, 사상가들과 만나 토론도 하고 수행을 하였기에 어느 누구도 지혜와 수행에 있어서 따라갈 수 없었을 것이다.
이들은 부처님의 제자가 되었지만 이미 수행자로서의 모든 면모가 다져졌기 때문에 부처님으로서는 행운의 두 제자를 얻은 셈이다. 사리뿟따와 목갈라나는 여러 면에서 탁월하고 빼어났기에, 이들이 부처님의 으뜸 제자가 된 것은 결코 우연이 아니었다.

마가다로 돌아왔다. 우빠띳사와 꼴리따는 이때 40세였다.[456] 이때는 이미 이들이 7~8년 정도 수행과 고행을 마친 시기였다. 이들은 부처님보다 1년 더 먼저 수행을 시작하였다고 볼 수 있다.

　　마가다로 돌아온 이들은 많은 실망 가운데서도 희망을 버리지 않았다. 그래서 먼저 죽음이 없는 진정한 길을 발견한 사람은 즉시 서로 알려주기로 약속하고 헤어져서 각자 진정한 선각자를 찾아 나섰다.

　　이즈음은 부처님이 바라나시에서 최초의 가르침을 열고 전법 선언을 한 시기와 맞물린다. 60명의 아라한에게 가르침을 전하라고 내보내신 후 부처님은 라자가하로 가셨다. 이때 빔비사라 왕과의 만남으로 최초의 승원인 죽림정사가 건축되었다.

　　부처님은 우빠띳사와 꼴리따가 라자가하로 돌아왔을 당시 죽림정사에 계셨다. 이때 사리뿟따는 부처님의 최초 다섯 명의 비구 제자 중 하나인 앗사지 비구를 만나게 되었고, 그로부터 짤막하지만 부처님 가르침의 핵심을 듣게 된다. 이 둘은 눈이 번쩍 뜨이는 부처님 가르침을 앗사지 비구로부터 듣고 출가를 결심하게 되었으며 죽림정사로 가서 출가하게 된다.

(3) 가장 뻬어난 한 쌍의 제자

사리뿟따와 목갈라나는 부처님께 출가한 후, 홀로 떨어져서 열심히 정진하였다. 그 결과 부처님의 경책에 의해 목갈라나는 출가 후 7일 만에 아라한이 되었고, 사리뿟따는 2주 만에 아라한의 경지에 이르렀다. 시자가 된 뒤 아난다가 부처님 곁을 항상 그림자처럼 따랐듯이, 사리뿟따와 목갈라나도 서로 그림자처럼 항상 함께 있었다.

456　부처님은 35세에 깨달음을 얻고 최초 다섯 명의 비구들에게 가르침을 열었다. 이후 60명이 아라한이 되기까지의 기간이 있었고, 죽림정사가 다 지어진 후 우빠띳사와 꼴리따를 만났으니 약 2년 정도의 시간이 소요되었다고 추측할 수 있다. 부처님이 37세가 될 무렵이었으니 이 두 제자는 부처님보다 약 세 살 정도 나이가 많다고 할 수 있다.

부처님이 연세가 드셔서 육체적으로 피로할 때에는 사리뿟따, 목갈라나 또는 아난다가 부처님을 대신하여 비구들에게 설법하였다. 경전에는 부처님은 등이 아파서 좀 누워야겠다고 말씀하시고 이 세 명의 비구 중 한 명에게 설법하라고 말씀하시는 경우가 많다. 부처님이 설법을 위임한 비구는 오직 이 세 명의 비구뿐이다.

【상윳따니까야 17.23】

믿음이 있는 재가자라면 그의 사랑하는 외아들에게 이렇게 간절히 타일러야 한다.

"애야, 네가 만일 출가한다면, 사리뿟따나 목갈라나처럼 되어야 한다."

【맛지마니까야 141】

"비구들이여, 사리뿟따와 목갈라나를 따르라. ⋯ 사리뿟따는 어머니와 같고, 목갈라나는 유모와 같다. 사리뿟따는 '흐름에 든 이'로 인도하고, 목갈라나는 '최상의 목표'로 인도한다."

이로써 사리뿟따와 목갈라나는 승단에 새로 들어와서 수행 정진하는 비구들이 아라한의 단계에 이르도록 수련을 담당하는 사람이었음을 알 수 있다.

(4) 부처님의 조력자 마하목갈라나

사리뿟따와 목갈라나는 한 쌍의 으뜸 제자로서 부처님을 도와서 승단의 대소사를 처리하였다.

① 6명의 그룹 비구들과의 관계

6명의 비구들은 부처님의 계율에서 빗나가 자기들 마음대로 행동하여 승가의 이미지를 흐렸다. 이에 부처님은 사리뿟따와 목갈라나를 보내어 이 일들을 처리하였다.

② 데와닷따가 승단 분열을 도모했을 때의 역할

데와닷따는 부처님 승단을 분열하여 일부 비구들을 데리고 나가서 자신의 승단을 새로 만들었다. 이에 부처님은 사리뿟따와 목갈라나를 보내었고 결국 이들 비구들을 데려오게 되었다.

【맛지마니까야67】

사리뿟따와 목갈라나는 500명의 새내기 비구들을 데리고 짜뚜마(Cātumā)로 부처님을 뵈려고 찾아갔다. 그런데 먼저 있던 비구들과 서로 인사하고 잠자리를 정리하는 동안 시끌벅적하게 되었다. 부처님은 시끄럽게 구는 이들을 내보내셨다. 그러자 사꺄족들의 간절한 원에 의해 부처님은 다시 이들을 받아들이셨다.

부처님이 말씀하셨다.

"훌륭하다, 목갈라나. 내가 비구 승가를 이끌거나 또는 사리뿟따와 목갈라나가 비구 승가를 이끌 것이다."

위사카 재가녀가 미가라마뚜 강당(아래층 500개의 방사와 2층 500개의 방사를 가진 2층의 건물)을 지을 때, 위사카의 요청으로 부처님은 목갈라나를 감독으로 지명하셨다. 그래서 비구들이 편리하게 사용할 수 있도록 지어졌다.

(5) 마하목갈라나의 열반

사리뿟따가 열반한 지 2주 후에 목갈라나도 열반에 들었다. 그리고 6개월 후 부처님마저 80세에 열반에 들었다. 이들 한 쌍의 으뜸 제자들은 부처님보다 3~4세가 더 많다는 점을 고려할 때 목갈라나와 사리뿟따는 83세나 84세에 열반한 것이 된다. 목갈라나의 열반은 전생에 그가 지은 업의 나타남이라고 주석서는 말한다.[457]

---

457 담마빠다 주석서 Ⅲ. 65; 자따까 V. 125.

그 당시 부처님의 교단은 가장 영향력 있는 교단으로 재가자들의 존경과 공경과 공양을 충분히 받았다. 다른 어느 교단도 부처님 교단처럼 대우받지 못하였다. 그다음으로 영향력 있는 교단은 나체 고행을 하는 니간타(Nigaṇṭha) 교단이었다. 그들은 사사건건 부처님 교단을 헐뜯고 시기하였다. 부처님 교단 때문에 자기들 교단이 잘 안 된다고 생각하였고, 더구나 부처님의 큰 제자들은 질투의 대상이 되었다.

이때 목갈라나는 생의 마감일이 얼마 남지 않았음을 알고, 홀로 라자가하의 이시길리 산의 검은 바위에 있는 오두막에 있었다. 니간타들은 부처님의 유능한 큰 제자를 없애면 자신들의 입지가 조금이라도 더 넓어진다고 생각하였고, 급기야는 한 무리의 강도들에게 돈을 주고 목갈라나를 죽이라고 사주하였다. 목갈라나는 이들 도적들에게 죽임을 당하여 열반에 들었다. 전생의 그의 업장을 받은 것이다.

4) 마하깟짜나(Mahākaccāna) 존자

부처님이 간단하게 말씀하신 것을 자세하게 분석하는 데 으뜸가는 제자는 마하깟짜나이다. 더구나 담마의 대장군인 사리뿟따가 열반한 후, 마하깟짜나 존자는 사리뿟따 다음으로 담마를 가장 잘, 정확히, 이론적으로, 조직적으로, 체계적으로 설할 줄 아는 존자였다.

깟짜나는 아완띠(Avantī)의 수도인 웃제니(Ujjeni)의 짠다빳조따(Caṇḍappajjota) 왕의 궁중 사제의 아들로 태어났다. 그는 가장 존경받는 브라흐민 깟짜나 가문에 태어났다. 그는 베다에 숙달하고 브라흐민의 전통적인 성서를 공부했다. 부친이 별세한 후 그는 아버지를 이어 궁중 사제가 되었다.

한편 짠다빳조따 왕은 부처님이 이 세상에 오셨다는 소식을 들었다. 그래서 그의 궁중 사제와 수행원들을 부처님께 보내어 부처님을 초청하였다. 부처님은 이들에게 가르침을 설하였는데, 가르침을 듣고 난 후 깟짜나와 그의 일곱 명의 수행원들은 모두 아라한과를 얻었다. 부처님은 그들에게 간단히 "오너라 비구여."라는 말을 하였는데, 이것이 수계가 되었다.

비구가 된 마하깟짜나가 웃제니로 돌아가서 왕을 만났을 때, 짠다빳조따 왕은 마하깟짜나 존자를 매우 공경하였다. 많은 사람들이 이 소식을 들었고 젊은이들 중에는 비구가 되는 이가 많았다. 왕비는 그를 위해 '황금 숲'에 승원을 지었다.

수계를 받은 후 마하깟짜나 존자는 그의 고향인 아완띠에 머물렀다. 아완띠에 거주하면서도 깟짜나 존자는 정기적으로 부처님의 가르침을 들으러 먼 길을 다녔다. 그래서 부처님 계신 곳의 으뜸 장로는 깟짜나를 위하여 항상 묵을 곳을 남겨 놓았다.

【맛지마니까야 18】

부처님은 까삘라왓투의 니그로다 승원에 계셨다. 부처님은 비구들에게 설법하시고 승원으로 들어가셨다. 그런데 부처님이 간략하게 말씀하셨기 때문에 비구들은 그 자세한 설명을 듣고 싶어 하였다. 비구들에게 이런 생각이 들었다.

'마하깟짜나 존자는 부처님이 칭찬하셨고, 청정한 삶에서 지혜로운 동료들의 존경을 받고 있다. 그분은 자세한 뜻을 설명할 수 있다. 그러니 그에게 가서 자세한 뜻을 물어보자.' 그래서 그들은 마하깟짜나 존자에게 가서 자세한 뜻을 물었다. 그는 아주 자세하게 설명하였다. 그들이 다시 부처님께 가서 마하깟짜나의 설명을 말씀드리니, 부처님은 "비구들이여, 마하깟짜나는 현명하다. 마하깟짜나는 큰 지혜를 가지고 있다. 그대들이 그 뜻을 물어본다 해도 나 역시 그처럼 말했을 것이다."라고 말씀하셨다.

【맛지마니까야 84】

마하깟짜나 존자가 마두라의 군다 숲에 있었다. 마두라의 왕 아완띠뿟따(Avantiputta)는 이런 이야기를 들었다. '깟짜나 사문이 마두라의 군다 숲에 있다. 그에 대한 훌륭한 평판이 퍼져있다. 그는 지혜롭고, 분별력이 있고, 총명하고, 학식이 있고, 유창하게 말하고, 통찰력이 있다. 그는 연로한 아라한이다.'

그래서 왕은 깟짜나 존자를 만나 4성계급에 대해 질문하였다. 깟짜나 존자가 4성계급의 문제점을 조목조목 나열하니, 왕은 인간은 다 평등하다는 결론을 얻었다.

【상윳따니까야 22.3】

마하깟짜나 존자는 (고향인) 아완띠의 꾸라라가라 산협에 있었는데 장자 할릿다까니가 와서 부처님 말씀 중에서 그 자세한 뜻을 질문하자 깟짜나의 박학다식한 설명이 이어진다.

【상윳따니까야 35.132】

마하깟자나 존자는 아완띠의 막까라까따 초막에 있었다. 그때 브라흐민 로힛짜의 제자들이 땔감을 구하러 와서 초막을 돌며 욕을 하고 소란을 피우자 깟짜나 존자는 이들에게 게송으로 브라흐민을 평가하였다.

로힛짜는 이 말을 듣고 화가 나서 깟짜나에게 따지러 왔다가 그의 해박한 설법을 듣고 오히려 제자가 되었다.

5) 마하깟사빠(Mahākassapa) 존자

(1) 마하깟사빠 존자의 출가

마하깟사빠[458] 존자는 마가다의 브라흐민 마을에서 부유한 브라흐민 가정에서 태

---

458 부처님이 경전에서 여러 차례 후계자로 지목한 사람은 오직 사리뿟따 존자뿐이다. 부처님

어났다. 그는 부모님의 권유로 밧다 까삘라니(Bhaddā Kapilāni)와 내키지 않는 결혼을 하게 되었다. 그런데 그녀 역시도 결혼은 원치 않고 수행녀가 되기를 원하였다. 부모의 강권으로 결혼하였어도 그들은 출가 고행자의 꿈을 버리지 않고 살았다.

밧다 까삘라니의 부모가 죽은 후에 그들은 머리를 깎고 가사를 입고 방랑수행자가 되었다. 그들은 각자의 방향으로 헤어졌다. 마하깟사빠는 부처님을 만나 제자가 되어 계를 받았고, 밧다 까삘라니는 기원정사의 부처님 가르침을 듣고 신심을 일으켜 비구니가 된 후 열심히 수행 정진하여 아라한이 되었다.

(2) 마하깟사빠 존자에 대한 경전 내용

【상윳따니까야 16.5】

부처님은 한때 죽림정사에 계셨다. 부처님은 마하깟사빠 존자에게 말씀하셨다.

"그대는 연로한 나이에 이르렀다. 닳아빠진 베로 만든 누더기 가사가 그대에게는 너무 무겁다. 그러므로 그대는 장자들이 공양 올린 가사도 입고, 식사 공양의 초대에도 가고, 내 가까이 (승원에) 살았으면 좋겠다."

"부처님, 저는 오랫동안 숲에서 살아왔습니다. 저는 탁발 음식으로 살아

은 마하깟사빠 존자의 수행과 고행을 찬탄하셨을 뿐, 그를 후계자로 지목한 적은 없다. 그는 1,000여 명이 넘는 승단의 대소사에는 전혀 관심이 없었다. 그는 오직 자신의 수행에만 안주하였다. 그러다가 부처님이 열반하시자, 25년 시자를 살면서 법문에 탁월한 경지에 이른 아난다 존자를 제쳐놓고 비구니 승가에 가서 설법을 하였다. 이때 비구니들은 갑자기 나타나 별로 신통치 않은 법문을 하는 그가 못마땅하여 힐난을 하였다. 더구나 그는 아난다를 '젊은이들과 어울리는 애숭이'라고 다른 사람 앞에서 무시하였고, 1차 결집에는 500명 중 한 사람으로 아난다를 뽑지도 않았다. 아난다는 깨달음을 얻지 못했다고 온 사방에 공포한 격이 되었다. 그러나 아난다는 마하깟사빠의 무시와 비난을 듣고도 대항하지 않았다.
부처님 가르침을 듣자마자 그 자리에서 깨달음을 얻은 사람도 많은데, 아난다는 25년간이나 바로 옆에서 부처님의 가르침을 들었고 부처님이 명상을 할 때 같이 명상을 했던 그야말로 부처님의 가장 가까운 시자가 아니던가. 깨달음 그 이상을 얻고도 남을 사람이다.

왔습니다. 저는 누더기 가사를 입어왔습니다. 저는 세 벌 가사만 소유한 사람입니다. 저는 욕망이 적습니다. 저는 만족하며 살아왔습니다. 저는 홀로 떨어져서 살아왔습니다. 저는 세상과는 초연하게 살아왔습니다. 저는 정진을 하며 살아왔습니다."

부처님은 말씀하셨다.

"깟사빠, 닳아빠진 베로 만든 누더기를 입고, 탁발을 하며, 숲에서 살아라."[459]

【상윳따니까야 16.6】[460]

부처님이 마하깟사빠 존자에게 비구들에게 담마를 가르치라고 말씀하셨을 때 그는 이렇게 말하였다.

"부처님, 요즘 비구들은 가르치기가 어렵습니다. 그들에게는 가르치기 어렵게 만드는 특성이 있습니다. 그들은 참을성도 없고, 존경심을 가지고 가르침을 받아들이지도 않습니다.[461] 부처님, 저는 아난다의 생도 반다(bhaṇḍa)와 아누룻다의 생도 아빈지까(Abhiñjika) 비구가 "자, 비구여, 누가 더 말을 많이 하는가? 누가 더 말을 잘하는가? 누가 더 말을 오래 하는가?" 하고 경쟁하는 것을 보았습니다."

---

459 이 경전은 마하깟사빠를 잘 말해주고 있다. 부처님이 마하깟사빠의 고행주의에 대하여 조언을 주셨지만, 마하깟사빠는 자신은 그렇게 살아왔고 그게 좋다며 부처님 제안을 받아들이지 않는다. 결국 부처님은 그렇다면 "그대 좋을 대로 살아라."라고 말씀하셨다. 그는 장자가 공양한 가사도 안 받고, 식사초대에도 가지 않고, 승원이 아닌 숲에서만 살았다. 이처럼 승단이나 사회와는 고립되어 사는 그에게 중생에 대한 자비심에서 나온 부처님의 전법 정신이 없는 것은 당연하다.

460 상윳따니까야는 어떤 특정 존자의 이름이 붙은 상윳따가 여럿이다. 16번째인 깟사빠상윳따는 총 13개의 경으로 깟사빠에 관한 내용이다. 이 중 6, 7, 8번 세 개의 경 시작 전반부는 깟사빠 존자가 젊은이를 비판하는 내용으로 똑같다. 10과 11번의 경은 비구니의 힐난을 받는 깟사빠 존자에 대한 이야기이다.

461 마하깟사빠 존자는 항상 젊은 비구들을 못마땅하고 부정적으로 본다. 젊은 비구가 없으면 승단은 어떻게 이어가나?

··· 그래서 부처님은 이 두 비구를 부르셔서 나무라시고 이들은 부처님 앞에 참회하였다.[462]

(3) 부처님 열반 후에 일어난 일들

① 비구니의 힐난을 받은 마하깟사빠 존자

【상윳따니까야16.10】

(부처님이 열반하신 지 오래지 않았을 때) 마하깟사빠 존자는 아난다 존자와 함께 어떤 비구니 승원으로 갔다. 마하깟사빠 존자는 비구니들에게 설법을 한 후 나가려고 하는데 툴라띳사(Thullatissā) 비구니가 이렇게 말하였다. "마하깟사빠 존자는 위데하의 성자인 아난다 존자 앞에서 가르침을 설해야 한다고 생각합니까? 마치 바늘 장사가 바늘을 만드는 사람 앞에서 바늘을 팔아야 한다고 생각하듯이 이와 같이 마하깟사빠 존자는 위데하의 성자 앞에서 가르침을 설해야 한다고 생각합니까?"

② 젊은 비구를 포용 못 하는 마하깟사빠 존자

【상윳따니까야16.11】

(부처님이 열반하신 지 오래지 않았을 때) 그때 아난다 존자는 닥키나기리(Dakkhiṇāgiri)에서 많은 비구 승가와 함께 유행하고 있었다. 그때에 아난다를 따르던 대부분 젊은이 30명이 수련을 포기하고 환속하였다. ··· 마하깟사빠는 아난다에게 말하였다.

"벗 아난다여, 그대는 왜 감각기관을 지키지도 못하고, 먹는 데 적당량

---

462   여기에서도 마하깟사빠 존자는 아난다와 아누룻다의 생도를 비판하고 있다. 이들을 참회하도록 만들고 있다. 어른으로서 이렇게 부처님께 이른다는 것은 그의 덕성과 포용력에 문제가 있음을 말해준다.

도 모르고, 깨어있지도 못한 젊은 비구들과 함께 유행을 하는가? 사람들은 '그대는 곡식을 짓밟고 유행하고, 가정을 파괴하면서 유행하고 있다'라고 생각할 것이다. 벗 아난다여, 그대의 젊은이 비구들은 해산되었다. 그대의 젊은이 비구들은 떨어져 나가버렸다. 이 젊은 애송이들은 분수를 모른다."

이에 아난다 존자는 이렇게 말하였다.

"내 머리에 흰 머리가 났습니다. 그런데 오늘 마하깟사빠 존자는 우리들을 애송이라고 부르고 있습니다."

그때 비구니 툴라띳사는 마하깟사빠 존자가 위데하의 성자 아난다 존자에게 '애송이'라고 말하는 것을 들었다. 그녀는 기분이 언짢아서 이렇게 말했다.

"전에 이교도였던 마하깟사빠 존자가 어떻게 위데하의 성자인 아난다 존자를 '애송이'란 말로 헐뜯어야 한다고 생각하십니까?"

그때 마하깟사빠 존자는 비구니 툴라난다(Thullanandā)가 이렇게 말하는 것을 듣고 이렇게 말하였다.

마하깟사빠 존자는 120세까지 살았다고 한다. 그는 1차 결집 시에 120세였다고 한다. 그래서 1차 결집을 마치고 열반에 들었다고 한다.[463] 그렇다면 부처님은 80세에 열반에 드셨으니 마하깟사빠는 부처님보다 40세가 많다는 말인데 이치가 맞지 않는다. 오류인 듯하다. 전승이 다 맞을 수는 없다.

---

463   디가니까야 주석서 II 413.

6) 아누룻다(Anuruddha) 존자

(1) 아누룻다 존자의 가계와 출가

아누룻다 존자는 부처님의 첫 번째 사촌이다. 그는 부처님의 가장 훌륭한 제자 중의 한 명이다. 그는 사꺄족의 아미또다나(Amitodana) 왕자의 아들이다. 붓다의 용모가 출중하듯이 아누룻다나 그의 배다른 동생인 아난다의 용모 또한 훌륭하였음을 경전의 내용을 통하여 알 수 있다.

왕가에 태어난 그는 부유하고 사치하게 양육되었다. 그가 원하는 것은 무엇이든지 다 충족되었다. 그는 이 모든 부와 명예를 누리면서 살았다. 그런데 그의 사촌인 부처님이 깨달음을 이루고 까삘라왓투를 방문하였을 때 그의 인생은 바뀌었다. 아누룻다의 형인 마하나마(Mahānama)[464]는 아누룻다에게 말하였다.

"나든지 너든지 한 명은 출가를 하자."

아누룻다는 이 말에 충격을 받았다. 그래서 마하나마에게 말하였다.

"이렇게 부와 명예를 누리면서 귀하게 자랐는데 나는 그렇게 살 수 없어요. 형이 출가하세요."

마하나마는 아주 현실적인 이야기를 하였다.

"아누룻다, 재가의 삶은 무거운 짐이야. 밭을 갈고, 씨를 뿌리고, 물을 주고, 잡초를 뽑아야 하고, 곡물을 거둬들여 겨를 벗겨야 하고, 곡물을 운반해야 해."

아누룻다는 물었다.

"그럼 언제 그 일이 다 끝나요? 그럼 언제 걱정 없이 즐기며 살 수 있어요?"

"일이 끝나는 때는 없어. 할아버지, 아버지는 이미 돌아가셨지만 일은 계속되고 있어."

마하나마의 말을 듣는 동안 아누룻다의 마음은 출가 쪽으로 기울고 있었다.

---

464 사꺄족의 마하나마는 경전에 가장 많이 나타나는 사꺄족이다. 그는 부처님을 자주 방문하고 가르침을 들었다. 그는 부처님께 지극정성의 신심을 가지고 있는 부처님의 친족 사촌이다.

끊임없는 윤회에 돌고 돌며 노역과 살기 위해 투쟁을 해야 하는 그 자신이 보였다. 그래서 현재의 부와 명예가 무의미하게 보였다. 이런 윤회를 벗어나는 길, 그의 사촌 붓다가 간 길을 가야겠다는 생각이 들었다.

그가 어머니에게 가서 출가의 타당성을 말하고 출가하겠다고 하였으나 그녀는 아들과의 이별을 원치 않는다고 완강히 반대하였다. 그러나 그는 다른 사꺄족의 왕자들과 함께 출가하게 되었다. 당시 6명의 사꺄족 왕자들이 출가하였다. 밧디야(Bhaddiya), 아누룻다(Anuruddha), 아난다(Annanda), 바구(Bhagu), 낌빌라(Kimbila), 데와닷따(Devadatta)이다. 또한 이들의 왕궁 이발사인 우빨리도 출가하게 되었다. 불교 전통에 의하면 아누룻다 존자는 아라한과를 얻기 전에 천안통[465]이 열렸다. 부처님은 이들 귀하게 자란 왕자들이 출가하여 잘 적응하며 견디는지를 수시로 아누룻다에게 물어보셨다.

【맛지마니까야 68】

부처님은 꼬삼비의 고시따 승원에 계셨다. 부처님은 꼬살라의 날라까빠나(Naḷakapāna)의 빨라사(Palāsa) 숲에 계셨다. 그때는 사꺄족의 왕자들과 왕족들이 출가하여 비구가 된 때였다. 부처님은 비구들에 둘러싸여 바깥에 앉아 계셨다. 부처님은 이들 왕자들이 잘 적응하고 만족하며 사는지를 물으셨다.

"비구들이여, 훌륭한 가문의 자제들이 믿음으로 출가를 하였는데 그대들은 청정한 삶에서 기뻐하는가?"

그러나 아무도 대답하지 않았다. (그래서 왕족 자제들의 대표 격인) 아누룻다에게 직접 물으셨다.

"아누룻다, 그대들은 청정한 삶에서 기뻐하는가?"

"물론입니다. 부처님, 저희들은 청정한 삶에서 기뻐합니다."

---

465 천안통: 눈으로 볼 수 있는 그 너머의 것을 볼 수 있는 능력.

그때 아누룻다, 난디야, 낌빌라 존자가 동쪽 대나무 숲에 있었다. 부처님은 이들을 방문하여 수행에 어려움은 없는지, 탁발에 어려움은 없는지, 수행은 잘하고 있는지 등을 물으셨다. 이들은 모두 잘 지내고 어려움은 없다고 말하였다. 부처님은 이들에게 수행에 도움이 되는 가르침을 주셨다.

(2) 부처님 열반의 때에

부처님이 열반하실 때 아누룻다 존자는 아난다 존자와 함께 부처님 옆에 있었다.

【상윳따니까야 6.15】

부처님은 꾸시나라에 계셨는데 말라족의 한 쌍의 살라나무 사이에 계셨다. 부처님은 비구들에게 말씀하셨다.

"비구들이여, 모든 형성된 것은 무상한 것이다. 부지런히 정진하라."

이것이 여래의 마지막 말씀이었다. 그리고 부처님은 선정에 드셨다. 그리고 열반에 드셨다.

부처님이 열반에 드셨을 때 아누룻다는 이런 게송을 말하였다.

평온한 마음을 가진 확고한 분에게
들숨과 날숨은 더 이상 없네.
부동의 경지에 이르고 평온을 성취한 분
눈 있는 분은 완전한 열반에 드셨네.

【디가니까야 16.6.8】

부처님이 열반하시자 비구들은 울며 탄식하였다. 이때 아누룻다 존자는 말하였다.

"벗들이여, 부처님이 이미 말씀하시지 않았습니까? 모든 존재하는 것들

은 무상하다고. ⋯ 아난다여, 꾸시나라로 가서 말라들에게 부처님이 열
반하셨다고 말하세요."

⋯ 그래서 말라들이 부처님의 존체를 모시고 향을 사르고, 음악을 연주
하고, 화환을 장식하여 6일 동안 추도의 예를 올렸다. 그리고 다비를 하
였다.

이 모든 일들은 비구들을 대표하여 아누룻다 존자가 지시하였고, 말라들은 이런
일들을 잘 진행하였다. 물론 1차 결집에서도 아누룻다 존자는 중심 역할을 하였다.

7) 마하빠자빠띠 고따미(Mahāpajāpatī Gotamī) 비구니

(1) 부처님의 양모
마하빠자빠띠 고따미는 사꺄족의 데와다하 마을에서 태어났다. 까삘라국의 숫도
다나(Suddhodana) 왕은 마하마야(Mahāmāyā)와 결혼하여 싯닷타 왕자를 낳았는데 7
일 만에 세상을 떠났다. 그래서 마하마야 왕비의 여동생인 마하빠자빠띠 고따미가
왕자를 양육하였다. 그러니 부처님의 양모가 부처님을 29세까지 양육한 것이다.

(2) 비구니로 출가 결심
부처님이 깨달음을 얻은 후 4년에 숫도다나 왕이 죽자 마하빠자빠띠 고따미 왕비
는 출가하기로 결심하고 부처님의 허락을 받을 기회를 기다렸다. 그런데 그때 사
꺄족과 꼴리야족은 로히니(Rohini) 강물 사용권을 놓고 다툼이 일어났다. 그래서
부처님이 오셔서 이 분쟁을 원만히 해결하였다. 부처님은 양쪽 편의 사람들에게
가르침을 설하셨는데 이 가르침을 듣고 500명의 로히니족과 사꺄족의 젊은이들
이 출가하였다. 그리고 이들 500명의 아내들은 마하빠자빠띠 고따미 왕비에게로
가서 함께 출가하겠다고 간청하였다.

(3) 비구니로 출가 허락을 간청함(부처님이 깨달음을 얻은 후 5년 무렵)

【율장 쭐라왁가 X】

한때 부처님은 까삘라왓투의 니그로다 승원에 계셨다. 그때 마하빠자빠띠 고따미가 부처님께로 가서 이렇게 말하였다.

"부처님, 여성도 여래가 선포하신 담마와 율에 출가하도록 허락해 주시면 좋겠습니다."

"오 고따미여, 여래가 선포한 담마와 율에 여성도 출가하는 것에 마음 쓰지 마십시오."

두 번째에도, 세 번째에도 마하빠자빠띠 고따미는 부처님께 허락해 주실 것을 요청하였다. 그러나 부처님은 허락하지 않으셨다. 그래서 그녀는 비통하고 슬퍼서 눈물을 흘리면서 울었다.

부처님은 웨살리로 가서 중각강당에 머무셨다.

마하빠띠 고따미는 머리를 삭발하고 가사를 입고, 많은 사꺄족 여인들과 함께 웨살리 중각강당으로 갔다.[466]

그녀는 발은 퉁퉁 붓고, 먼지투성이로, 비통하고 슬퍼서 울면서 문간 옆에 서 있었다. 그때 아난다 존자는 그녀를 보고 물었다.

"고따미여, 왜 그렇게 발은 퉁퉁 붓고, 먼지투성이로 울고 있습니까?"

"아난다 존자님, 부처님이 여성의 출가를 허락하지 않으십니다."

"그러면 여기에 계십시오. 제가 부처님께 여성의 출가를 간청해 보겠습니다."

그래서 아난다 존자는 부처님께 말씀드렸다.

"부처님, 마하빠자빠띠 고따미께서 발은 퉁퉁 붓고 먼지투성이로 울고 있습

---

466 까삘라왓투에서 웨살리까지는 아주 먼 길이다. 이 길을 맨발로 가사만 입고 밤에는 숲에서 자고 몇 주간을 걸어서 간 것이다. 젊은 나이도 아니고, 곱게 궁성에서 자란 그녀에게 고생이란 이루 말할 수 없었을 것이다.

니다. 여성도 여래의 담마와 율에 출가하도록 허락해 주시면 좋겠습니다."

그러나 부처님은 허락하지 않으셨다. 그래서 아난다 존자는 다른 식으로 말씀드려야겠다고 생각하였다.

"부처님 여성도 출가를 하면 예류과, 일래과, 불환과, 아라한과[467]를 얻을 수 있습니까?"

"얻을 수 있지, 아난다."

"부처님, 그렇다면 마하빠자빠띠 고따미는 부처님께 많은 도움을 주신 분입니다. 그분은 이모로서, 유모로서, 양어머니로서 부처님 모친이 돌아가셨을 때 젖을 먹여 길러주셨습니다. 그러니 여성도 출가할 수 있도록 허락해 주시면 좋겠습니다."

"아난다, 마하빠자빠띠가 이 무거운 규정(팔경법)을 받아들인다면 계를 받을 수 있다."

여기에는 지면상 '팔경법'의 여덟 가지 규정 중에서 문제가 되는 1번, 7번, 8번의 세 가지만 싣는다.

- 비구니 팔경법 1. 비구니가 계 받은 지 100년이 되었다 하더라도 바로 그날 계를 받은 비구에게 절을 하고, 자리에서 일어나 합장하고 경의를 표하여야 한다. 이 규정은 공경하고, 존경하고, 존중하여 살아있는 한 범하지 말아야 한다.
- 비구니 팔경법 7. 어떤 이유로든 비구니는 비구를 욕하거나 비방을 해서는 안 된다. 이 규정은 … (뒤의 내용은 동일).
- 비구니 팔경법 8. 오늘부터 비구니는 비구를 가르치는 것이 금지되지만, 비구는 비구니를 가르치는 것이 금지되지 않는다. 이 규정은 … (뒤의 내용은 동일).

그래서 아난다 존자는 마하빠자빠띠가 팔경계를 받아들이겠다는 말을 듣고

---

467 깨달음의 네 가지 단계

는 다시 부처님께 가서 말씀드리니 부처님은 이렇게 말씀하셨다.

"여래가 선포한 담마와 율에 여성이 출가하지 않으면 청정한 삶은 오래 갈 것이고, 바른 담마는 1,000년을 갈 것이다. 그러나 여래가 선포한 담마와 율에 여성이 출가하게 되었기 때문에, 청정한 삶은 오래가지 못할 것이고, 바른 담마는 500년밖에 가지 못할 것이다."[468]

아래는 1차 결집을 하는 도중에 아난다를 힐책하는 어떤 장로 아라한들의 발언들이다.

【율장 쭐라왁가 XI】

- 아난다가 발언하기를 "부처님은 작고 사소한 계율은 부처님 열반 후에 폐지해도 된다."고 말씀하셨다고 하니, 아난다 존자가 부처님께 사소한 계율이 무엇인지 여쭈어보지 않았다고 잘못하여 위반하였으니 자백하라고 하였다.
- 부처님 가사를 꿰매기 전에 그것을 밟은 후에[469] 가사를 만들었으니 (부처님 가사를 밟았으니) 잘못하여 위반하였으니 자백하라고 하였다.
- 부처님 열반 후에 부처님 존체에 여성들도 공경하도록 하였기 때문에, 그들의 눈물이 부처님 존체를 더럽혔으니 잘못하여 위반했다고 자백하라고 하였다.
- 부처님이 충분한 암시를 주었지만 아난다 존자는 부처님께 온전한 생애 기간 동안 (오래) 사시도록 말씀드리지 않았으니, 잘못하여 위반했으니 자백하라고 하였다.

---

468 율장 쭐라왁가 10편은 이것에 이어서 계속 시시콜콜한 것까지 비구니를 구속하는 율을 만들고 있다. 부처님은 열반 전에 작고 덜 중요한 계율은 폐지해도 된다고 하셨는데, 폐지는커녕 더 많은 율을 만들어 비구니를 속박하는 것이다.

469 보통 천은 모두 구겨지므로 물을 축여서 밟으면 주름이 펴지기 때문에 아난다 존자는 물을 축여서 밟은 후에 부처님 가사를 만들었던 것 같다. 그런데 거룩한 부처님 가사를 밟았다고 위반했다고 한다.

- 여래에 의해 천명된 담마와 율에 여성들도 출가하도록 부처님께 말씀드렸으니, 잘못하여 위반했으니 자백하라고 하였다.

이에 대한 아난다의 대답은 다음과 같다.

"존경하올 존자님들, 나는 여래에 의해 천명된 담마와 율에 여성들도 출가하도록 말씀드렸습니다. 그러나 나는 잘못을 범했다고 생각지 않습니다. 그러나 존자님들에 대한 믿음에서 잘못을 범했다고 자백합니다."[470]

아난다의 모든 대답은 주제 단어만 다르고 동일하다. 위의 내용 중에서 부처님 가르침과 상반된 잘못된 견해들을 간추려 보자.

① 비구니 팔경법 1. 비구니가 계 받은 지 100년이 되었다 하더라도 바로 그날 계를 받은 비구에게 절을 하고, 자리에서 일어나 합장하고 경의를 표하여야 한다. 비구는 남자고 비구니는 여자이기 때문에 계 받은 지 100년 된 꼬부랑 노 비구니가 오늘 계 받은 새파란 비구에게 절하라는 것이다. 즉 출가한 지 아무리 오래되었다 하더라도 여자니까 남자에게 절하라는 것이다. 부모, 형제, 재산, 명예, 세속적인 모든 것들을 초개같이 버리고 대 자유인으로 출가하였는데! 남자에게 절하기 위해 출가하였는가? 남자에게 왜 절하라고 하는가? 남자니까? 남자가 뭐 그리 대단하다고 여자를 멸시하는가? 남자나 여자나 평등한 인간일 뿐이다. 제관들은 4성계급을 만들어 놓고 가장 위에 군림하며 하층계급인 천민은 인간 취급도 하지 않았다. 부처님은 이 계급을 완전히 박살 낸 위대한 분이다. 인간은 행위에 의해서 귀하게도 되고 천하게도 되는 것이지 계급

470　많은 아라한이라는 장로 비구들 앞에서 잘못하여 자백하라고 다그치는데, 거기서 자백을 안 하면 아난다 자신이 힘들기에, 첫째로 아난다 자신은 잘못이라고 생각지 않는다고 분명히 말하고, 다음에 그래도 당신들에 대한 믿음에서 잘못이라고 자백한다고 하고 넘어가게 된다.

은 인간이 만든 것이라고 천명하셨다. 부처님은 인간은 남녀노소, 빈부귀천, 어느 누구라도 평등하다고 천명하셨다.

위와 같이 부처님이 말씀하신 것도 아닌 것을 여성을 꺾어 누르고 군림하려는 발상에서 어처구니없는 망언을 경전에 끼워 넣고 있다.

② 비구니 팔경법 7. 어떤 이유로든 비구니는 비구를 욕하거나 비방을 해서는 안 된다.

비구든 어느 누구든 잘못했으면 비난받아야 마땅하다. 그런데 남자는 아무리 잘못을 하여도 어떤 이유로든 비난하면 안 된다고? 남녀노소, 빈부귀천 어느 누구라도 잘못했으면 당연히 비난받아야 한다.

③ 여성이 출가하지 않으면 바른 담마는 1,000년을 가지만, 여성이 출가하였기 때문에 바른 담마가 500년밖에 가지 못한다.

위와 같이 말한 사람은 여성의 출가를 영 못마땅하게 생각하는 사람이다. 왜냐 하면, 그런 사람들의 생각에 여성은 남성에게 굴종하고 떠받들고 종처럼 살아 야 하는데, 출가 비구니가 되면 남성과 똑같이 당당하게 수행하며 살게 된다. 게다가 비구니 수백 명이 깨달음을 얻었다고 천명하니 그게 못마땅한 것이다. 부처님은 경전에서 누누이 바른 담마가 오래가지 못하는 이유는 그릇된 삶을 살 때라고 하셨다. 오히려 여성이건 남성이건 모두 힘을 합쳐 열심히 수행 정 진할 때 바른 담마는 오래간다고 하셨다.

④ 부처님 열반 후에 부처님 존체에 여성들도 공경하도록 하였기 때문에, 그들의 눈물이 부처님 존체를 더럽혔으니 잘못하여 위반했다고 자백하라고 하였다.

제관들은 천민을 만들어 노예로 부려 먹고, 천민이 만진 것은 오염되어 더럽다 며 공중 장소의 물도 못 마시게 하였다. 이런 말을 한 사람은 부처님의 견해에 상반되는 제관의 사고방식을 가진 사람이다. 천한 여성이 감히 남성의 몸에, 그것도 부처님의 존체에 눈물을 떨어뜨리다니. 그들은 여성의 천한 눈물은 부처님의 존체까지 오염시킨다고 생각한다. 그러면 여성들은 부처님 존체에 접근도 하지 말라는 말인데 상식 이하의 너무나 어처구니없는 발상이 아닌가. 이런 말들이 경전에 끼어 있다는 것이 부끄러운 일이다.

⑤ 여래에 의해 천명된 담마와 율에 여성들도 출가하도록 부처님께 말씀드렸으니, 잘못하여 위반했으니 자백하라고 하였다.

아난다 존자가 부처님께 비구니 출가 허락을 요청하였는데, 왜 비구니 출가 허락을 요청하였느냐? 그게 잘못이라는 것이다. 이런 사람은 비구니 중에서도 아라한이 수백 명이나 될 만큼 수행과 정진에 출중하였고, 웬만한 비구 이상의 깨달음을 얻은 비구니도 많다 보니 사사건건 여성과 출가 비구니가 못마땅한 것이다.

이런 몰상식한 견해를 가지고 더 이상 무슨 말을 하겠는가. 아전인수격으로 제관들이 4성계급을 만들어 놓고 맨 위에 군림하듯이, 상식 이하의 제관적 사고방식으로 여성을 천대하는 사람이 경전 속에 자신의 견해를 끼워 넣은 것은 여성이나 비구니 위에 군림하려는 자기 야욕일 뿐이다. 부처님 가르침을 멀리 떠나 있는 이런 수준에서 위와 같은 팔경계가 작성되었음을 쉽게 알 수 있다. 위와 같은 그릇된 말들은 전혀 부처님의 말씀이 아니고 작성자가 경전에 끼워 넣은 것이다.

⑥ 부처님은 처음에 왜 여성의 출가를 허락하지 않으셨을까?

부처님의 양모인 마하빠자빠띠 고따미가 출가 허락을 요청한 것은 부처님이 깨달음을 얻은 후 5년이 되었을 무렵이다. 이때는 부처님 승단의 초창기나 마찬가지였다. 물론 까삘라왓투의 니그로다 승원이나 중각강당 같은 큰 승원이 있었지만, 천 명이 넘는 비구들이 유행하고 머무는 곳은 숲이나 동굴, 산, 나무 아래, 망고 숲, 강둑, 왕의 정원 등의 노지였다. 맨발로, 가사만 입고, 유행하고, 탁발로 살아가고, 노지에서 잠을 자야 하는 이런 고행이 여성들에게는 당연히 무척 어려운 일이다. 사정이 이렇다 보니, 특히 여성들이 많은 위험에 노출되어 살아야 하는 이런 고행의 삶을 부처님은 양모나 여성들에게 시키고 싶지 않았을 것이다.

나중에 빠세나디 왕이 지은 라자까라마 비구니 승원이 생겼지만, 초창기에는 비구니 승원이란 것 자체가 없었기 때문에 매일 매일의 삶은 쉽지가 않았다. 실제로 수바 비구니가 명상을 하려고 숲으로 가는데, 남자가 가로막고 온갖 유혹을 다 하는 내용이 경전에 있다. 여성이 숲에서 명상한다는 것은 많은 위험이 따름을 알 수 있다. 그래서 부처님은 처음에 양모인 마하빠자빠띠 고따미의 출가 요청을 거절하신 것이다.

(4) 비구니 팔경계는 부처님의 말씀이 아니다

팔경계는 비구니들뿐만 아니라 전 세계의 분별력이 있는 불교도의 공분(共憤)을 일으킨 내용이기에 자세히 다루었다. 먼저 스리랑카의 비구니 꾸수마(Kusama)의 확실한 답변을 여기 싣는다.

① 비구니 꾸수마(Kusama)

Bhikkhuni Kusuma travelled widely to all parts of the world carrying the message of the Bhikkhunis in Sri Lanka. She was well received as a scholar and Dhamma teacher and meditation master. It was a challenge to other Theravada Buddhist countries.

Ven Dr Bhikkhuni Kusuma

고따미 1. 스리랑카 비구니를 부활시킨 꾸수마 비구니

사진(고따미 1. 스리랑카 비구니를 부활시킨 꾸수마 비구니) 옆에는 영문으로 이렇게 쓰여 있다.

비구니 꾸수마(Ven Dr Bhikkhuni Kusuma)는 스리랑카 비구니들의 메시지를 가지고 온 세계를 여행하였다. 그녀는 학자로, 담마의 스승으로, 그리고 명상의 마스터로서 큰 환영을 받았다. 그것은(이 사건은) 다른 장로 불교국가에 대한 도전이었다.

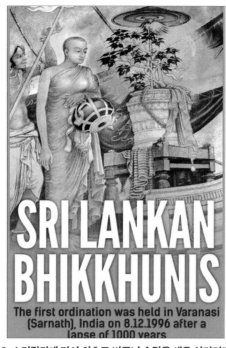

고따미 2. 스리랑카에 가서 최초로 비구니 승단을 세운 상가미따 비구니

이 사진은 아소까 왕의 딸이자 마힌다 장로의 여동생, 상가미따 비구니가 붓다가야의 보리수를 가지고 스리랑카로 가서 그곳에 비구니 승가를 세웠다는 내용을 담고 있다.

기원전 250년경 아소까 왕은 온 세상에 불법을 전하기 위해 '담마 사절단'을 보냈는데, 그때 아소까 왕의 아들인 마힌다 장로는 스리랑카로 가게 되었다. 이는 스리랑카에서 불법이 불 일어나듯이 전파되는 계기가 되었다. 이때 마힌다 장로는 비구니인 여동생 상가미따에게 보드가야의 보리수 싹을 가지고 스리랑카에 와서 비구니 승단을 설립하도록 요청하였다. 상가미따 비구니는 보리수를 가지고 그림에서처럼 배를 타고 스리랑카에 도착하였고, 비구니 승가를 설립하여 불법이 더 융성하게 되었다.

위의 사진은 Daily Mirror(2016년 5월 23일): '스리랑카의 비구니들(Sri Lankan Bhikkhunis)'의 기사에 실린 사진이다. 사진 아래의 검은 글씨는 "(비구니가 스리랑카에서 사라진 지) 1,000년의 세월이 경과한 후에 첫 번째 수계가, 1996년 8월 12일 인도의 바라나시(사르나트)에서 이루어졌다."는 내용이다.

　다음은 꾸수마에 관한 정보이다.

- Daily Mirror (2016년 5월 23일): "Sri Lankan Bhikkhunis(스리랑카의 비구니들)"
- Sakyadhita News letter (2008년): "How I became a Bhikkhuni?(나는 어떻게 비구니가 되었나)"(Kusuma story)
- Gloval Buddhistdoor (2018. 6월 13일): "An Interview with Ven. Kusuma(비구니 꾸수마와의 인터뷰)"

② 꾸수마의 간추린 약력과 비구니 수계 과정

꾸수마는 명상가였고, 흰옷을 입고 15년 이상을 수행자로 살았다. 대학원을 졸업한 그녀는 빠알리어, 불교, 율장을 공부하여 마친 후 20년간을 사리자야완다나뿌라 대학교(Srijayawandanapura University)에서 대학교수로 재직하다 은퇴하였다.

　꾸수마는 마빨라가마 위뿔라사라(Mapalagama Vipulasara) 장로 비구(당시 인도의 Mahabodhi Society 회장)에게 스리랑카의 비구니 승가 부활을 의논하게 되었다. 그래서 위뿔라사라 장로 비구는 스리랑카 비구니 부활을 주도하게 되었다.

　1995년 위뿔라사라 장로는 꾸수마를 한국으로 보내서 비구니 계율의 수계 과정을 공부하게 하였다. 꾸수마는 한국 보문사(Bomunsa)에서 3개월 동안 머물며 비구니 율장을 공부하였다. 그녀는 비구니 수계의 과정을 스리랑카 말로 번역하였다. 한국에 있는 율장과 스리랑카의 율장은 비슷하였다. 또한, 한국의 비구니 맥은 2,000년 동안 끊어진 적이 없다는 것도 발견하였다.

　1996년 12월 8일에 인도 바라나시의 사르나트에 있는 마하보디협회의 건물에서, 한국 승가의 도움으로 스리랑카 비구니 10명[471]의 수계가 부활되었다. 조계

471　이들 10명은 어떻게 선발하였나? 지역 신문에 광고를 하였는데 200여 명이 지원하였다. 이

종의 서암(Seo-Am) 큰 스님이 수계사였다. 한국 승가 대중 20여 명이 수계식에 참석하였다.

물론 스리랑카를 비롯한 상좌불교국 비구들의 반대에 직면해야 했다. 그래서 이들은 안보 차원에서 스리랑카로 바로 돌아가지 않고, 2년간을 인도의 사르나트에서 공부하였다. 인도 사르나트 마하보디협회 도서관에서 빤디뜨 안다웰라 데와시리 나야께(Pandit Andawela Devasiri Nayake) 장로 비구를 비롯하여 여러분들이 이들에게 강의를 하였다. 꾸수마 비구니는 계율과 담마를 강의하였다.

③ 빠알리 율장 연구로 박사학위를 받다

꾸수마는 말한다. "나는 지난 20년간 율장 연구의 학자였다. 그것은 율장의 절차에 대한 온전한 인식이었다. 이런 연유로 아무도 나에게 맞서는 사람이 없었다. 나의 논문에 대한 인터뷰(박사 논문 통과 시험 인터뷰를 말한다)에 아주 연로한 장로 비구(교수)가 있었는데, 오히려 그는 나에게 율장에 대해 질문하였다. 나는 설명을 분명히 할 수 있었고 그들은(교수님들) 나의 대답에 흡족해하였다. 그래서 나는 율장에서 박사학위(Ph.D)를 받았다."

그녀는 두 개의 박사학위 소지자가 되었다.

④ 꾸수마의 박사 논문의 간추린 중요부분

다음은 'Daily Mirror (2016년 5월 23일): Sri Lankan Bhikkhunis(스리랑카의 비구니들)'에서 일부분을 그대로 가져와 번역한 것이다. 이 논문은 팔경계는 전혀 부처님 말씀이 아니라는 주장의 타당성을 갖추고 있기에 그대로 싣는다. 필자의 의견을 첨가한 것은 전혀 없다. 다음은 꾸수마의 논문 제목에 속한다.

중에서 수마나와 9명을 선발하였다. 이들은 인도로 가기 전에 스리랑카에서 8개월간 지원자의 수련을 받았다.

Reserch on Bhikkhuni Vinaya(비구니 율장에 대한 연구):

Code of Conduct for Budhist Nuns by Bhikkhuni Kusuma MA, PhD.

(비구니 꾸수마 석사, 박사에 의한 불교 비구니를 위한 행동 규범)

꾸수마는 자신의 논문에서 "비구니 율장에 관한 20년간의 연구는 쭐라왁가 빠알리(Cullavagga Pali)[472]에서 말하는 것의 많은 모순을 보여준다."라고 설명한다. (논문의) xviii 장은 이 연구서의 중요한 부분으로, 비구니의 수계에 관한 내용을 핵심적으로 다루고 있다.

빠알리 율장에서는 아래와 같은 비구니에 대한 통례적인 묘사를 볼 수 있다.

Bhikkhini(비구니)란:

- 탁발로 사는 사람,

- 탁발하는 사람,

- 기워서 만든 가사를 입은 사람,

- 비구니라는 명칭을 가진 사람,

- 비구니라고 선서한 사람,

- (부처님이) "오너라, 비구니"[473]라고 한 비구니,

- 3귀의[474]를 함으로써 수계를 받은 비구니,

- 탁월한 비구니,

- 수련을 받는 비구니,

---

472 쭐라왁가 X장에 팔경계 내용이 나온다.

473 '오너라, 비구여.' 초창기의 아직 계율이 정해지기 전에는 부처님의 이 말씀이 곧 비구의 수계가 되었다. 마찬가지로 비구니의 계율이 정해지기 전에는 '오너라, 비구니여.'라는 부처님의 말씀이 비구니의 수계였다.

474 삼귀의: 부처님께 귀의합니다. 담마에 귀의합니다. 승가에 귀의합니다.

– 수련 그 너머의 비구니(예: 아라한 비구니),

– 비구 승가, 비구니 승가에 의해서 완전한 수계를 받은 비구니.

(율장 IV 214 P. T. S)

이와 같이 경전의 표준적인 정의에는 '여덟 가지 중요한 계율(팔경계)'을 받아들임으로써 (비구니로) 수계된다는 언급이 전혀 없다.

위에는 세 가지 형태의 비구니 수계[475]가 언급되어 있다.

㉠ "Come Bhikkhuni"(오너라 비구니여) 수계.

㉡ 3귀의를 함으로써 수계.

㉢ 2중의 수계(비구 승가, 비구니 승가에 의한 수계).

마하빠자빠띠에게는 "오너라, 비구니여."라는 부처님의 말씀이 수계였다. 왜냐하면 마하빠자빠띠 전에는 이 세상에 비구니가 없었기 때문이다.[476] "오너라, 비구니여."라고 말씀하신 바로 이것은 비구니 수계의 가장 최초의 결론적인 증거이다.

분명하게 이 숫따위방가(Suttavibhanga)에 명시된 표준적인 '비구니'에 대한 묘사는 이른 시기의 율장이고, '팔경계'를 받아들임으로써 수계된다는 쭐라왁가 10장(Cullavagga chapter X)은 후대의 율장이다.

꾸수마는 위와 같은 사실들을 토대로 다음과 같은 결론에 도달하였다.

---

475 세 가지 형태의 수계가 있다. ① 가장 초창기에 부처님이 "오너라, 비구니여."라고 하신 말씀과 ② 그다음으로 생긴 '삼귀의 수계', ③ 그리고 가장 나중 생긴 '이중의 수계' 즉 비구 승가와 비구니 승가에서 수계를 받는 것을 말한다. 이러한 세 단계가 시대별로 생겼음을 알 수 있다.

476 마하빠자빠띠에게 "오너라, 비구니여."라고 비구니 수계를 허락하셨을 때는 그냥 "오너라, 비구니여."라는 말씀만 있었지 규정이나 계율은 아무것도 없었다.

㉠ The eight important rules are not Buddha word.

(‘여덟 가지 중요한 계율(팔경계)’은 부처님의 말씀이 아니다.)

㉡ Cullavagga was compiled after the passing away of the Buddha.

(쭐라왁가는 부처님 열반하신 후대에 집성되었다.)

㉢ The description of the first Council is questioned by scholars.

(제1차 결집의 묘사는 학자들에 의해 의문시되고 있다.)

㉣ There were no codified Vinaya rules in the fifth year after reaching Buddhahood.

(부처님이 깨달음을 얻은 지 5년째[477]에는 제정된 계율은 없었다.)

㉤ Mahapajapati was ordained by the "Come Bhikkhuni" ordination.

(마하빠자빠띠는 "오너라, 비구니여." 수계에 의하여 수계되었다.)

㉥ The five hundred Sakyan ladies were ordained by monks only by repetition the three refuges.

(500명의 사꺄족 여인들은 삼귀의를 반복(복창)함으로써 비구에 의해 수계되었다.)

㉦ They all observed ajivatthamaka sila precepts.

(그들은 모두 아지왓타마까[478] 계를 지켰다.)

㉧ The vikala bhojana precept was not observed.

(위칼라 보자나[479] 계는 지켜지지 않았다.)

지금까지 꾸수마의 논문을 중심으로 비구니 팔경계에 관한 사실 여부를 따져보았다. 팔경계는 왜 부처님 말씀이 아닌지 그 이유를 거듭 천명하면서 마무리

---

477 부처님의 아버지인 숫도다나 왕이 열반에 든 것은 부처님이 깨달음을 얻은 지 4년째 되는 해였고, 마하빠자빠띠가 출가 허락을 요청한 것은 5년째 되는 해의 일이었다.

478 ‘아지왓타마까 계’는 불교도들이 지켜야 할 여덟 가지 계를 말한다. 살생하지 않고, 도둑질하지 않고, 음행하지 않고, 거짓말하지 않고, 험담하지 않고, 욕하지 않고, 쓸데없는 말을 하지 않고, 잘못된 생계수단을 삼가는 것을 말한다.

479 ‘위칼라 보자나 계’는 때아닌 때에 음식을 먹지 않는 것을 말한다.

를 짓는다.

빠알리 경전은 구전을 토대로 장로 비구들이 작성한 것이다. 과정상 작성자의 견해와 성향에 따라 그 내용이 첨가, 확대, 수정되었을 가능성을 배제할 수 없다. 아무리 경전의 내용이라 할지라도 빠알리 경전 전편에 흐르는 부처님의 사상과 가르침을 이해하고 있다면 어떤 내용이 부처님의 말씀인지, 또한 어떤 부분이 첨가된 것인지 정도는 구별할 수 있어야 한다. 문제는 경전의 내용이라면 그 뜻이 바른지 그른지조차 분별하지 않은 채 무조건 부처님의 가르침이라고 추종하는 경우로, 이는 위대한 부처님을 졸부로 만드는 결과가 된다. 부처님 얼굴에 먹칠하는 격이 된다.

팔경계가 바로 첨가된 경우이다. 부처님 사상 중에서 중요한 핵심적인 부분은 인간의 평등이다. 부처님은 2,500년 전에 벌써 인도 4성계급을 과감히 깨버린 혁명가와도 같았다. 인간은 행위에 의해서 결정되는 것이지, 계급이나 가문, 남녀노소, 빈부귀천에 의해 차별될 수 없다고 누누이 천명하셨다. 이 점이 당시 어느 누구도 따라갈 수 없는 부처님의 위대함인 것이다. 이처럼 인간의 평등을 천명하신 분이, 노예의 평등까지 천명하신 분이 출생이 여자이기 때문에 남자를 떠받들고 굴종해야 한다고 말씀하셨겠는가.

부처님은 빠세나디 왕에게 어떤 여성은 남성보다 훨씬 더 훌륭하다고 말씀하셨다. 여성도 열심히 정진하면 깨달음을 얻을 수 있고, 아라한이 될 수 있다고 여러 차례 말씀하셨다. 깨달음을 얻은 비구니도 수백 명이었고, 비구니가 왕이나 재가 신도에게 설법하는 경전도 여럿 있다.

더욱 중요한 것은 부처님의 모든 사상은 누구든지 수긍할 수 있는 보편타당한 진리 위에 세워졌다는 점이다. 상식적으로 도저히 납득할 수 없고, 나와 남을 행복으로 이끌지도 않는 내용은 부처님의 가르침이 아니다. 그러므로 전통을 고수한다는 명목 아래 비상식적이고, 전혀 납득할 수 없는 내용을 문자 그대로 추종하는 것은 옳지 않다. 팔경계는 전혀 부처님 말씀이 아니다.

(5) 경전에서 발견되는 문제점

① 율장 쭐라왁가 10장, 11장의 문제점

1차 결집을 하는 도중 아난다를 힐책하는 어떤 장로 아라한들의 발언을 예(율장 쭐라왁가 XI)로 보더라도 그 문제점들은 여실히 드러난다. 쭐라왁가의 10장과 11장은 인간의 평등을 천명한 부처님의 위대한 가르침과는 상반되는 상식 이하의 전혀 납득할 수 없는 논리로 여성을 멸시하고 있다. 쭐라왁가의 팔경계는 부처님의 평등사상에 대한 바른 견해가 부족하고, 논리적 타당성과 상식이 부족한 사람이 원래의 경전에 자신의 견해를 첨가한 것이다. 쭐라왁가는 율장 중에서도 가장 나중에 작성되었다는 사실이 이러한 점을 충분히 뒷받침해준다.

② 앙굿따라니까야의 문제점

니까야 중에서 가장 나중에 작성된 앙굿따라니까야에는 다른 니까야에 없는 유독 여성을 멸시하고 비하하는 내용이 여러 개 있다. 더구나 경전이라고 할 만한 가치에 미달하는 내용들이 많고, 겨우 한두 줄로 된 구문이나 한 문장으로 끝나는 경이 수백 개에 이른다. 편집이 체계적이지 못하고 배열도 엉성하다. 율장이 따로 있기 때문에 계율에 관한 것은 율장에 넣어야 하는데, 굳이 경장에 속하는 앙굿따라니까야에서 많은 계율을 언급하고 있는 점도 이상하다.

또한, 해당 법수의 경전을 늘리기 위해 숫따니빠따나 다른 니까야, 율장 등에서 여러 가지 내용을 가져다 넣고 있다. 팔경계도 쭐라왁가의 것을 가져와 글자 하나 안 틀리고, 완전히 똑같은 내용을 앙굿따라니까야 8법수 51에 끼워 넣고 있다.

③ 여성 비하 내용의 예

【앙굿따라니까야 4법수 80】

아난다 존자가 부처님께 여쭈었다.

"부처님, 여성은 왜 회합에 참석하지 않고, 직업에 종사하지 않고, 깜보자로 가지 않습니까?"

"아난다, 여인은 화를 잘 낸다. 여인은 질투를 잘 한다. 여인은 인색하다. 여인은 지혜가 없다."

대답이 그야말로 동문서답이다. 질문에 답하는 것이 아니라 여인에 대한 비난과 멸시에만 치중하고 있다. 여인을 비하하는 이런 엉뚱한 대답의 경우 부처님이 열반에 든 후에 끼워 넣은 것임이 분명하다.

【앙굿따라니까야 6법수 44】
"아난다여, 여인의 인식을 가진 어리석고 무식한 여인 미가살라 재가녀가 뭐길래, 어떻게 남자의 지혜를 알 수 있단 말인가?"

④ 쿠르트 슈미트의 연구 결과[480]

그는 경전에 쓰인 언어를 연구하여 변화된 단어나 문법, 새로운 개념들을 밝혀냈다. 사람들이 새로운 경전을 만들어내면서 아무리 고대적인 언어나 문체의 스타일에 맞도록 심혈을 기울일지라도 이미 익숙해져 버린 새로운 단어나 개념의 영향권에서 벗어나기 어렵기 때문에 그 어긋남은 쉽게 발견된다. 그러한 어긋남이 발견되면 해당 경전이 원래의 부처님 말씀에서 변형되었다는 사실을 알 수 있다. 맛지마니까야의 삼분의 일은 진실한 부처님 말씀으로 인정될 수 있다. 그러나 간혹 후대에 첨가되거나, 끼워 넣은 것들이 발견된다.

⑤ 스리랑카의 삐아난다 장로 비구(철학박사)

율장 쭐라왁가를 읽다 보면 제10장(비구니 팔경계를 비롯한 비구니 계율들)을 끼워 넣

---

480 전재성 역주, 『맛지마니까야』 제1권, pp. 14-15.

었다는 사실을 알 수 있다. 왜냐하면, 문장의 흐름이나 전체적인 문맥 또는 구성이 갑자기 다르게 나타나고 일치하지 않기 때문이다. 그러므로 원형의 경전에다 후대에 첨가하여 끼워 넣었다고 추정할 수 있다.

(6) 부처님이 마하빠자빠띠 고따미와 비구니들에게 주신 가르침

【상윳따니까야 55.11】

한때 부처님은 라자까라마 (비구니) 승원에 계셨다. 그때 천명의 비구니 승가 대중이 부처님께로 갔다. 부처님은 비구니들에게 가르치셨다. "비구니들이여, 거룩한 제자는 네 가지를 갖추면 진리의 흐름에 들어,[481] 나쁜 곳에 떨어지지 않고, 가는 곳이 결정되어 깨달음으로 나아간다. 무엇이 넷인가? 비구니들이여, 부처님에 대하여, … 가르침에 대하여, … 승가에 대하여, … 계행을 갖춘다."

【맛지마니까야 142】[482]

한때 부처님은 까삘라왓투의 니그로다 승원에 계셨다. 마하빠자빠띠 고따미는 부처님의 법복 한 벌을 손수 자르고 깁고 하여 부처님께 드렸다. 그러나 부처님의 승가에 보시하라는 말씀에 마하빠자빠띠 고따미는 재차 간청하였다. 이때 아난다가 나서서 부처님께 젖을 먹여 길러주신 양모의 옷을 받으시도록 간청하였다. 부처님은 법복을 받으셨다.
아난다 존자는 이어서 말하였다. "마하빠자빠띠께서는 부처님을 인연으로 하여 부처님과 가르침과 승가에 귀의하셨습니다. 또한 5계를 지킵니다. …."

---

481 '진리의 흐름에 들다'라는 말은 깨달음의 네 단계 중 첫 번째 단계를 의미한다.
482 지면상 경전 내용을 다 넣을 수는 없기에 요약하여 넣는다.

① 위 인용문 마지막의 '마하빠자빠띠는 부처님과 가르침과 승가에 귀의하였다' 라는 말은 불, 법, 승 삼보에 귀의하였다는 의미이다. 삼보에 귀의하는 것은 초창기의 비구니 수계였다. 이 경전은 부처님이 깨달음을 얻은 후 첫 번째 해에 부모님을 방문한 내용을 담고 있다. 따라서 같은 고따미라고 할지라도 경의 전반부는 니그로다 승원의 재가녀 왕비를 말하고 있고, 후반부에는 3보에 귀의하고 수계를 받은 마하빠자빠띠로 묘사된다.

② 위의 맛지마니까야 142의 연대의 모순점[483]이 찟따위웨까(Cittaviveka) 승원의 아잔 수찟또(Ajahn Sucitto) 존자에 의해 제기되었다.

이 경전은 부처님이 깨달음을 얻은 후 첫 번째 해에 모국을 방문하여 까삘라왓투의 니그로다 승원에 계실 때 설해진 것이다. 그 당시 마하빠자빠띠는 재가 신도였다. 그런데 경전에서는 초반부에 잠시 마하빠자빠띠를 재가 신도로 언급하다가 후반부로 넘어가면서 계를 받은 비구니 마하빠자빠띠로 묘사하고 있다. 이 경전이 설해진 당시 마하빠자빠띠는 재가녀였으며 왕비였다는 점에서 볼 때 심각한 모순이라고 할 수 있다.

이러한 모순은 후대에 비구니 승가가 설립된 후 원래 있었던 경전의 원형에 후반부의 기록이 첨가된 것으로 보아야 할 것이다.

【앙굿따라니까야 8법수 53】

한때 부처님은 웨살리의 중각강당에 계셨다. 그때 마하빠자빠띠 고따미는 부처님께로 가서 이렇게 말하였다.

"부처님, 담마를 간략하게 말씀해 주십시오. 그러면 그 가르침을 듣고 홀

---

483 연대의 모순점:맛지마니까야 142는 전반부는 재가녀 왕비 마하빠자빠띠를 묘사하고 있고, 후반부는 이미 계를 받은 비구니 마하빠자빠띠를 묘사하고 있다. 마하빠자빠띠가 비구니가 된 것은 왕비에서 훨씬 후대이기 때문에 전반부와 후반부는 연대가 틀려서 이 경전은 후대에 끼워 넣은 것이라고 말하고 있다.

로 떨어져서 열심히 정진하겠습니다."

… 부처님은 양모에게 어떤 것이든 좋은 방향으로 이끄는 것이 아니면 그것은 담마가 아니고 율이 아니고, 좋은 방향으로 이끄는 것은 담마이고 율이라고 이해하기 쉬운 가르침으로 말씀하셨다.

【맛지마니까야 146】

한때 부처님은 기원정사에 계셨다. 그때 마하빠자빠띠 고따미 비구니는 500명의 비구니들과 함께 부처님께 인사를 드리고 가르침을 설해주실 것을 요청하였다.

그래서 부처님은 장로 비구들이 돌아가면서 비구니들에게 가르침을 설하도록 하셨다. 난다까(Nandaka) 장로는 라자까라마 비구니 승원으로 가서 가르침을 설하였다.

"비구니들이여, 눈으로 보는 것은 영원합니까, 무상합니까?"

"무상합니다."

"무상한 것은 괴로운 것입니까, 즐거운 것입니까?"

"괴로운 것입니다."

(이어서 감각기관의 무상에 대한 문답식의 정형구가 계속된다) 그리고 '일곱 가지 깨달음의 요소(칠각지)'를 가르쳤다. 난다까 장로는 그다음 날도 똑같은 가르침을 반복해서 가르쳤다.

부처님은 이렇게 말씀하셨다.

"비구들이여, 비구니들은 난다까 존자의 가르침에 만족하였고, 그들의 바라는 바도 충족되었다. 그래서 비구니 500명은 각자의 성향에 따라 적어도 '흐름에 든 이(입류과)'를 성취하였고, 더 높은 단계인 '한번 돌아오는 이(일래과)', 더 높은 단계인 '돌아오지 않는 이(불환과)', 마지막 단계인 '아라한(아라한과)'의 경지를 성취하였다."[484]

이러한 결과를 바탕으로 부처님은 난다까 장로를 비구니를 가르치는 데 으뜸이라고 말씀하셨다.

8) 케마(Khemā) 비구니

비구니 케마는 부처님의 중요한 비구니 제자로서 지혜에 있어서 으뜸이고 아라한과를 성취한 장로니이다.

케마는 마가다국에서 왕족으로 태어났다. 그녀는 빼어난 미모를 가졌는데 빔비사라 왕의 중요한 후궁이 되었다. 빔비사라 왕은 부처님의 가장 큰 후원자로서 흐름에 든 이가 되었다. 그가 부처님께 기증한 대나무 숲에는 최초의 승원이 지어졌다.

그녀는 빔비사라 왕으로부터 가끔 부처님에 관한 이야기를 들었지만, 부처님을 뵈러 가기를 거부하였다. 부처님이 그녀가 생각하는 육신의 아름다움에 대한 부정적인 말이나 그녀가 집착해 있는 감각적 쾌락의 허망함에 대하여 말씀하실까 두려웠기 때문이다. 그러나 왕은 그녀가 부처님의 가르침을 듣도록 권유하였다. 그래서 그녀는 부처님의 가르침을 듣게 되었고, 늙어가고 병들고 죽어야 하는 인간의 허망함을 숙고하게 되었다.

그녀는 빔비사라 왕의 허락을 받고 출가하여 비구니가 되었다. 그녀는 큰 지혜와 함께 아라한과를 성취하였다.

484　이 가르침에서 마하빠자빠띠를 비롯한 수백 명의 비구니들이 아라한과를 성취하여 깨달음을 얻었다.

한때 부처님은 기원정사에 계셨다. 그때 비구니 케마가 꼬살라에서 유행하다가 사왓티(Sāvatthi)와 사께따(Sāketa) 사이에 있는 또라나왓투(Toraṇavatthu)에 거처를 정하였다.

그때 꼬살라의 빠세나디 왕도 같은 곳에서 하루를 묵게 되었다. 빠세나디 왕은 또라나왓투에 방문할만한 고행자나 브라흐민이 있는지 알아보라고 하였다. 그러나 그 신하는 어떤 고행자나 브라흐민도 찾을 수가 없었다. 그러나 비구니 케마가 있음을 알았다.

"대왕님이 방문할만한 고행자나 브라흐민은 없습니다. 그러나 부처님의 제자인 케마 비구니가 있습니다. 지금 이 존경스러운 비구니에 대한 훌륭한 소문이 퍼져있습니다. 그녀는 지혜롭고, 유능하고, 현명하고, 학식이 있고, 뛰어난 언변가이고, 총명합니다. 그러니 케마 비구니를 방문하는 것이 좋겠습니다."

그래서 빠세나디 왕은 케마 비구니를 방문하여 부처님이 대답하지 않으신 '여래는 사후에 존재하는지 존재하지 않는지'의 정형구인 4가지를 질문하게 되었다. 그리고 왜 부처님은 이 질문에 대하여 대답하지 않았는지를 질문하였다.

케마 비구니는 비유를 들어가면서 자세하게 설명하였다. 케마 비구니의 대답을 듣고 빠세나디 왕은 다시 부처님께 가서 똑같은 질문을 하게 되었다. 부처님도 역시 케마 비구니가 말한 것과 똑같은 설명을 하니 빠세나디 왕은 대답의 일치함에 놀라움을 금치 못하였다.

【상윳따니까야 17.24】

부처님은 기원정사에 계셨다. … "비구들이여, 믿음이 있는 여성 재가자라면 사랑하는 외동딸에게 이렇게 가르쳐야 한다. "사랑하는 딸아, 만일 네가 출가를 한다면 비구니 케마처럼 되어야 한다." …"

3. 대화상대자로 부처님 승단에서 큰 역할을 한 재가자 6명

1) 아나타삔디까(Anāthapiṇḍika) 장자

자세한 내용은 '제2편 제1장 네 개 니까야에서 가장 빈도수가 높은 10개의 승원 중【승원 1】사왓티의 기원정사(Jetavane Anāthapiṇḍikassa ārāma)' 편에 있는 설명을 보면 된다. (p. 188)

(1) 아나타삔디까 장자는 누구인가?

아나타삔디까라는 뜻은 '무의탁자에게 음식을 주는 사람'이다. 그는 가난하고 의지할 곳 없는 사람들에게 음식을 나누어주는 자선을 베풀었다. 그의 본래의 이름은 수닷따(Sudatta)인데 그의 자선에 대한 공경의 칭호인 '아나타삔디까'로 불리었다.

　　빠알리 경전에는 기원정사의 제따 숲(Jetavana)과 아나타삔디까 승원(Anāthapiṇḍikārāma)이 항상 같이 나온다. 제따 왕자의 숲에 아나타삔디까 장자가 승원을 지었기 때문이다. 그가 지은 기원정사는 부처님 교단의 두 번째 승원으로서 모든 편의 시설을 갖춘 훌륭한 승원이 되었다. 그가 제따 숲에 금화를 깐 역사적인 사건은 이 세상에 전무후무한 부처님을 향한 뛰어난 신심을 가진 재가자의 모습을 보여준다.

　　장자는 기원정사를 지은 후에도 착실하게 승가를 후원하였다. 그는 매일 아침 기원정사에 죽을 보내고 오후에는 가사, 발우, 깔개, 의약품 등 필수품을 보냈다. 또한, 몇백 명의 비구들이 매일 그의 집에서 공양하였다. 매일 공양 시간에 그의 집은 가사 입은 비구들로 가득하였다.

　　부처님은 많은 경우 사왓티 기원정사에 계셨으나 유행을 떠나거나 다른 곳에 계실 때가 있었다. 이럴 때면 아나타삔디까 장자는 예경할 대상이 없어서 허전함을 느꼈다. 그는 이 사실을 아난다 존자에게 이야기하였고, 부처님이 깨달음을 얻으신 보리수나무를 상징적으로 우루웰라(Uruvelā)에서 가져와 심기로 하였다. 마하목갈라나 존자는 우루웰라에서 오리지날 보리수 싹을 잘라서 가져왔다. 아나타삔디까 장자는 보리수를 기원정사의 문가에 심었다. 보리수는 비구들이나 재가자들에게 아주 특별한 나무가 되었다.

다음은 그가 어떻게 기원정사를 지었는지에 관한 내용이다.

(2) 경전에 나타난 아나타삔디까 장자

【율장 쭐라왁가 6편 4:1-10】

아나타삔디까 장자는 빔비사라 왕이 기증한 대나무 숲에 60개의 숙소를 지은 라자가하의 대부호 상인의 처남이었다. 사왓티에 살고 있는 아나타삔디까 장자도 역시 대부호 상인이었다. 그는 라자가하에 볼 일이 있어 가게 되었다.

아나타삔디까 장자가 그 집에 도착하였을 때, 다른 때와는 달리 라자가하의 대부호 상인은 노예와 종들에게 이것저것 지시하며 내일 먹을 음식 준비로 분주하였다. 마치 빔비사라 왕과 그 군대라도 초청한 듯이 많은 음식을 만들고 난리였다. 그가 웬일이냐고 물으니 내일 깨달으신 분과 그의 제자들을 초대한다고 하였다. 그는 다시 물었다.

"깨달으신 분이라고 말했는가?"

"예, 깨달으신 분이라고 말했습니다. 장자여."

그러나 또다시 물었다.

"깨달으신 분이라고 말했는가?"

"예, 깨달으신 분이라고 말했습니다. 장자여."

아나타삔디까 장자는 똑같은 질문을 세 번씩이나 하면서 깨달으신 분이라고 말하였는지를 확인하였다.

"이 세상에서 '깨달으신 분'이라고 말하는 것을 듣기란 어려운데 지금 온전히 깨달으신 분, 부처님을 뵐 수 있을까?"

"지금은 부처님 뵙기에 적당한 때가 아닙니다. 내일 아침 일찍 부처님을 뵐 수 있을 것입니다."

아나타삔디까 장자는 부처님을 뵙는다는 생각에 밤잠을 설치고 동트기 전 이른 새벽에 일어나 집을 나서서 머리카락이 쭈뼛 서는 어두운 숲을 지나 부처님을 찾아갔다. 그때 부처님은 밖에서 경행을 하고 계셨다. 부처님은 아나타삔디까 장자를 보고 말씀하셨다.

"어서 오십시오. 수닷따."

장자는 자신의 이름을 듣고는 기쁘고 환희심이 일어났다. 부처님 발에 이마를 대어 인사를 드리고 말하였다.

"부처님께서 편히 지내시기를 바랍니다."

"나는 마음이 평화롭기 때문에 편안하게 머뭅니다."

부처님은 아나타삔디까 장자를 위하여 쉬운 가르침부터 시작하여 점차적인 가르침을 주셨다. 장자의 마음이 가르침을 이해하고 받아들일 준비가 되어있음을 아시고 부처님은 깨달으신 진리인 사성제의 가르침을 주셨다. 장자는 깨끗한 천에 물감이 쉽게 물들듯이 그 자리에서 '생기는 모든 것은 소멸하게 마련이다'라는 티 없는 진리의 통찰력이 생겼다. 그는 담마를 보았고, 담마를 알았고, 담마를 얻었다. 담마 속에 완전히 뛰어들어 의심을 제거하고, 주저함을 치워버리고, 스승의 가르침에서 완전한 만족을 얻었다.

"부처님, 참으로 훌륭하십니다. 저는 부처님께 귀의합니다. 가르침에 귀의합니다. 승가에 귀의합니다. 오늘부터 저를 재가 신도로 받아 주십시오."

그리고 그는 부처님과 승가 대중을 다음 날 공양에 초대하였다. 그는 집이 사왓티였기 때문에 라자가하의 대부호인 처남의 집에서 부처님을 대접하였다. 공양 후 그는 우기철에 부처님과 그 제자들이 사왓티에서 지내시도록 초청하였다.

장자는 라자가하에서 일을 마치고 사왓티로 떠났다. 가는 길에 만나는 사람들에게 자신이 깨달으신 분과 승가 대중을 초청했다는 이야기, 그러니 정사와 숙소를 지어야 한다는 이야기, 깨달으신 분이 이 세상에 나났다는 이야기, 이 길을 따라서 오실 것이라는 이야기 등을 열성적으로 말하였다. 그래서 장자의 권고로 사람들은 승원을 짓고 거처를 마련하고 선물을 준비하였다.

장자는 사왓티를 죽 둘러보면서 '마을에서 너무 멀지도 않고, 너무 가깝지도 않고, 사람들이 오고 가기에 편리하고, 낮에 번잡하지 않고, 밤에는 시끄럽지 않고, 인적이 드물고, 명상하기에 적합한 곳은 어딜까?'라고 생각하였다. 그런데 그때 장자는 제따 왕자의 훌륭한 숲을 보았다. 그것은 모든 조건을 다 갖춘 안성맞춤의 장소였다. 그래서 장자는 제따 왕자를 찾아가서 왕자님의 훌륭한 숲에 승원을 지을 수 있도록 요청하였다. 그러나 왕자는 억만금을 준다 해도 줄 수 없다고 말하였다. 그러나 끈질긴 장자의 요청으로 결국 왕자가 부르는 값(억만금의 금화)에 지을 수 있다는 결론에 도달하였다.

장자는 마차에 금화를 싣고 가서 그곳에 깔기 시작하였다. 그러나 금화는 입구 근처의 작은 공간에도 충분하지 않았다. 그래서 장자는 사람들에게 말하였다.

"여러분 가서 금화를 가져오십시오. 이 공간에 금화를 깔아야 합니다."

이것을 보고 제따 왕자는 생각하였다. '장자가 이렇게 많은 금화를 가져오는 것은 보통 일이 아니다.' 그래서 장자에게 말하였다.

"됐습니다, 장자여. 이 공간을 나에게도 주십시오. 이것은 나의 선물이 될 것입니다."

왕자 자신도 숲의 입구 쪽에 건물을 짓고, 대문을 지어 자신의 훌륭한 숲을 기증하였다.

아나타삔디까 장자는 그곳에 건물을 짓고, 방사를 짓고, 시자실, 불 때는 장소, 창고, 벽장, 경행하는 장소, 회랑, 경행할 수 있는 방, 우물, 우물가 정자, 목욕탕, 목욕탕에 딸린 방, 작은 오두막들, 연못, 나무를 심어 그늘을 만듦 등으로 편리한 시설을 갖춘 승원을 지었다.

【앙굿따라니까야 4.60】

부처님은 아나타삔디까 장자에게 이렇게 말씀하셨다.

"장자여, 네 가지를 갖춘 거룩한 제자는 훌륭한 명성을 가져오는 길, 천상세계로 인도하는 길인 재가자에게 합당한 길을 닦는다. 무엇이 넷인가? 장자여, 거룩한 제자는 가사와 탁발 음식과 거처와 병자를 위한 의약품의 공급으로 비구 승가를 봉양한다. 지혜로운 사람이 재가자에게 합당한 길을 닦을 때 그들은 행동이 바른 계행을 지키는 비구에게 가사와 탁발 음식, 거처 그리고 의약품을 봉양한다. 그들에게 공덕은 밤낮으로 항상 늘어난다. 훌륭한 공덕을 닦았기에 그들은 천상세계에 간다."

【앙굿따라니까야 4.58】

부처님은 아나타삔디까 장자에게 말씀하셨다.

"장자여, 음식을 보시하는 거룩한 제자는 수명과 아름다움과 행복과 강건함의 네 가지를 주는 것이다. 잘 제어된 분들에게 때맞추어 공경을 다하여 음식을 봉양하는 사람, 그는 수명, 아름다움, 행복, 강건함의 네 가지를 준다. 수명, 아름다움, 행복, 강건함을 주는 사람은 태어나는 곳마다 장수하고 명성을 얻게 되리."

(3) 아나타삔디까 장자의 죽음

【맛지마니까야 143】

부처님은 기원정사에 계셨다. 그때 아나타삔디까 장자는 병이 들어 괴로

위하였는데 중병이 들었다. 그래서 그는 하인에게 말하였다.

"부처님께 문안드리고 아나타삔디까 장자가 병이 들었다고 말씀드리고, 사리뿟따 존자에게 가서는 아나타삔디까 장자가 병이 들어서 중병인데 와 주십사고 말씀드려라."

그래서 사리뿟따 존자는 아난다 존자와 함께 아나타삔디까의 집으로 갔다.

"장자여, 그대의 병이 낫기를 바라고, 편안하길 바라고, 괴로운 느낌이 줄어들기를 바랍니다."

"사리뿟따 존자님, 나는 좋아지지 않습니다. 내 고통은 가라앉지 않고 점점 더 심해집니다."

"장자여, 그대는 이와 같이 배워야 합니다. '나는 여섯 감각기관의 어느 것에도 집착하지 않을 것이다. … 나는 여섯 감각 대상 어느 것에도 집착하지 않을 것이다. … 나는 다섯 가지 무더기(5온)에 집착하지 않을 것이다. … 나는 이 세상과 저 세상에 집착하지 않을 것이다'라고 이와 같이 배워야 합니다."

사리뿟따 존자가 이렇게 말하였을 때 아나타삔디까 장자는 울면서 눈물을 흘렸다. 아난다 존자는 장자에게 말하였다.

"장자여, 그대는 낙심합니까? 그대는 낙망합니까?"

"아난다 존자여, 저는 낙심하지 않습니다. 저는 오랜 세월 동안 스승님과 비구 존자님들을 모셨지만 이런 담마의 가르침은 들은 적이 없습니다."

"장자여, 이런 담마의 가르침은 흰옷[485] 입은 재가자들에게는 주어지지 않는 것입니다. 비구들에게 주는 가르침입니다."

이런 가르침을 준 후에 사리뿟따 존자와 아난다 존자는 일어나 그의 집을 나왔다. 이들이 떠난 지 얼마 되지 않아서 아나타삔디까 장자는 열반에 들었다. 그리고 천상에 태어났다.

---

485 흰옷: 재가자는 흰옷을 입었기 때문이다.

2) 재가녀 위사카(Visākhā)

자세한 내용은 '제2편 제1장 네 개 니까야에서 가장 빈도수가 높은 10개의 승원 중【승원 2】사왓티 동원(Pubbārāma)의 미가라마뚜 강당(Migāramātupāsāda)' 편에 있는 설명을 보면 된다. (p. 242)

(1) 위사카와 시아버지 미가라 이야기

위사카는 사왓티 근교에 있는 사께따에 거주하는 엄청난 부를 소유한 다난자야 (Dhañanjaya)의 딸이다. 할아버지 때부터 아버지 다난자야로 내려오면서 전생에 수많은 공덕을 쌓았기 때문에 재물이 넘치고, 명망이 높고, 행복한 삶을 살았다. 이들 가정은 부처님을 공경하고 부처님과 승가 대중을 공양에 초대하였고 부처님의 가르침을 들었다.

위사카는 16세 때에 사왓티의 부호인 미가라(Migara)의 아들 뿐나왓다나 (Puṇṇavaddhana)[486]와 결혼하였다. 미가라는 위사카의 집만큼 부자는 아니더라도 사왓티의 부호였다. 위사카의 아버지 다난자야는 딸의 결혼 지참금으로 500대의 카트에 가득한 돈과 500의 금으로 된 그릇들, 500의 은으로 된 그릇들, 수많은 다양한 비단, 수많은 각종 농기구들, 수많은 노예들, 헤아릴 수 없을 정도의 수많은 소들을 딸에게 주었다.

시아버지 되는 미가라는 자이나교의 후원자였다. 그래서 위사카에게 자이나교도[487]들이 오면 잘 대접하라고 말하였다. 그러나 부처님을 따르는 위사카는 나

486　위사카에 대한 주석서나 경전에는 그녀의 남편 뿐나왓다나에 대한 이야기는 없고 대신 시아버지가 된 미가라의 이야기가 주를 이룬다. 아마도 시집간 집이 시아버지 미가라에 의해 모든 것이 이루어지는 상황이었던 것 같다. 그래서 미가라와 위사카의 이야기가 주를 이루고 미가라의 아들인 남편의 이야기는 없다.

487　자이나교는 니간타나따뿟따를 추종하는 교단인데 극단적인 무소유와 고행주의로 인하여 옷을 입지 않고 나체로 유행하고 나체로 산다. 작은 벌레라도 밟을세라 빗자루로 쓸면서 길을 갈 정도의 극단적인 사유를 한다. 후에 흰옷을 입는 부파가 생겼지만, 나체로 사는 사람을 더 성자라

체인 그들의 모습에 마음이 편안치 않았다. 그래서 그들에게 예경을 하지 않았다. 이들은 위사카를 내보내야 한다고 미가라에게 불평하였다.

미가라는 부자였지만 인색한 사람이었다. 하루는 미가라가 점심을 먹고 있는데, 비구가 그의 집에 탁발을 왔다. 미가라는 그 비구를 보았지만 못 본 척하고 밥만 먹었다. 할 수 없이 위사카는 그 비구에게로 가서 "존자님, 그냥 가세요. 저의 시아버지는 상한 음식을 먹고 있어요."라고 말하였다. 미가라는 이 말을 듣고 버럭 화를 내었다. 그러나 위사카는 침착한 목소리로 말하였다. "아버님은 과거의 선행에 대한 이득을 먹고 있었어요. 그러나 계속해서 번영할 수 있는 보장이 될 만한 선행은 아무것도 하지 않기 때문에 '상한 음식'이라고 한 것입니다."

미가라는 격노하여 위사카를 친정으로 보내겠다고 위협하였다. 위사카는 침착하게 즉시 그녀의 종들에게 명하여 그녀의 돈과 금, 보석 등을 챙겨 짐을 싸라고 명하고 사께따의 친정 부모에게 가려고 준비를 하였다. 그러나 시아버지인 미가라는 위사카에게 용서를 구하며 그대로 머물러 달라고 애걸하였다. 위사카는 '부처님과 비구들을 공양에 초청한다는 조건' 하에 승낙하였다.

그래서 미가라는 부처님과 비구들을 공양에 초청하고 훌륭한 음식을 준비하였다. 그렇지만 미가라는 위사카에게 대접하라고 말하고 자신은 커튼 뒤에서 부처님의 가르침을 들었다. 이 가르침을 들은 후에 미가라는 '흐름에 든 이'가 되었다. 미가라는 자신에게 새로운 눈을 뜨게 해 준 며느리 위사카에게 무한한 감사를 드렸고, 부처님의 제자가 되었다.

(2) 사왓티 동원에 미가라마뚜 강당을 지은 위사카

위사카는 기원정사에 가서 부처님의 가르침을 수시로 들었다. 하루는 보석과 장신구들을 승원에 남겨둔 채 잊어버리고 가져오지 않았다. 그녀는 없는 줄도 모르고 하루 이틀이 지나서야 잊어버린 줄 알았다. 두세 명의 비구들이 보석과 장신구

고 공경하였다.

들을 가지고 와서 그녀의 보석이냐고 물었다. 위사카는 자신의 보석과 장신구를 보고서 너무 반가웠다. 그러나 승원에 두고 온 것은 자신의 것이 아니라 승원의 것이라고 하면서 받아들이지 않았다. 비구들은 "우리에게는 이런 보석은 필요 없습니다."라고 말하고 돌아갔다.

위사카는 승가를 위해서 승원을 짓고, 필요한 곳에 쓰기 위하여 자신이 소유한 엄청난 값어치의 보석들을 카트에 실어 팔러 보냈다. 그러나 사왓티에는 이런 비싼 보석을 살 사람이 아무도 없었다. 그래서 자신이 이 막대한 보석의 값을 치르고 다시 사들였다. 그 돈으로 미가라마뚜 강당을 짓게 되었다. 이 보석들은 친정 부모가 그녀가 결혼할 때 준 것들이었다.

위사카는 기원정사에서 가까운 동쪽 숲에 웅장한 미가라마뚜 강당을 지었는데, 커다란 집회실과 부처님의 작은 처소를 비롯하여 개인 방사만 해도 1층에 500개, 2층에 500개를 갖춘 편리한 승원이었다. 또한, 고급스러운 장식을 많이 하고 나무와 돌로 품위 있고 견고하게 지었다. 부처님은 위사카의 요청으로 마하목갈라나를 미가라마뚜 강당을 짓는 데에 감독으로 임명하셨다. 비구들이 사용할 건물이기에 비구가 필요한 설비를 더 잘 알기 때문이다. 강당의 건축은 9개월이 걸렸다. 강당은 기원정사의 동쪽에 있었기에 '동원정사(Pubbārāma)'라고도 불렸다.

시아버지인 미가라는 위사카의 이런 보시의 공덕에 감동이 되어 위사카에게 청하여 말하였다. "며늘아, 오늘부터 너는 내 어머니가 되어다오." 그래서 승원 이름은 '미가라 마뚜 강당(Migāra-mātu-pāsāda: 미가라 어머니의 강당)'라고 불리었다.

(3) 위사카의 보시 공덕

위사카는 재물의 보시뿐만이 아니라 비구, 비구니 승가를 위하여 자상한 어머니처럼 보살폈다. 그녀의 무량한 보시는 불교 역사에 길이 남아 있다.

【율장 마하왁가 8편 2:15】

부처님은 사왓티의 기원정사에 계셨다. 위사카는 부처님과 비구들을 공앙에 초대하였다. 부처님께서 공양을 다 드신 후 위사카는 부처님께 말씀드렸다.

"부처님, 저는 부처님께 여덟 가지 청이 있습니다."

"위사카, 여래는 청원을 초월해 있다."

"부처님, 저의 청은 정당한 것이고 흠잡을 데 없는 것입니다."

"말해 보아라, 위사카."

"부처님 저는 일생 동안 비옷을 승가에 보시하고자 합니다. 저는 일생 동안 다른 곳에서 오는 비구에게 음식을 보시하고자 합니다. 저는 일생 동안 다른 곳으로 떠나는 비구에게 음식을 보시하고자 합니다. 저는 일생 동안 병든 비구에게 음식을 보시하고자 합니다. 저는 일생 동안 병든 비구를 간호하는 비구에게 음식을 보시하고자 합니다. 저는 일생 동안 병든 비구에게 약품을 보시하고자 합니다. 저는 일생 동안 죽을 보시하고자 합니다. 저는 일생 동안 목욕옷을 비구니 승가에 보시하고자 합니다."

"그런데 위사카, 그대는 여래에게 여덟 가지 청을 하는 무슨 특별한 이유가 있는가?"

"부처님, 저는 시녀를 승원에 가서 공양 준비가 다 되었다고 알려드리라고 보냈는데, 그녀는 승원에서 비구들이 아무것도 입지 않은 채 쏟아지는 비에 몸을 씻고 있는 것을 보고는 "나체 수행자가 쏟아지는 비에 몸을 씻고 있었다."라고 말했습니다. 벗은 것은 청정치 못하고 불쾌한 것입니다. 부처님, 저는 이런 특별한 이유로 저의 일생 동안 승가에 비옷을 보시하고자 합니다.

부처님, 다른 곳에서 오는 비구는 길에 익숙지 않고 탁발할 만한 곳에 익숙지 않기 때문에 탁발하러 다니는 것이 어려운 일입니다. 그렇지만 제가 드리는 음식을 드신 후에는 차츰 길에 익숙해지고, 탁발할만한 곳에 익숙해져서 어려움 없이 탁발하러 갈 것입니다. 부처님, 저는 이런 특별한 이유로 저의 일생 동안 다른 곳에서 오는 비구에게 음식을 보시하고자 합니다.

부처님, 다른 곳으로 가는 비구가 음식을 구하러 다니는 동안 따라가던 대상에 뒤처지기도 하고 지쳐서 그가 원하는 거주처에 엉뚱한 때에 도착할 것입니다. 그렇지만 제가 드리는 음식을 드시면 따라가는 대상에 뒤처지지 않을 것이며, 지치지도 않아 그가 가고자 하는 거주처에 제때에 도착할 것입니다. 부처님, 저는 이런 특별한 이유로 저의 일생 동안 다른 곳으로 가는 비구에게 음식을 보시하고자 합니다.

부처님, 만일 병든 비구가 적당한 음식을 구하지 못하면, 그의 병은 점점 더 나빠지든지 아니면 죽을 것입니다. 부처님, 저는 이런 특별한 이유로 저의 일생 동안 병든 비구에게 음식을 보시하고자 합니다.

부처님, 병든 비구를 간호하는 비구가 음식을 구하러 다니다가 병자를 위한 음식을 가져오지만 해가 높이 떠올라 (오후 불식이므로) 식사하는 때를 놓치고 맙니다. 그러나 병자를 간호하는 비구가 제가 드리는 음식을 드신다면, 병자를 위한 음식을 제때에 가져올 것이고, 공양의 때를 놓치지 않을 것입니다. 부처님, 저는 이런 특별한 이유로 저의 일생 동안 병든 비구를 간호하는 비구에게 음식을 보시하고자 합니다.

부처님 만약 병든 비구가 적당한 약을 구하지 못하면, 그의 병은 점점 더 나빠지든지 아니면 죽을 것입니다. 그러나 제가 드리는 약을 드시면 병이 심해지지 않고 죽지 않을 것입니다. 부처님, 저는 이런 특별한 이유로 저의 일생 동안 병든 비구에게 약을 보시하고자 합니다.

부처님, 부처님께서는 죽에는 열 가지 이익이 있음을 아시고 안다까윈다에서 죽을 허용하셨습니다. 부처님, 저는 이런 특별한 이유로 저의 일생 동안 항상 죽을 보시하고자 합니다.

부처님, 아찌라와띠강에서 비구니들과 창녀들이 같은 여울에서 함께 옷을 벗고 목욕을 하고 있었습니다. 창녀들이 비구니들을 "어찌하여 그렇게 젊은 나이에 청정한 수행을 하십니까? 지금은 참으로 감각적 쾌락을 즐겨야 할 때입니다. 늙었을 때 그때 가서 청정한 수행을 하면 되지 않습니까? 그렇게 되면 두 가지를 다 경험하게 되지 않습니까?"라고 놀렸습니다. 이렇게 창녀들의 놀림을 받은 비구니들은 부끄러웠습니다. 여인이 벗은 것은 청정치 못하고 혐오스럽고 불쾌합니다. 부처님, 저는 이런 특별한 이유로 저의 일생 동안 비구니 승가에 목욕옷을 보시하고자 합니다."

"위사카, 참으로 훌륭하다. 그대의 여덟 가지 청을 받아들인다."라고 부처님은 말씀하셨다.

3) 빠세나디(Pasenadi) 왕

그는 꼬살라의 왕 마하 꼬살라(Mahā Kosala)의 아들로 딱까실라(Takkasila)에서 공부를 하였다. 그가 공부를 마치고 돌아오자 부왕은 기뻐하며 그에게 왕위를 물려주었다. 통치자로서 빠세나디 왕은 온 마음을 다하여 통치의 의무를 다하였고, 지혜롭고 훌륭한 사람과의 우정을 소중하게 생각하였다. 자선사업에도 눈을 떠서 그의 '자선의 집'은 음식이나 마실 것이 필요한 사람이라면 누구에게나 항상 열려 있었다. 그는 부처님의 재가 신도가 된 뒤에도 모든 교단의 수행자들에게 공경의 예를 갖추었다.

(1) 빠세나디 왕과 부처님

빠세나디 왕은 부처님을 경애하고 흠모하였으며, 부처님께 친밀함을 가진 가장 큰 후원자 중 한 사람이었다.

빠알리 56개의 상윳따니까야 중에는 3번째 꼬살라 상윳따(Kosala Saṃyutta)가 따로 있어서 빠세나디 왕의 경전들을 모아 놓고 있다. 물론 모든 니까야 여기저기에 걸쳐서 빠세나디 왕에 관한 이야기들은 많이 나온다. 그만큼 부처님 가르침에 있어서 빠세나디 왕과의 관련은 중요하고, 부처님을 향한 그의 신심이 모든 재가자의 으뜸이었다고 말할 수 있기 때문이다.

그는 기원정사에서 가장 큰 건물인 '살랄라가라'와 기원정사 맞은편의 '라자까라마' 비구니 승원을 지어서 비구와 비구니들이 수행하는 데에 많은 도움을 주었다. 또한, 사왓티 궁성에서 비구들에게 정기적으로 공양을 올렸다.

티벳의 자료에 의하면, 빠세나디 왕의 귀의는 부처님이 교화 활동을 하신 지 2년째에 이루어졌다. 그는 부처님과 나이가 동갑이었고 친밀한 친구였으며 부처님을 향한 그의 지극지심은 그가 죽을 때까지 지속되었다. 그는 자주 부처님을 방문하여 여러 가지 주제의 대화를 부처님과 나누었고 부처님의 가르침을 받았다. 그는 너무나 부처님께 집착해 있었다. 그가 부처님을 보면 그 발에 머리를 대고 인사를 했다.

그의 왕비는 말리까였다. 말리까도 또한 부처님을 향한 신심이 대단하였다. 빠세나디 왕은 자신보다 말리까 왕비가 더 지혜롭다고 여겼기 때문에 항상 그녀의 제언을 받아들였다.

(2) 빠세나디 왕에 대한 경전

【상윳따니까야 3.1】

부처님은 기원정사에 계셨다. 그때 꼬살라의 빠세나디 왕이 부처님을 방문하여 이렇게 말하였다.

"고따마 존자님은 "나는 위 없는 바르고 온전한 깨달음을 얻었다."라고 말씀하셨습니다."

"대왕님, 어떤 사람이든지 "저 사람은 위 없는 바르고 온전한 깨달음을 얻었다."라고 말하는 사람이 있다면 그는 바로 나일 것입니다. 대왕님, 나는 위 없는 바르고 온전한 깨달음을 얻었습니다."

"그렇지만, 고따마 존자님, 많은 사람들이 성인이라고 생각하는 교단의 창시자들, … 이들 중 아무도 부처님처럼 말하는 사람이 없었습니다. 부처님은 저들과 비교하면 나이도 어리고, 출가한 지도 얼마 되지 않았는데 어떻게 그런 선언을 하시는지요?"

【상윳따니까야3.8】

빠세나디 왕과 말리까 왕비는 왕궁에서 이런 이야기를 하였다.

"말리까, 그대 자신보다 더 소중한 사람이 있습니까?"

"나 자신보다 더 소중한 사람은 없습니다, 대왕님."

"말리까, 나도 마찬가지요. 나보다 더 소중한 사람은 없소."

그들이 부처님을 방문하여 이런 이야기를 말씀드리니 부처님은 말씀하셨다.

"마음이 온 사방으로 돌아다녀도, 어디에서도 자기보다 더 소중한 사람을 찾을 수 없습니다. 마찬가지로, 각자에게 자기 자신은 사랑스럽기 때문에, 그러므로 자기 자신을 사랑하는 사람은 남을 해쳐서는 안 됩니다."

【상윳따니까야3.13】

부처님은 기원정사에 계셨다. 그때 빠세나디 왕은 많은 양의 카레밥을 먹곤 하였다. 그때 빠세나디 왕은 밥을 먹고 배가 불러서 식식거리며 부처님께로 왔다. 부처님은 빠세나디 왕이 배가 불러서 식식거림을 아시고 게송으로 말씀하셨다.

"언제나 마음에 새겨서

먹는 것에 적당량을 아는 사람은

그의 괴로움은 적어지고

목숨을 보전하여 더디 늙어가네."

그때 브라흐민 청년 수닷사나(sudassana)가 빠세나디 왕의 뒤에 서 있었다. 왕은 그에게 말하였다.

"수닷사나야, 부처님의 이 게송을 배워라. 그리고 내가 식사할 때마다 이 게송을 외워라."

그래서 수닷사나는 빠세나디 왕이 식사를 할 때마다 이 게송을 외웠다.

왕은 음식을 차츰 줄였고 그의 몸매는 날씬하게 되었다.

아래의 경전은 빠세나디 왕이 얼마나 부처님을 경애하면서 살았는지를 여실히 보여준다. 이 경전은 빠세나디 왕의 마지막이 된 사연을 갖고 있다. 경전에서, 왕은 부처님 처소에 들어가면서 총사령관인 디가 까라야나에게 칼과 터번을 맡긴다. 왕은 또한 그에게 황제의 표장인 부채, 황제의 파라솔(양산), 샌들을 맡겨놓은 상태였다. 빠세나디 왕이 부처님 처소에 들어가자 그는 서둘러서 황제의 표장을 가지고 사왓티로 가서 빠세나디 왕의 아들인 위두다바(Viḍūḍabha)[488]를 왕으로 만들었다. 빠세나디 왕의 총사령관이 위두다바와 결탁하여 왕위를 찬탈하게 되었다.

부처님과의 대화가 다 끝나고 빠세나디 왕은 부처님 처소를 나와 디가 까라야나가 기다리던 장소로 갔으나, 그는 벌써 모든 수레를 다 가져가고 오직 말 한 필만 남겨 있었다. 왕은 서둘러서 그의 조카인 마가다의 왕 아자따삿뚜에게 도움을 요청하기 위해 마가다 영토의 성문으로 갔다. 그러나 그는 너무 늦게 도착하였기에 성문은 이미 닫혀있었다.

수레만 타던 왕은 머나먼 길을, 그것도 밤에 말을 달려왔기 때문에, 지칠 대로 지쳐서 성문 밖의 건물에 누웠다. 그리고 운명하였다. 그의 나이 80세였다. 이른 아침도 아니고 오전 늦게 80리 길을 부처님을 찾아갈 정도로 그는 너무 부처님

---

488 빠세나디 왕은 부처님의 종족인 사꺄족과 인연을 맺고 싶어 하였다. 그래서 사꺄 왕인 마하나마와 노예 여인에게서 태어난 마하나마의 딸을 빠세나디 왕에게 보냈다. 빠세나디와 이 노예 여인 사이에서 위두다바가 태어났다. 위두다바는 성장하여 까삘라왓투를 방문하였다가 이 사실을 알게 되었다. 그는 왕이 되면 원수를 갚겠다고 맹세하였다. 그가 왕이 되자 까삘라왓투를 침공하여 남녀노소 가리지 않고 대량 학살을 하였다. 이렇게 모두 학살하고 사왓티로 돌아가는 길에 아찌라왓띠 강변에서 야영을 하게 되었다. 그런데 그날 밤 폭우가 쏟아져 내려 강이 범람하면서 위두다바를 비롯한 그의 군대를 바닷속으로 쓸어가 버렸다. 위두다바의 최후는 그가 지은 학살의 대가를 즉시로 받은 것이다.

께 집착되어 있었다.

부처님은 이 사건 있고 난 뒤 같은 해에 열반에 들게 된다. 다음은 그 내용의
경전이다.

【맛지마니까야89】

한때 부처님은 사꺄의 메달룸빠(Medaḷḷumpa)에 계셨다. … 빠세나디 왕
은 할 일이 있어 낭가라까(Nangaraka)에 도착했다. 왕은 (총사령관) 디가 까
라야나(Dīgha Kārāyaṇa)를 대동하고 아름다운 경치를 즐기기 위해 한 정원
으로 갔다. 그는 정원을 이리저리 돌아다니다가 상쾌하고 한적하고 홀로
명상하기에 좋은 나무 밑을 발견하였다. 이 장소를 보니 부처님 생각이
간절하였다. 왕은 디가 까라야나에게 말하였다.

"온전히 깨달으신 분, 부처님은 지금 어디에 계시는가?"

"대왕님, 사꺄의 메달룸빠라는 작은 도시에 계십니다."

"낭가라까에서 메달룸빠까지는 얼마나 먼가?"

"대왕님, 멀지 않습니다. 3요자나(Jojana)⁴⁸⁹입니다. 해 안에 충분히 갈 수
있습니다."

"그러면 훌륭한 수레들을 준비하여라. 부처님을 뵈러 가야겠다."

그래서 빠세나디 왕은 훌륭하고 화려한 수레를 타고, 다른 여러 수레를
대동하고 메달룸빠로 갔다. 이들은 아직 해가 떠 있을 때에 도착하였다.
그곳에는 많은 비구들이 밖에서 왔다 갔다 하며 경행하고 있었다. 왕은
이들에게 물었다.

"존자들이여, 부처님은 어디에 계십니까? 부처님을 뵙고 싶습니다."

"대왕님 저기 닫힌 문이 보이는 집입니다. 서두르지 마시고 현관으로 가

---

489 1요자나(yojana)는 약 7마일이다. 3요자나는 21마일이다. 21마일은 약 32km이고 약 80리이
다. 상당히 먼 거리이다. 당시에는 오직 말을 타고 달려가야 하니 상당히 먼 거리이다.

서 기적을 내고 문을 두드리면 문을 열어주실 것입니다."

빠세나디 왕은 그의 칼과 터번을 디가 까라야나에게 넘겨주고 문으로 갔다. 왕은 부처님을 뵙자 부처님 발에 머리를 대고, 그의 손으로 발을 어루만지며, 발에 입을 맞추고, 말하였다.

"존자님, 꼬살라의 빠세나디 왕입니다."

"대왕님, 이 몸에 그렇게 최상의 공경을 보이고, 그와 같은 우정을 보이는 이유는 무엇입니까?"

"부처님, 부처님은 온전히 깨달으신 분이고, 가르침은 부처님에 의해 잘 설해졌고, 부처님 제자들의 승가는 훌륭한 길을 수행하고 있다고 담마에 따라서 추론하고 있습니다. … (그다음 구절은 왜 이렇게 추론하는지에 대한 여러 가지 이유를 들고 있다. 그리고 대화의 마지막 부분으로 이어진다.) … 부처님, 내 음식을 먹고 내 수레를 사용하는 이시닷따(Isidatta)와 뿌라나(Purāṇa)라는 감독관이 있습니다. 나는 그들에게 생계를 제공하고 그들은 명성을 가져옵니다. 그럼에도 불구하고 그들은 나보다는 부처님을 더 공경합니다. 한때 나는 군대를 이끌고 간 적이 있는데, 나는 이시닷따와 뿌라나를 시험하기 위하여 비좁은 숙소를 잡았습니다. 그런데 이 두 감독관들은 밤늦게까지 담마에 대한 이야기를 나눈 후, 부처님이 계신 쪽으로 머리를 두고, 내 쪽으로 발을 두고 누웠습니다. 참으로 놀라운 일이었습니다. … 부처님은 여든이고 나도 여든입니다. 그러니 그런 최상의 공경을 보이고 우정을 보이는 것은 합당하다고 생각합니다."

4) 빔비사라(Bimbisāra) 왕

마가다의 왕으로 부처님 교화의 가장 초창기에 든든한 후원자가 되었다. 빔비사라 왕이 기증한 대나무 숲에 죽림정사를 지었는데 최초의 승원이 되었고 왕의 적극적인 후원으로 승단은 빠르게 발전을 거듭하였다.

빔비사라 왕은 나이 15세에 왕위에 올라 52년 동안 통치하였다. 부처님보다 다섯 살이 적었다. 빔비사라 왕이 30세가 되었을 때 35세에 깨달음을 얻은 부처님을 만나게 되었고 부처님께 귀의하게 되었다.

(1) 빔비사라 왕과 최초의 대면
다음은 아난다 존자가 비구들에게 설법하는 내용이다.

【숫따니빠따 3장 1 : 405-424】

통찰력을 갖추신 분이 어떻게 출가를 하셨는지, 왜 출가를 선택했는지, 나는 부처님의 출가에 대하여 이야기 하겠습니다.

깨달은 분은 라자가하로 갔습니다. 빼어난 특징으로 가득한 그분은 탁발을 위해 간 것입니다. 빔비사라 왕은 궁전에 서서 그를 보았습니다. 빼어난 특징을 갖춘 그를 보고 이렇게 말하였습니다.

"그대들은 이 사람을 보아라. 미남이고, 풍채가 크고 안색이 맑고, 바른 행동을 갖추고, 멍에의 길이만큼 앞만 본다. 눈을 아래로 뜨고 마음집중을 하고 있다. 그는 천한 가문이 아닌 것 같다. 비구가 어디로 가는지 쫓아가 보아라."

그는 마음을 집중하고 주의 깊게 차례로 탁발하면서 잠깐 동안에 발우를 채웠습니다. 성자는 탁발을 마치고 빤다와 산으로 향하였습니다.

"대왕님 그 비구는 빤다와 산의 굴속에 마치 사자처럼 앉아 있습니다."

빔비사라 왕은 수레를 타고 빤다와 산으로 갔습니다.

왕은 친근한 인사를 나눈 후에 말하였습니다.

"그대는 어리고 젊습니다. 젊음의 봄을 맞은 청년입니다. 수려한 용모를 갖추고 귀한 왕족 태생인 것 같습니다. 태생을 말해 주십시오."

"대왕님, 저기 히말라야 산기슭에 한 나라가 있습니다. 조상은 태양이라

하고 혈통은 사꺄라고 합니다. 대왕님, 그런 가문에서 나는 출가하였습니다.”

(2) 가장 초기 승단의 역사

【율장 마하왁가 1편 22:1-18】

그때 빔비사라 왕은 부처님이 1,000명의 제자들과 함께 라자가하에 오셔서 수빠띳타 사당에 머무신다는 소식을 들었다. 또한, 부처님은 온전히 깨달으신 분이며, 그분에 대한 훌륭한 평판이 자자하다는 것, 이런 훌륭한 아라한을 친견하는 것은 참 좋은 일이라는 것을 듣고는 수많은 브라흐민과 장자들을 데리고 부처님을 방문하였다.

부처님은 이들에게 쉬운 가르침부터 시작하여 순차적으로 가르침을 설하셨다. 이들은 진리의 눈이 열려 부처님께 귀의하였고 재가 신도가 되었다.

빔비사라 왕은 부처님과 1,000명의 제자들을 공양에 초청하였다. 왕은 손수 부처님께 시중들며 음식을 권하였다. 왕은 이런 생각을 하였다.

‘어디에 부처님께서 머물면 좋을까? 사람들이 방문하기 쉽고, 낮 동안 너무 번잡하지 않고, 밤에 소음이 없고, 조용하고, 인적이 드물고, 명상수행에 적합한 곳이 어딜까? 그런데 나의 이 대나무 숲은 모든 조건을 갖춘 숲이다. 나는 이 대나무 숲을 부처님과 승단에 기증해야겠다.’

“부처님, 저는 이 대나무 숲을 부처님과 승단에 기증합니다.”

부처님은 숲을 받으시고 왕을 위하여 가르침을 설하여 왕을 기쁘게 하였다.

(3) 최초의 승원: 죽림정사

【율장 쭐라왁가 6편 1:1-5,3:11】

라자가하의 대부호 상인은 대나무 숲에 하루 동안에 60개의 거처를 만
들었다.

빔비사라 왕은 승가를 위하여 좀 더 견고한 재료인 점토와 회반죽을 발
라 대나무 숲에 길고 연속된 방사를 가진 거처를 만들었다.

(4) 현장의 대당서역기[490]

(라자가하) 궁성에서 동북쪽으로 14~5리 가면 그리다라꾸따(깃자꾸따: 독수리봉) 산
에 이른다. 영축산은 북쪽 산의 남쪽으로 접한 봉우리가 특히 높은데 형상이 독수
리와 같다. 빔비사라 왕은 부처님의 설법을 듣기 위해, 사람을 많이 동원해서 산
기슭에서 산꼭대기까지 골짜기를 넘고 바위를 건너 돌로써 계단을 만들었다. 넓
이는 10여 보, 길이는 5~6리나 되었다. 그 길 도중에 두 개의 작은 스투파가 있다.
하나는 하승(下乘)이라 하는데 빔비사라 왕이 여기까지 오면 그다음은 걸어서 간
다는 뜻이다.

(5) 부처님의 주치의 지와까

【율장 마하왁가 8편 1:1035】

그때 빔비사라 왕이 병이 나서 그를 고쳐주니 왕은 많은 궁녀들을 주셨
지만 지와까는 궁녀들보다는 할 일을 달라고 여쭈었다. 그래서 빔비사라
왕은 말하였다.

"그러면 지와까야, 나와 왕궁의 여인들과 깨달으신 분(부처님)과 비구 승

490　권덕주 역,『대당서역기』, pp. 161-162.

단을 돌보도록 하여라."

그래서 지와까는 부처님의 주치의가 되었다.

(6) 데와닷따(Devadatta)와 아자따삿뚜(Ajātasattu)

데와닷따는 부처님의 자리가 탐이 나서 부처님 승단을 분열시키고 부처님을 죽이려고 여러 번 시도하였다. 그는 독수리봉 산에서 바위를 굴렸는데, 그 바위는 도중에 걸려서 바위 파편이 부처님 발에 떨어져 발을 심하게 다치셨다. 부처님은 지와까의 치료를 받았다.

그런데 데와닷따는 부처님뿐만 아니라 부처님의 훌륭한 후원자인 빔비사라 왕까지 제거하려고 하였다. 왜냐하면 가장 막강한 마가다국의 빔비사라 왕의 후원으로 부처님 승단이 부유하게 되었고, 부처님의 위상이 더 높아졌기 때문에 빔비사라 왕도 데와닷따에게는 눈엣가시였다. 그래서 그는 아자따삿뚜 왕자를 자기편으로 끌어들였다. 데와닷따는 아자따삿뚜 왕자에게 빔비사라 왕을 죽이고 왕위에 오르라고 부추겼다.

아자따삿뚜는 데와닷따의 초능력에 감명을 받아서 그의 추종자가 되었다. 아자따삿뚜는 데와닷따를 위해 가야시사(Gayāsīsa)에 승원을 지었다. 그리고 어떤 때는 500개의 카트에 실을 정도의 음식을 아침과 점심으로 공양을 올렸다.

아자따삿뚜는 부왕인 빔비사라 왕을 감옥에 가두고 굶겨서 죽게 하였다. 아자따삿뚜는 왕이 되어 아버지를 죽였다는 죄책감으로 마음이 편치 않았다. 그래서 사만냐팔라 경에서와 같이 지와까와 함께 부처님을 방문하여 참회하게 된다. 그리고 부처님의 후원자가 되고 부처님을 공경하였다. 아자따삿뚜가 왕이 된 지 8년에 부처님이 열반하시자 사리를 가져와서 큰 탑을 세웠다.

후에 아자따삿뚜는 그의 아들인 우다야밧다(Udāyabhadda)에 의해 역시 죽임을 당하였다.

5) 찟따(Citta) 장자

사왓티에서 가까운 곳에 위치한 도시인 맛치까산다(Macchikasanda)의 찟따 장자는 마하나마(Mahānāma) 존자의 품행에 감동되어, 마하나마 존자를 위하여 자신의 정원에 암바따까 승원(Ambāṭakārāma)을 지었다. 거기서 마하나마는 찟따 장자에게 가르침을 설하였다.

그 후 많은 비구들이 이 승원을 방문하였고, 찟따 장자의 환대를 받았다.

【앙굿따라니까야 1법수 14:6.3】

가르침을 설하는 자들 가운데 맛치까산다의 찟따 장자가 으뜸이다.

【상윳따니까야 17.23】

비구들이여, 믿음이 있는 여성 재가자라면, 사랑하는 그녀의 외아들에게 이렇게 간절하게 말하여야 한다.

"사랑하는 아들아, 너는 찟따 장자처럼 되어야 한다. 찟따 장자는 남성 재가자 중에서 표준이며 척도이다."

찟따 장자는 수천 명의 재가자들과 함께 부처님을 방문하였다. 500대의 카트에 공양물을 실어 부처님과 승가에 보시하였다. 그는 온갖 향기로운 꽃들을 승원 바닥에 깔고, 그와 함께 온 재가자들은 부처님 발아래 엎드려 예경하였다. 그리고 보름 동안 계속해서 승가에 공양물을 분배하였다.

상윳따니까야는 총 56상윳따로 되어있는데 그중 41번째가 찟따상윳따이다. 찟따상윳따가 따로 있을 정도로 그는 부처님을 따르는 빼어난 재가자였음이 틀림없다. 찟따상윳따에는 총 10개의 경이 있다.

다음은 경에서 발췌한 찟따 장자의 특징을 보여주는 내용이다.

① 찟따 장자는 부처님 가르침의 교리에 해박했다. 장로 비구들이 그에게 설법하는 것이 아니라 오히려 그가 장로 비구들에게 설법할 정도였다. (경 41.1, 41.7)

② 그런데 장로 비구들에게 너무 심오한 교리의 질문을 하니 장로 비구들은 대답을 하지 못하였다. (경 41.2, 41.3)

③ 찟따 장자는 옛친구인 나체고행자를 교화하여 개종하게 하였다. 그 나체고행자는 계를 받고 부지런히 수행하여 아라한이 되었다. (상윳따니까야 41.9)

④ 찟따 장자는 중병이 들어 그의 친지, 동료, 혈족들이 모였을 때 이들에게 부처님의 훌륭하심을 강조하고 부처님의 가르침을 설한 다음 생을 마쳤다. (경 41.10)

6) 지와까 꼬마라밧짜(Jīvaka Komārabhacca)

지와까는 신심이 지극한 부처님의 주치의이다. 지와까는 수다원과를 성취한 뒤 하루에 두 번씩 부처님을 뵈러 갔다. 죽림정사는 지와까 집에서 멀기 때문에 자신의 망고 숲에 승원을 지어 부처님과 승가에 보시하였다. 지와까의 집이 바로 망고 숲 옆에 있었으므로 마음대로 부처님을 친견할 수 있기 때문이었다.

(1) 지와까는 누구인가?

【율장 마하왁가 8편 1:1-35】

어느 때 부처님은 라자가하의 죽림정사에 계셨다. 그때 웨살리는 매우 번창하였고 사람들로 북적대고 먹을 것이 풍성하였다. 수많은 건물과 집들, 공원, 연못이 곳곳에 있었다. 더욱이 이곳에는 미모와 기예를 겸비한 유명한 기생 암바빨리가 있어 더 융성한 도시가 되었다.

그래서 라자가하에서도 암바빨리에 못지않은 기생을 내세웠는데 살라와띠라고 하였다. 그런데 미모와 명성을 날리는 유명한 기생 살라와띠는 남자 아기를 낳아서 쓰레기 더미에 버렸다.

그때 아바야 왕자가 아침에 왕을 알현하기 위해 왕궁으로 가고 있었는데 까마귀에게 둘러싸여 있는 아기를 보았다. 남자 아기는 살아있었다. 왕자는 아기를 데려다가 후궁에서 기르도록 하였다. 그래서 이름도 '살아있다'는 뜻으로 '지와까'라고 지었고 '왕자의 보호로 양육되었다'는 뜻으로 '꼬마라밧짜'라고 이름지었다.

지와까는 분별력 있는 나이가 되었을 때[491] 탁실라의 유명한 의사를 찾아가서 7년 동안 의술을 배웠다. 그런 후 고향으로 돌아오는 길에 대부호 아내의 병을 고쳐주고 많은 돈과 노비와 마차까지 얻었다.

지와까는 아바야 왕자에게 길러주신 은혜에 감사하며 처음으로 번 많은 돈을 왕자에게 주었지만 왕자는 돈을 받지 않았다. 지와까는 왕자의 후원에 거처를 지었다.

그때 빔비사라 왕이 병이 들어 그를 고쳐주니 많은 궁녀들을 주셨지만 지와까는 궁녀들보다는 할 일을 달라고 여쭈었다. 그래서 빔비사라 왕은 말하였다.

"그러면 지와까야, 나와 왕궁의 여인들과 깨달으신 분과 비구 승단을 돌보도록 하여라."

"네, 알겠습니다."

그래서 그는 부처님의 주치의가 되었다. 그는 다른 사람이 고치지 못하는 고질병들을 고쳐주어 유명한 의사가 되었다.

지와까는 어느 때 웃제니의 빳조따 왕의 병을 치료해 주었는데 왕은 감사의 표시로 '시웨야까'라는 천을 지와까에게 보냈다. 그 천은 온갖 천 중에서 가장 값지고 으뜸이고 귀한 천이었다. 지와까는 '이 천을 사용할만

---

491   지와까는 이때 자신의 내력을 알게 되었다. 그래서 아바야 왕자에게도 알리지 않고 탁실라로 떠났다.

한 분은 오직 온전히 깨달으신 분, 부처님과 마가다의 빔비사라 왕뿐이다'라고 생각하였다.

지와까는 부처님께 공손히 '승가 대중이 지금까지 누더기 가사를 입었지만, 빳조따 왕이 보내 준 온갖 천 중에서 가장 값지고, 으뜸이고, 귀한 천을 받아 주십사' 하고 간청하였다.

부처님은 비구들에게 말씀하셨다.

"누구든지 누더기 가사를 원하면 그것을 입어도 좋고, 장자들이 공양 올린 천으로 만든 가사를 입기를 원하면 그렇게 해도 좋다. 어느 것에 만족하든지 나는 그것을 권한다."

(2) 지와까에 대한 경전

【맛지마니까야 55 Jivakasutta(지와까 경)】

부처님은 한때 지와까 꼬마라밧짜의 망고 숲[492]에 계셨다. 지와까는 부처님께 인사를 드리고 이렇게 여쭈었다.

"부처님 저는 이런 이야기를 들었습니다. "사문 고따마는 그를 위해서 일부러 죽인 동물의 고기인 줄 알면서도 먹는다."고요. 부처님, 이렇게 말하는 자들은 사실을 말하는 것입니까, 아니면 사실이 아닌 말로 부처님을 비방하는 것입니까?"

"지와까, 그렇게 말하는 자들은 나를 사실이 아닌 말로 비방하려고 그렇게 말하는 것입니다. 지와까, 세 가지 경우의 고기는 먹어서는 안 됩니다. 보여진 것과 들려진 것과 비구를 위해서 도살되었다고 의심되는 경우입니다. 그 외의 경우는 먹어도 된다고 나는 말합니다.

492　보통의 망고 숲이 아니라 바로 지와까가 그의 망고 숲에 승원을 지은 곳이고 부처님은 이 승원에 계셨다.

지와까, (비구는 어떤 사람들인가요?) 비구는 마을이나 도시에 의존해서 (탁발을 해서) 살아갑니다. 그런데 비구는 어떤 악의도 없이 자애의 마음으로 온 사방을 가득 채웁니다. 이런 비구를 재가자들이 아침 식사에 초대합니다. 그리고 이들은 훌륭한 음식을 대접합니다.

그 비구는 '이 음식은 얼마나 훌륭한가'라든지, '앞으로도 나에게 음식을 대접하기를'이라는 생각 없이, 음식에 탐착하지 않고, 음식에 열광하지 않고, 이런 재난[493]을 보기 때문에 거기에서 떠남을 알아서 음식을 먹습니다.

지와까여, 이 경우 이 비구는 허물없는 음식을 먹은 것이라고 나는 말합니다. 지와까여, 누군가가 여래와 그 제자들을 위해서 생명을 죽인다면 악을 짓는 것입니다."

지와까는 부처님 말씀에 기뻐하며 부처님께 귀의하여 삼보에 귀의하고 재가 신도가 되었다.

이처럼 지와까는 아주 솔직한 질문을 하였고 부처님은 최선의 답을 하셨다. 그리고 아주 분명히 부처님의 견해를 말씀하셨다. 부처님과 그 제자들은 마을이나 도시에 의지해서 살았고, 탁발로 살았기 때문에 주는 대로 아무 음식이나 얻어 와서 하루에 오직 한 끼만 공양하였다. 사람들에 대한 자비로움을 가지고 탁발하는 음식이 좋든 나쁘든 많든 적든 받아와서 공양할 뿐이다. 여기에 무슨 이런저런 말을 더하랴!

【디가니까야 2】

한때 부처님은 1,250명의 많은 비구 승가와 함께 지와까 꼬마라밧짜의 망고 숲에 계셨다. 그때 아자따삿뚜 왕은 보름날, 우뽀사타 날 밤에 대신

---

493   재난이란 음식에 탐착하고, 열광하고, 훌륭한 음식을 받기를 바라는 집착을 말한다.

들에 둘러싸여 누각에 앉아 있었다. 그는 이렇게 말하였다.

"보름날 달 밝은 밤은 참으로 상서롭구나. 오늘 같은 날 어떤 사문이나 브라흐민을 방문하면 마음에 평화를 가져올까?"[494]

그러자 대신들은 여섯 명의 다른 교단의 지도자를 거론하였다. 그러나 아자따삿뚜 왕은 이들의 이야기에 침묵하였다. 그런데 이때에 지와까 꼬마라밧짜는 침묵하고 있었다. 왕은 물었다.

"지와까, 그대는 왜 침묵하고 있지?"

그제서야 지와까 꼬마라밧짜는 말하였다.

"대왕님, 아라한이시며 온전히 깨달으신 부처님께서 1,250명의 비구 승가와 함께 저의 망고 숲에 계십니다. 고따마 붓다에 대한 훌륭한 평판이 퍼져있습니다. 부처님을 방문하시면 대왕님은 마음의 평화를 얻을 것입니다."

그래서 횃불을 들고, 500대의 코끼리 부대를 대동하고, 라자가하에서 지와까 망고 숲으로 갔다. 망고 숲에 가까이 갔을 때 아자따삿뚜는 두려움과 공포로 털이 곤두섰다.

"지와까, 그대가 나를 속이는 것은 아니겠지, 나를 적들에게 넘기는 것은 아니겠지. 1,250명의 비구가 있는데도 어찌 기침 소리도 안 나고 말소리도 들리지 않는가?"

"두려워하지 마십시오. 대왕님, 저기 만달라말라(원형 강당)에 등불이 켜져 있습니다."

"지와까, 부처님은 어디 계시지?"

"부처님은 가운데 기둥을 등지고 앉아계시고 그 앞에 비구들이 있습니다."

---

494 아자따삿뚜 왕은 데와닷따와 밀접하게 지내며 부왕인 빔비사라 왕을 죽이고 왕위를 찬탈하였다. 아자따삿뚜 왕은 부처님을 죽이려 하는 일에도 데와닷따와 함께 한 사람이다. 그러니 그는 양심의 가책을 받아 부처님께 나아가기 어려웠다. 그래서 지와까가 말하기를 기다렸다.

왕은 부처님께로 다가가서 한쪽 옆에 서서 맑은 호수와 같이 고요한 침묵 속의 비구들을 둘러 보았다. 그리고 왕은 '우다야밧다[495] 왕자가 이 비구들처럼 고요하다면 좋겠는데'라고 생각하였다. … 아자따삿뚜 왕은 '출가 생활의 눈앞에 보이는 결실은 무엇인지'를 부처님께 여쭈었다. 그리고 맨 나중에 그는 말하였다.

"저는 부처님과 가르침과 승가에 귀의합니다. 저를 재가자로 받아주십시오. 부처님, 저는 어리석고, 그릇되고, 부도덕하여 정의의 왕이었던 저의 아버지를 권력 때문에 시해하였습니다. 부처님, 저의 참회를 받아 주십시오."

그래서 부처님은 그의 참회를 받아 주셨다.

---

495 아자따삿뚜가 부왕인 빔비사라 왕을 죽인 것처럼 우다야밧다도 부왕인 아자따삿뚜를 죽이고 왕이 된다. 아자따삿뚜 왕은 악의 과보를 받은 것이다.

결론

분석 자료에 의한 각 편의 결과 도출

이 연구는 네 개의 니까야에 나타난 설법장소, 중요인물, 대화상대자, 설법형태를 파악하려는 의도에서 진행되었고, 그에 따라 결론을 도출하였다. 다음은 진행의 순서인 1편부터 4편까지의 결론이다.

1. 제1편의 결론

1) 장소에 대한 결론

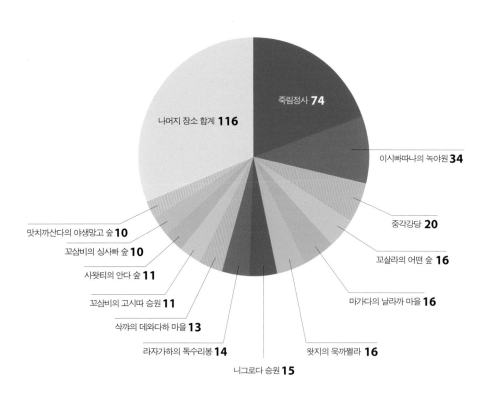

도표 1-3 상윳따니까야의 장소 빈도수
기원정사는 2,528로 87%가 되어 제외함

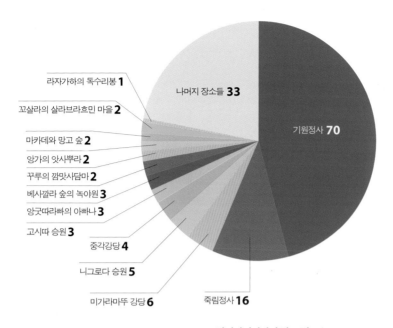

라자가하의 독수리봉 **1**

꼬살라의 살라브라흐민 마을 **2**

마카데와 망고 숲 **2**

앙가의 앗사뿌라 **2**

꾸루의 깜맛사담마 **2**

베사깔라 숲의 녹야원 **3**

앙굿따라빠의 아빠나 **3**

고시따 승원 **3**

중각강당 **4**

니그로다 승원 **5**

미가라마뚜 강당 **6**

나머지 장소들 **33**

기원정사 **70**

죽림정사 **16**

도표 2-3 맛지마니까야의 장소 빈도수

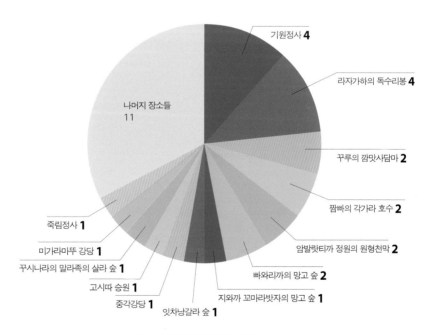

기원정사 **4**

라자가하의 독수리봉 **4**

꾸루의 깜맛사담마 **2**

짬빠의 각가라 호수 **2**

암발랏티까 정원의 원형천막 **2**

빠와리까의 망고 숲 **2**

지와까 꼬마라밧자의 망고 숲 **1**

잇차낭갈라 숲 **1**

중각강당 **1**

고시따 승원 **1**

꾸시나라의 말라족의 살라 숲 **1**

미가라마뚜 강당 **1**

죽림정사 **1**

나머지 장소들 11

도표 3-3 디가니까야의 장소 빈도수

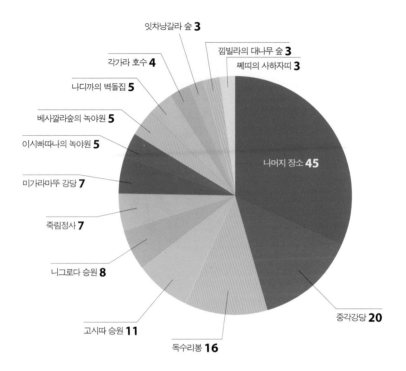

도표 4-3 앙굿따라니까야의 장소 빈도수
기원정사는 2,194로 94%로 비교가 안 되어 제외함

① 위의 네 개 장소를 나타내는 그림표는 수많은 배경 도표를 그려서 얻어낸 '장
 소'의 결과물이다.

② 이 그림표는 네 개 니까야의 '장소'의 상위 빈도수를 보이고 있다.

③ 상윳따니까야와 앙굿따라니까야에는 기원정사가 압도적으로 많아서 서로 비
 교가 불가능하기 때문에 이 그림표에서 제외하였다.

④ 오직 34개의 경뿐인 디가니까야에는 기원정사가 독수리봉과 같은 숫자이다.

⑤ 부처님은 기원정사에 가장 많이 계셨고 죽림정사, 독수리봉, 중각강당, 미가라
 마뚜 강당, 이시빠따나의 녹야원, 니그로다 승원, 고시따 승원, 깜맛사담마, 각
 가라 호수에 많이 계셨다.

582

⑥ 네 개 그림표에 모두 나타난 장소는 기원정사, 죽림정사, 독수리봉, 중각강당, 고시따 승원이다.

⑦ 세 개 그림표에 모두 나타난 장소는 미가라마뚜 강당, 니그로다 승원이다.

⑧ 네 개 그림표와 세 개 그림표에 모두 나타난 장소는 부처님이 많이 계셨다는 증거이다.

2) 중요인물에 대한 결론

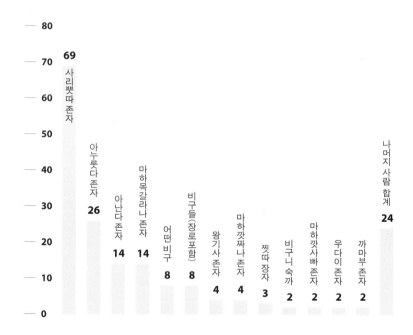

도표 1-4 상윳따니까야의 중요인물 빈도수
붓다는 2,719로 94%로 비교가 안 되어 제외 함

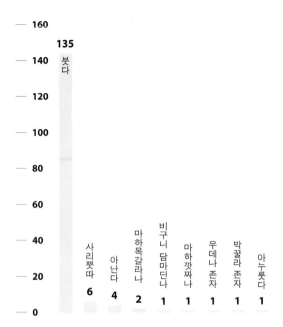

도표 2-4 맛지마니까야의 중요인물 빈도수

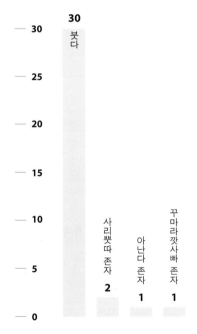

도표 3-4 디가니까야의 중요인물 빈도수

584

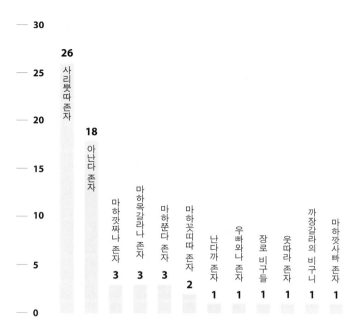

도표 4 – 4 앙굿따라니까야의 중요인물 빈도수
붓다는 2,283으로 97%로 비교가 안 되어 제외함

① 위의 네 개 그림표는 수많은 배경 도표를 그려서 얻어낸 '중요인물'의 결과물 이다.

② 이 그림표는 네 개 니까야의 '중요인물'의 상위 빈도수를 보이고 있다.

③ 상윳따니까야와 앙굿따라니까야에는 붓다가 압도적으로 많아서 서로 비교가 불가능하기 때문에 이 그림표에서 제외하였다.

④ 부처님이 거의 모든 경전을 설하셨지만, 드물게 제자들이 중요인물인 경전들도 있다. 사리뿟따 존자는 모든 제자들 중에서 월등히 높은 빈도임을 알 수 있다.

⑤ 네 개 그림표에 모두 나타난 중요인물은 붓다, 사리뿟따, 아난다이다.

⑥ 세 개 그림표에 모두 나타난 중요인물은 마하목갈라나, 마하깟짜나이다.

⑦ 네 개 그림표와 세 개 그림표에 모두 나타난 중요인물은 부처님을 대신하여 비구들에게 설법을 하기도 하고 재가자들에게 가르침을 주었다.

3) 대화상대자에 대한 결론

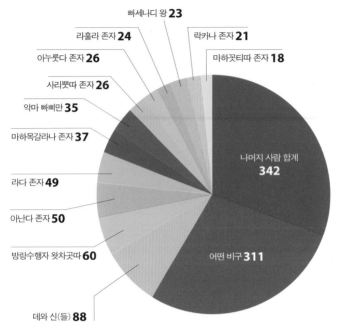

도표 1 - 5 상윳따니까야의 대화상대자 빈도수
비구들은 1,911로 63%로 비교가 안 되어 제외 함

- 빠세나디 왕 **23**
- 라훌라 존자 **24**
- 아누룻다 존자 **26**
- 사리뿟따 존자 **26**
- 악마 빠삐만 **35**
- 마하목갈라나 존자 **37**
- 라다 존자 **49**
- 아난다 존자 **50**
- 방랑수행자 왓차곳따 **60**
- 데와 신(들) **88**
- 락카나 존자 **21**
- 마하꼿티따 존자 **18**
- 나머지 사람 합계 **342**
- 어떤 비구 **311**

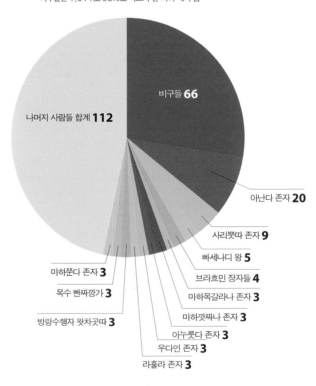

도표 2-5 맛지마니까야의 대화상대자 빈도수

- 나머지 사람들 합계 **112**
- 비구들 **66**
- 아난다 존자 **20**
- 사리뿟따 존자 **9**
- 빠세나디 왕 **5**
- 브라흐민 장자들 **4**
- 마하목갈라나 존자 **3**
- 마하깟짜나 존자 **3**
- 아누룻다 존자 **3**
- 우다인 존자 **3**
- 라훌라 존자 **3**
- 방랑수행자 왓차곳따 **3**
- 목수 빤짜깡가 **3**
- 마하쭌다 존자 **3**

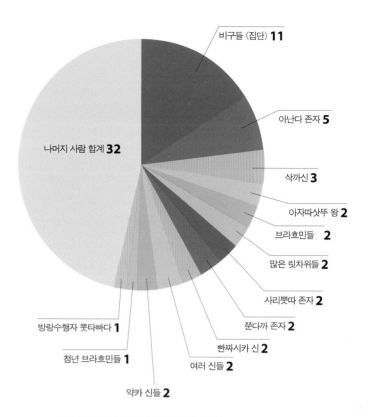

도표 3-5 디가니까야의 대화상대자 빈도수

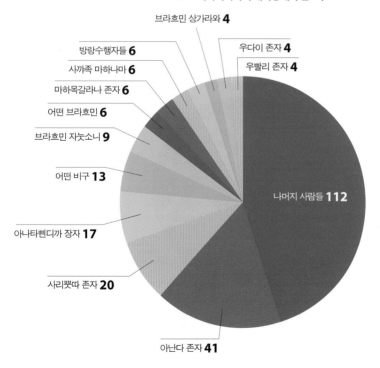

도표 4-5 앙굿따라니까야의 대화상대자 빈도수
비구들은 2,106으로 88.4%가 되어 제외함

587

① 위의 네 개 그림표는 수많은 배경 도표를 그려서 얻어낸 '대화상대자'의 결과 물이다.

② 위 그림표는 네 개 니까야의 '대화상대자'의 상위 빈도수를 보이고 있다.

③ 상윳따니까야와 앙굿따라니까야에는 비구들이 압도적으로 많아서 서로 비교 가 불가능하기 때문에 이 그림표에서 제외하였다.

④ 부처님은 네 개 니까야에서 비구들에게 가장 많이 말씀하셨다.

⑤ 존자들로는 아난다, 사리뿟따, 마하목갈라나, 아누룻다, 라훌라, 마하쭌다의 순이다.

⑥ 재가자로는 아나타삔디까 장자, 목수 빤짜깡가, 많은 릿차위들, 사꺄족 마하나 마가 있다.

⑦ 다른 종교 집단은 여러 이름의 브라흐민들이 매우 많고 방랑수행자들도 많다.

⑧ 여러 신들, 악마, 약카 신들도 대화상대자로 등장한다.

4) 설법형태에 대한 결론

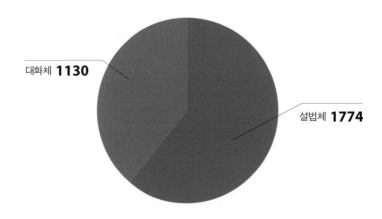

도표 1-6 상윳따니까야의 설법 형태 빈도수

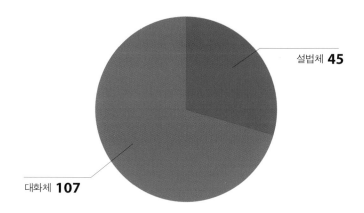

설법체 **45**

대화체 **107**

도표 2-6 맛지마니까야의 설법형태 빈도수

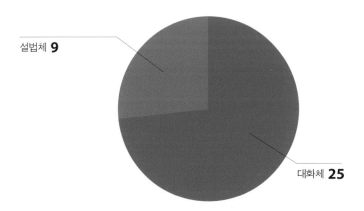

설법체 **9**

대화체 **25**

도표 3-6 디가니까야의 설법형태 빈도수

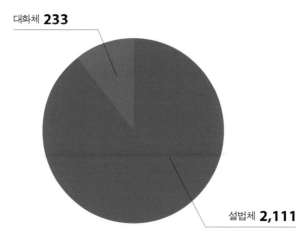

대화체 **233**

설법체 **2,111**

도표 4 -6 앙굿따라니까야의 설법형태 빈도수

① 위의 네 개 그림표는 수많은 배경 도표를 그려서 얻어낸 '대화형태'의 결과물
   이다.

② 앙굿따라니까야는 설법체가 90%이다. 그러니 거의 대부분 설법체로 설하셨
   다고 할 수 있다. 상윳따니까야는 설법체가 61%이니 설법체가 훨씬 많다고 할
   수 있다.

③ 디가니까야는 대화체가 74%이니 거의 많은 경우 대화체로 설하셨고, 맛지마
   니까야도 대화체가 70%이니 거의 많은 경우 대화체로 설하셨다고 할 수 있다.

④ 그러므로 니까야에 따라서 각각 대화체나 설법체의 비율은 달라진다.

위의 사실들로 제1편을 결론지을 수 있다. 부처님은 기원정사에 가장 많이
계셨다. 거의 모든 경전은 부처님이 설하셨지만 드물게 사리뿟따 존자가 중요인
물로 등장한다. 대화상대자는 대부분 비구들과 존자들이지만 재가자들, 브라흐
민, 방랑수행자, 여러 신들도 있다. 니까야에 따라 대화체와 설법체의 비율은 달
라진다.

2. 제2편의 결론

2편에서는 중요한 승원 10개와 네 개 니까야에 나타난 모든 장소를 낱낱이 다 살펴보았다. 기원정사는 부처님이 가장 많이 머무신 곳이기 때문에 특별히 자세하게 다루었다.

1) 기원정사와 그 주변의 위치도

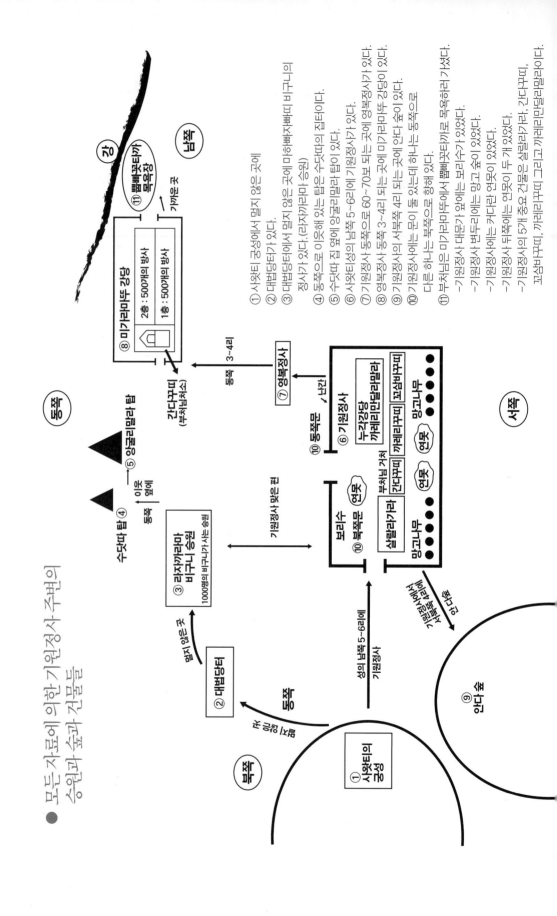

모든 자료에 의한 기원정사 주변의
승원과 숲과 건물들

2) 기원정사와 나머지 모든 장소들

① 기원정사는 산찌 탑과 바르후뜨 탑에 그 모습이 묘사될 정도로 유명한 승원이 되었다. 바르후뜨 탑의 기원정사 조각에는 부처님이 머무신 건물인 간다꾸띠와 꼬삼바꾸띠가 조각되어 있고, '간다꾸디', '꼬삼바꾸띠'라고 선명하게 각문이 새겨져 있다.

② 기원정사에는 총 다섯 채의 건물들이 있었다. 살랄라가라, 간다꾸띠, 꼬삼바꾸띠, 까레리꾸띠, 까레리만달라말라가 바로 그것이다. 이 중에서 살랄라가라는 강당과 같은 가장 큰 건물이었고, 간다꾸띠는 부처님의 처소였다. 까레리만달라말라는 누각 강당으로 더운 기후에 필수적인 누각 시설이었다.

③ 기원정사의 면모를 자세히 고찰하기 위해 경전의 자료, 주석서의 자료, 산찌탑과 바르후뜨 탑의 조각과 각문, 법현과 현장의 기록, 알렉산더 커닝햄의 고고학적 자료와 지도와 도면, 각 유적지의 안내판 자료와 사진들을 동원하여 기원정사를 조명하였다.

④ 아홉 개의 나머지 승원인 미가라마뚜 강당, 고시따 승원, 니그로다 승원, 중각강당, 죽림정사, 꾹꾸따 승원, 나디까의 벽돌집 승원, 따뽀다 온천 승원, 라자까라마 비구니 승원도 최대한 많은 자료를 동원하여 자세하고 비중 있게 다루었다.

⑤ 그 나머지 네 개 니까야의 모든 장소들도 낱낱이 살펴보았다.

제2편의 결론을 말하자면, 기원정사는 여러 자료를 통하여 그 면모가 확연히 드러났고 그 자료를 통하여 위와 같은 기원정사 위치도를 확실하게 그릴 수 있었다. 또한, 부처님이 많이 머무신 대표적 승원들과 그 나머지 모든 장소들은 부처님의 자취가 서려 있는 곳임을 확인할 수 있었다.

3. 제3편의 결론

3편에서의 작업은 얼마나 다양한 장소들이 있는지 그리고 이 장소들은 어느 도시나 지역에 분포되어 있는지를 밝혀내는 일이었다. 그러기 위해 상윳따니까야 77개, 맛지마니까야 46개, 디가니까야 24개, 앙굿따라니까야 60개의 다른 장소를 인도 지도에 번호로 표기하였다.

1) 네 개 니까야의 각기 다른 장소의 지도

상윳따니까야의 장소

총 77개의 다른 장소
(한 개의 번호는 장소를 나타냄, 해당 번호를 표에서 찾으면 됨)

- 큰 글씨는 나라 이름
- 작은 글씨는 도시 이름
- 해당 나라와 도시에 동그라미 표시
- 큰 원은 앞의 인도 지도에서
  부처님이 주로 활동한 지역
- 장소를 알 수 없는 곳: 숨바의 세다까⑮

간다라

까쉬미르

꾸루

수라세나

히마와뜨(히말라야)

㉒
● 깜마사담마
● 툴라꽃티따

㊾ ㊼
꼴리야족

⑥⑤ ⑤⑨
꼬살라 ② ㊾
㉞ ㉔ ㉘ ⑥⑥

마두라 ●

㉗ ⑥⓪
ㄹ ● 까삘라왓투   위데하
⑥ ● 사꺄족
㉕ ㊱ ㊾   말라
⑲

사왓티 ⓑ ㅊ ㉚
ㄱ ⑦ ㊼   룸비니 ●   ● 꾸시나라
⑥③ ⑥②   ㉝

㊿ ● 낍빌라
⑥④

㉑
● 베사깔라숲   ● 빠와
㉖ ㅇ
④ 왓지
㊼ ㊻
⑱ ㉟
사께따 ⑰ ⑫   ㄷ ● 웨살리
㊴

⑬ ㊹
아욧자 ● ⑯   ● 알라위
ㅅ ● 빠딸리뿟따

사르나트 ●
⑪
● 날란다   마가다
③ ㊷ ㉙ ㉜ ㉟

아빠란따

바라나시 ● ①
꼬삼비 ● 가야 ● ㊶ ㊺
⑧ ㅁ ㅈ ⑤ ㉛ ㊵   ● 짬빠
⑤⓪ 보드가야   ㉝
⑩   ㉝ ● 라자가하
㊸ ㄴ ㉔ ㉓ ㉚   앙가
⑤⑧
웨디사 ●

웃제니 ●   ● 산찌   까시
⑨   ㊻ ㉑

쩨띠
⑭   ⑥⑦
아완띠 ㊽

상윳따니까야의 장소

2) 네 개 니까야 각 장소 지도의 결과

3편의 지도 작성을 위하여 다양한 장소들의 표를 만들었다. 이 장소들은 아무리 여러 번 부처님이 머문 곳이라도 다만 한 개의 장소로 계산되었다. 물론 부처님은 기원정사나 여러 승원들에 가장 많이 머무셨지만 이 지도에는 다만 한 장소로 계산되었다. 그 결과 부처님은 얼마나 다양한 장소에 머무셨는지 선명하게 드러났다.

위의 네 개의 지도에서 각 지역에 표기된 동그라미 번호를 합산한 결과 꼬살라 지역에서 부처님이 가장 많이 머무신 것으로 드러났다. 그다음 동그라미 번호가 많은 지역이 라자가하 지역이었다. 그다음이 사왓티 지역 그리고 웨살리 지역이다.

그러면 꼬살라의 지역은 어떤 곳이었나? 예를 들면, 상윳따니까야의 꼬살라에 표기된 동그라미는 여덟 개이다. 꼬살라의 에까살라 마을, 순다리까 강둑, 또데이야의 망고 숲, 어떤 숲, 살라브라흐민 마을, 잇차낭갈라 숲, 히말라야 산기슭의 초막, 웰루드와라 마을이었다.

그러면 라자가하 지역은 어떤 곳이었나? 예를 들면, 상윳따니까야의 라자가하에 표기된 동그라미는 11개이다. 라자가하의 삽삐니 강둑, 인다꾸따 산, 시따 숲, 삽빠손디까 동굴, 수까라까따 동굴, 죽림정사, 독수리봉, 지와까 망고 숲, 맛다꿋치 녹야원, 이시길리 산의 검은 바위, 따뽀다 온천 승원이다.

세 번째로 동그라미가 많은 지역은 사왓티이다. 사실 사왓티는 꼬살라의 수도이다. 그러니 꼬살라와 사왓티는 한 지역이나 마찬가지이다. 사왓티와 꼬살라 지역을 합산하면 다른 지역과는 비교할 수 없을 정도로 아주 많은 숫자가 된다. 그러면 왜 이렇게 꼬살라 지역과 사왓티에 가장 많은 장소들이 있는 것일까?

첫 번째 이유는 가장 훌륭한 승원인 기원정사와 1,000개의 방사를 갖춘 미가라마뚜 강당과 1,000명이 넘는 비구니를 수용할 수 있었던 라자까라마 비구니 승원이 있었기 때문이다. 그러니 사왓티는 그야말로 비구, 비구니들로 넘쳐나게 되었다. 부처님과 이 많은 비구, 비구니들은 우기철 안거 기간에는 승원에 머물다가 그 인근 지역의 숲이나 마을, 강변 등에 흩어져서 유행하였다. 부처님은 많은 무리의 제자들과 함께 유행하다가 길가나 나무 아래에서도 가르침을 주셨다.

두 번째 이유는 가장 훌륭한 재가자 세 사람의 후원 때문이었다. 기원정사를 지은 아나타삔디까 장자는 가난한 마을 사람들과 비구들에게 매일 100인분의 식사를 제공하였다. 미가라마뚜 강당을 지은 재가녀 위사카는 다른 곳으로 유행하며 오고 가는 비구, 비구니들과 노약자 비구, 비구니들에게 항상 음식을 제공하였고 승가의 필수품을 조달하여 불편 없이 지낼 수 있도록 하였다. 빠세나디 왕은 기원정사의 가장 큰 건물인 살랄라가라를 지었고 라자까라마 비구니 승원을 지었다. 왕은 부처님과 승가의 대소사에 불편이 없도록 후원하였다.

그러면 왜 라자가하에 두 번째로 다양한 여러 지역이 있는 것일까?

라자가하는 부처님이 전법을 시작했던 초창기 장소이다. 가장 중요한 최초의 승원 죽림정사가 있었고, 1,000여 명의 제자들을 이끌고 머무셨던 독수리봉과 그 주변의 여러 동굴들, 독수리봉 아래 따뜻한 물로 목욕할 수 있는 따뽀다 온천 승원, 맛다꿋치 녹야원, 지와까 망고 숲 승원과 다섯 개의 산이 있었기 때문이다. 빔비사라 왕은 자신의 대나무 숲을 기증하여 죽림정사를 지었고 부처님을 뵈러 가기 위해 독수리봉에 돌계단을 만들 정도로 신심이 지극한 후원자였다.

결론적으로 말해서 가장 다양한 장소들이 있는 곳은 꼬살라 지역과 라자가하 지역이었다. 모두 훌륭한 승원과 훌륭한 후원자가 있었기 때문이었다. 그 나머지 장소 중에서 빈도가 높은 곳에는 역시 유명한 승원이 있었다.

4. 제4편의 결론

4편에서는 중요인물로 빈도수가 가장 높은 존자들 6명을 선별하고, 대화상대자 중에서 빈도수에 따라 6명을 선별하여 그 면모를 자세히 살펴보았다.

1) 중요인물 선별

① 중요인물 합계 빈도수 순서

중요인물	합계빈도수	중요인물	합계빈도수
붓다	5,167	마하목갈라나	19
사리뿟따	103	마하깟짜나	8
아난다	37	어떤 비구	8
아누룻다	27	마하깟사빠	4

부처님을 제외한 제자들 중에서 가장 높은 빈도수는 사리뿟따이다. 그다음이 아난다, 아누룻다, 마하목갈라나, 마하깟짜나, 마하깟사빠 순이다.

② 중요인물로 네 개 니까야에 나타난 존자들 순서

니까야 종류	니까야 이름	존자 이름
네 개 니까야에 모두 나타난 사람	상윳따니까야, 맛지마니까야, 디가니까야, 앙굿따라니까야	사리뿟따 존자, 아난다 존자
세 개 니까야에 모두 나타난 사람	상윳따니까야, 맛지마니까야, 앙굿따라니까야	마하목갈라나 존자, 마하깟짜나 존자

| 두 개 니까야에 | 상윳따니까야, 앙굿따라니까야 | 아누룻다 존자 |
| 모두 나타난 사람 | 상윳따니까야, 맛지마니까야 | 마하깟사빠 존자 |

    네 개 니까야에 모두 등장했다는 것은 중요인물로 그만큼 폭넓은 인지도를 형성하고 있었다는 것을 의미한다. 두 개의 표 '중요인물 합계 빈도수 순서'와 '중요인물로 네 개 니까야에 나타난 존자들 순서'에 의하여 여섯 명의 존자들을 선별하였다.

2) 대화상대자 선별

부처님의 대화상대자는 네 부류로 나누어진다.

① 부처님의 대화상대자 네 부류
- 부처님이 가장 많은 대화를 하신 비구들, 비구 존자들
- 재가자 남녀, 왕, 장자, 릿차위족, 사꺄족
- 브라흐민, 브라흐민 장자들, 여러 이름의 브라흐민들, 방랑수행자들
- 여러 이름의 신들, 악마, 약카, 삭까 신

    부처님이 가장 많은 대화를 나누신 비구들과 비구 존자들을 제외하고, 대화상대자 중에서 가장 많이 등장하는 훌륭한 재가자는 빠세나디 왕과 아나타삔디까 장자이다. 그 나머지 사람들은 4편에서 그 면모를 살펴보기에 적합하지 않기에 제외하였다. 이에 따라 부처님 교단에서 가장 훌륭한 재가자 6명을 선별하였다.

② 중요인물 6명과 비구니 2명
사리뿟따, 아난다, 마하목갈라나, 마하깟짜나, 아누룻다, 마하깟사빠, 마하빠자빠

띠고따미 비구니, 케마 비구니

③ 대화상대자 재가자 6명
아나타삔디까 장자, 재가녀 위사카, 빠세나디 왕, 빔비사라 왕, 찟다 장자, 지와까 꼬마라밧짜

　　제4편에서는 중요인물로 선별된 비구 6명과 비구니 2명 그리고 대화상대자로 선별된 재가자 6명 각각의 면모를 심도 있게 살펴보았다.

끝으로 이 연구서 전체의 결론을 맺는다. 부처님은 기원정사에 가장 많이 계셨다. 사리뿟따 존자는 부처님 다음으로 높은 위상을 가진 중요인물이었다. 부처님은 꼬살라 지역과 라자가하 지역에 가장 많이 머무셨다. 가장 훌륭한 대화상대자는 비구들과 존자들, 빠세나디 왕과 아나타삔디까 장자였다.

1. 빠알리 원전

Aṅguttara-Nikāya 6 vols:
> vol 1 and 2 edited by Richard Morris, vol 3, 4, 5 edited by E. Hardy, Pāli Text Society, London, Reprinted 1958, 1976. Roman-script edition.
> vol VI: (Indexes), edited by Mabel Hunt, Plāli Text Society, London, 1960.

Dīgha-Nikāya 3 vols:
> vol 1, 2. edited by T.W.Rhys Davids and Estlin Carpenter, vol 3. edited by Estlin Carpenter, Pāli Text Society, London, Reprinted 1966, 1976. Roman-script edition.

Majjhima-Nikāya 4 vols:
> vol 1. edited by V. Trenckner, vol 2, vol 3 edited by Robert Chalmers, Pali Text Society, London, Reprinted 1977, 1979. Roman-script edition.
> vol 4: (Indexes), edited by Mrs. Rhys Davids, Pāli Text Society, London, 1974.

Manorathapūraṇī 5 vols, edited by Max Walleser and Hermann Kopp, Pāli Text Society, London, 1973-1977.

Papañcasūdanī, 5 vols, edited by J.H.Wood, D.Kosambi, I.B.Horner, Plāli Text Society, London, 1922-1938.

Saṃyutta-Nikāya 6 vols:
> vol 1. edited by G.A. Somaratne, vol 2, 3, 4, 5 edited by L. Leon Feer, Pali Text Society, London, Reprinted 1976-1994. Roman-script edition.
> vol 6: (Indexes), edited by Mrs.Rhys Davids, Pāli Text Society, London, 1996

Sāratthappakāsinī 3 vols, edited by F.L.Woodward, Plāli Text Society, London, 1977.

Sumaṅgala Viḷasinī 3 vols, edited by T.W.Rhys Davids, J.E.Carpenter and W.Stede, Plāli Text Society, London, 1886-1932.

Chattha Sangayana CD-Rom Version 3:
> (*Pāli Tipitaka and Many other Pāli Text*) by Vipassana Research Institute, India.
> * 이 CD는 빠알리 삼장의 경장, 율장, 논장 및 그 주석서 (Aṭṭhakathā)와 소주석서(ṭīkā), 그 외 유용한 원전들을 모두 포함하고 있다. 현재 고엥카의 위빠사나 연구소에서 전 세계에 무료로 보급하고 있다.

2. 빠알리 원전 번역본

Dialogues of the Buddha—Dīgha—Nikāya— 3 vols.
    by T.W.Rhys Davids, Pāli Text Society, Reprinted 2000.
Gradual Sayings—Aṅguttara—Nikāya— 5 vols.
    vol 1, 2, 5, by F.L.Woodward, vol 3, 4 by E.M.Hare, Pāli Text Society, Reprinted 1994 and 1995.
Handful of Leaves : —Anthology from the 5 Nikayas— 5 vol, by Thanissaro Bhikkhu, Sati Center for Buddhist Studies, USA, 2002.
Majjhima Nikāya and Dīgha Nikāya : Burma Pitaka Association, Rangoon, 1984, 1989.
Numerical Discourses of the Buddha (Anthology of the Anguttara Nikaya) by Nyanaponika Thera and Bhikkhu Bodhi, New Delhi, 2000.
Poems of Early Buddhist Monks —Theragāthā— K.R.Norman, Pāli Text Society, London, reprinted, 1997.
Poems of Early Buddhist Nuns —Therīgāthā— Mrs C.A.F.Rhys Davids, Pāli Text Society, London, reprinted 1997.
The Book of the Discipline —Vinaya Pitaka— 6 vols.
    I.B.Horner, Pāli Text Society, London, reprinted 1975—1986.
The Connected Discourses of the Buddha II vols *—Saṃyutta—Nikāya—* Bhikkhu Bodhi, Wisdom Publications, Boston, 2000.
The First Budhist Women —Therīgāthā— Susan Murcott, Parallax Press, Berkeley, 1991
The Kindred Sayings —Saṃyutta—Nikāya— 5 vols.
    vol 1 and 2 by Mrs.C.A.F.Rhys Davids, vol 3, 4, 5 by F.L.Woodward, Pāli Text Society, Reprinted 1996, 1997, 1999.
The Long Discourses of the Buddha —Dīgha—Nikāya— Maurice Walshe, Wisdom Publications, Boston, 1995.
The Middle Length Discourses of the Buddha —Majjhima—Nikāya— Bhikkhu Bodhi, Wisdom Publications, Boston, 1995.
The Middle Length Sayings —Majjhima—Nikāya— 3 vols.
    I.B.Horner, Pali Text Society, Reprinted 1996, 1997.
The Numerical Discourses of the Buddha —Aṅguttara—Nikāya— Bhikkhu Bodhi, Wisdom Publications, Boston, 2012.

『상윳따니까야』 11권: 전재성 번역, 한국빠알리성전협회, 1999-2002.
『맛지마니까야』 5권: 전재성 번역, 한국빠알리성전협회, 2002-2003.
『디가니까야』 3권: 각묵 번역, 초기불전연구원, 2006
『앙굿따라니까야』 6권, 대림 번역, 초기불전연구원, 2006-2007.

3. 일반 문헌

A History of Indian Buddhism : Hirakawa Akira, University of Hawaii Press, 1990.
Buddhist India : T.W.Rhys Davids, Theravada Tipitaka Press, USA, 2010.
Great Disciples of the Buddha—Their Lives, Their Works, Their Legacy— Nyanaponika Thera and Hellmuth Hecker —edited by Bhikkhu Bodhi— Wisdom Publications, Boston, 2003.
Life Story of the Buddha in Murals : edited by Edwin Ariyadasa, Singapore Buddhist Meditaion

Center, Publisher:Ven.W.Sarada Thera, 1991

Report of Tours in the Gangetic Provinces from Badaon to Bihar Alexander Cunningham, Forgotten Books, London, reprinted 2015.

The Buddha's Discourses on Compassionate Actions–Case Studies From Pali Nikayas– Hur Young Hee(Ven. Ir Aa), University of the West, 2002

The Life of the Buddha: Bikkhu Nyāṇamoli, Pariyatti Editions, Seattle, reprinted 1992.

『대당서역기』 현장 지음, 권덕주 역, 일월서각, 1983.

『불국기』 법현 지음, 김규현 역, 글로벌콘텐츠, 2013.

『한권으로 읽는 빠알리 경전』 일아 편역, 민족사, 증보판 2016.

4. 사전류

A Dictionary of the Pali Language: Robert Caesar Chiders, Published by J.Jetle, New Dalhi, 1993.

A Grammatical Dictionary of sanskrit: Surya Kanta, Munshiram Manoharlal Publishers, India, reprinted, 1989.

Budhist Dictionary (*Pali Dictionary*): by Nyāṇatiloka, The Corporate Body of the Buddha Educational Foundation, Taiwan, 2002.

Dictionary of Pāli Proper Names: 2 vols, G.P.Malalasekera, After 1937 First edition, Reprinted by Pāli Text Society and First Indian edition: Munshiram Manoharlal Publishers, New Delhi, 1983 .

English–Pali Dictionary: A.P. Buddhadatta Mahathera, Pali Text Society, London, 1955, reprinted Delhi 1989.

Pali–English Dictionary: T.W.Rhys Davids and William Stede, Pāli Text Society, Oxford, Reprinted 1999.

606

608

일아 스님의 초기경전 번역서

● 담마빠다

일아 옮김 | 228쪽 | 12,000원

담마빠다는 부처님 직제자들에 의해 집성된
빠알리 초기경전 중에서도 그 성립 연대가
가장 오래된 경전으로, 423개의 게송으로 되어 있다.
순수하고 소박한 글 속에 번득이는 지혜를 담고 있어
전 세계에서 가장 많이 애독되는 삶의 나침반이다.
짧은 게송 속에 마음을 흔드는 진리의 정수를
담아내어 청정하고 맑은 가르침을 전한다.
이 책은 빠알리 원문을 실어 원전 공부에 도움을
주고자 하였으며, 영어 번역도 함께 실어 한글 번역과
대조하면서 영어 공부도 할 수 있도록 하였다.

● 숫따니빠따

일아 옮김 | 428쪽 | 17,000원

"소리에 놀라지 않는 사자처럼, / 그물에 걸리지 않는 바람처럼, /
물에 더럽혀지지 않는 연꽃처럼, / 코뿔소의 뿔처럼 혼자서 가라."
소설 제목 '무소의 뿔처럼 혼자서 가라'로 널리 알려진
불교 경전 숫따니빠따. 젊은 붓다가 제자들과
다양한 주제에 관해 나눈 문답이 실려 있다.
죽음·늙음·자유·욕망·깨달음 등에 대한 붓다의 가르침이
오롯이 담겨 있다. 오랜 세월 빠알리 경전을
국내에 소개해온 일아 스님이, 단어 하나 구절 하나
흐트러짐 없이 번역한 숫따니빠따 번역의 정본이다.